全世界大投资家都在运用的股市炼金术

笑傲股市

杨　婧◎编著

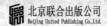
北京联合出版公司
Beijing United Publishing Co.,Ltd.

图书在版编目（CIP）数据

笑傲股市 / 杨婧编著 . — 北京：北京联合出版公司，2015.8（2024.10 重印）
ISBN 978-7-5502-5835-8

Ⅰ . ①笑… Ⅱ . ①杨… Ⅲ . ①股票投资—基本知识 Ⅳ . ① F830.91

中国版本图书馆 CIP 数据核字（2015）第 175115 号

笑傲股市

编 著：杨 婧
出 品 人：赵红仕
责任编辑：王 巍
封面设计：韩 立
内文排版：潘 松

北京联合出版公司出版
（北京市西城区德外大街 83 号楼 9 层 100088）
河北松源印刷有限公司印刷 新华书店经销
字数 650 千字 720 毫米 ×1020 毫米 1/16 28 印张
2015 年 8 月第 1 版 2024 年 10 月第 3 次印刷
ISBN 978-7-5502-5835-8
定价：68.00 元

前言 |

在股市中有一个铁律，那就是"一赚二平七亏"。面对相同的投资环境，为什么有人能从股市中淘金，赚得盆满钵溢；有人却血本无归，因股致贫，落得个倾家荡产的苦果？有些股民认为，自己之所以没有在股市中捞得金，是因为自己"生不逢时"，没有碰对大势，只要赶上大牛市，自己能赚钱那是肯定的。事实并不一定是这样，也有很多股民同样是在牛市中被套的。那么，很多投资者不禁发问：身处变化莫测、凶险至极的股市，如何才能提高自身投资能力，找到通往成功的路径，顺利登上股市的华山峰顶、笑傲股市呢？

其实决定你炒股输赢的关键因素在于你懂不懂得炒股知识，会不会炒股的方法与技术！俗话说，没有金刚钻，别揽瓷器活。对炒股这项"瓷器活"来说，所谓的"金刚钻"就是相关的炒股知识。炒股界流传着这样一句话，也说明了炒股知识的重要性，那就是"靠运气炒股，赔钱十之八九；靠技巧炒股，赚钱八九不离十"。敢不敢入市投资，靠的是投资者的胆量与实力；能不能炒股赚钱，则靠的是投资者的眼力与技巧。炒股不能全凭一时的冲动和万丈豪情，只有了解有效的操作程序，掌握必要的基础知识，学会实用的技术方法，才能在变幻莫测的炒股市场中抓住瞬间即逝的赚钱机会。

事实上，在股市中，股民最大的风险不是市场风险，而是股民自身的知识和技术风险。许多股民经不住诱惑，在对股票知识一知半解甚至半知不解的情况下，仓促入市，风险从一开始就高悬在他们的头顶。因此，对于股民来说，掌握必要的股票知识，熟悉必要的操作技巧，是有效规避股市风险的重要前提。有了这个前提，任何时候都有赚钱的机会，既可以在牛市中轻松大笔赚钱，在熊市中同样也能如鱼得水。这就好比海上的惊涛骇浪在一般人看来是不可接近的，但熟习水性的弄潮儿却可以在其中自由嬉戏。股民必须明白，在股市中赚钱有大势的因素，但更重要的是股民本身的素质，这既包括他所掌握的基本理论知识，也包括其在股市中积累的实战经验。这些理论和经验的组合才是股民驰骋股市最根本的保障。泡沫不可怕，政策的调整不可怕，熊市也不可怕，没有知识、没有理论、没有方法才最可怕。股市中不相信眼泪，只相信能力和技巧。

股市是一个充满风险的场所，股票操作也是一项非常复杂的工作，对于股民来说，当务之急是学会客观冷静地看待股市，认真、细致地分析股市，准确、合理地把握股市。当你用自己辛勤劳动挣来的钱去炒股的时候，千万要对自己的投资行为负责，切不可盲目入市，随意买卖股票。为了帮助广大股民切实提高自身的炒股素质，我们特编写了这本《笑傲股市》。本书从实用性与可操作性入手，全面系统地介绍了炒股的基本知识、如何判断牛市和熊市、何时是最佳的投资时机、最重要的股票投资法则、交易赢家的心理法则、经典股票投资理论、基本面分析和技术分析的运用技巧、如何读懂 K 线和移动平均线、如何破解成交量密码、怎样判断股市何时见顶和见底、怎样进行资源配置、最重要的选股方法、如何寻找 10 倍股、买入和卖出的最佳时机选择、如何使投资回报最大化、怎样巧妙地跟庄、如何进行止损、如何利用解套反败为胜，内容全面、丰富，将股民需要掌握的知识、技巧一网打尽，为股民提供了一份全方位的炒股指南，让股民一册在手，炒股无忧。

本书最大的特色在于将理论与实践相结合，让读者在学中练、在练中学，真正兼顾了学习、运用的双重用途，是股民学习股市操作技巧和提高操作水平的优秀实用工具书。为了避免一般股票 书籍所具有的枯燥感，书中使用大量的案例，使分析变得简单、易学、易用，便于模仿操作。本书既是股民系统学习股票知识的入门向导，也是股民优化炒股技术、提高炒股水平的最佳参考书。需要说明的是，中国股市正处于高速 发展时期，对日新月异的各类情况我们不可能一览无余，本书中所述的知识点也不一定会是一成不变的。所以，股民在学习应用的时候，一定要灵活，提高自己的应变能力，结合这些知识和方法最终总结出适合自己的炒股方法。本书就像是一张股市的财富导航图，只要你认真学习，灵活掌握，就一定会在风云变幻的股市中获得理想的收益。如果你因本书而获得股票投资的灵感，那将是编者最大的欣慰。

目录 |

第 3 章　何时是最佳的投资时机

第 4 章　最重要的股票投资法则

第 5 章　交易赢家的心理法则

第 6 章　经典股票投资理论

第 7 章 基本面分析的运用技巧

第 8 章 技术分析的运用技巧

第 9 章　读懂 K 线和移动平均线

第 10 章　破解成交量密码

第 11 章　怎样判断股市何时见顶

第 12 章　怎样判断股市何时见底

第 13 章　资源配置策略问题

第 14 章　最重要的选股方法

第 15 章　如何寻找 10 倍股

第 16 章　买入和卖出的最佳时机选择

第 17 章　每个投资者应掌握的买入原则

第 18 章　每个投资者应掌握的卖出原则

第 19 章　揭开庄家的底牌

第1章
投资者入市须知

什么是股票

最近几年，进行股票投资已经成了一种潮流。"今儿您的股票涨了吗？"成为很多人见面的第一句话。

股票究竟是个什么东西，竟然让那么多人追捧？

要想对股票有个大致的了解，投资者首先要了解一下股票的来源。股票是社会化大生产的产物，迄今已有400余年的历史，它伴随着股份公司的出现而出现。

1602年，荷兰联合东印度公司成立，荷兰人把所有类似于莎士比亚经典作品《威尼斯商人》中的安东尼奥那样的商人联合起来，成立股份制公司，目的是共同承担航海风险。为了募集更多的资金，荷兰联合东印度公司还向全社会融资，每个人只要手头有闲钱，都可以去东印度公司，在小本子上记下自己出了多少钱，公司则承诺有收益就按比例给大家分红。农夫、小作坊工人、渔民……几乎每一个荷兰人都去购买这家公司的股票。

由于缺乏流通性，大家就想出进行股票买卖的交易，于是成立了最初的股票交易所。荷兰东印度公司是世界上第一家公开发行股票的公司，而安东尼奥，甚至包括市长的女佣就是最初的股东，也就是股民的雏形。

明末清初，股票在中国出现。当时，一些大富商采用了"集资联营、合股经营"的策略，成为中国最早的股票雏形。1916年，孙中山和虞洽卿共同建议组织上海交易所股份有限公司，并拟定具体规章制度，见证了股票在中国的发展。1920年7月1日，上海证券交易所开业，证券交易标的分为有价证券、棉花等7类。这就是近代中国最早的股票交易。1990年12月19日，上海证券交易所正式开业；1991年7月3日，深圳证券交易所正式开业。这两家交易所的成立标志着中华人民共和国证券市场的形成，并在以后的发展中日臻完善。

随着改革开放的深入，我国股票市场在不断地发展与完善，参与股票投资的投资者日益增多，股票投资已成为一种逐渐被人们接受的理财手段，而股票自然而然也成了人人关心的热门话题。

那么股票明确的含义是什么？

为了让投资者更好地理解股票的含义，我们先打个简单的比方：如果你做生意缺钱，你找朋友借钱，你就可以向他承诺，生意做成后与他分红。你打个借条给他，这个"借条"就是一种变相"股票"，也可以说是一种资金证明。

如果将个人扩大至一个企业，股票就是股份有限公司在筹集资金时，向出资人发行的一种有价证券，其代表着持有者（即股东）对股份公司的所有权。这种所有权是一种综合权利，如参加股东大会、投票表决、参与公司的重大决策、收取股息或分享红利等。同一类别的每一份股票所代表的公司所有权是相等的。每个股东所拥有的公司所有权份额的大小，取决于其持有的股票的数量占公司总股本的比重。股票一般可以通过转让收回其投资，但不能要求公司返还其出资。股东与公司之间的关系不是债权债务关系。股东是公司的所有者，以其出资份额为限对公司承担有限责任，承担风险，分享收益。

具体来说，股票有三个特点。

（1）风险性。股票的价格起伏与公司的发展状况息息相关，你买公司股票既有权获得收益，同时也要承担公司因经营不善而导致股价下跌遭受损失的风险。

（2）流通性。虽然股票不能退股取金，但是作为一种资本证券，它具备有价性，是一种灵活有效的集资、转资工具，可以在市场上进行买卖。

（3）无返还性。股票已经发行，持股者就不能中途索回本金要求退股，但是享有红利分配权，并能够行使规定内的各项股东权利。

什么是股市

2008 年 9 月，金融危机全面爆发，给世界上许多国家带来巨大的负面影响，也给一度红红火火的股市一记重拳，令股市走向"瘫软"状态。然而三年过去了，全球经济已然从昔日的"萎靡不振"中复苏过来。面对复苏过来的全球经济，很多因股市动荡而不敢接近股市的投资者们，也开始探出头来，摩拳擦掌，准备于股市中有番大作为。

然而，在涉足股市之前，投资者需要对股市有所了解。

什么是股市？

股市，也即股票市场，是已经发行的股票转让、买卖和流通的场所，包括交易所市场和场外交易市场两大类别。

股票市场是上市公司筹集资金的主要来源之一。随着商品经济的发展，公司的规模越来越大，需要大量的长期资本。而如果单靠公司自身的资本化积累，是很难满足生产发展的需求的，所以必须从外部筹集资金。公司筹集长期资本一般有三种方式：一是向银行借贷；二是发行公司债券；三是发行股票。前两种方式的利息较高，并且有时间限制，这不仅增加了公司的经营成本，而且使公司的资本难以稳定，因而有很大的局限性。而利用发行股票的方式来筹集资金，则无须还本付息，只需在利润中划拨一部分出来支付红利就可以了。把这三种筹资方式综合比较起来，发行股票的方式无疑是最符合经济原则的，对上市公司来说是最有利的。所以发行股票来筹集资本就成为发展大企业经济的一种重要形式，而股票交易在整个证券交易中因此而占有相当重要的地位。

一般地，股票市场可以分为一级市场、二级市场，一级市场也称为股票发行市场，二级市场也称为股票交易市场。大多数人了解的股票市场一般是指二级市场或次级市场，是股票发行和流通的场所，也可以说是指对已发行的股票进行买卖和转让的场所。

1. 一级市场

具体来说，股票的一级市场指的是股票发行市场，也叫初级市场。是股票发行者为扩大经营，按照法律规定和发行程序，向投资者出售新股票所形成的市场，是指发行股票从规划到销售的全过程。在这个市场上投资者可以认购公司发行的股票。通过一级市场，发行人筹措到了公司所需资金，而投资者则购买了公司的股票成为公司的股东，实现了储蓄转化为资本的过程。新公司的成立、老公司的增资或举债，都要通过发行市场，都要借助于发行、销售股票来筹集资金，使资金从供给者手中转入需求者手中。

股票一级市场由三个主体因素相互联结而组成。这三者就是股票发行者、股票承销商和股票投资者。发行者的股票发行规模和投资者的实际投资能力，决定着发行市场的股票容量和发达程度。同时，为了确保股票发行的顺利进行，使发行者和投资者都能顺利地达到自己的目的，往往需要市场中介参与其中，代发行者发行股票，并向发行者收取手续费用。

中国于1869年成立了第一家从事股票买卖的证券公司。而现在沪市和深市都是在1990年成立的。上海证券交易所成立于1990年11月26日，并在当年的12月19日开业。目前在那里上市的有856家，上市股票有900多支；深圳证券交易所成立于1990年12月1日，现在有上市公司656家。

因为股票发行大多无固定的场所，而在证券商品柜台上或通过交易网络进行，从而决定了股票发行市场的如下特点。

（1）无固定场所。股票可以在投资银行、信托投资公司和证券公司等处发行，也可以在市场上公开出售新股票；

（2）没有统一的发行时间。因为没有固定的场所，无法进行统一的规定，所以股票的发行是没有统一的发行时间的，它是由股票发行者根据自己的需要和市场行情自行决定发行时间的。

股票发行目的一是为新设立的公司筹措资金，二是为已有的公司扩充资本。可以说，股票一级市场的交易规模反映的是一国的资本形成的规模。

2. 二级市场

二级市场指股票交易市场。是股票经过发行市场后，投资者不断对股票进行买卖交易所产生的股票流通市场，股票流通市场是已经发行的股票按时价进行转让、买卖和流通的市场，包括场内交易市场和场外交易市场两部分。由于它是建立在发行市场基础上的，因此又称作二级市场。

证券交易市场是专门经营股票、债券交易的有组织的市场，根据规定只有交易所的会员、经纪人、证券商才有资格进入交易大厅从事交易。进入交易的股票必须是在证券交易所登记并获准上市的股票。场外交易市场又称证券商柜台市场或店头市场。主要交易对象是未在交易所上市的股票。店头市场股票行市价格由交易双方协商决定。店头市场都有固定的场所，一般只做即期交易，不做期货交易。

由于股票流通市场是建立在股票发行市场基础上的，因此股票流通市场又称作二级市场。打个最浅显的比方，股票二级市场就等于现在的菜市场，而股票一级市场就等于采购菜农场的承销商，试想下如果没有菜市场，想买菜的人都到菜农代理商那里买吗？那不爆棚了，只不过有点不同的是从菜市场买回来的菜没有再卖回去的，因为吃掉了，消费掉了，而从二级市场买来的股票本就像菜市场的菜贩一样低价买进高点价卖出。买卖股票就等于菜场里的菜贩买卖蔬菜，菜贩自己不种菜他还是照样赚钱，虽然赚得不多，没股票买卖那么明显，但道理是一样的。

股票二级市场是已发行股票进行买卖交易的场所，已发行的股票一经上市，就进入二级市场，二级市场可以促进短期闲散资金转化为长期建设资金，调节资金供求，引导资金流向，是沟通储蓄与投资的融通渠道；二级市场的股价变动还能反映出整个社会的经济情况，有助于提高劳动生产率和促进新兴产业的兴起；而且它能够维持股票的合理价格，交易自由、信息灵通、管理缜密，保护买卖双方的利益。投资者根据自己的判断和需要买进和卖出股票，其交易价格由买卖双方来决定，投资者在同一天中买入股票的价格是不同的。

为什么股票是流行的投资方式

对许多老百姓来说，投资是一种良好的创富方式。就具体的投资方式来讲，比较稳妥、保险的方式是将钱存入银行收利息，或者是买基金、债券等。相对储蓄、基本、证券等，股票投资是一种高风险的投资方式。然而，投资实践中，为什么依然有那么多投资者前赴后继、义无反顾地投资股票、闯入股市呢？并且还有更多的投资者也即将加入进去？

这让我们不禁想问，他们购买股票的动机何在？股票对他们来说为什么有这么大的吸引力？

通常来讲，投资者中流行购买股票有这几个好处。

好处一：股票作为大众投资工具，具有收益性。由于股票具有收益性，股票投资就成为大众投资的一种工具。人们总是希望钱能生钱，而除了银行存款、购买债券及亲自创办经济实体以外，通过购买股票也可取得收益，实现资本的增值。

好处二：通过购买股票，可以实现生产要素的组合。通过购买股票，投资者可非常方便地实现参股投资或控股及购买、兼并股份公司的目的，从而实现生产要素的组合，以提高企业的经营效益。

好处三：通过购买股票进行投机。由于受众多因素的影响，股票价格具有较强的波动性，因而人们可通过股票来进行投机活动，从买进卖出中赚取股票的价差，这也是股票市场吸引众多投资者的原因之一。

具体来说，对投资者来讲，股票最大的优势，一方面在于能够让投资者的财富增值。

现实生活中，并不是每个投资者都情愿或者说是热衷于股票投资的，因为股票投资的风险非常高。他们之所以进行股票投资，很大程度上是为了使自己辛辛苦苦积累的财富不至于贬值。很多人现在已经不认为把钱放在银行、定期收取利息就万事大吉了。这是很明智的看法，在货币贬值、利率下降的时候，钱放在银行其实正在不知不觉地缩水，因为单位货币的购买力下降了。正是基于这一考虑，一些之前从不关注股市行情的人开始试着分析 K 线图了。

因为这个原因而投入股市的朋友，一般不会花太多时间关注股市变化，但腾出一点时间来了解股票的基本知识，却是十分必要的。如果不认真研究股市，甚至对股票的知识一无所知、对股票的风险性也没有足够认识的话，还不如购买那些风险性较小的基金或者债券。

对投资者来讲，股票最大的优势，另一方面就在于能够让投资者积累财富。

著名的哲学大师杰斐逊曾经说："每个人生来都具有追求自由、幸福的权利。"但是，什么是自由和幸福呢？是看到父母刚从国外旅游回来时脸上露出疲惫而又满足的神情？还是儿女因为新买了一件漂亮衣服而欢呼雀跃地拥抱？还是因为能向亲朋好友伸出援助之手而发自肺腑的自豪之情？人类需要财富，但财富并不是那么容易就获得的。我们的工资就这么多，就算再节流也不可能以很快的速度积累。但是，还是有一种投资方式：股票。假如我们想要赚取 500 万元的财富，要花费几十年甚至更长的时间，但借助股市则有可能在 10 年或者更短时间内达到目标，这就是投资股票的魅力所在。

很多投资者朋友正是怀着这一梦想而开始投资股票的。但是并不是每个投资者都能如愿以偿地赚取大量财富，有些投资者甚至血本无归。所以，尽管股票投资能够给我们带来很大的财富，但投资者朋友们也须谨记：进行股票投资不是赌博，而是一种理性投资，必须保有良好的心态，清醒、理智地投资，你才有可能获得丰厚的回报。

股票投资是赌博吗

股市，是一个非常神奇的地方。有人说这里是天堂，因为有人能够从中实现一夜暴富的梦想；也有人说这里是地狱，因为有人在短短几天之内由富翁沦为乞丐。这个每天成交数千亿元的大资本市场，天天都在上演财富的再分配。正因为股市有着这样大起大落、大喜大悲的特点，虽然有投资大师的循循善诱，有舆论机器的反复宣传，但在当前的中国股市，相当多的投资者还是没有把炒股当成投资，而仅仅视其为一种赌博方式。

据统计，中国的股民中仅有 7.5% 的人属于长期投资者，而其余的都企图通过做短线谋利。造成这种情况的原因有很多，与上市公司的业绩不理想、证券市场的运作不规范、法律制度不健全有关，但很重要的一个原因是，一些上市公司把在股市圈钱当作第一需要，忽视了投资者的利益，这导致很多投资者把主要精力放在博取股票的差价上。而在很大程度上，这种以博取二级市场差价为主的炒股方式，带有很浓的"赌"的色彩："赌"业绩增长，"赌"分红派股，"赌"扭亏为盈，"赌"重组成功，"赌"庄家介入……当然其最后的落脚点都是一样的，即"赌"股价上涨。大多数投资者都习惯于这种短线"赌"股，而缺乏中长线投资的思想。

在这种心态驱使下的众多投资者，一旦从股票投资中获利，多半会被胜利冲昏头脑，像赌徒一样频频加注，恨不得把自己的身家性命都押到股市上去，直到输个精光为止。而当在股市失利时，他们常常不惜背水一战，把资金全部投在股票上，最终落得倾家荡产的下场。

可是，股票投资是赌博吗？非也。

股票投资不是赌博，赌博更多的是靠运气，靠孤注一掷的赌劲，而股票投资靠的是冷静理智的操作和扎实的投资知识。然而令人遗憾的是，投资实践中，太多的投资者都忽视了这一点，纵然有很多人撰文著书提倡理性选股、冷静操作、适量投入，但许多投资者由于发财心切，根本不屑于搞什么逐步建仓、科学看盘，只想一口吃成个大胖子。看见某只股票处于上涨态势，或者听小道消息传哪知股票好，就赶紧杀入。只看到了可以从股市中赚钱，却没有看到股市里面也是风险重重。有的甚至把自己的全部身家都放进股市，并且不惜借高利贷炒股，宣称"砸锅卖铁也要赌一把"，最后呢，落得个一无所有、流落街头，甚至结束生命。

进行股票投资，一定要心存理性，克服这种赌博的心态。研究股票投资知识、掌握科学看盘之道、做好投资组合，这样在熊市时期，才不至于被股市掏个精光。

上市公司为何销售股票

上市公司为什么要发行股票呢？上市公司发行股票最显而易见的目的就是筹集资金。但由于各个行业的实际情况千差万别，决定了它们发行股票的主要原因或者目的的不尽相同。但主要包括以下几个方面。

（1）通过股票的发行上市起到广告宣传作用。由于有众多的社会公众参与股票投资，股市就成为舆论宣传的一个热点，各种媒介每天都在反复传播股市信息，无形之中就提高了上市公司的知名度，起到了宣传广告作用。

（2）通过发行股票来分散投资风险。无论是那一类上市公司，总会有经营风险存在，一些前景难以预测的上市公司，当发起人难以或不愿承担所面临的风险时，他们总会想方设法地将风险转嫁或分摊于他人，而通过发行股票来组成股份公司就是分散投资风险的一个好方法。即使投资失败，各个股东所承受的损失也非常有限。

（3）通过发行股票来实现创业资本的增值。当一家业绩优良的上市公司发行股票时，其发行价都要高出其每股净资产的许多，若遇到二级市场的火爆行情，其溢价往往能达到每股净资产的2—3倍或者更多，而股票的溢价发行又使股份公司发起人的创业资本得到增值。

（4）股票是筹集资金的有效手段。通过发行股票，上市公司可广泛地吸引社会暂时闲置的资金，在短时间内把社会上分散的资金集中成为巨大的生产资本，组成一个"社会企业"——股份有限公司。而通过二级市场的流通，又能将短期资金通过股票转让的形式衔接为长期资金。

发行股票和储蓄一样能起到筹集资金的作用，可以把社会闲散的资金集中起来发挥作用，用在国家急需鼓励发展的行业上去。而上市公司更能从中得到好处，因为不管股东持有多少股票，只能将其转让买卖，而不能退股，这样由发行股票募集到的资金就成为公司的资本，而不受股东的影响。只要公司不破产倒闭，它就可以一直办下去，不会因为股东的变更而变化。

但对上市公司来说，发行股票的好处并不止于此。通过发行股票，上市公司实行股份制，就把上市公司和股东联系在一起，上市公司不仅要向上级负责，而且要向股东负责，要受到全体股东、全体投资者乃至整个社会的监督。这样就可以促进上市公司注意改善经营，提高效益。因为上市公司的效益好，股票的价值就高，就起到了促进资金向好上市公司流动的作用。这样就使全社会都来关心经济的发展。

发行股票有这么大的好处，那么谁可以发行股票呢？

发行股票虽然对许多上市公司具有吸引力，但并不是所有的上市公司都可以发行股票。为使社会资金得到合理高效的运用，防止股票发行过程中的欺诈行为，保护投资者的合法权益和社会公众利益，有些国家对股票发行人的资格作出了严格的限制。

在我国，根据《中华人民共和国公司法》《股票发行与交易管理暂行条例》及其他相关法规的规定。股票发行人必须是已经成立的股份有限公司，或者经批准拟成立的股份有限公司，并需根据不同情况满足所规定的条件：

（1）新设立股份有限公司。新设立股份有限公司申请公开发行股票，应当符合下列条件：

①产业政策。为了使社会资金得到合理高效的运用，同时贯彻国有企业"抓大放小"的改革战略，公司的生产经营必须符合国家产业政策。在选择发行人时，将重点支持能源、交通、农业、通讯、原材料等基础产业和高新技术产业，从严控制一般加工工业及商业流通性企业，暂时限制金融、房地产等行业。

②股本结构。申请公开发行股票的股份有限公司，其股本结构必须满足如下一些条件：第一，为保护社会公众投资者的利益，公司发行的普通股应限一种，且同股同权；第二，为了加强发起人设立、经营新公司的责任感，达到保护中小投资者利益的目的，发起人认购的股本数额不少于公司拟发行的股本总额的35%，并且认购的总数不少于人民币3000万元，国家另有规定的除外；第三，为保障公司股票的流通性，吸引公众广泛参与并有效地利用社会闲散资金，同时加强对公司经营管理行为的严格监督，发起人向社会公众发行的股票应不少于公司拟发行的股本总额的25%，公司发行的股本总额超过人民币4亿元的，中国证监会可以酌情降低向社会公众发行部分的比例，但是最低不少于公司拟发行的股本总额的15%；公司职工认

购的股本数额不得超过拟向社会公众发行的股本总额的 10%。

③经营及财务状况。发起人在近 3 年内无重大违法行为，并且近 3 年连续赢利。

（2）原有企业改组设立股份有限公司。通过"原有企业改组"这一形式设市股份有限公司，并且申请公开发行股票，发行人除了应当符合上述对公司质量的要求外，还必须具备下列两个实质性条件。

①公司在发行前一年末，净资产在总资产中所占比例不低于 30%，无形资产在净资产中所占比例不高于 20%。

②公司具备良好的经营业绩，近 3 年连续赢利。

优先股和普通股

股票的类型有很多，但其中最重要的一种分类是按照股东的权利，将股票分为优先股和普通股。

所谓优先股，是股份公司发行的在分配红利和剩余财产时比普通股具有优先权的股份。优先股也是一种没有期限的有权凭证，优先股股东一般不能在中途向公司要求退股(少数可赎回的优先股例外)。通常情况下，优先股具有如图 1-1 所示的特征。

优先股的种类很多，为了适应一些专门想获取某些优先好处的投资者的需要，优先股有各种各样的分类方式。主要分类有以下几种。

（1）可转换优先股与不可转换优先股。可转换的优先股是指允许优先股持有人在特定条件下把优先股转换成为一定数额的普通股。否则，就是不可转换优先股。可转换优先股是近年来日益流行的一种优先股。

（2）可收回优先股与不可收回优先股。可收回优先股是指允许发行该类股票的公司，按原来的价格再加上若干补偿金将已发生的优先股收回。当该公司认为能够以较低股利的股票来代替已发生的优先股时，就往往行使这种权利。反之，就是不可收

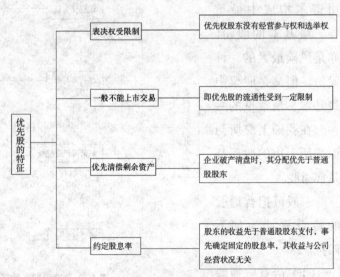

图 1-1 优先股的特征

回的优先股。

（3）参与优先股与非参与优先股。当企业利润增大，除享受既定比率的利息外，还可以跟普通股共同参与利润分配的优先股，称为"参与优先股"。除了既定股息外，不再参与利润分配的优先股，称为"非参与优先股"。一般来讲，参与优先股较非参与优先股对投资者更为有利。

（4）累积优先股和非累积优先股。累积优先股是指在某个营业年度内，如果公司所获的赢利不足以分派规定的股利，日后优先股的股东对往年来付给的股息，有权要求如数补给。对于非累积的优先股，虽然对于公司当年所获得的利润有优先于普通股获得分派股息的权利，但如该年公司所获得的赢利不足以按规定的股利分配时，非累积优先股的股东不能要求公司在以后年度中予以补发。一般来讲，对投资者来说，累积优先股比非累积优先股具有更大的优越性。

所谓普通股，是指在公司的经营管理和赢利及财产的分配上享有普通权利的股份，代表满足所有债权偿付要求及在优先股东的收益权与求偿权要求后，对企业赢利和剩余财产的索取权，它构成公司资本的基础，是股票的一种基本形式，也是发行量最大、最为重要的股票。目前在上海和深圳证券交易所中交易的股票，都是普通股。

通常来说，普通股股东拥有的基本权利如图1-2所示。

普通股的基本特点是其投资收益（股息和分红）不是在购买时约定，而是事后根据股票发行公司的经营业绩来确定。公司的经营业绩好，普通股的收益就高；反之，若经营业绩差，普通股的收益就低。

普通股是股份公司资本构成中最重要、最基本的股份，亦是风险最大的一种股份，但又是股票中最基本、最常见的一种。在我国上交所与深交所上市的股票都是普通股。

一般可把普通股的特点概括为如下四点。

（1）持有普通股

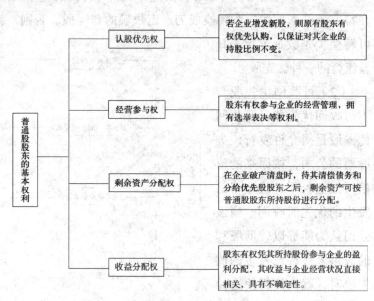

图1-2 普通股股东的基本权利

的股东有权获得股利，但必须是在公司支付了债息和优先股的股息之后才能分得。普通股的股利是不固定的，一般视公司净利润的多少而定。当公司经营有方，利润不断递增时普通股能够比优先股多分得股利，股利率甚至可以超过50%；但赶上公司经营不善的年头，也可能连一分钱都得不到，甚至可能连本也赔掉。

（2）当公司因破产或结业而进行清算时，普通股股东有权分得公司剩余资产，但普通股股东必须在公司的债权人、优先股股东之后才能分得财产，财产多时多分，少时少分，没有则只能作罢。由此可见，普通股股东与公司的命运更加息息相关、荣辱与共。当公司获得暴利时，普通股股东是主要的受益者；而当公司亏损时，他们又是主要的受损者。

（3）普通股股东一般都拥有发言权和表决权，即有权就公司重大问题进行发言和投票表决。普通股股东持有一股便有一股的投票权，持有两股者便有两股的投票权。任何普通股股东都有资格参加公司最高级会议——每年一次的股东大会，但如果不愿参加，也可以委托代理人来行使其投票权。

（4）普通股股东一般具有优先认股权，即当公司增发新普通股时，现有股东有权优先（可能还以低价）购买新发行的股票，以保持其对企业所有权的原百分比不变，从而维持其在公司中的权益。

综上所述，由普通股的前两个特点不难看出，普通股的股利和剩余资产分配可能大起大落，因此，普通股股东所担的风险最大。既然如此，普通股股东当然也就更关心公司的经营状况和发展前景，而普通股的后两个特性恰恰使这一愿望变成现实——即提供和保证了普通股股东关心公司经营状况与发展前景的权力的手段。

然而还值得注意的是，在普通股和优先股向一般投资者公开发行时，公司应使投资者感到普通股比优先股能获得较高的股利，否则，普通股既在投资上冒风险，又不能在股利上比优先股多得，那么还有谁愿购买普通股呢？一般公司发行优先股，主要是以"保险安全"型投资者为发行对象，对于那些比较富有"冒险精神"的投资者，普通股才更具魅力。总之，发行这两种不同性质的股票，目的在于更多地吸引具有不同兴趣的资本。

你应该知道的四种股票分类

除了将股票分为优先股和普通股之外，投资者还应该关注股票的其他分类。

1. 蓝筹股、红筹股、成长股、收益股、周期性股、防守性股、投机性股

蓝筹股：股票市场上，投资者把那些在其所属行业内占有重要支配性地位、业绩优良、成交活跃、红利优厚的大公司股票称为蓝筹股。"蓝筹"一词源于西方赌场。在西方赌场中，有两种颜色的筹码，其中蓝色筹码最为值钱，红色筹码次之，白色筹码最差。投资者把这些行话套用到股票上就有了这一称谓。

红筹股：红筹股这一概念诞生于 20 世纪 90 年代初期的香港股票市场。中华人民共和国在国际上有时被称为红色中国，相应的，香港和国际投资者把在境外注册、在香港上市的那些带有中国内地概念的股票称为红筹股。

成长股：所谓成长股，是指发行股票时规模并不大，公司的业务蒸蒸日上，管理良好、利润丰厚，产品在市场上有较强竞争力的上市公司。

收益股：也称收入股、高息股，能够支付较高收益的股票，生意稳定，扩展机会不大，所以其净利润转化为较高的收益发放股利。收益股的特点是稳定性较好，受股价暴涨暴跌的影响相对于低息股而言要小，此外，尽管其市场价格较高，但上涨的幅度及潜力仍然较大。这类股票适于中长期投资者。

周期性股：是数量最多的股票类型，是指支付股息非常高（当然股价也相对高），并随着经济周期的盛衰而涨落的股票。这类股票多为投机性的股票。该类股票诸如汽车制造公司或房地产公司的股票，当整体经济上升时，这些股票的价格也迅速上升；当整体经济走下坡路时，这些股票的价格也下跌。与之对应的是非周期性股票。

防守性股：这种股票与周期性股正好相反，它们在面临不确定性和商业衰退时收益和红利要比社会平均的高，具有相对的稳定性。公用事业公司发行的普通股是防守性股的典型代表，因为即使在商业条件普遍恶化与经济萧条时期，人们对公用事业也还有稳定的要求。

投机性股：是指那些价格很不稳定或公司前景很不确定的普通股。这主要是那些雄心很大，开发性或冒险性的公司的股票，热门的新发行股以及一些面值较低的石油与矿业公司发行的普通股票。这些普通股的价格，有时会在几天或几周内上涨2—3倍，也可能在几天或几周内下跌2—3倍，故其收益与风险均超过一般的普通股。

2. 国有股、法人股、公众股和外资股

这是根据投资主体的不同而划分的。

所谓国有股，是指有权代表国家投资的部门或机构以国有资产向企业投资形成的股份，包括以企业现有国有资产折算成的股份。由于我国大部分股份制企业都是由原国有大中型企业改制而来的，因此，国有股在企业股权中占有较大的比重。国有股股利收入由国有资产管理部门监督收缴，依法纳入国有资产经营预算收入管理。

所谓法人股，是指企业法人或具有法人资格的事业单位和社会团体以其依法可经营的资产向企业非上市流通股权部分投资所形成的股份。目前，在我国上市公司的股权结构中，法人股平均占 20% 左右。根据法人股认购的对象，可将法人股进一步分为境内发起法人股、外资法人股和募集法人股三个部分。

所谓社会公众股是指我国境内个人和机构，以其合法财产向公司可上市流通股权部分投资所形成的股份。我国国有股和法人股目前还不能进行上市交易。国家股东和法人股东要转让股权，可以在法律许可的范围内，经证券主管部门批准，与合格的机构投资者签订转让协议，一次性完成大宗股权的转移。由于国家股和法人股占总股本的比重平均超过 70%，在大多数情况下，要取得一家上市公司的控制股权，收购方需要从原国家股东和法人股东手中协议受让大宗股权。除少量公司职工股、内部职工股及转配股上市流通受一定限制外，绝大部分的社会公众股都可以上市流通交易。

所谓外资股，是指股份公司向外国和我国香港、澳门、台湾地区投资者发行的股票。外资股按上市地域可以分为境内上市外资股和境外上市外资股。外资股分为境内上市外资股和境外上市外资股。境内上市外资股是指股份有限公司向境外投资者募集并在我国境内上市的股份，投资者限于外国和我国香港、澳门、台湾地区的投资者。这类股票称为 B 股，B 股以人民币标明股票面值，以外币认购、买卖。境外上市外资股是指股份有限公司向境外投资者募集并在境外上市的股份。它也采取记名股票形式，以人民币标明面值，以外币认购。

3. A 股、B 股、H 股、N 股、S 股

这是根据股票的上市地点和所面对的投资者而划分的。

A 股的正式名称是人民币普通股票。它是由我国境内的公司发行，供境内机构、组织或个人（不含台、港、澳投资者）以人民币认购和交易的普通股股票，我国 A 股股票市场经过 10 年快速发展，已经初具规模。

B 股的正式名称是人民币特种股票，它是以人民币标明面值，以外币认购和买卖，在境内（上海、深圳）证券交易所上市交易的。它的投资者限于：外国的自然人、法人和其他组织，香港、澳门、台湾地区的自然人、法人和其他组织，定居在国外的中国公民以及中国证监会规定的其他投资者。现阶段 B 股的投资者，主要是上述几类中的机构投资者。B 股公司的注册地和上市地都在境内。只不过投资者在境外或在中国香港、澳门及台湾。自 1991 年底第一只 B 股——上海电真空 B 股发行上市以来，经过十几年的发展，中国的 B 股市场已由地方性市场发展到由中国证监会统一管理的全国性市场。

H 股，即注册地在内地、上市地在香港的外资股。香港的英文是 Hong Kong，取其字首，在港上市外资股就叫作 H 股。以此类推，纽约的第一个英文字母是 N，

新加坡的第一个英文字母是 S，纽约和新加坡上市的股票就分别叫作 N 股和 S 股。

4. ST 股票和 *ST 股票

ST 股票中 ST 是英文 Special Treatment 的缩写，意即"特别处理"。1998 年 4 月 22 日，沪深交易所宣布，将对财务状况或其他状况出现异常的上市公司股票交易进行特别处理，由于"特别处理"，在简称前冠以"ST"，因此这类股票称为 ST 股。

*ST 股票，*ST 是指由证券交易所对存在股票终止上市风险的公司股票交易实行"警示存在终止上市风险的特别处理"，是在原有"特别处理"基础上增加的一种类别的特别处理，其主要措施为在其股票简称前冠以"*ST"字样，以区别于其他股票。

如何参与股票交易 1：开户

要进入证券市场，第一道门槛是开户。所谓开户，就是股票的买卖人在证券公司开立委托买卖的账户。其主要作用在于确定投资者信用，表明该投资者有能力支付买股票的价款或佣金。客户开设账户，是股票投资者委托证券商或经纪人代为买卖股票时，与证券商或经纪人签订委托买卖股票的契约，目的在于确立双方为委托与受托的关系。下面将详细介绍一下 A 股和 B 股的开户程序。

1. A 股账户的开设

A 股需要开立两个账户，一个是证券账户，另一个是资金账户。证券账户，也称为股东卡，记录投资者持有的证券（包括股票、债券、基金）种类及数量；资金账户，也称为保证金账户，用于存放投资者卖出股票所得款项以及买入股票所需资金。在投资者进行股票买卖时，买进股票记入证券账户，并从资金账户中扣除资金；卖出股票时则相反。

（1）证券账户的开立。开立证券账户，就目前国内 A 股市场而言，可分为沪市证券账户和深市证券账户。办理沪市证券账户，个人投资者须本人持身份证到上海证券登记结算公司或其代理点或可以办理开户手续的证券营业部，按要求填写开户申请表，提供完备的开户基本资料，并缴纳开户费 40 元。机构投资者办理沪市证券账户，须提供完备的开户基本资料（一般包括法人证明文件《营业执照》及其复印件、法人代表证明书、办理人授权委托书及法人代表、代理人的身份证原件；开户费为 400 元），到上海证券中央登记结算公司各地的中心代理点办理。除了我国有关法律法规规定的禁止买卖证券的个人和法人（如证券从业人员、上市公司的高级管理人员，等等）外，凡年满 18 周岁的公民均可办理证券账户。

办理深市证券账户，个人投资者须持本人身份证到当地的深圳证券登记机构办理，有些可以代开深市账户的证券营业部也可以办理。机构投资者须到深圳证券登记机构当地的代理处办理开户手续。个人投资者及机构投资者所提供的资料、办理手续与开立沪市证券账户时类似。

（2）资金账户的开立。资金账户的办理，个人投资者须提供本人身份证、沪市和深市证券账户，到证券营业部亲自办理，并须同证券营业部签订委托代理协议，对于协议内容，客户一定要仔细看清楚，谨防其中有"陷阱"。若需他人代为交易，须双方一同到证券营业部，三方共同签订有关代理协议，并明确代理权限（如全权代理，只限于股票买卖不包括资金存取），以免将来出现纠纷。

2．B 股账户的开设

投资者如需买卖深、沪证券交易所 B 股，应事先开立 B 股账户。投资者凭个人身份证到证券营业部填表办理 B 股账户开户手续。其次，上海 B 股交易以美元结算，深圳 B 股以港币结算。投资者在参与 B 股交易之前，必须拥有美元（港元）存款或现金。手上没有外汇的投资者需要通过银行购汇。根据有关规定，只要在 5 万美元的额度之内，个人投资者只需要凭个人身份证和用途说明就可以去银行直接购汇了。据了解，投资者兑换外汇后，需要将外汇存入证券营业部指定的外汇账户。下面为大家介绍一下 B 股的开户步骤。

（1）凭本人有效身份证明文件到其原外汇存款银行将其现汇存款和外币现钞存款划入证券商在同城、同行的 B 股保证金账户。境内商业银行向境内个人投资者出具进账凭证单，并向证券经营机构出具对账单。

（2）凭本人有效身份证明和本人进账凭证单到证券经营机构开立 B 股资金账户，开立 B 股资金账户的最低金额为等值 1000 美元。

（3）凭刚开立的 B 股资金账户，到该证券经营机构申请开立 B 股股票账户。

当然，也不是所有的人想开户就开户的，这也是有一定的条件的。按照我国现行的有关规定，证券商有权拒绝下列人员开户：

（1）未满 18 周岁的未成年人及未经法定代理人允许者。

（2）证券主管机关及证券交易所的职员与雇员。

（3）党政机关干部、现役军人。

（4）证券公司的职员。

（5）被宣布破产且未恢复者。

（6）未经证券主管机关或证券交易所允许者。

（7）法人委托开户未能提出该法人授权开户证明者。

（8）曾因违反证券交易的案件在查未满 3 年者。

以上是关于开户的相关内容。

如何参与股票交易 2：委托

当投资者开设了账户，并开通银证转账把钱汇入资金账户时，下一步就是委托买卖股票了。所谓委托买卖，就是券商接受委托并代理投资者买卖股票的行为。委托买卖的流程如图 1-3 所示。

通常来说，当委托人向证券商办理委托时，必须详细说明买卖股票的名称和买进或卖出的相关要求，除此之外，还包括买卖股票的价格和数量。

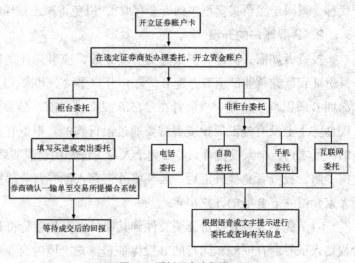

图 1-3 委托买卖流程图

1. 买卖股票的价格

上海证券交易所和深圳证券交易所对所有的股票和基金都实行涨跌停板制度，其幅度为 ±10%。当股票价格达到 +10% 时，称为涨停板；当其价格跌幅达到 -10% 时，称为跌停板。当日委托价格不能超过或低于前一交易日收盘价的 10%，否则视为无效委托。有效价格范围就是该只证券最高限价、最低限价之间的所有价位。限价超出此范围的委托为无效委托，系统作自动撤单处理。由于涨跌的幅度采用四舍五入的计算方法，处于涨跌停板状态的股价有时会出现 10% 左右的幅度，而不正是 10% 整数，这是正常的。ST 股票实行 ±5% 的涨跌停板制度。新股上市当天的价格虽然不受 10% 涨跌停板的限制，但要遵守其他一些规则。

2. 买卖股票的数量

根据证券交易所的有关规定，股民在委托买进股票时，必须购买整数股（即 100 股的倍数），在委托卖出股票时，可以委托卖出零股，但必须一次性卖出，不能分批卖出。因此，在电脑竞价撮合系统中会有零股委托卖出现象，相应的买入委托者就有可能以零股成交，而不是以整数股成交。同样，委托卖出整数股者也可能会卖出零股。例如，甲委托卖出 135 股，价格为 10 元；乙委托卖出 200 股，价格为 10.01 元。此时，丙委托买入 200 股，价格为 10.01 元，这样，买入方丙可从卖出方甲处买入 135 股，价格为 10 元，再从卖出方乙处买入 65 股，价格为 10.01 元，丙委托购买的 200 股全部成交，委托买入方丁也委托买入 200 股，价格也是 10.01 元，这样委托买入方丁只能从乙处买入余下的 135 股了，因而出现了零股。

一般来说，投资者的委托买卖有多种方式，最主要以两种方式进行，即柜台委托和非柜台委托。柜台委托要客户亲自去券商那里办理委托手续，手续比较烦琐，而且不太实用，这里就不多说了。非柜台委托主要有电话委托、自助委托、手机委托、互联网委托等。

1. 电话委托

投资者可以借助券商提供的电话号码，进行股票委托买卖。使用电话委托时，只需要输入自己的账户号码以及交易密码，就可以按照语音提示买卖股票了。电话委托速度相比互联网委托慢了一些，因此短线操作股票的投资者，最好不要使用这种方式买卖股票，以免错过交易时机。

2. 自助委托

在券商的营业部，一般都设有专门用于交易的电脑终端。投资者可以凭借股东卡和密码，进入电脑进行股票委托买卖。这种委托方式，适用于住所离营业部比较近的客户。而且营业部的电脑终端一般数量有限，只能供少量的投资者委托买卖股票。

3. 手机委托

随着无线互联网技术和手机技术的发展，手机委托炒股这种新的委托交易形式逐渐被广大投资者接受。只要投资者拥有一部手机，并且在券商处开通相关服务，在交易时间里，就可以随时随地查看行情，并下单买卖股票。这里要说的是，投资者要确保手机网络畅通无阻，而且必须熟练使用这种委托方式，才能随时随地委托买卖。

4. 互联网委托

投资者可以通过电脑，与券商的交易系统相连，完成股票委托买卖操作。这种股票交易形式，已经被多数投资者所采用。

现在多数股民倾向于使用非柜台委托中的互联网委托买卖股票，因为互联网买卖股票与其他委托方式相比，有很多的内在优势。

如何参与股票交易 3：清算

所谓清算，是指将买卖股票的数量和金额分别予以抵消，然后通过证券交易所交割净差额股票或价款的一种程序。证券交易所如果没有清算，那么每位证券商都必须向对方逐笔交割股票与价款，手续相当繁琐，占用大量的人力、物力、财力和时间。

要了解清算，首选要关注清算的相关制度。清算制度主要包含以下内容。

（1）股票集中保管库制度。各证券商除将自有的股票扣除一部分留作自营业务所需外，将大部分集中寄存在证券交易所集中保管库内，入库只限于批准上市的股票。若有证券商不参加集中保管造成不能通过库存账目完成交割时，证券商必须承担送交或提取股票的全部事务。

（2）开设清算账户制度。证券商在证券交易所进行股票买卖业务，都必须在交易所的清算部建立清算账户，并在此账户中保留一定的余额，以在清算交割划拨价款。但是受到经济条件的限制，证券商必须到人民银行的营业部建立清算账户。

（3）清算交割准备金制度。实行交割准备金制度的目的在于保证清算交割能正常顺利地进行，保证清算的连续性、及时性和安全性。深圳证券交易所规定，各证券商必须交纳 25 万元人民币。

清算工作由证券交易所组织，各证券商统一将证券交易所视为中介人来进行清算，而不是各证券商相互间进行轧抵清算。交易所作为清算的中介人，在价款清算时，向股票卖出者付款，向股票买入者收款；在股票清算交割时，向股票卖出者收进股票，向股票买入者付出股票。具体来说，清算遵循以下程序。

（1）要核对成交单是否准确无误，是否为证券商填写的清单。

（2）买卖价款的清算，应收应付价款相抵后，只计轧差后的净差额。

（3）对买卖股票的清算，对于同意股票应收应付的数额相抵之后，也是只计轧差后的净差额。

（4）清算的工作由证券交易所组织，而不是由证券商与证券商之间的轧底清算。

上海证券交易所和深圳证券交易所所采用的登记结算体系不同。上交所是"集中清算、集中登记"模式；深交所是"集中清算、分散登记"模式。深圳证券交易所的清算可以分为二级：一级清算是在深圳登记公司和各地的证券商之间进行，期间需要各地登记机构作为中介；二级清算是在各证券商和委托其买卖的投资者之间进行。而上海证券交易所则采用三级清算方式：一级清算是指由异地的资金集中清算中心与上海证券中央登记结算公司所进行的地区净额清算；二级清算是由各证券商同异地资金集中清算中心在当地进行净额清算；三级清算是指投资者与证券商之间进行的资金清算。

如何参与股票交易 4：交割

所谓交割，就是卖方向买方交付股票而买方向卖方交付价款的行为。通常情况下，交割包括两个方面：一是证券交易所与证券商之间的交割；二是证券商与投资者之间的交割。

卖方将证券交付买方时，意味着权利的相应转移；证券商不得因客户的违约而不进行交割；

证券商违背义务时，证券交易所可在交割当日收盘前一定时间内指定其他证券商代为卖出或买进；

若证券商违背交割义务时，其经手的已成交但尚未交割的各种其他买卖，可由证券交易所指定其他证券商代为了结；

违背交割义务的证券商所应负的款项，证券交易所可以从其营业保证金与其应付款项冲销（冲销后若尚有余额，将其偿还；若有不足，证券交易所可向违约证券商追偿）；

证券商在违背交割义务的案件尚未了结前，不得进入证券交易所进行交易，也不得接受客户的委托。

交割日期是指当选择权的买方要求选择权的卖方履行契约后，买卖双方依约分别支付对方所购买货币的日期。

根据交割日期的不同，交割分为四种方式：

（1）当日交割，又称 T+0 交割。即买卖双方在成交当天完成付款交券手续，这种方式可以使买卖双方较快地得到股票或现金。在 T+0 交割方式下，投资者买进股票成交后，可以马上卖出；卖出股票成交后，可以马上买进。

（2）次日交割，也称 T+1 交割。即在成交后的下一个营业日才能办理成交的交割手续。

（3）例行交割，即买卖双方在成交之后，按照证券交易所的规定或惯例履行付款交券。

（4）选择交割，即买卖双方自主选择交割日期，这种交割方式通常在场外交易中使用。

我国目前实行 T+1 的交割制度，股民所查询到的账户上的资金余额及股票余额均为可用数，不包括因委托买入而冻结的现金余额、因委托卖出而冻结的股票数量和当日买入成交的股票数量。但股票卖出成交后的资金会及时存入资金所在的余额中，这部分资金可于当日使用。即当日买进不能当日卖出；当日卖出后资金当日到账，可于当日再次买进，从差价中获取利润。

大家已经知道了交割是投资人买卖股票后付清价款与转交股票的活动。投资者在委托购买股票成交后，应在规定期限内付清价款并领取股票。同理，卖出股票后应在规定的时间内交付股票并领取价款。这是股票买卖过程中的一个必要环节、一个必须履行的手续。那么交割是按照怎样的程序来交割的呢？一般来说交割分为两个程序。

1. 证券商的交割

证券交易所清算部每日闭市时，依据当日"场内成交单"所记载各证券商买卖各种证券的数量、价格，计算出各证券商应收应付价款的相抵后的净额及各种证券应收、应付相抵后的净额，编制当日"清算交割汇总表"和各证券商的"清算交割表"，分送各证券商清算交割人员。各证券商清算人员接到"清算交割表"核对无误后，须编制本公司当日的"交割清单"，办理交割手续。在办理价款交割时，依下列规定完成交割手续：

（1）应付价款者，将交割款项如数开具划账凭证至证券交易所在人民银行营业部的账户，由交易所清算部送去营业部划账；

（2）应付价款者，由交易所清算部如数开具划账凭证，送营业部办理划拨手续。

在办理证券交割时，依下列规定：

（1）应付证券者，将应付证券如数送至交易所清算部；

（2）应收证券者，持交易所开具的"证券交割提领单"，自行向应付证券者提领。

2. 证券商送客户买卖确认书

证券商的出市代表在交易所成交后，应立即通知其证券商，填写买进（卖出）确认书。

深圳证券交易所规定，买卖一经成交，出市代表应尽快通知其营业处所，以制作买卖报告书，于成立后的第二个营业日通知委托人（或以某种形式公告），并于该日下午办理交割手续。买卖报告书应按交易所规定的统一格式制备。买进者以红色印制，卖出者以蓝色印制。买卖报告书应记载委托人的姓名、股东代号、成交日期、证券种类、股数或面额、单价、佣金、手续费、代缴税款、应收或应付金额、场内成交单号码等事项。

如何参与股票交易 5：过户

随着交易的完成，当股票从卖方转给（卖给）买方时，就表示着原有股东拥有权利的转让，新的股票持有者则成为公司的新股东，老股东（原有的股东，即卖主）丧失了他们卖出的那部分股票所代表的权利，新股东则获得了他所买进那部分股票所代表的权利。然而，由于原有股东的姓名及持股情况均记录于股东名簿上，因而必须变更股东名簿上相应的内容，这就是通常所说的过户手续。所以说，证券和价款清算与交割后，并不意味着证券交易程序的最后了结。

上海证券交易所的过户手续采用电脑自动过户，买卖双方一旦成交，过户手续就已经办完。深圳证券交易所也在采用的过户手续比较先进，买卖双方成交后，利用光缆把成交情况传到证券登记过户公司，将买卖记录在股东开设的账户上。

具体程序如下：

（1）原有股东在交割后，应填写股票过户通知书一份，加盖印章后连同股票一起送发行公司的过户机构。我国目前一般均在金融机构办理，深圳由证券公司负责，上海则由证券交易所办理；

（2）新股东在交割后，应向发行公司索取印章卡两张，加盖印章后送发行公司的过户机构（印章卡主要记载新股东的姓名、住址，新股东持股股数及号码、股票转让日期）；

（3）过户机构收到旧股东的过户通知书、旧股票与新股东印签卡后，进行审核。若手续齐全就立即注销旧股票，发新股票，然后将新旧股票一起送签证机构，并变更股东名簿上相应内容；

（4）签证机构审检收到过户机构送来的新旧股票及有关材料，若手续齐全则在新旧股票正面签证，再送过户机构；

（5）过户机构收到经签证的新旧股票后，将新股票送达新股东，而旧股票则由过户机构存档备案。

在过户的过程中，股民朋友需要注意哪些事项呢？

（1）一切费用应由发行公司负责。

（2）股东如果是用邮寄方式申请过户，则应用挂号邮至过户机构，以平信邮寄，若有遗失，发行公司概不负责。

（3）股东股票遗失，若无法出具充足证明，则发行公司可拒绝补发新股票。

（4）若捡到的遗失股票，则无须归还，但如果原持有人在遗失股票背面已签字盖章，则发行公司拒绝办理过户手续，即，除非原持有人同意不再拥有已遗失股票，否则公司就不承认新持有人为新股东，因而新持有人无法享有一切权利。

（5）发行公司一般在宣布股息时公告一个停止过户期，在停止过户期间，发行公司停止办理过户手续。发行公司将股息发给股东也可直接划到股东银行账号上。旧股东在此期间转让股份，则新股东不能领取股息。所以在成交中，往往从出让价格中扣除股息作为成交价格，以示公平。

如何评估股票

投资者在做决策时，经常会遇到一个问题：什么样的股票才是好股票？

世界级投资大师彼得·林奇一语道破其中的玄机，他说："公司里的情形与股票的情况有着100%的相关性。"也就是说，通过研究上市公司可以评估一个股票的好与坏。

那么，如何评价一家上市公司呢？可以采用以下方法。

1. 通过现金流量评估

在对股票进行价值评估上一直存在着现金流估值和以市盈率为代表的相对价值估值两种方法。其中通过现金流量是一个被全球投资界广泛认同的一个重要的投资分析工具。在进行实际投资决策的时候，投资者可以通过评估未来的现金流和其风险，并把风险评估纳入分析，然后找到现金流的现存价值，来完成现金流评估法。

2. 通过市销率评估

市销率是除现金流量和市盈率之外另一个比较基础的比率，它是用现在的股票价格除以每股的销售收入。市销率反映的销售收入比财务报表中的赢利更真实，因为公司使用的会计伎俩通常是想方设法推高利润。（公司可能使用会计伎俩推高销售收入，但如果使用很频繁就容易被发现。）另外，销售收入不像利润那样不稳定，一次性的费用可能临时性压低利润，对于处于经济周期底线的公司，一年到另一年中利润的这种变化可能非常显著。

市销率的基本运用方法是，市销率越低，说明该公司股票目前的投资价值越大。

运用市销率估值法，如果市场出现了一批公司证券市场售价显著低于其年销售收入的股票，这里面就会包括较多低估的股票，应当引起投资者关注。

3. 通过市净率评估

市净率是指公司股票价格与每股平均权益账面价值的比率。公司权益的市场价值反映公司未来的赢利能力和预期未来现金流，公司权益的账面价值反映了原始成本。当公司未来赢利能力显著高于或低于资本成本时，如果市场有效，市场价值会与账面价值产生明显差异，市净率也会有明显变化。如果市净率在公司赢利能力增加时没有相应增加，则表明股票被低估，投资者有机会获取超额利润。

4. 掌握估值信息的途径和方法

了解了股票价值评估的各种方法，投资者相当于掌握了估值的工具，但如果想用这些工具进入估值的实际操作程序，还需要掌握估值信息。要想获取估值信息，投资者可以寻找公司总部的所在地、与公司的投资者联络部联系以及索取印刷好的公司年报和季报等。由于投资者不是一个大的机构投资者，也可以求助于商业银行，它们充当公司的股票换手代理（可能有也可能没有免费的电话号码）。另外，从公司年报和季报上，投资者也可以获取所需要的各种数据。

进入股市前的自我测试

聪明的投资者，在你考虑踏入股市之前，你需要首先对自己进行以下一些基本判断：你如何看待股票市场？你对上市公司的信任程度有多大？你是否需要进行股票投资？你期望从股市投资中得到什么回报？你是短线投资者还是长期投资者？你对某些突如其来的、出乎意料的股价暴跌会如何反应？……如果你没有搞清楚这些问题就贸然入市的话，你将成为一个潜在的股票市场牺牲品，你会在市场行情最低迷的时刻放弃所有的希望，丧失全部的理智，不惜一切代价地、恐慌地抛出股票。这些投资前的准备工作和投资中的研究分析工作同样重要，正是决定业余投资者在投资中是一个一胜再胜的成功者还是一个一败再败的失败者的关键因素。最终决定投资者命运的不是股票市场，甚至也不是上市公司，而是投资者自己。

而投资者在投资前该如何审视自己的实际情况，以决定是否踏入股市呢？

彼得·林奇在《彼得·林奇的成功投资》中提出了三个进入股市前必做的自我测试。

1. 你是否有一套房子

可能很多投资者会说："买一套房子，那可是一笔大买卖啊！"但是彼得·林奇告诫我们：在你确实打算要进行任何股票投资之前，应该首先考虑购买一套房子，因为买房子是一项几乎所有人都能够做得相当不错的投资。当然彼得·林奇也知道肯定存在例外的情况。例如，房子修建在污水沟上，或者位于房价大幅跳水的高级地段，这些都会导致房价大跌，但在 99% 的情况下购买一套房子是能够赚钱的。

彼得·林奇指出数以百万的业余房地产投资者在购买自己居住的房屋上的投资

都非常精明，很少有人会在一次又一次的住房买卖中连续亏钱，而在股票市场上一次又一次的股票买卖中连续赔钱却屡见不鲜。很少有人因为购买一套房子而赔个精光，结果一大早醒来发现自己购买的房屋竟然已经被宣布资不抵债或者陷入破产，而这种悲惨的命运却经常出现在许多公司证券上。

彼得·林奇判断投资房地产比投资股市更明智，主要是基于以下三个理由：

第一，房主可以完全按照自己的意愿卖房屋，银行使你只要先支付30%或更少的首期房款就可以拥有自己的房屋，这样利用财务杠杆给你增添了很大的经济实力。

第二，投资房地产长期持有的可能性比较大。房地产跟股票一样，长期持有一段时间的赚钱可能性最大。与股票经常频繁换手不同的是，房地产可能会被一个人长期持有，据调查平均持有年限是7年左右。与此相比，股票交易所87%的股票每年都会换手一次。人们买卖股票要比买卖房屋便捷得多，卖掉一套房子时要用一辆大货车来搬家，而卖掉一只股票只需打一个电话就可以搞定。

第三，在房屋方面你之所以是一位优秀的投资者，是因为你懂得怎样从顶楼到地下室上上下下查看一套房子的质量好坏，并且你还会问一些很专业的问题。你记得这样的房屋投资规律，例如，"不要购买卖价最贵的房子"。你可以沿路向前或者向后看看附近地区的情况如何。你可以驾车穿过一片街区，看一下哪些房屋已经整修一新，哪些房屋已经破败失修，还有多少房屋正在等待修复。然后，在你报价购买房子之前，你还要雇专家为你检查有没有白蚁、房顶漏不漏水、木材有没有干腐病、水管有没有生锈、电线接得对不对以及地基有没有裂缝等。

正是因为投资房屋跟投资股票相比存在上述优势，所以投资者在踏入股市之前，应首先问问自己有没有一套房子。

2. 你未来是否需要用钱

"我未来需要用钱吗"是我们要问的第二个问题。彼得·林奇认为，在你买股票之前首先重新检查一下家里的财政预算情况是一件十分必要的事情。例如，如果你在两三年之内不得不为孩子支付大学学费，那么就不应该把这笔钱用来投资股票。

也可能你是一位需要靠固定收入来维持生活的老人，或者是一个不想工作只想依靠家庭遗产产生的固定收益来维持生活的年轻人，无论哪一种情况，你都最好还是远离股票市场。有很多种复杂的公式可以计算出应该将个人财产的多大比例投入股票市场，这里有一个非常简单的公式，对于进行股票投资和赌马都同样适用：在股票市场的投资资金只能限于你能承受得起的损失数量，即使这笔损失真的发生了，在可以预见的将来也不会对你的日常生活产生任何影响。

3. 你是否具备股票投资所必需的个人素质

这是所有问题中最为重要的一个问题。彼得·林奇认为股票投资成功所必需的个人素质应该包括：耐心、自立、常识、对于痛苦的忍耐力、心胸开阔、超然、坚持不懈、谦逊、灵活、愿意独立研究、能够主动承认错误以及能够在市场普遍性恐慌之中不受影响而保持冷静的能力。就智商而言，最优秀的投资者的智商既不属于智商最高的那 3%，也不属于最差的 10%，而是在两者之间。

股票投资是一项智力活动，没有一定的投资知识和技巧是很难在股市立足的。有的人认为，要想在股市赚钱，必须有很高的智商，否则只能赔钱，因为在股市上，总是聪明人赚傻瓜的钱。

这样说虽然也有一定的道理，但事实也不尽然。高智商并不能带来股市投资的成功。那些负责研究股票的专家学者，虽然以分析研究股票为业，通晓各种分析技巧，整日潜心收集各方面信息，但由此致富的人也寥若晨星，即使有人赚了钱，也不是太多，仍然谈不上因此致富。不少分析师、研究员虽然有丰富的投资知识，但由于无法克服情绪上的障碍，一投入股市实战便打败仗。

股票投资是一项十分复杂的工作，需要具有良好的个人素质。欲在股市一展抱负的投资者，必须自觉审视自身的心理弱点，加强心理锻炼，为在股市制胜打下坚实的基础。以下这个心理测试可以帮助我们了解自己是否已经具备投资的个人素质。

1. 您参与股市的目的：

    A. 赚钱   B. 玩玩   C. 学习   D. 替代储蓄

2. 您所投资股市的资金占您拥有总资金的比重为：

    A.20%   B.50%   C.100%   D. 大于 100%

3. 您投资股市的资金来源：

    A. 工资积累   B. 家庭融资   C. 朋友合资   D. 长期闲置有资金

4. 家庭成员对股市的态度：

    A. 全家皆股民   B. 不知道   C. 支持理解   D. 不关心

5. 您的职业：

    A. 职业股民   B. 脑力劳动   C. 体力劳动   D. 从事证券相关职业

6. 您每周用于研究分析股市的时间有：

    A.5 小时   B.10 小时   C.20 小时   D.40 小时以上

7. 您获得信息、行情的途径：

    A. 去营业大厅   B. 看报纸杂志   C. 与朋友交流   D. 手机或电脑

8. 您要买股票的操作手段：

A. 电话委托　　　B. 电脑自动　　　C. 填单　　　　　D. 由其他人代理

9. 您入市实践的时间：

A. 三个月以下　　B. 半年左右　　　C. 一年以上　　　D. 两年以上

10. 您认为自己最大的投资优势：

A. 不怕套　　　　B. 有专家指点　　C. 消息灵通　　　D. 自身的智慧和经验

11. 您是否长期订阅两份以上的证券或经济类报纸：

A. 是　　　　　　B. 不是　　　　　C. 不一定

12. 10 天之内最少有一次隔天轧平的短线买卖进出：

A. 有　　　　　　B. 没有　　　　　C. 不一定

13. 卖了上涨，能够加价补回，买了下跌，能够少赔卖出：

A. 能　　　　　　B. 不能　　　　　C. 不一定

14. 对于个股资料及财经时势有认识了解，或自己拥有一套认为可行的炒股原则：

A. 有　　　　　　B. 没有　　　　　C. 不太确切

15. 除了股票交易时间或例假日外，每天花费半小时以上的时间整理及分析股市资料：

A. 是　　　　　　B. 不是　　　　　C. 不一定

16. 您是否至少有三位以上足以交换炒股心得体会的朋友，否认其是行家：

A. 有　　　　　　B. 没有　　　　　C. 不一定

17. 炒股赚钱后立即请客消费或立即将所赚的钱大部分花在买东西上：

A. 是　　　　　　B. 不是　　　　　C. 不一定

18. 炒股之前您是否已拟订操作计划，并常作修正，绝不凭第六感进行买卖：

A. 是　　　　　　B. 不是　　　　　C. 不一定

19. 不论多头或空头市场，股票持有的时间能够机动：

A. 最长持有一个月　　　　　　B. 以最短隔天轧平　C. 没有

计分方法：

1. A.15　　　B.2　　　　　C.5　　　　　D.10

2. A.10　　　B.15　　　　C.5　　　　　D.2

3. A.2　　　　B.5　　　　　C.10　　　　D.15

4. A.10　　　B.5　　　　　C.15　　　　D.2

5. A.15　　　B.5　　　　　C.2　　　　　D.10

6. A.2　　　　B.5　　　　　C.10　　　　D.15

7. A.10　　　B.2　　　　　C.5　　　　　D. 全选 15

8. A.10   B.2   C.5   D. 全选 15

9. A.2   B.5   C.10   D.15

10. A.2   B.10   C.10   D.15

11. A.10   B.2   C.5

12. A.2   B.5   C.10

13. A.15   B.2   C.5

14. A.10   B.2   C.5

15. A.15   B.2   C.5

16. A.10   B.2   C.5

17. A.2   B.10   C.5

18. A.10   B.2   C.5

19. A.10   B.2   C.5

如果您通过以上 19 个问题的回答，得分在 150 分以上，那么可以说您已具备了较大的投资优势，至少可以从概率上确认，您会有较大的赢利机会，如果在 100~150 分之间，您需要重新审视一下自己，设法提高自己的竞争优势，然后再参与股票交易，如在 90 分以下最好退出股市。

学会做一名真正的投资者

价值投资之父本杰明·格雷厄姆曾说过："投资者与投机者最大的区别在于他们对股市运动的态度上：投机者的兴趣主要在参与市场波动并从中谋取利润，而投资者的兴趣主要以适当的价格介入和持有适当的股票。"因此，格雷厄姆认为，投资者若想在茫茫股市中获得理想的收益，首先应该学习的是如何成长为一名真正的投资者。

1. 正确区分投资与投机的差异

若想成为真正的投资者，投资者首先应该区分出投资和投机的差异。

投资实践中，很多投资者始终不明白这样一个问题，做股票到底是投资还是投机？这是一个很实在的问题，不过并不是一个很复杂的问题，关键在于投资者要把问题理清楚。所谓投资就是长期持有股票，分享公司成长带来的收益。结合现在的市场，投资的概念还可以再缩短一些，只要是持有期限在一年以上的差不多就可以算是投资了。投机就是通过二级市场的差价获取收益，持有期限比较短，甚至可以短至一个交易日。

不同的投资者会选择不同的方式。有些投资者启动资金很少，但又希望通过做股票而成为富人，那就只有投机才有可能达到目标。假设投资 5 万，用投资的方法，而且抓到了一家罕见的 10 年涨 10 倍的股票，那么 10 年后的资金是 50 万，离富人的目标还相当遥远。同样是投入 5 万，投资者用投机的方法每年翻一倍，这样 5 年后就是 160 万。接着再进行投资，假设年收益率只有 30%，这样再过 5 年资金将近 600 万。两种方法的差异在 10 倍以上。当然，其中的关键是如何在前几年中使资金快速增值。大势对于投机并不重要，投机只看重个股，否则的话手里拿着 5 万元永远也圆不了富人的梦。也一定会有人讥笑投机很累。但投资者都知道，所有的成功者都是累出来的。累也许不一定能获得成功，但不累是肯定不能获得成功的。

如果投资者只是为了资金的保值增值，或者手头资金非常多，那么可以远离投机。

2. 学做一名真正的投资者

要成为一名真正的投资者就应该学会规避风险，并遵循一定的止损原则，而一味追求高收益，完全忽视可能存在的损失的投资者终将被市场所淘汰。

所以，在投资实践中，任何一名投资者都应遵循两大投资原则：一是严格止损，二是冷静持股。关于第一个原则，笔者会在后面的章节中有所阐述。这里笔者想要强调的是投资者应该冷静持股。尤其是处在当前的市场环境中，对于广大投资者而言，在坚定资本市场长期向好信心的同时，更需要用理性的头脑、发展的眼光来看待当前的市场，既不能惊慌失措，盲目杀跌，也不要不加判断地随意抄底、推波助澜，而是要密切关注国际金融风险对我国资本市场的传导效应，清醒认识宏观经济和政策环境对资本市场的阶段性影响，全面把握上市公司投资价值与核心盈利能力，不为股市的一时起伏影响对股市的理性判断。

总的来说，投资者不仅要对股票知识十分了解，还要对相关的宏观经济状态和运行、行业的兴衰和更替、公司的治理结构和经营策略十分熟悉。只有如此，才能使投资者站在更高的高度把握整个投资过程，并且可以更全面、更仔细地进行投资决策，做一名真正的投资者。

第 2 章
如何判断牛市和熊市

牛市及其成因

在股票市场上投资，最重要的是要把握好市场的大趋势，即市场究竟是处于牛市阶段还是熊市阶段。在牛市阶段赢利机会往往会比风险大，而在熊市阶段则相反，往往操作的风险大于赢利。所以，投资者只有把握好了大趋势，操作就成功了一半，此即股票市场上"顺势而为"投资理念的重要体现。

所谓牛市，也称多头市场，指证券市场行情普遍看涨，延续时间较长的大升市。此处的证券市场，泛指常见的股票、债券、期货、期权（选择权）、外汇、基金、可转让定存单、衍生性金融商品及其他各种证券。在股票市场上，牛市意味着股票市场上买人者多于卖出者，股市行情看涨。其他一些投资和投机性市场，也可用牛市和熊市来表述，如房市、邮（票）市、卡市等。

之所以称大升市为牛市的原因，是因为价格上扬时市场热络，投资者与证券经纪人挤在狭小的证券交易所中，万头攒动，如传统牛市集的圈牛群一般壮观。再者，牛在西方文化中是财富与力量的象征，符合投资者投资于股市的目的的期望，故戏称之为牛市。

股票市场形成牛市的因素很多，主要包括以下几个方面。

1. 经济因素

股份企业赢利增多、经济处于繁荣时期、利率下降、新兴产业发展、温和的通货膨胀等都可能推动股市价格上涨。

2. 政治因素

政府政策、法令颁行、或发生了突变的政治事件都可引起股票价格上涨。

3. 股票市场本身的因素

如发生抢购风潮、投机者的卖空交易、大户大量购进股票都可引发牛市发生。

牛市的三个时期

道·琼斯根据美国股市的经验数据，总结出牛市的市场特征，认为牛市可以分为三个不同期间。

1. 牛市第一期

与熊市第三期的一部分重合，往往是在市场最悲观的情况下出现的。大部分投资者对市场心灰意冷，即使市场出现好消息也无动于衷，很多人开始不计成本地抛出所有的股票。有远见的投资者则通过对各类经济指标和形势的分析，预期市场情况即将发生变化，开始逐步选择优质股买入。市场成交逐渐出现微量回升，经过一段时间后，许多股票已从盲目抛售者手中流到理性投资者手中。市场在回升过程中偶有回落，但每一次回落的低点都比上一次高，于是吸引新的投资者入市，整个市场交投开始活跃。这时候，上市公司的经营状况和公司业绩开始好转，盈利增加引起投资者的注意，进一步刺激人们入市的兴趣。

2. 牛市第二期

这时市况虽然明显好转，但熊市的惨跌使投资者心有余悸。市场出现一种非升非跌的僵持局面，但总的来说大市基调良好，股价力图上升。这段时间可维持数月甚至超过一年，主要视上次熊市造成的心理打击的严重程度而定。

3. 牛市第三期

经过一段时间的徘徊后，股市成交量不断增加，越来越多的投资者进入市场。大市的每次回落不但不会使投资者退出市场，反而吸引更多的投资者加入。市场情绪高涨，充满乐观气氛。此外，公司利好的新闻也不断传出，例如盈利倍增、收购合并等。上市公司也趁机大举集资或送红股或将股票拆细，以吸引中小投资者。在这一阶段的末期，市场投机气氛极浓，即使出现坏消息也会被作为投机热点炒作，变为利好消息。垃圾股、冷门股股价均大幅度上涨，而一些稳健的优质股则反而被漠视。同时，炒股热浪席卷社会各个角落，各行各业的人均加入炒股大军。当这种情况达到某个极点时，市场就会出现转折。

牛市来临的六个征兆

投资实践中，在牛市即将来临的时候，很多投资者会感到非常迷茫，不确定牛市是否来临，因此也不敢轻举妄动。其实，牛市在来临之前，投资者若有心，不妨深入到市场内部进行分析，通常能够通过观察一些征兆来确定牛市是否来临。

具体来说，投资者可以从以下几个方面确定牛市是否已经来临。

1. 观察走势形态

通常情况下，如果牛市即将来临，股指的技术形态会出现破位加速下跌，不仅各种各样的技术底、市场底、政策底以及支撑位和关口，都显得弱不禁风，而且各种均线系统也都处于向下发散阶段，并且发散的角度呈现越来越大的趋势。此外，在大盘下跌接近最后几天时，甚至会出现连续几根长阴线暴跌，并且伴随向下跳空缺口，以强大做空力量贯穿所有的心理价位，引发市场中恐慌盘不计成本地杀跌逃出，大盘却随即企稳，完成最后一跌。

2. 观察众指标是否出现背离现象

确定牛市是否即将来临，在技术指标方面重点要参考以下三组指标，其一是日线中的 KD 随机指标、BIAS 乖离率指标、MTM 动量指标和方向标准离差指数 DDI 是否产生底背离现象。其二是周线中的异同离差乖离率 DBCD、KD 随机指标、变动速率 ROC 是否出现底背离现象。其三是月线中的 CCI 顺势指标、相对强弱指标 RSI、ADL 腾落指数和 ADR 涨跌比率是否出现底背离现象。上述的指标背离特征需要综合研判，如果仅是其中一两种指标发生底背离还不能说明大盘一定处于最后一跌中。但如果是多个指标在同一时期在月线、周线、日线上同时发生背离，那么，这时大盘极有可能是在完成最后的一跌。

3. 观察个股的表现

牛市即将来临前的最后一跌往往造成前期一度领涨的龙头股也开始破位下跌或者是受到投资者普遍看好的股票纷纷跳水杀跌，此外，往往还伴随着对指数影响较大的大盘指标股的下沉。这类个股的下跌常常会给投资者造成沉重的心理压力，促使投资者普遍转为看空后市，从而完成大盘的最后一跌。

4. 观察市场的人气

在牛市即将来临前，由于股市长时间的下跌，会在市场中形成沉重的套牢盘，人气也在不断被套中消耗殆尽。然而正是在市场人气极度低迷的时刻，恰恰也是股市离真正的低点已经为时不远之处。如果这时股指仍继续非理性地下跌，必将会引发市场中恐慌情绪的连锁反应。而恐慌情绪将导致部分投资者不计成本地斩仓出逃，从而形成恐慌杀跌盘。股市中的历史反复证明：恐慌盘是空头能量最后的集中释放过程，恐慌盘的大量涌出以及市场人气的悲观绝望，都将促使大盘迅速见底，使得股市出现新的转机，大盘也将因此完成最后一跌。

5. 观察量能

牛市即将来临的量能判断标准是：成交量是否能够止跌回升，所谓的"地量见地价"的说法并不准确。地量只是成交量调整到位前所必须经历的一个过程，而成交量即使见地量，股指也未必能调整到位。此时，如果股指继续下跌，而成交量在创出地量后开始缓慢地温和放量，成交量与股指之间形成明显的底背离走势时，才能说明量能调整到位。而且，有时候，越是出现低位放量砸盘走势，越是意味着短线大盘变盘在即，也更加说明股指即将完成最后一跌。

6. 观察下跌的幅度

股指完成多大的调整幅度才能说明牛市即将来临，具体而言，并没有统一的标准。不过，在大盘处于上升趋势中时，投资者可以重点参考两类大致的量度标准。一个标准是前次行情的顶点位置。通常强势上升行情中出现的调整，其最低位不会低于上次行情的最高点。另一个标准是本轮行情涨幅的黄金分割点，即涨幅的61.8%。强势调整时一般跌到最高点的61.8%—80%位置时就已基本完成。当然，这种调整幅度的测定标准仅仅适用于市场整体趋势较强时。

牛市的五种入市时机

股票投资要取得成功，顺势操作至关重要，但就实践效果而言，仅知道顺势操作并不能保证成功。许多投资者都知道"顺势而为"，然而令人困惑的是，遵循"顺势而为"原则积极买入上涨的股票却常常买进就被套，致使部分投资者偏激地认为股票是摸不着边际的东西。

其实，很多投资者之所以屡次在牛市中失利，很重要的一个原因是没有把握住合适的入市时机。入市时机的选择是决定投资股票成败的关键因素。那么，什么时机入市最好呢？

通常情况下，捕捉牛市的入市时机有五个，其每个都有各自的优点、缺点，不同的投资者应根据自己的特点和需要，选择最适合自己的入市时机。

第一个入市时机：牛市的第一浪中入市。该入市时机的优点在于，回避了寻底的风险，在升势相对明朗的情况下入市，获胜的把握相对较大。然而其也存在一定的缺点，主要表现为在第一浪行情刚启动的时候介入，不确定的因数仍然很大，牛市的特征尚未完全显示出来。当牛市的特征比较明显时，可能已接近大反弹的顶部。

第二个入市时机是：第二调整浪阶段入市。该入市时机的优点在于，牛市孕育期已经完成，大转折趋势相当明朗，入市决策所需要的事实依据基本具备，入市风险较小；追求的目标单一，就是捕捉牛市主升浪。由于新一轮大牛市的新的特征初步暴露，入市的针对性更强，操作的成功率更高。然而其也存在一定的缺点，主要是损失筑底性大反弹这一波大行情，以牺牲部分机会来换取更大的把握和更高的成功率。

第三个入市时机：熊市的最后一跌中入市。该入市时机的优点在于，投资者在此时介入，有可能在最低位买到股票，捕捉到牛市筑底性大反弹的全部升势，获得理论上的最大利润。然而其也存在一定的缺点，主要表现为寻底的难度和风险较大。

第四个入市时机：大牛市主升浪正式发动之后再入市。该入市时机的优点在于，牛市已成事实，没有任何不明朗因数，投资的风险相对较小。然而其也存在一定的缺点，主要表现为错过了不少此前的机会，而且错过了最大升幅的龙头股入市时机。

第五个入市时机：低位盘整期中入市。该入市时机的优点在于，投资者在最低价格区域买入，有可能赢得最大的利润。相对于熊市的最后一跌中入市而言，底部的特点更明显。然而其也存在一定的缺点，主要是风险仍然很大。一方面不排除大市盘整后，再度急跌的可能性；另一方面，在大市未被确认为是大牛市之前，变数仍然很多。

总的来说，牛市的五个入市时机各有优劣势。一般来说，第三、五个入市时机，风险比较大，对底部没有深刻研究的投资者最好不要采用，一般建议选择第二个入市时机，对于比较谨慎的投资者，建议选择第四个入市时机。不同的投资者要根据自身不同的特点来选择哪一种入市时机，这样子在牛市中获利的可能性才会加大。

牛市初期的投资技巧

在牛市的不同发展阶段，因为人气聚集在不同的热点和不同板块上的原因，会形成具有阶段性、独具特色的完全不同的投资趋向，使得在牛市的不同时期，在牛市的不同发展阶段，投资者所应该采取的投资技巧完全不同。因此，投资者必须因势利导，顺其自然，采取适应市场发展的投资技巧和投资策略，对症下药，有的放矢。在什么阶段跟进什么样的股票，在什么阶段采取什么样的投资策略，这是非常重要的一件事情，只有把握好了这些，才能取得事半功倍的成功。

投资者若想在牛市初期获利，应该先看清牛市初期的形势，也即研究好市场状况。具体来说，牛市初期的市场状况会呈现这样的特点。

（1）出现急跌慢涨的局面，下跌的力度大，但时间较短。急跌慢涨，是牛市初期的一个重要特征，经历过大牛市的投资者都清楚地知道这一点。一波可观的上扬行情，几乎都是急跌慢涨形成的。例如：2006年6月7日和7月13日，股指都是长阴暴跌。事后证明，这不过是牛市初级阶段主力资金的手段而已，主力故意打压，趁机吸筹，随后股指再次展开升势（见图2-1）。

（2）市场游资的表现突出，游资活跃度显著增强。所谓"游资"，其实是指场外数量庞大的民间资金，由于不能形成统一的合力，加之操作风格急涨急跌，所以尽管数量足够大，仍被称之为"游资"。投资者不能忽视这些游资的态度，事实证明，游资对政策的感悟能力和对

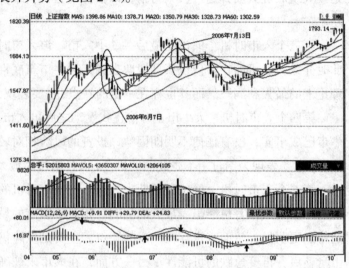

图2-1 上证指数2006年6月、7月走势图

形势的研判能力是比较高的。游资频繁出击，反复表现，甚至能带动大盘行情时，即形势反转时。

（3）指数运行在上升通道内，成交量保持高水平，拒绝回调，直到60分钟线和日线技术背离，产生回调，回调向90分钟均线快速靠拢。

（4）成交量保持高水准，量均线呈多头排列。技术上的高成交量和各个板块的不同表现，说明结构调整仍然是这个阶段的主要任务。

（5）股指会突破250日均线，指数在振荡中向上方的筹码密集区靠拢。

在牛市初期，投资者应该着重掌握哪些投资技巧呢？

在牛市初期，投资者的操作应进入主流热点板块，中线持股。最忌讳短线追涨杀跌。完整地做完一只牛股就可以获取丰厚收益，这样可以保持良好的心态和持股信心。在操作技巧上要灵活运用换、补、追、捂等手法。

所谓换是指弃劣换优。

所谓补是指对于手中持有的除权股票，价格已很低的，应选择适当的低位补仓，

摊低成本，牛市中除权股有填权趋势，容易因此而获利。

所谓追是指牛市初期，要抓住股价不断上涨的机会，如果股价已经有一定涨幅的，则可以适当追涨买进。

所谓捂是指在牛市初期，在低价位买到好股票，要敢捂，不被短线的大幅波动所动摇，只有长线投资才能使利润最大化。

对于以前被套牢的股票，只要上市公司基本面没有出问题，业绩平稳增长，就要坚持持有。

除此之外，投资者在牛市初期还应该注意以下两点。

1. 不宜设止损点

股市经过熊市的长期下跌之后，空方的力量消耗殆尽，多方的力量逐渐增强，再经过几次的底部振荡之后，牛市才慢慢开始形成。在牛市形成初期一般是普遍小涨，然后是各个板块阶段性轮番上涨，当股市热点产生后，股市才开始全面大涨。牛市初期是蓄势待发，回调只是暂时的，如果在这时设止损点，会蒙受损失。经过深思熟虑买入的股票就要耐心持有，捂股不放，待涨足后再收获。

2. 心态要稳，不盲目地追涨杀跌

在经过了一个熊市之后的牛市初期，投资者的心理由一个极端走向另一个极端。每一次熊市末期的投资者，在心理上都是脆弱的，在操作中往往过于谨慎。市场总是这样，每一波行情最终的受益者往往是那些不知熊市风险的新投资者，而经历了大熊市磨难之后的许多投资者往往会在一个理性与非理性之间徘徊较长时期，这正是市场在熊转牛阶段所要经历的一个最不稳定阶段。因此，牛市初期的投资者充满各种矛盾心理，这是牛市初期的典型特征。如果说熊市的结束是来自于市场的集体性恐慌，牛市的结束则是市场普遍的渴望。这个阶段大众还没有忘记熊市的惨烈，对后市调整保持高度的警惕，对主流牛股有恐高心理，期盼大盘或主流牛股的回调介入，往往造成踏空，产生回避的心理。大多数的股票没有好的表现，产生只赚指数不赢利的结果，造成失望的心理。短线客追踪反弹股票容易产生新的套牢，对是不是牛市产生怀疑。牛市初期，熊牛交替，乍暖还寒。这个阶段投资者的心理是复杂的。因此，投资者面对暴涨暴跌，心态一定要稳，不要盲目追涨杀跌。

牛市中期的投资技巧

牛市在中期阶段的表现主要体现为主升浪行情。具体来说，所谓主升浪行情是指一轮行情中涨幅最大，上升的持续时间最长的行情，主升浪比较类似于波浪理论

中的第三浪。主升浪行情往往是伴随着牛市行情迅速展开，它是股市中投资者的主要获利阶段，绝对不可以错失。

1. 主升浪行情的研判

投资者如何研判行情是否属于主升浪，这需要从主升浪行情的一些技术特征角度进行研判。

（1）主升浪行情启动时，多空指数 BBI 指标呈现金叉特征。BBI 将由下向上突破 EBBI 指标。判断上穿有效性的标准要看 BBI 是从远低于 EBBI 的位置有力上穿的，还是 BBI 逐渐走高后与 EBBI 黏合过程中偶然高于 EBBI 的，如是后者上穿无效。需要指出的是 EBBI 的计算方法与 BBI 相同，但参数要分别设置为 6 日、18 日、54 日和 162 日。

（2）主升浪行情中的移动平均线呈现出多头排列。需要注意的是移动平均线的参数需要重新设置，分别设置为 3 日、7 日、21 日和 54 日，这些移动平均线与普通软件上常见的平均线相比，有更好的反应灵敏性和趋势确认性。而且，由于使用的人少，不容易被庄家用于骗线。

（3）在主升浪行情中，MACD 指标具有明显的强势特征，DIFF 线始终处于 DEA 之上，两条线常常以类似平行状态上升，即使大盘出现强势调整，DIFF 也不会有效击穿 DEA 指标线。同时，MACD 指标的红色柱状线也处于不断递增情形中。这时，可以确认主升浪行情正在迅速启动。

（4）主升浪行情中，随机指标 KDJ 会反复高位钝化。一般在平衡市或下跌趋势中，随机指标只要进入超买区，投资者就需要注意及时卖出，一旦随机指标出现高位钝化，就标志着大盘见顶。但是在进入主升浪行情中时，随机指标的应用原则恰恰相反，当随机指标反复高位钝化时，反而说明大盘正在保持强势。

2. 主升浪行情中选股的方法

投资主升浪行情，关键是选股，也就是要确认个股是否有继续上涨的动力。个股的持续上涨动力，来自各种市场客观条件的支撑。具体而言，在主升浪行情中，宜选择以下几种类型的个股。

（1）有价值优势支持的个股。价值与价格之间的关系很重要，如果个股的股价严重背离其价值，则股价的上涨将缺乏价值的支撑。目前沪深股市中仍有不少个股市盈率处于相对合理水平，值得投资者的参与。

（2）有业绩增长支持的个股。目前处于年报披露高峰期，一些业绩优良、有良好分配方案的股票，不断受到主流资金的追捧和炒作，这类股票具有更好的上涨动力。

（3）有市场热点支持的个股。热点的深化炒作，往往是个股得以持续性上涨的原动力。对于个股是否处于市场热点的中心，有两种研判方法：一是看该股是否属于市场热门的板块，二是观察涨幅榜、成交量等榜上有没有大量与该股同属于一个板块的个股。

（4）有增量资金支持的个股。股价的上涨，归根结底离不开资金的推动，增量资金介入的踊跃程度，是对股价最有力的支持。对于增量资金的研判，不能仅仅局限于观察成交量的大小，更关键的是要研判增量资金的性质，有时候即使个股成交量突然剧烈增长，但如果资金只是属于短线流动性强的投机资金的话，那么，行情往往并不能持久。因此，投资者必须对增量资金的四个方面进行综合分析，这四个方面包括：资金的规模与实力、资金的运作模式、资金的运作水平、资金的市场敏锐程度。

3. 主升浪行情中的追涨方法

目前大盘已经进入主升浪行情中，由于主升浪行情属于绝对不可以踏空的行情。股市中对于不能踏空行情的投资方式有两种：一种是在行情尚没有启动的阶段中低买；另一种方式就是追涨。

在目前的行情中，极少有低买的机会了，那么最适宜的投资方式是追涨。在大多数市场条件下，不追涨是一种稳妥的投资方法。但是，在主升浪行情中，不追涨反而成为僵化的投资思维。在主升浪行情中，许多投资者常常抱怨自己选中的股票已经涨高了，所以，不愿追高买入。可是历年来的强势行情中都存在一种长期有效的规律，那就是：强者愈强、弱者愈弱的马太效应。主升浪行情中越是投资者不敢买进的强势股，走势越强；越是投资者敢于买进的弱势股，越是难以表现出像样的行情。

因此，当进入主升浪行情后，投资者需要采用追涨的操作方式。追涨操作必须要制订周密的投资计划，并且采用适宜的投资技巧：

（1）追涨的操作方式。投资者在主升浪行情中实施买入操作时需要转变思维，不能再完全拘泥于业绩、成长性、市盈率等进行投资了，而是要结合上涨的趋势来选股。具体来说，就是要选择更有赢利机会的个股。

（2）追涨的资金管理。即使看好后市行情，投资者也不适宜采用满仓追涨的方法，稳健的方法是：投资者可以用半仓追涨，另外半仓根据行情的波动规律，适当地高抛低吸做差价。由于手中已经有半仓筹码，投资者可以变相地实施 T+0 操作，在控制仓位的同时，以滚动操作的方式获取最大化的利润。

（3）追涨的赢利目标。追涨的过程中需要依据市场行情的变化设定赢利目标，设置目标时要考虑到市场的具体环境特征，从市场的实际出发，洞察行情的根本性质，大致分清行情的类型，研判行情的上涨攻击力，并根据这些因素最终确定赢利目标。到达赢利目标位时，要坚决止赢，这是克服贪心和控制过度追涨的重要手段。

4.追涨的风险控制

由于追涨操作相对风险较大，所以对风险的控制尤为重要，一旦大势出现反复或个股出现滞涨，要保证能立即全身而退。这需要投资者掌握三种投资原则：

（1）在追涨操作前制订的投资计划中，止损位的设置是必不可少的部分；

（2）在追涨操作时，要对行情和个股的可持续涨升动力进行评估，据此测算风险收益比，当风险大于收益时，要立即停止操作；

（3）在追涨操作后，要严格执行投资计划中的各个操作环节，特别是其中的止赢和止损操作计划。

牛市调整期投资技巧

人的一生很漫长，中间并非总是一帆风顺，总会遇到或大或小的困难，其实投资之路也是这样。股市中从来没有一帆风顺的上涨，涨升中时常会出现调整，调整中再次孕育涨升，通过不断的振荡上升，完成一轮上涨行情。因此，在牛市中出现强势调整，是一种非常正常的现象，投资者要用平常心看待。如图2-2所示。

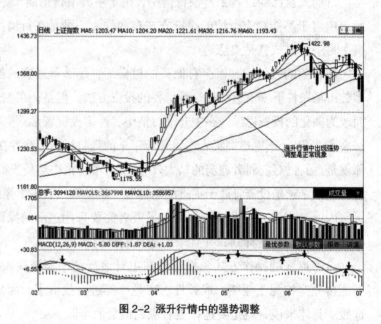

图2-2 涨升行情中的强势调整

在采取应对牛市调整期的策略之前，投资者应对牛市调整期的股市状况有一个细致的了解。

通常来说，牛市行情中一般在三种情况下比较容易出现强势调整。

（1）在行情刚刚启动阶段，由于市场底部构筑比较复杂，股市刚刚上涨期间，意外情况较多，所以，行情往往会出现反复。

（2）当股指上行遭遇前期重要阻力区、密集成交区及关口位时容易出现强势调整走势。

（3）当股市上涨速度过快、上升过急时，会突然增大短线获利回吐的压力，造成行情出现强势调整。

通过观察牛市调整期的三种情况，我们会发现在牛市进入调整期时，通常呈现这样的技术特征，即成交量在上涨时会有效持续放大，一旦出现调整时，成交量会迅速萎缩下来；股指的下跌不会有效击穿其上升趋势线和短期均线；市场中的主流热点板块虽然有所冷落，但股价往往调整不深，板块表现不散乱。

总的来说，当牛市进入调整期时，会让众多投资者深感迷茫，不知如何下手才好。

那么，这直让人摇头、直让人慨叹看不懂的牛市调整期，投资者该如何来应对呢？

其实，尽管牛市出现调整让很多投资者心痛得哇哇直叫，不过，不用着急，"笑到最后才笑得最好"。正所谓狂奔的牛需要休憩，"狼"既然来了，不如安之。对于投资者，面对牛市调整期要做的是：冷静下来，理清思路，调整策略，以取得更大的升势。

俗话说："一千个观众眼中有一千个哈姆雷特。"而一千个投资者就会有一千种投资方式，在此，笔者仅推荐五种策略应对调整，以供读者参考。

（1）牛市调整期选股技巧。在牛市调整期，投资者要把握大势，精心选股。即使是大牛市行情也不可能是只涨不跌，大涨小回是基调，适时和适当的回档调整应该说十分必要的，也是投资者逢低买进的好机会。因此，在牛市调整期，投资者首先要学会把握大势，不在回调中杀跌割肉；其次，应在调整期中采取买强汰弱的方法，及时换股，优化自己的投资组合。

（2）调整初期，选蓝筹股；调整后期，选小盘股。牛市调整初期，大盘股将表现出良好的抗跌性，建议把资金配置到大盘蓝筹股上。牛市调整后期，中、小盘股将带领市场反弹，并跑赢大盘股，建议在调整后期把资金转移到中、小盘股，或者是有题材的蓝筹股。

（3）紧跟市场，稳准快狠。实践证明：市场永远是对的，只有紧跟市场新动向、适应市场新变化、把握市场新规律，才能掌握主动权，成为市场赢家。面对一轮大牛市，在操作策略上应将长线、中线投资与短线投机有机结合起来，长线持有绩优成长股不放，中线参与题材股的波段行情，短线参与投机股炒作。

（4）长线要稳，短线要快。进入大牛市后，总体上看个股和板块的机会较多，而且热门的概念板块炒作的周期也相对较长，市场游资引发的短线爆发性行情也会不断地出现。因此，在操作策略上可采取中、长线持有好股不放，放长线、钓大鱼；短线参与投机概念股，快速反应，速战速决。

（5）投资买入，投机卖出。参与牛市调整期行情，投资与投机两者缺一不可，问题是怎样将两者有机结合。通常高明者投资买入、投机卖出，选股买入应该知己知彼、去粗取精、去伪存真、综合研判，突出有无投资价值这个重点。一旦个股选准，其股价飙升后，正是投机卖出的时间。

（6）大赢小输，果断进出。股市没有常胜将军，赢家的短线炒作方略应该是：打得赢就做一波行情，打不赢决不抱幻想，止损出局，千万不要犹犹豫豫。

（7）若有反复，不抢反弹。前期市场大幅上涨后，调整的持续时间不会很短，一般一个月以上，这段时间市场若有反复，不宜盲目抢反弹。

（8）牛市也要树立风险意识。股市中只赚不赔只是一个不切实际的幻想，长时间的牛市往往使许多投资者淡忘了股市风险，但股市中，机会和风险是共存的，两者总是紧密联系在一起的。在股指不断创出新高的牛市行情中，投资者更要注意防范风险。当股指涨幅巨大时，对于成交量能否持续、市场热点能否有效转换、个股估值是否明显脱离价值区间、风险是否在逐步积聚都需要仔细观察。股市风险无处不在，投资者切不可因为行情好而忽略了对风险的防范。

（9）由分散持股过渡为比较集中持股。经过了一系列的"急涨直跌"，相信投资者都有一个体会。过去熊市中分散投资的方式在本次牛市中非但没有让你翻身，相反让你账户里的市值此长彼消。

老范是一位小股民，总共才 10 万元的资金，却买了 12 只股票，天天是忙得眼花缭乱，也天天幸福得像"花儿一样"。为什么，天天有股票涨得好呀，行情猛涨的那一阵还天天有涨停板，能不开心吗？可正因为"天女散花"似的，常常是看了这个，忽略了那个，不是错过了最佳卖出时机，就是慌乱中将"黑马"错抛了。到了大盘直泻时，好不容易卖出了一只股票，再回过来看其他股票，却已一下跌去很多了。而算一下总账，大盘都涨了 50%，他却只赚了 20%。

"不把鸡蛋放在一个篮子里，然后看好它。"这是投资界分散风险的著名论断。然而，凡事都要讲个度，在"牛长熊短"行情中，过于分散也有风险。投资者不妨想一想，提出"鸡蛋与篮子"理论的是机构投资者，它掌握的资金动辄上百、上亿元美金，并且有一大帮雇员在盯着股票。而你呢？一个小股民，少则几万元人民币，多则几十万元，仅一个脑袋、一双眼睛，十几只股票如何管得过来？因此，对于广大的中小投资者，建议选择两三只股票集中持有，一来时间长了，对股性非常熟悉，易于掌握高抛低吸、来回做差价的技巧。如果做得好，一年甚至可以多赚一倍。二来行情一旦变脸，来得及处理。当然，集中持股是有前提的：问题股不选择，没业绩的庄股不选择，业绩好但股性呆板的股票同样不选择。

（10）做好仓位控制。对于已经来临的调整，投资者应该明白是什么行情下的调整。因为只有明白了这一点，其操作才具有现实意义。例如，2007年的"5·30"调整，就只是大牛市中的一次中级调整，而非牛转熊的下跌。既然是牛市中的中级调整，投资者就没有必要过分恐惧。因为牛市中

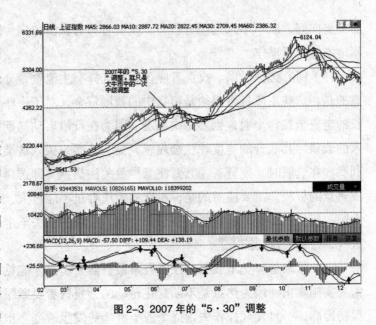

图2-3 2007年的"5·30"调整

的调整结束之后，指数仍然将创新高，被套住的投资者最终仍有解套机会（见图2-3）。但对于中级调整，投资者应该十分重视，毕竟下跌幅度比较大、下跌时间比较长。此时，如何操作决定了投资者收益的高低。

普涨型牛市投资技巧

所谓普涨型牛市，是指在牛市中，大多数股票普遍呈现上涨的趋势。普涨型牛市中，很多投资者都很关心如何能把握住机会，跑赢大市。因为，即使面对普遍上涨的股票，也应该把握好投资思路，否则容易错失赢利良机，不赢反亏。

具体来说，投资者如何才能从普涨型牛市中分得一杯羹呢？建议掌握以下投资技巧。

（1）作好充分的投资准备。由于在牛市行情中最主要的参与手段是追涨，因此，对于追涨的时机和操作前的准备工作更需要重视。如在软件中进行板块设置，将选出的板块和股票设置到分析软件的自定义板块中，便于今后分析决策，同时对所选股票进行密切的跟踪观察。投资者选择的板块和个股即使是市场热点，也需要注意把握买进的时机，而跟踪观察和耐心等待将有助于投资者把握住更好的投资机会。

（2）充分认清股票市场的形势。在牛市中，大势走好，很多投资者担心会踏空而急于追涨，但结果不是追到某一阶段性顶部，就是选择的股票不正确，给今后的投资赢利带来一定困难。既然是牛市，市场趋势的改变不会在朝夕之间结束的，只

要大势向好，股市中永远都有机会。投资者只有认清方向，才能树立信心，有条不紊地实施投资操作。

（3）精心选择股票。投资者应该着重选择有主流资金介入的个股，特别需要注意的是，这些主流资金必须是市场中的新增资金，对于一些长期被套或入驻时间过长的老资金控盘个股，则要坚决回避。因为在行情启动初期中，有新的大型资金介入的股票，其涨升的速度往往会超越大盘，从而为买入这类股票的投资者带来丰厚利润。在选股时，投资者尤其要注意尽量关注热点，即选择在未来行情中有可能形成热点的板块。需要注意的是，所选的板块容量不能过大，板块热点的持续性不能太短，板块所拥有的题材要具备想象空间，板块的领头羊个股要具备能够激发市场人气、带动大盘的能力。

（4）紧跟趋势卖出股票。投资股票最终需要卖出才能兑现利润，牛市中也同样需要实施卖出。因为热点是不断变化轮动的，投资者要紧跟趋势进行操作，并且要保持冷静，一旦发现操作失误或个股上涨趋势发生改变、出现放量滞涨现象时，应及时果断地抛出。此外，当市场出现"空翻多"现象时，投资者需要实施阶段性卖出策略。牛市中大盘不断强劲上升的走势、不断跟进的市场做多能量以及做多投资者的快速获利的财富效应等，使原本看空的投资者纷纷加入多头行列，而当市场中的投资观点呈现一边倒的态势，几乎人人看多时，往往是形成阶段性头部、牛市将告一段落的信号，而这正是投资者短线卖出的最佳时机。

面对普涨型牛市，投资者也不应该掉以轻心，多掌握一些有针对性的投资技巧，有助于你顺利赢利。

逼空型牛市投资技巧

所谓逼空，意思就是逼迫空头。由于中国股市目前还不能做空，所以逼空的意思就比较简单，就是反复单边上涨，不给那些没买入股票而在等待回调的投资者机会，这种行情的特点就是一旦投资者抛出股票就很难再次在原价附近买进。

面对逼空型牛市，投资者要谨慎操作，注意控制风险，尤其是做好资产配置工作。在逼空型牛市中，投资者的资金合理配置相当重要，缺乏投资经验的投资者应该有一定比例的资金投资于稳健品种上，这作为控制风险的手段是必不可少的。激进型投资者可将80%—90%的资金投入股市，其中的1/3的资金可用于追逐短线热点题材股，另有1/3的资金可投资收益相对稳定的大盘蓝筹股，保留10%—20%的现金，以备随时应用。稳健型投资者最多可将60%—70%资金投入股市。

除了进行合理的资产配置外，在实际操作中，投资者还应关注以下方面：

（1）转变投资思维。逼空行情发生时，大多数投资者存在惯性思维，发现行情上涨时不敢追或者见涨即抛。应对逼空行情首先要转变思维，操作上一方面要适度追涨，另一方面要敢于捂股。当行情不断上升时，投资者不能采用见涨就抛的操作手法，而应加码买进，直到逼空行情告一段落并开始回落调整时再卖出。

（2）入市时机宜早。在熊市中，投资者应该在风险控制放在首位，而在牛市尤其是结构性牛市中，投资者则应把抓住机会放在首位。在熊市中，主力为了减轻拉抬难度，习惯在尾市拉升，因此投资者应把买股的时间尽量往后推，一般在14：30之后再选股买入，最后一分钟买入的风险只有一分钟。而在牛市中，主力为不给跟风盘以买入机会，总是早早把股价拉至涨停，投资者稍一犹豫就失去机会，早买比迟买往往能买到更低的价格。

（3）选股技巧要灵活。在逼空型牛市中，长线投资者选股应以主流品种为主，把握主流品种的要点是观察大盘在低迷时哪些板块和个股表现突出。中线投资者选股应以热门股、涨停股为主。短线投资者选股应以强势股、潜力股为主，对累计涨幅不大、尚处于启动初期的个股可适当追涨，特别强调捕捉板块龙头股。

（4）仔细分析成变量的变化。在逼空行情中，成交量越是温和放大，就越有持续上涨的动力。相反，如果在短期内出现巨量，则往往意味着行情将见顶。如果出现"井喷"式上涨，投资者要小心。因为井喷行情换来的往往是行情快速结束。相反，大盘保持一定速率，一步一个脚印地上涨，其后劲更足，因为只有在稳健走高的行情中，主力资金才能充分建仓，才更有利于行情向纵深发展。

（5）回档宜买不宜卖。在逼空行情下，投资者普遍担心热门股涨幅已大，希望以后再介入。其实，若某只个股保持较高换手率，说明市场成本提升较快，众人拾柴火焰高，即使回调，也一般采取强势调整的形式消化获利盘，即调整只在盘中完成，大幅调整的机会不大，过分谨慎只能看着机会溜走。在逼空行情下，盘中的回档并不表明该股已经调头向下，通常是上升过程中的短暂整理，因此回档时宜加码买入而不是卖出。

（6）最佳的卖出时机是"空翻多"现象出现时。在逼空行情强劲上升的走势中，最先大胆跟进的投资者可快速获取丰厚的利润。这种赢利效应会最大限度地摧毁其他看空者的信心，使那些习惯于看空的投资者不敢看空、做空，因而纷纷"空翻多"。同时，也使得一些谨慎的市场人士逐渐加入多方的阵营中，从而使得市场中的投资观点趋于统一。不过，在绝大多数看空者纷纷"空翻多"时，行情却最容易形成阶段性头部，成为最佳的卖出时机。

结构性牛市投资技巧

所谓结构性牛市是指在一轮牛市行情中部分股票走势强劲，涨幅较大，而其余的股票价格上涨不快，有的甚至可能丝毫未动，导致投资者"赚了指数不赢利"。

通过对近年来市场资金流向分析，金融、地产等蓝筹股的交易金额在市场总成交金额中占有相当大的比例，这些板块的个股市场表现也异常活跃，并且有较大涨幅。而其他大部分个股明显缺乏资金的关注，体现出市场主流资金比较青睐于热门板块。这种少数强势股保持着强者恒强的姿态，而其余大部分股票原地踏步的牛市行情，就是典型的结构性牛市行情。

具体来说，结构性牛市具有这样的特征。

（1）早期牛市行情的热点会在不同的板块之间轮换，最终几乎将所有板块都轮炒一遍；而典型的结构性牛市中热点将保持着集中、有序、持久的强势特征，个股的表现往往是，强者恒强，弱者更弱。有的投资者还指望着像以前的牛市那样，热点的轮换会将自己持有的个股也轮炒到，这种"皇帝轮流做，明年到我家"的现象将不复存在。

（2）早期的牛市行情中小盘、重组等投机类个股中黑马奔腾，而成熟股市中的结构性牛市行情中则属于价值投资型的牛市，热点主要集中于低价、大盘、蓝筹等投资类个股方面。

（3）结构性牛市中投资者如果持有的是热点板块个股，不仅能享受到牛市的利润，还会获得超越大盘的收益；如果不幸持有冷门股，不仅难以获利，甚至还会导致严重亏损。

（4）早期的牛市行情中大部分个股与指数保持同步上涨，少量的个股与大盘背离，而结构性牛市中只有少量的热门股票涨势较好，大部分股票将原地踏步，明显滞后于大盘涨幅，还有部分股票反而会破位下跌。

投资者在面对结构性牛市时，要注意把握其以上四个特征，并根据该特征制定合适的投资策略。在制定投资策略时，笔者建议投资者从以下几点出发。

（1）集中投资。在投资实践中，很多投资者喜欢将自己的资金分散投资到多只不相关的个股之上，这在普涨型牛市中或许能够赢利，因为普涨型牛市中绝大多数个股是上涨的，但是在结构性牛市之中，这种投资策略并不明智。结构性牛市的特点是少数热点板块和个股的上涨，这些个股所需的资金是从其他板块上转移过来的，对于处于结构性牛市的市场，资金的总量没有大增长，以分散投资的策略来看，其实质便是分散收益。投资者在结构性牛市之中首先应注意主流板块的选择，在确认自己的判断之后便大量投资，这样才能跑赢大市。

（2）把握主线。把握主线就是要把握行情的主脉搏，因此必须要将热点行情的演变当作一个整体来进行研究和分析，而不能将这些热点板块割裂开来分析。通过对热点的整体研判，投资者可以清楚地了解行情的主线和核心热点板块，这样就能把握住丰厚的利润。

（3）把握局部热点。股市中缺少的不是机会，而是发现。无论大盘表现得多么强劲，投资者都不要被大盘的表面迷惑，关键是要把握市场中局部热点的机会，这要从基本面、技术面和资金面等多方面进行。在基本面上，个股的行业代表性、业绩和成长性等因素仍然是选择的主要标准；在市场走势方面要观察个股是否具有内在的强势，优胜劣汰将是调整持股品种的重要参考因素；在资金面上，新资金的力量不容忽视，要紧随主流资金的运作方向进行投资操作。

（4）不盲目捂股。结构性牛市中，很多投资者盲目捂股，以为一定能从捂股中得到赢利。实际上这种观点是不正确的，在结构性牛市行情中不分青红皂白地捂股，并非明智之举，而应该自己的实际情况决定是否捂股。

（5）适时换股。适时换股是指在结构性牛市中，等着热点恰好降临到自己所持有的股票上是不现实的，也是很被动的，投资者应积极换股。

牛市中股票买卖的制胜法则

在牛市中，投资者如果遵循正确的原则和买卖纪律，高收益和低风险是可以同时实现的。以下是投资者在牛市中买卖股票时应遵循的法则：

法则 1. 在上升趋势中把握买入机会

在牛市中，投资者要善于从上升的趋势中把握买入的机会。在判断大市是否处于多头时，可参考如下情况：

（1）重大利多出现时，如大盘无量急升，表明后市十分看好，大盘大多高开高走。

（2）止跌回升涨升初期，尾盘急速拉高，成交量放大，表明有主力介入，此时可大胆买进，大盘往往会高开高走。

（3）上涨趋势末期如前一日有高开低走或走平之势，表明股价已无法再创新高，次日一般投资者会争相卖出手中股票，个股会有高开低走或低开震荡走低的可能。

（4）上升趋势中出现暂时的回落要买进。在上升趋势中，股价稳健发展，没有明显的力竭或反转信号时可买入。

（5）在原始的长期上升趋势中所产生的中期四档趋势已跌至原先涨幅的 1/3 左右，成交量相对减少时可考虑买进。

当大盘处于上升趋势时，阳线是基本的表现形式，中短均线系统呈支撑和助涨作用。

法则 2. 通过成交量的变化找到最佳买入点

许多长线投资者都寻求稳健的投资路径，因此，如何准确地判定一只股票的底部和如何分批投入是一个重要的课题。这里就重点介绍一下如何从成交量的变化去分析一只股票的底部形态，挖掘最佳买入点。

（1）构筑双底、三底、四底。这类股票筑底手法比较老，有些主力却很喜欢玩这种把戏，每一波浪的底部和顶部有高达 50% 的幅度，每年都要构筑三四个波浪。

（2）期货资金入主，井喷。这类股票看不出底部，庄家就是底部，运气就是底部。这类股票只适合短线资金参与。

（3）标准下降通道，突然爆发性放量拉高。这类股票大多有标准漂亮的下降通道，突然在某天放巨量收阳线，底部形成。这类股票有时还能跑出短期黑马来，但大部分拉高后会再调整。

（4）迅速拉高翻番后，向下调整近一年，价位到达黄金分割点处。

（5）打压、下破平台，放量见底。这类股票大多已经累积一定跌幅了，然后再在低位横盘很长一段时间，之后突然放量下跌突破平台（大多借助大市下跌），在放出巨量后再收一阴，底部形成。

（6）在低成交量的水平下，升时放量，跌时缩量，振幅不大，横盘走势。这类股票是一些比较老的吸货手法了，也最折磨人。一般会出现阴阳相隔、两阴夹一阳或两阳夹一阴的走势。这类股票的庄家一般实力不算太强，但控盘性很高，坐庄期很长，起码一两年。

从长线投资的角度看，第一、第三和第四种底部比较适合长线资金参与。但第一种需每天观察，投资者不可能知道它哪天会破位，而第三种有一定风险，最好在前几浪参与，否则很可能在到达浪底时还继续下跌，因此参与这类股票一定要设好止损位。第四种风险最小，但时间可能很长，投资者需要有耐心，而且必须先看看其相对价位是高还是低。

法则 3. 根据市场环境的变化采取不同策略

熊末牛初过渡期，股市呈现恢复性上涨，大部分股票都会上涨，这是对熊市过分下跌的修正，这时会产生由几只大盘蓝筹股为代表的上涨行情，而且，这些龙头股的上涨会贯穿整个牛市。所以，在熊市末期和牛市初期时，资深的投资者会买入并持有最能赚钱的优质公司（其中含有大市龙头个股），并采取"乌龟政策"，只买进不卖出。其账户基本上长期不做交易，这样会把利润赚饱、赚足。

行情如果进入牛市中期，市场中会出现一批较为优质的公司股票的上涨，而且市场会给它们轮流上涨的机会，这时换股炒作会变得很重要。

到牛市末期，市场中大多数股票都会上涨，此时才是投资者最赚钱的时期。这时候资深的投资者当然一切以赚钱为最高目标，当有别的事与之发生冲突时，他们会选择商业利益为首，时刻做好准备，待有利时机到来时，立即介入。

牛市中的风险防范

投资者即使在牛市中，也不能过于盲目、乐观，更不能忘记风险的存在而随意追高，因为股市风险不仅仅存在于熊市，牛市中也一样有风险。如果不注意规避牛市中隐藏的风险，即使在上涨行情中也同样会遭遇亏损。

赚钱有快乐相伴，亏损或出局也会有痛苦相随。牛熊市交替是市场的运行规律，没有只跌不涨的熊市，也没有只涨不跌的牛市。牛市不言顶,但牛市是要有人为之"埋单"的。如果每一位投资者都梦想着在"牛"顶时全身而退，那无异于自欺欺人的南柯一梦。

在当前的牛市中，继续做多赚钱当然不错，但警惕之心不可无，而严格的止损更是投资之道的应有之义。现在喊"死了都不卖"的口号当然可以，但当自己在股市中投入的钱血本无归时，就会明白在牛市中也要规避风险。

具体来说，投资者们如何在牛市中进行风险规避呢？应注意以下几点。

（1）在牛市中炒股要树立止损和止赢意识。有些投资者认为，止损是熊市的策略，牛市不需要止损，这是一种错误的观念。其实，牛市也需要止损，当个股出现见顶迹象，或者持有的是非主流品种以及逆市下跌的股票都需要止损。特别是在基本面等市场环境出现重大变化或股民对行情的研判出现重大失误时，更需要拿出壮士断腕的决心。

（2）要注意调整持仓比例。在牛市中要根据市场的变化及时对持仓比例做适当调整，特别是一些仓位较重的甚至是满仓的投资者，要把握住大盘短线快速冲高的机会，将部分获利丰厚的个股，适当清仓卖出。保留一定存量的后备资金，以便应对牛市中不确定因素的影响。

（3）要优化投资组合。牛市中通过不断调整仓位结构,留强汰弱的优化投资组合,不仅可以获取理想的投资收益，还能有效回避牛市熊股带来的风险。

（4）要坚持安全的投资原则。在牛市行情的操作中，一定要遵循"一停，二看，三通过"的原则：

"停"是指停止盲目的买卖操作，很多股民担心在牛市中踏空，其实这种担心是没有必要的，股市永远都有机会，特别是在牛市中上涨趋势的形成、发展和完结过程不是朝夕之间就结束的，因此，投资者不必担心踏空。

"看"是指选股，如今的股票数量多了，牛市行情中各类股票的上涨速度和幅度都不一样，如果没有选中真正的热点股票，就会错过大好的牛市行情。

"通过"是指买进股票，这步需要注重的是时机的选择，牛市宜追涨，但追涨的时候要对趋势有清晰的认识，对准备追涨的个股要熟悉，还要注意盘面的变化。这样才能更有效地回避风险，把握机会。

在牛市中，如果手中的股票坚持持有会有不错的收益，但被套的股票，特别是深套的股票，不进行波段操作是很难解套的。所以，被套的投资者也可根据10日移动平均线和20日移动平均线的提示进行波段操作，以达到规避风险、尽早解套，并且盈利的目的。

总体来看，市场已经运行到牛市的新阶段，机会很多，但局部风险也值得重视。投资者既要把握难得的机遇，也要强化风险控制意识，充分地认识到局部风险的杀伤力。

熊市及其成因

熊市指股市行情萎靡不振，交易萎缩，指数一路下跌的态势。如2001年7月到2002年底，就是典型的熊市特征。这段时间管理层频频出台利好政策救市，但股市仍然下跌。成交额屡屡缩小，无热点板块炒作，入市人数减少。

从定义上讲，所谓"熊市"，也称空头市场，指行情普遍看淡，延续时间相对较长的大跌市，也称跌市、淡市、空头市场、卖空市场等。商务印书馆的《英汉证券投资词典》解释：熊市；空头。通常当市场跌幅在20%以上时为熊市。如图2-4所示。

熊市的名称，来自美国西部拓荒时代，美墨边境的牛仔

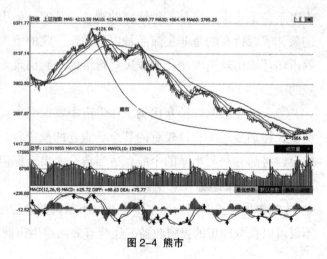

图2-4 熊市

闲暇时常常比赛马、斗牛，或是抓灰熊来斗牛，围观下注作娱。后来美国人就把熊和牛视为对头动物。既然多头市场称牛市，空头市场就戏称熊市。并不是真的曾有"熊市集"，史上最有名的熊市是1930年代的美国经济大恐慌。

具体来讲，熊市有以下特征。

（1）轮跌效应。比如说，前期是地产股不断下跌，最近又变成了银行、券商和有色金属杀跌，之后昨天和今天煤炭股又出现杀跌。这种轮番杀跌效应，对大盘当然没有起到好作用，因为总是有轮跌力量向下促使大盘走低，这实在难以催生牛市。

（2）比价效应。比如说，在熊市状态下，同样质地优良的三只股票，一只是100多元，一只是50多元，一只仅有10几元，那么在操作的时候，一旦调整得差不多时，低价的那个肯定会被优先选择，而高价股会产生明显的价格回归现象，否则没多少人会去买。道理上就是这样简单。

（3）破位补跌效应。有些股票在熊市前期也处于比较抗跌的状态，但是好景不长，一旦K线连续击穿多条均线，出现破位状况甚至是跌停时，后面肯定要引发新一轮的杀跌，最高情况大家也不可不防。还有就是一些个股，因为业绩连年亏损而被戴上"*ST"帽子，往往非常容易引发几个跌停式的补跌。这种风险大家不可忽视。

（4）重图不重质效应。只要是熊市来临，质地好的股票也一样会下跌，不要因为股票质地好而一定看多，系统性风险是不会管股票质地如何的。包括苏宁电器、中国神华等优质股，该跌一样还得跌，拦都拦不住。

熊市形成的原因有很多，但主要有以下几个方面：

（1）经济减速与企业盈利预期下降。

（2）流动性持续收紧。

（3）融资与再融资，大小非减持造成的巨大供给压力。

（4）经济基本面不容乐观，外需萎缩、内需不振，结构调整不见落实，企业缺乏创新。

（5）投机风潮盛行。

熊市的三个时期

道·琼斯根据美国股市的经验数据，总结出熊市的市场特征，认为熊市也可以分为三个不同期间。

1. 熊市第一期

当股市看似呈现一片大好形势时，投入股市的投资者们也正如痴如醉，但一旦盛极而衰，熊市第一期便正式开始。熊市第一期的初段也是牛市第三期的末段，通常会在市场投资气氛最高涨的情况下出现。其时整个股市处于十分乐观的状态，大多数投资者对后市的变化完全没有警惕心。股市中流传着各种各样的消息，真假难辨，很多上市公司的业绩和盈利达到不正常的高峰，甚至不少上市公司在这段时期内加速扩张。

当大多数投资者沉溺于这种自以为是的"利好"状态中时，少数比较聪明的投资者已偷偷地开始将资金逐步撤离或处于观望状态。因此，股市的交投虽然十分炽热，但已有逐渐降温的迹象。这时如果股价再进一步攀升，成交量却不能同步跟上的话，大跌就可能出现。在这个时期，当股价下跌时，许多投资者仍然认为这种下跌只是上升过程中的回调。其实，这是股市大跌的开始。以上是熊市第一期的主要表现，还没有明显的熊市状态。

2. 熊市第二期

经过熊市第一期的洗礼，投资者们已经变得小心翼翼，同时，因为为数不多的输家已经退出了股市，令股市的成交量明显减少，股市已经明显没有牛市时那般热闹，经过熊市第一期的急速跌落之后，间或有小型的向上走势，令不少未死心的投资者们雀跃不已，但这些短暂的上升很快便会终结，而且更出现一浪低于一浪的走势。这正是熊市第二期的典型模式。

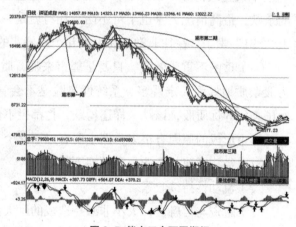

图 2-5 熊市三个不同期间

具体来说，在熊市第二期，股市一旦有任何风吹草动，就会引发"恐慌性抛售"迹象。一方面市场上热点太多，想要买进的人反因难以选择而退缩不前，处于观望。另一方面更多的人开始急于抛出，加剧股价急速下跌。在允许进行信用交易的市场上，从事买空交易的投机者遭受的打击更大，他们往往因偿还融入资金的压力而被迫抛售，于是股价越跌越急，一发不可收拾。经过一轮疯狂的抛售和股价急跌以后，投资者会觉得跌势有点过分，因为上市公司以及经济环境的现状尚未达到如此悲观的地步，于是市场会出现一次较大的回升和反弹。这一段中期性反弹可能维持几个星期或者几个月，回升或反弹的幅度一般为整个市场总跌幅的 1/3—1/2。

3. 熊市第三期

挨过了熊市第二期之后，股市开始转入熊市第三期。此时，不少投资者已经对股市失去信心，完全提不起兴趣，令股市趋于平静，令不少赢利素质比较不错的上市公司的股份，也长期处于偏低水平，市场的参与者中，大部分都是专业的机构投资者；由于很多股份的股价经过长期的抛售而致过分偏低，市场上间或会有上市公司私有化的小道消息，经济环境经过一段时间的低潮后，在人们不经意中，渐有复苏的迹象；有不少先行者已经开始在股市悄然地吸纳股份，大部分股份的股价已从之前的低价回升，而且再也见不到先前的低价水平。至此，熊市第三期已经接近尾声，是属于等待黎明的阶段，只要经济环境状况好转，令投资者们的投资意向回升，股市将开始新一轮的牛市。

通常情况下，熊市所经历的时间要比牛市短，大约只占牛市的1/3—1/2。不过每个熊市的具体时间都不尽相同，因市场和经济环境的差异会有较大的区别。回顾1993年—1997年这段时间，我国上海、深圳证券交易所经历了股价的大幅涨跌变化，就是一次完整的由牛转熊，再由熊转牛的周期性过程，如图2-5所示。

熊市见底的形态分析

熊市见底的形态主要表现为三种，即头肩形、多重底、圆底与v形底。

1. 头肩形

头肩形是一种相对来说比较复杂的底部形态，如图2-6所示。

（1）头肩底。头肩底形态是出现在下跌趋势的底部转向形态。

头肩底的形成过程是：在空头市场中，看空做空的力量不断下压，股价连创新低，出现一定递增成交量。由于已有一定的跌幅，股价出现短期的反弹，但反弹时成交量并未相应放大，主动性买盘不强，形式上还受到

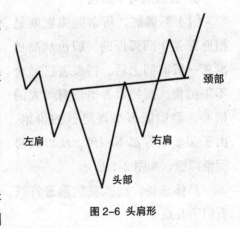

图 2-6 头肩形

下降趋势线的压制，这就形成了左肩。接着股价又再增量下跌且跌破左肩的最低点，之后随着股价继续下挫，成交量和左肩相比有所减少，说明下跌动力有所减小，之后股价反弹，成交量比左肩反弹阶段时放大，冲破下降趋势线，形成头部。当股价回升到左肩的反弹高点附近时，出现第三次的回落，这时的成交量明显少于左肩和

头部，股价回跌至左肩的低点水平附近时，跌势便基本稳定下来形成右肩；最后股价正式发动一次升势，伴随成交大量增加，有效突破颈线阻挡，成交更是显著上升，整个形态便告完成。一波较大的涨势即将来临。

（2）复合头肩底。复合头肩底是复合头肩顶的倒转。复合头肩底的颈线为头部和肩部反弹高点的连线。复合头肩底形态向上突破颈线后的量度目标是从头部至颈线的垂直距离，再从突破点处向上量度。

2. 多重底

多重底是一种比较常见的底部形态。

（1）双重底。双重底是最常见的反转形态之一。所谓双重底，是股价经一段时间下跌后，做空能量基本上得到释放，在一定点位上形成低点并出现反弹，但力度不大，股价见反弹高点后再次下探，而在上次低点附近获得支撑，并再次回升，此时成交量明显放大。

股价此次回升如果向上突破了上次反弹的高点（颈线位），那么双底反转形态成立，量度升幅是两个底部的连线至中间反弹高点的垂直距离。

（2）三重底。三重底的形态模式、价格目标计算与双重底相近，只不过是多了一个底而已，如图 2-7 所示。

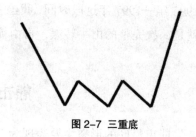

图 2-7 三重底

3. 圆弧底与 v 形底

（1）圆弧底。所谓圆弧底就是指底部是个圆弧形的，股价从高档滑落一段时间之后，持股者已经舍不得抛售，而持币者也没有太大的信心，希望能再出现更低的价格，由于买卖双方都不积极，所以跌势逐渐减缓，如图 2-8 所示。

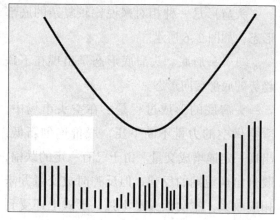

图 2-8 圆弧底

具体来说，圆弧底的形态特征有以下几点：

①股价处于低价区。

②股价变动简单且连续，先是缓缓下滑，而后缓缓上升，K 线连线呈圆弧形。

③成交量变化与股价变化相同，先是逐步减少，伴随股价回升，成交量也逐步

增加，同样呈圆弧形。

④耗时较长。

⑤圆弧底形成末期，股价迅速上扬形成突破，成交量也显著放大，股价涨升迅猛，往往很少回档整理。

（2）V形底。V形是一种反转形态，它出现在市场剧烈的波动之中。它的顶或底只出现一次，这一点同其他反转形态有较大的区别，如图2-9所示。

V形底走势产生的原因是：由于市场中卖方的力量很大，令股价稳定而又持续地下挫，当这股抛售力量消失之后，买方的力量完全控制整个市场，使得股价出现戏剧性的回升，几乎以下跌时同样的速度收复所有失地，因此在图表上股价的运行，形成一个像V字般的移动轨迹。倒转V形情形则刚刚相反，市场看好的情绪使得股价节节攀升，

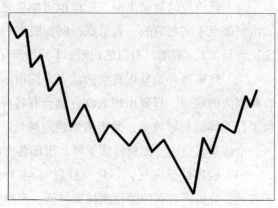

图 2-9　V形底

可是突如其来的一个因素扭转了整个趋势，卖方以上升时同样的速度下跌，形成一个倒转V形的移动轨迹。通常这种形态是由一些突如其来的因素所引起的突变，是一般投资者所不能预见的因素造成。

V形走势是个转向形态，显示过去的趋势已逆转过来。伸延V形走势在上升或下跌阶段，其中一部分出现横行的区域，这是因为形成这走势期间，部分人士对形态没有信心，当这股力量被消化之后，股价又再继续完成整个形态。在出现伸延V形走势的徘徊区时，我们可以在徘徊区的低点买进，等待整个形态的完成。伸延V形走势与V形走势具有同样的预测威力。

如何发现熊市的突破点

资深的投资者都知道熊市有一个比较明显的特点，即欲涨还跌，跌跌不休，在投资者的容忍限度处于最低点的时候，依然下跌。

正所谓打蛇要打七寸，针对熊市的这个特点，投资者如果发现了其突破点，就不易被熊市所左右，而能处于主动状态。

熊市为什么一定有突破点出现呢？因为，熊市的底就是市场底。事实证明，只

有市场底才是真正的大底。只是，让投资者难以把握的是，市场底总是在不知不觉中形成，大部分投资者总是在走出底部之后，才惊觉自己在底部悄然走一回。只有少部分投资者，会利用市场底的有效性，获取熊市带来的最大收益，一举改变人生。

此时，很多投资者或许会说，每个投资者都想寻找熊市的突破点所在，然而这并非易事啊！其实，只要投资者细心观察，总是可以找到熊市中可以攻击的突破点的。

这里介绍一下突破点的具体特征，帮助投资者更快地将其找到。

（1）低价股的频繁出现。就像地震发生之前总会有前兆一样，低价股票成群是熊市突破点来临之前的一大景观，例如股市的平均价格低于10元，5元以下的股票比比皆是，2元股随时有可能出现，1元股开始现身江湖。

（2）政策面开始呈现真空的状态。熊市刚开始的时候，市场各方对政策救市抱以相当大的期望。只要出现大跌，就会有各种呼吁救市的声音出现。然而，不管出台了什么样的利好政策，股市依然越走越低。当该出的利好都出尽时，股市就会进入一个政策真空期。面对持续下跌，市场各方已经不期望利好救市。

（3）股市缺乏人气，一片"静寂"。主要体现在多头不敢出声，空头的声音铺天盖地，分析师对点位的预测越来越低，而越来越低的预测又进一步打击市场人气。没钱的因为深套恐慌，有钱的因为怕套恐慌。在这种特征下，大部分个股除了下跌还是下跌，早买早套，不买不套，分析师开始担忧更低点的支撑是否有效，等等。

（4）很多被套的投资者无望解套。熊市给众多投资者带来的一个"好处"是，通过惨重的损失给投资者补上一堂风险管理课。在熊市中受损的投资者，大多会树立很强的风险防范意识。熊市突破点即将出现时，很多人已经不敢看盘，不敢看账户的资产净值，不敢谈论短期解套的话题。

（5）绩优股无人敢问津。当股市处于牛市状态时，绩优股总是特别受欢迎，往往能给投资者带来很大收益。然而在熊市中会出现相反的情况。对于绩优股，不管其业绩有多好，大多会呈现下跌的状态，以致无人敢问津。

熊市中如何选股

在熊市中投资的投资者十有八九会亏损，能少亏些就算赢了，更甭提赚钱了。但在如此被动的境况下仍有部分投资者在熊市的枪林弹雨中穿梭自如，赚得真金白银。这不禁让一些投资者分外眼红。其实，若想在熊市中也做到赢利，需要在选股时掌握一定的要诀。

熊市中选股的难度要远远大于牛市及盘整市道时，因为大盘在不断下跌，大部分个股的走势也逐级向下，只有极少数个股逆势上扬。要从众多个股中挑选熊市中的牛股，有点像大海里捞针，所以没有一定专业知识和经验的投资者最好还是知难而退。

虽然在熊市中选股难度很大，但跌势中仍然有市场机会，仍然有章可循。

1. 选择基本面情况发生重大变化，业绩有望突升的个股

这类个股，无论在牛市还是熊市，都是受追捧的对象。由于基本面发生了重大好转，必然或早或晚反映到股市上。当然还要注意介入时机，不要等股价已经涨上天了再买进。

2. 选择具有长期良好发展前景的个股

具有良好发展前景的上市公司，是大多数投资者选股时追求的目标。这类上市公司经营稳健、发展前景光明，为许多投资者所看好，在牛市中股价可能高高在上，业绩被提前预支。然而在熊市中则可能随大盘大幅下跌，尤其在暴跌时，倒为投资者提供了一次绝好的买入机会，让你用很低的价格得到一只优质股票，获得意外的惊喜。当然选择这类个股应立足于中长线，不能指望短期内即获高额利润。

3. 选择主力机构介入的个股

股市中的主力机构实力强大，非一般中小投资者可比，但是它们也有进出不灵活的弱点，一旦介入一只个股，就要持有较长时间，尤其在熊市中，除非认输割肉出局，否则就要利用每次反弹机会，伺机拉升个股。中小散户只要介入时机合适，成本价在庄家之下或持平，并且不要贪恋过高的利润，则获利的概率还是很大的。

4. 选择在熊市后期超跌的个股

在熊市后期或熊市已经持续较长时间，一些个股总体跌幅已深，综合基本分析和技术分析，下跌空间已很有限，已经跌无可跌。即使大盘继续下跌，这批个股也会提前止跌，率先企稳反弹。

总之，在熊市中选股，应坚持谨慎原则，总体上调低收入预期，评估某只股票是否有投资价值，也应根据当时的市场情况和平均市盈率水平来确定。

5. 有些股票应谨慎对待

熊市中，有些股票投资者最好不要买。具体来说，这类股票主要是以下几种。

（1）长期盘整的股票坚决不买。长期盘整的股票是指长年累月上下起伏在某一区间，既不大涨，也不大跌的股票。这类被一时"弃庄"的股票，有点像城市中的"烂尾楼"，庄家或因资金短缺或因其他种种原因骑虎难下，进退两难，只能随波逐流。

（2）利好公开的股票坚决不买。利好是股票上升的动力，而利好一旦公开和兑现，就会像人们常说的那样："利好出尽是利空"，股价就失去了上升的动力，开始下跌。

因此，对利好公开的股票，不可介入，如果前期买入的，应在利好公开之际短线退出。

（3）涨幅巨大并为媒体广泛推介的股票坚决不买。连续暴涨的个股多半已经不便宜，而且买入之后多半会下跌或盘整，暴涨多是靠大资金推动的，当一只股票涨到了100%甚至更高，原来的市场主力抽身跑掉时，新的市场主力不会很快形成，通常不大会有大买盘马上接手，短期内价格难以上涨

（4）大比例除权的股票坚决不买。大比例送配除权的股票是股市庄家利用除权改变价格对比现象的特种手段。

（5）有大问题的股票坚决不买。大问题是指直接受证监会及证券管理部门严肃处理，而且在公开媒体上公开谴责或处理过的股票。这种股票机构一般不会再去炒作，原因是它们在散户中的影响不好了，如果刻意去拉抬，到了预定目标，让散户接盘很难。

（6）放天量的股票坚决不买。所谓"天量"，并不是指换手率过大，而是指今日的成交量超过前几日均量的3倍以上。在牛市中出现巨量，一般来说都是波段的高点，在熊市中出现巨量，一般来说都是反弹的高点。为什么巨量通常都是高点呢？在这个市场中，成交量是最引人注目的，只要放量，就会把散户吸引过来。大家可以想想，庄家把散户吸引过来是为什么？答案只一个，放天量是市场主力开始逃离的信号，就是让散户买单，所以出现天量的股票不可介入。

熊市多元化投资策略

在股市中闯荡，降低投资风险的一个比较好方式就是采取多样化投资策略，这样不但可以化解各种投资风险，还可以帮助投资者获得更大的赢利。

投资实践中，很多投资者对多元化这个词已经非常熟悉，大到上市公司，小到普通投资者，多元化都是业务和投资不可缺少的元素。那么，到底怎样的多元化才是真正的多元化呢？多元化是否就能保证不输钱呢？

通常来说，多元化就是把资金投资在不同的领域。但要真正做到多元化却并非易事，对此，某投资管理公司一名业务拓展总监说，多元化投资策略的关键不在于越多的投资越好，如果买了10只股票，但10只都是中国银行股，这显然不是多元化的投资，而在于保证资金投资在很广范围的资产，这些资产之间的相互关系不紧密，不容易在同一时期出现大涨或大跌，在相对长时间内可提供更好的风险调整后回报。

在熊市中投资，尤其要讲究运用多元化策略。对所有投资品种保持一种开放的

心态是投资者驰骋熊市的关键要素。例如，当投资者的资金全部按照一种投资战略比如价值型投资战略进行投资，那么这样的投资组合就可能很不稳定。如果在投资组合中同时加入价值型股票和增长型股票，这样的结果无疑可以减少不稳定性。

多样化投资可以避免因为一个不好的投资决策而毁掉了整个投资组合。按照很多专业人士的经验，多样化投资的一个有效方式就是投资共同基金，尤其是当投资者没有足够的资金在低位补仓或增持股票时。多样化不光是一种防守措施，除了在个别行业或不同类型的公司遭市场遗弃时起到保护投资组合价值的作用，还能帮助投资者拓宽投资视野，寻找各个领域素质高、管理良好的公司。

现实中，很多投资大师都会充分利用多元化投资策略来为自己谋利。

在众多的股票市场投资策略中，除了对冲基金通常不拘泥于多样化要求以外，即使是以"股神"巴菲特为代表的聚焦投资策略，其投资组合都是相当多样化的。以巴菲特的伯克希尔·哈撒韦公司为例，其投资被配置在上市公司股票、未上市经营公司的控制性私人资本、债券、商品、外汇等多种资产上。尽管巴菲特将约84%的上市公司股票投资配置集中在约10—15只股票上，但是全部约30只股票的投资组合价值只占全部投资组合的30%左右。

由于国内股票市场属新兴市场，股指波动较大，市场趋势较难预测，但通过在价值型和增长型之间的多样化投资或者在数量型投资和品质型投资之间的多样化投资，投资者就可以获得一个较为稳定的投资组合。这就意味着投资者可以向股票市场投进更多的资金和在同样风险下可以获取更高的收益。

投资实践中，很多投资者都将多元化投资策略放在重要位置，然而，在制定多元化投资策略上，却并不专业。他们认为，只要花费一定的时间，就可以轻松地学会如何设计自己多样化的投资方案。有很多电脑软件程序可以帮助完成这个工作。其实，一种更谨慎的做法是寻求专业人员的帮助，投资者可以聘请理财顾问或者专业理财机构。

总的来说，投资者若想在熊市中成功谋利，应该实施多元化投资策略。尽管风险不会因为采取多样化策略而立即消除，但这是投资者在市场出现迷局或暴跌时保护自己的一种较佳方法。

准确把握熊市的入市时机

在股市中驰骋，若想成功获利，选择准确的进场时机非常重要，在熊市中更是如此。投资者若想在熊市中不亏损，甚至有大赢利，一定要把握良好的入市时机。

然而，入市时机的把握并非易事。

在股市中，没有只涨不跌的股票，同时也没有只跌不涨的股票，这是股市的自然规律。股价越高，风险也就越大。作为投资者，何时买入股票？何时卖出股票？在证券市场中能否持续地赢利呢？众所周知，当在最低点时买入，在最高点时卖出，就一定能获得赢利。问题是：当投资者在股票市场中频繁买进卖出，何时是最低点呢？何时是最高点呢？特别是熊市来临时，投资者如何确定从这个时间点介入赢利的可能性就大呢？

但凡事都是有规律可遵循的。具体来说，以下几个入市时机比较适用于熊市，投资者可以参考借鉴。

（1）等待市场犯错误时入市。普通投资者投资股票市场，一个重要的原则，就是不能轻易地泡在市场里，应该择机而动。如何发现机会，如何抓住低点，或许比抓住低点的办法更高明点，那就是——等待市场犯错误。从投资原理上讲，通常认为的正确投资是在股票价格和价值基本相符时买入，然后期待公司健康快速发展，投资者分享公司成长带来的利益。这是许多人了解并秉持的理念。但他们中有些人可能不了解，这种做法要承担三种风险：一是公司如果没有像预期的那样健康、快速发展，股票价格就会下跌，会给投资者带来实际的亏损；二是买入时价值已经高估，后来市场形势发生了变化，价值回归导致价格跌落；三是由于市场投机气氛浓厚，投资者的恐慌心理可能导致价格急剧下跌，甚至跌到价值以下。对这三种风险，许多投资者不以为然，认为那是浮动亏损，是暂时的情况，市场的内在机制总会使价格和价值大致相等。可股市投资大师不这么看，他们看到了市场机会，认为这才是买入的最佳时机。持这种观点比较典型的人物是美国投资大师沃伦·巴菲特，他的一个投资理念就是，没有绝佳的机会绝不进场。这个机会就是市场犯错误的时候。

（2）在股票暴跌时入市。资深的股票投资者都听说过这样一句话，即"暴涨必然导致暴跌，暴跌引发报复性的反弹或上涨"，这是股市一再证明过的规律，而且涨得越高跌得越深、越惨，跌得越深涨得越高。无论哪一种原因导致的暴跌，后市机会都会有强劲的反弹或上涨，这是因为每一次暴跌都是市场传言利空造成市场恐慌性抛盘所致，待事后证实并无利空就会报复性地上涨，即使后来真的出现利空，利空对市场的作用早已消化，利空出尽反而是利好，也必然大幅上涨。因此，暴跌是股市难得的买入机会，是又一次财富大分配的良机。投资者一定要把握住这一良机。

（3）在好公司出问题时入市。在牛市时期，由于几乎所有的股票都在上涨，投资者经常习惯于忽略公司的基本面。通常只有到了熊市的时候，投资者才会认清楚一个事实，那就是有些股票即使在熊市也能迅速走出低谷。具有较强竞争力的公司也往往出现暂时性的重大问题，此时正是购买其股票的大好时机，这时购买具有足够的安全边际。具有较强竞争力的公司尽管遇到了经营上的困难，但属于暂时性质，对公司长期的竞争优势和盈利能力没有根本性的影响。当市场进行周期性调整而引发整体性恐慌抛售时，导致股票价格大幅下跌，也使优质成长性公司的股票价值被严重低估，此时进行战略性投资将为价值投资者带来足够的安全边际和巨大的赢利机会。

（4）做好买卖的估值工作。如何提高股市中赢利的可能性呢？对此，投资大师格雷厄姆提出了"安全边际"理论。其具体内涵是：对一只股票来说，只有当价值被低估的时候才存在安全边际或安全边际为正，当价值与价格相当的时候安全边际为零，而当价值被高估的时候不存在安全边际或安全边际为负。价值投资者只对价值被低估特别是被严重低估的对象感兴趣。安全边际不保证能避免损失，但能保证获利的机会比损失的机会更多。这就是格雷厄姆所称的在买入时具有足够的"安全边际"，卖出股票具有巨大的利润空间。所以，在实战中，投资者不要奢望最低价买入，也不要妄想最高价卖出。投资者应该为花 2 元买入价值 4 元的股票而欢呼，哪怕它有可能跌到 1 元甚至 0.7 元。不应该为花 8 元买入价值 2 元的股票，也不要因为它有可能涨到 18 元甚至是 28 元的价位而沾沾自喜。必须保证在买入时把风险降到最低点。投资者所要做的是，在卖出时保证有足够的盈利空间，千万别刻意追求买到最低价或卖到最高价。

熊市股票买卖的法则

投资实践中，很多投资者认为在熊市中赚钱的可能性不是特别大，能不亏损就算万事大吉了。其实，如果能够把握好熊市股票买卖的法则和规律，赚钱的机会并不比在牛市当中小。

在众多投资者的心中，熊市是个跌市时期，若想在这个时期通过股票买卖赚钱，就一定要遵循一定的股票买卖法则。这些法则提供给我们一个买卖的大方向，只要跟着这个大方向走，投资的风险便可以减到最低限度，利润却可以大幅增加。

具体来说，投资者在熊市中买卖股票时需要掌握哪些法则呢？

法则 1：适当沽空仓。在熊市中，很多投资者的股票都会跌，尤其是处于熊市第一期和第三期时，犹如世界末日来临。虽然熊市第二期会有所反弹，但接下来的就是熊市第三期的大跌势。一般投资者如果在熊市第二期买股票，但在熊市第三期却没有出货的话，投资损失的机会极大。所以，在熊市，股票投资应以沽空仓为主，尤其是当处于熊市第一期和第三期这些大跌市中时，如果适当沽空仓，很容易获得赢利。

法则2：应该以做短线为主。众所周知，熊市是个大跌市，即便熊市第二期会出现一些反弹，但总体趋势依然是处于跌势状态。既然是处于跌势中，做长线投资便非明智之举。所以，在熊市中，应该以做短线为主。

法则3：做好双线投资。买卖股票，要知道如何买，也要知道如何卖。牛市时期可以低价买入，高价沽出赚钱。熊市时期一样可以高价先沽出，低价再买入。投资一定要双线，只有你懂得双线，知道低价时候买，以更高价时候卖，也懂得在高价时候卖，低价时候回补，这样才是成功的投资方法。

法则4：树立致富的目标。有的投资者会说，在熊市只要赚得到合理的回报就已经很不错了，别想着赚大钱。其实，只要运用合适的投资方法，在熊市中一样可以赚到大钱。所以，在熊市时期，只要我们确认这是一个真真正正的熊市时期，我们就应该趁着这个机会来临，紧紧把握，狠狠一击，以致富为我们投资的主导思想。在普通熊市当中，我们也应该抱有较大的赚钱欲望，如果适逢一些大熊市，正是千载难逢的机会，我们更应好好掌握，发达机会就在目前。

熊市股票大突围的先决条件

其实，熊市并没有我们所想象的那么可怕，这也就解释了依然有投资者能够从熊市中获利的事实。最主要的是掌握好熊市突围之道。

投资者如果想从熊市中突围而出，需要具备哪些条件呢？笔者认为，一个首要的条件是做到"快、准、狠"。"快、准、狠"是熊市突围的三个重要的口诀。

所谓"快"是遇到机会时毫不犹疑地入市，以把握机会，但遇到危机和疑惑之时，亦可以尽快离市，以避开不必要的投资风险。

所谓"准"是要投资者对投资市场分析得细致，能够准确地推测市势，这样投资才会赚多亏少。所谓"狠"，其意义是要投资者看中市场机会时，狠狠地把握住，不要白白地让机会走失，包括大注买卖，看错时狠狠地止亏，绝对不姑息自己的错误，市场有问题时也可以狠狠地离市，毫不留恋。

除了需要具备"快、准、狠"的条件外，投资者还需要具备以下几个条件，只有具备了这些条件，熊市突围成功的可能性才会更大。

（1）确定熊市已经到来。投资实践中，当投资者处于牛市中，会采用一定的投资方法；而当投资者处于熊市中时，则会采用另外的投资方法。这样有针对性地采取投资策略，有助于投资成功。因此，投资者若想成功突围熊市，就应该先确定熊市是否已经明确来到，因为牛市中也会出现一些下跌现象，这种下跌现象会让很多投资者误以为熊市来临。

（2）拥有丰厚的投资资金。这是熊市股票大突围的先决条件。只有拥有充分的资金，才能够驰骋于股市，在熊市中更是如此。

（3）熟悉运用技术分析技巧。投资者若想从股市中获利，肯定是要付出一定的时间和精力的，尤其是将很多时间和精力分配给技术分析。股市并无免费的午餐，赚钱是要付出代价的。投资者想在一个熊市中突围而出，做到别人亏本你却赚钱，当然是有其先决条件的。其中的一个很重要的条件就是对技术分析有基本的认识。股票投资的分析分为两项，基本分析是分析时局、经济、政治因素等，技术分析则是研究图表走势。针对技术分析，投资者不用掌握得太深入，只需掌握一些基本的技术分析方法，譬如移动平均线、阻力位、支持位、裂口走势、恐慌性抛售等，这些只不过是技术分析当中最入门、最基本的图表分析方法。但投资者如果连这些基本的技术分析也不懂的话，投资就可能变成跟风，而盲目跟风是投资大忌。

熊市股票制胜之道

在熊市中，股价主体趋势呈现向下的姿态，投资者的主导策略应是看紧现金，看准反弹做个短线，并尽快平仓离场。千万不要以为股价出现反弹就会升到哪里去，能博到一点短线差价就已经很不错了。不要怕买不到股票，也不要以为股价跌了这么多，已很便宜了，买了套住也不怕，这些想法是很害人的。长期弱势所能达到的低价往往在投资者想象之外，股价跌了可以再跌。因此，抢反弹一定要在看准的有效支撑位处买入，看不准时宁可错失短线机会，也不宜在跌势未尽时束手被套。

另外，进行短线操作，不能不仔细研究K线图，K线图是一种记录股价走势的特殊语言，每一条日K线相当于一个短语，描述了当天的股价变化情况，由许多条K线构成的图形则相当于一个语句。精通K线的人必能在跌势中保存实力，同时又能赚一点短线差价，只是K线图这门语言相当深奥，需下功夫去研究。另外，除K线图外还可参考其他的技术分析工具。

其实不管是牛市还是熊市，聪明的投资者总能从中赚到钱，关键就是如何操作熊市中的股票的问题了。也就是说，熊市之中操作股票并不可怕，关键是：投资者精心设计，用心去做。

1. 熊市操作策略

成交量的增减显示股市行情枯荣。大凡交易热闹时进场，才有希望获得短期的差价收益。如要着眼于长期投资，则不宜在交易热闹时进场，因为此时多为股价走高的阶段，如进场建仓，成本可能偏高，即使所购的股票为业绩优良的投资股，能够获得不错的收益，较高的成本还是会使投资回报率下降。

如果长期投资者在交易清淡寥落时进场建仓，或许在短期内不能获得差价收益，但从长期发展的角度来看，由于投资成本低廉，与将来得到的收益相比，投资回报率还是可以令人满意的。因此，交易清淡时，短线投资者应袖手旁观，而对于长线投资者来说，则是入市建仓的大好时机。

主张长线投资者在交易清淡时进场收购，并不是说在交易开始清淡的时候，就立即买进。一般来讲，淡季的末期才是最佳的买入时机，问题的难度在于没有人能够确切知道到底什么时候才是淡季的尾声。也许在长期投资者认为已经到了淡季尾声而入市，行情却继续疲软了相当一段时间；也许认为应该再等一等的时候，行情突然好转而痛失良机。所以，有些投资者，尤其是大户投资者，在淡季入市时，采取了逐次向下买进的做法，即先买进一半或1/3，之后不论行情涨跌都再加码买进，这样即使是在淡季进场，也不会错失入市良机，可收到摊平成本的效果。

2. 熊市操作时应注意

（1）如果市场出现熊市特征，表明由于诸多因素的作用，大盘已进入阶段性整理。当大盘进入中期调整后，大多数个股的走势将追随大盘。俗话说："顺势而为"，所以在市场出现明显的熊市特征后，多看少动，以空仓为主，应是投资者保护自己的最好办法。如果空仓有难度，持仓最好不超过30%，一般应控制在50%以内。

（2）投资者如果仓位较重，不妨以静制动，保持平稳的心态。如果持仓的个股出现反弹，对于能平推的股票，逢高应择机离场，至少应减半仓。同时，对质地不佳、业绩不好、被套不深的个股，必要时要适时止损。兑现的资金，可以在市场走稳后抓反弹或介入手中仍持有的个股，摊低成本，这样操作灵活机动。

（3）熊市市场是选择"黑马"的最佳时机，也是庄家吸货的最好时机。对于在熊市市场中能保持强势走势的个股要倍加留意。对此类个股不妨纳入自己重点观察的组合中，进行连续追踪，并密切关注其各方面的变化。要知道，该跌不跌必有其深层次的理由。跌势往往是孕育黑马的温床。

（4）熊市不要轻易去抢反弹。因为跌得不透，反弹也不会有力，搞不好很容易被套。特别是一般投资者，最好不要参与低级别的反弹。一般沪深股市在下跌22个交易日后，会产生一个较有力度的反弹。所以等大盘走稳，当盘中有越来越多的个股拒绝下跌，均线系统重新走好时，再寻机介入，这样可以降低投资者的市场风险。

（5）在熊市中，新股上市后的价值往往被低估，比如年初的烟台万华等。上市时大盘走势不好，会使该股上市定位与市场预期有很大的距离，这为市场主力低价建仓创造了良好的机会。如果投资者把握得好，将取得事半功倍的效果。

（6）熊市中个股连续走强的概率很小，并且在震荡市中个股的波段性特征十分明显。所以在操作时切忌追涨杀跌，同时对个股的上涨幅度不可抱太高的期望，操作上应以短线为主，否则容易来回坐滑梯，甚至被套。

（7）熊市必然伴随着成交量的锐减，所以在熊市中应尽量回避大市值股票，以及绝对价位高的个股。一般应以选择流通股本在 60000 万股以下，绝对价位在 18 元左右，最好在 15 元以下的为好。

熊市中的风险控制

有人说，熊市的风险是被套，牛市的风险是踏空。其实这还是有一定道理的。熊市的特点是一波更比一波低。虽然每个低点出现之后，大盘均有反弹，甚至是强烈的反弹，但反弹之后是更低的低点。这时我们警惕的是被套。如果抢熊市反弹，那一定不能高买，而且反弹到一定程度后要快卖，否则就会被套，且会越套越深。被套给广大投资者带来很大的伤害。

那么投资者在熊市中应该怎样保护自己，把风险降低到最小呢？以下是多名成功者在熊市中的经验总结。

（1）熊市中，遭遇利空的个股，应该第一时间逢高出局，以免深度套牢。

（2）出现中长线利空的行业，应逢高只出不进。比如钢铁、建材含水泥、房地产、纺织、建筑机械、部分医药行业。

（3）熊市的脾气就是"不断创新低"。因此，熊市中阳线是假的，应该逢阳线卖；阴线是真的，应该逢阴回避。

（4）熊市中，弱势股轻易不可碰，往往其基本面有"地雷"，所以才阴跌。

（5）卖出的时机问题上，股指反弹一天半到两天就卖。

（6）盘中只要继续出现急跌股、跌停板，不管技术指标是否超卖，仍不看好。

（7）熊市中，短线指标金叉的时候卖出是较好时机，因为熊市中金叉是假的。

（8）熊市中出现利好，也是逢高卖出的较好时机。

（9）熊市中阻力位上放量的时候，是较好的逢高卖出的时机。原因在于：熊市里市场本来钱就少，稍微一放量，市场的存量资金就用完了。

（10）熊市中地量不是底，而是下跌中继。

（11）牛市里，利好未尽继续涨；熊市里，利空未尽继续跌。

（12）熊市下跌途中只要出现十字星，往往就是反弹终结信号。

（13）熊市下跌途中，领先上涨的股票，往往没有板块效应，属于超跌反弹。

（14）熊市中20、30天线是中线下跌的压力线，个股反弹到此，往往是逢高派发的时机。

（15）熊市中，不要以为某只股票有庄家就好，庄家机构同样可能被套。

在熊市中，怎样把风险降到最低是很重要的。投资者一定要充分考虑以上几方面的因素，坚持理性的投资策略。

第 3 章
何时是最佳的投资时机

什么时候是投资的最好时机

其实，股票投资时机因投资时期长短、资金多少等因素不同，而呈现一定的规律。股市虽然受战争、政治及一些意外因素影响很大，但这些因素对股市的影响是一时的。在国家稳定时期，内在时机是占重要地位的。

那么，具体来说，何时是投资的最好时机呢？

对投资时机的分析也就是对股市未来大趋势的分析。它包括对国际政治经济环境、国内政治社会情况、财政金融政策、经济现状和投资意愿等多方面的分析和展望。

国家宏观经济调整阶段即将结束，而新一轮快速发展有迹象开始时为投资的最佳时机，这时政策与市场的要求和利益趋向一致，证券市场必定会有较好的表现。这个时期的表征可以从传媒中观察到，如国内政局平稳、社会安定，通货膨胀率较低，经济增长率保持在良性范围内，物价稳定，进出口贸易稳步增长，贸易顺差增大，外汇储备增高，在金融方面，利率、银行存款准备金率调低，国家重大经济建设和重点发展项目实施等。从中可以观察分析出一轮新的经济增长是否已经开始。

当宏观经济处在调整阶段的后期时，股市经过漫长的大熊市，已到了跌无可跌的底部。风险已得到充分的释放。在这冷清的市场，清淡的交投之中却蕴涵着生机，随着宏观调控的结束，激活股票市场，刺激整个国民经济的发展已成为必然。此时入市既可以买到价格低廉的股票，又可在未来得到政策面的配合。"生于凄惨，死于辉煌"是股市的铁律。1996年的大牛市就是最好的例证。

选择新股成批上市时入市是正常行情下被广泛采用的办法。由于投入交易市场的资金总量基本确定，新股成批上市发行时，必定抽走一部分资金，如果同时公开发行股票的企业很多，较多的资金转入股票的发行市场，会使市场的供求状况发生变化，股价会有向下波动的趋势，此时入市容易获得较合适的价格。

就新股票而言，各股份公司为了顺利发行新股票，迅速获得资金，往往利多消息频传，后市行情看涨的潜力相对较大；承销商为了维护自己的市场形象，也会想方设法开辟通道，筹集资金，打响新股上市后的第一炮；有些大户也会抓住新股在市场上没有天价、炒作时散户容易跟风等特点入场坐庄。投资者在此时入市，可能是在跟进一个小高潮，易于较快获得收益，立定脚跟。

在股份公司分红配股前，由于将给投资者回报，炒作的题材也会增多，对于业绩优良、回报丰厚的公司有可能走出"抢权行情"，可以考虑购入过户领息分红，长期持有或作短线赢利；股票除息除权后，股价较除息除权前降低，对于成长性好业绩优良的公司则有望走出填权行情，有些绩优股不仅能够"完全填权"，而且能够超过除权前的价位，可以择优购入等待填权。

确认具体操作时机最常采用的方法主要有探底和寻峰两种。

1. 探底

股价见底一般经过狂跌后反弹再跌、低价波动、见底回升三个阶段。能够在股价见底之后的回升阶段投资入市是最有把握的选择。

2. 寻峰

股价见顶一般也分为三个阶段：阶段一、股价狂升后大跌，但成交量骤增，随即继续上升，到达峰值但成交量减少；阶段二、势均力敌阶段，股价和成交量此伏彼起，稍呈落势但波动不大；阶段三、骤然下跌，虽有反弹也于事无补。在峰值时卖出是离市的最佳时机，最迟也要在第三阶段反弹时离市。

在见底和到顶之间的时段是投资者最常遇到的情况，所以更为重要，需要审时度势，在充分利用自己所掌握的技术手段进行分析判断的基础上，力争在较低价时购入，在较高价时抛出。

正确运用"鸡尾酒会"理论

那些家境殷实的华尔街的上层人士最喜欢的社交方式，就是通过在家里举办鸡尾酒会来结交朋友。借助这样的机会总是会有一些人向大家散布那些所谓的内部消息，当然，这样的消息也是大家所愿意听的。虽然鸡尾酒会表面上所显现出来的是一种社交的方式，可是实际上它却是人们对股票市场进行热烈讨论的一个舞台。

美国传奇人物彼得·林奇每次发表的演讲，来听的个人投资者都可谓如潮水涌来一般有着势不可挡的阵势。之所以这样，当然是因为彼得·林奇在股票投资上所取得的骄人业绩。毕竟财富是每个人都十分向往的，像彼得·林奇这样的投资大师的演讲，是每个投资股票的人甚至是还未涉及股票投资的人都十分愿意听的。只要是演讲一完毕，在留给听众自由提问的这一段时间里，像股票近期的旺市是否可以继续维持或者是否会有更好的发展以及牛市是否已经露出了锋芒这样的问题，可以说是人们向彼得·林奇提问最多的。股市中的鸡尾酒会理论，就是彼得·林奇担任麦哲伦公司总经理后，在家里举行鸡尾酒会招待客人时根据这些问题归结出来的。

鸡尾酒会理论的基本内涵是：在鸡尾酒会上，人人都谈股票，就说明你目前不适合介入股市；而当人们对股票产生了厌恶情绪时，你的投资机会也就到了。该理论主要阐述的是一种投资时机的选择。

彼得·林奇这样形容他的"鸡尾酒会"理论：

"当某一股票市场一度看跌，而同时又无预期其会看涨时，纵使股市略有上升，人们也不愿谈论股票问题，我们称这一时期为第一阶段。在这一阶段，如果有人慢慢地走过来，问我从事何种职业，而我回答说'我从事共同基金的管理工作'，来人会客气地点一下头，然后扭头离去。假如他没有走，他会迅速地转移话题，讲凯尔特人玩的游戏，即将到来的大选，或者干脆说天气。过一会儿，他会转到牙科医生那儿，说说牙床充血什么的。

"当有 10 个人都情愿与牙医聊聊牙齿保健，而不愿与管理共同基金的人谈股票时，股市就可能涨。

"在第二阶段，在我向搭讪者说明我的职业后，他可能会和我交谈长一点，聊一点股票风险等。人们仍不大愿谈股票，此间股市已从第一阶段上涨了 15%，但无人给予重视。

"到了第三阶段，股市已上涨了 30%，这时多数的鸡尾酒会参加者都会不理睬牙医，整个晚会都围着我转。不断有喜形于色的人拉我到一边，向我询问该买什么股票，就连那位牙医也向我提出了同类问题，参加酒会的人都在某种股票上投入了钱，他们都兴致勃勃地议论股市上已经出现的情况。

"在第四阶段，人们又围在我身边，这次是他们建议我应当买什么股票，向我推荐三四种股票。随后几天，我在报纸上按图索骥，发现他们推荐的股票都已经涨过了。当邻居也建议我买什么股票，而我也有意听从时，正是股市已达到峰巅、下跌就要来临的准确信号。"

……

彼得林奇所阐述的鸡尾酒会理论的四个阶段向投资者们充分展示了股票投资的投资时机。当然，该理论也非"放之四海而皆准"的理论，林奇也提醒投资者们对这种理论的态度应当是各取所需，切忌盲目迷信。

如何把握股市进场时机

股市并不是每时每刻都充满机会，都应该参与的。那么，投资者究竟该如何把握进场时机呢？这至少需从长、中、短三个投资时段来加以分析。

先说长线。长线投资者的基本理念是股市总的运行方向始终是曲折向上的，因而选择具有投资价值的个股介入后就应该坚持持股。这部分投资者的心态稳定，无论大市如何波动都不随波逐流，他们的词典中不存在"割肉""斩仓"等名词，并且确实大都收益颇丰。但其前提是在市场十分低迷时进场，且必须选对股票，比方在市场已经下跌了较长时间（最少在半年甚至一年之上），两市成交总额不足 80 亿元（相对于目前水平而言，随着市场规模的增大而水涨船高）时，即可考虑逐渐进场了。即使当时的价格水平距真正的底部尚有一定距离，也仍然是可以接受的。

再说中线。现在的中线投资者大都以做波段为主，这就需要判断一段时间以来行情的高点与低点出现的时间、空间以及与之相对应的政策面、基本面等因素。做波段需要较长时间地跟踪自己选定的个股，而不是随便找几只股票一买了事。中线投资者对大市的关注程度远远高于长线投资者，因为市场状况在很大程度上决定着个股的中期运行趋势。如果说长线投资者注重上市公司基本面的话，那么中线投资者更看重的则是大盘及个股走势的规律性。

最后再看看短线。短线投资者以博取价格差为目的，他们在买进股票后很快就会卖出，具有较浓的投机色彩。对短线投资者来说，市场永远充满机会，从理论上讲都有参与的价值。但我们不难发现，有些时候整个深沪股市 1000 多只股票会出现"全绿"的现象，或者市场中仅有少量的股票上涨，即使是两市涨幅最大的个股也令我们难以获利，此时便应该成为短线投资者的"操作禁忌症"。还有一种情况就是，虽然盘中不时有一些个股会突然冒头，有的甚至涨幅还不小，但均属于典型的个股行为，没有丝毫的板块联动效应，而这些个股在一时"冲动"后往往又会很快归于沉寂，甚至压根儿就是主力拉高出货的行为，此时再追高买入将冒很大的风险。因此，介入个股炒作，尤其是在大市不好时炒个股，一定要注意防范掉进主力挖掘的多头陷阱的风险。同时，短线操作者还应该制定铁的纪律，如在什么情况下可以买进，而在什么情况下不能买卖股票；设定的止损、止赢位必须严格执行，而不是期待"奇迹"出现等。

跟随经济周期的变动选择投资时机

股票市场素有经济"晴雨表"的称号。经济情况从来不是静止不动的，某个时期产出、价格、利率、就业不断上升直至某个高峰——繁荣，之后可能是经济的衰退，产出、产品销售、利率、就业开始下降，直至某个低谷——萧条。接下来则是经济重新复苏，进入一个新的经济周期。

股票市场综合了人们对经济发展过程中表现出的有关信息的切身感受。这种预期又必然反映到投资者的投资行为中，从而影响股票市场的价格、进而又影响到投资者的投资时机。

具体来说，经济周期如何影响投资者的投资行为呢？主要表现在以下几点。

（1）当经济持续衰退至尾声——萧条时期，百业不振，投资者已远离股票市场，每日成交稀少。此时，那些有眼光，而且在不停收集和分析有关经济形势并做出合理判断的投资者已在默默吸纳股票，股价已缓缓上升。

（2）当各种媒介开始传播萧条已去，经济日渐复苏，股价实际上已经升至一定水平。随着人们的普遍认同以及投资者自身境遇的不断改善，股市日渐活跃，需求不断扩大，股价不停地攀升，更有大户和主力借经济形势之大"利好"进行哄抬，普通投资者在利欲和乐观从众心理的驱使下极力"捧场"，股价屡创新高。而那些有识之士在综合分析经济形势的基础上，认为经济将不会再创高潮时，已悄然抛出股票，股价虽然还在上涨，但供需力量逐渐发生转变。

（3）当经济形势逐渐被更多的投资者所认识，供求趋于平衡直至供大于求时，股价便开始下跌。当经济形势发展按照人们的预期走向衰退时，与上述相反的情况便会发生。

上面描绘了股价波动与经济周期相互关联的一个总体轮廓。这个轮廓给我们以下几点启示。

（1）经济总是处在周期性运动中，股价伴随经济相应地波动，但股价的波动超前于经济运动，股价波动是永恒的。

（2）收集有关宏观经济资料和政策信息，随时注意经济发展的动向，正确把握当前经济发展处于经济周期的何种阶段，对未来作出正确判断，切忌盲目从众。

（3）把握经济周期，认清经济形势，不要被股价的"小涨""小跌"驱使而追逐小利或回避小失（这一点对中长期投资者尤为重要）。在把握经济周期的波动，配合技术分析的趋势线进行研究或许会大有裨益。

跟随行业变动选择投资时机

股票投资的行业分析是介于宏观经济分析与公司分析之间的中观层次的分析。通过对行业所处生命周期和影响行业发展的因素进行分析，投资者可了解行业的发展潜力和欲投资企业的优势所在，这对其最终确定所投资企业及确定持股时间有重要作用。

很多时候，股票的价格会随着某一行业的发展而相应地上升。例如，某一种新型发动机的引入使得许多与该行业有关的证券价格上升，因为投资者和投机家们都断定，由于新型发动机的出现使得这些行业都处在潜在增长的边缘，于是投资者就把握住这一新型发动机引入的时点，买入相关行业的股票。然而，当投资者获悉这种发动机具有耐久性，并且极易应用于现有制造生产体系的确切资料后，这些行业的证券市场价格便恢复到更合理的水平，投资者必须据此抓住机会，作出投资决策。

投资者需要了解和分析行业未来的增长变化，从而对其未来的发展趋势做出预测。目前常使用的方法有两种：一种是绘出行业历年销售额与国民生产总值的关系曲线即行业增长的趋势线，根据国民生产总值的计划指标或预计值可以预测行业的未来销售额。另一种方法是利用该行业在过去 10 年或 10 年以上的年增长率计算历史的平均增长率和标准差，预测未来增长率。如果某一行业与居民基本生活资料相关，也可以利用历史资料计算人均消费量及人均消费增长率，再利用人口增长预测资料预计行业的未来增长。

通过上面进行的行业分析，投资者可以选择处于成长期和稳定期、竞争实力较强、有较大发展潜力的增长型行业作为投资对象。同时，即期的价格收益比在某种程度上也可以作为投资时考虑的因素。例如，某行业显示出的未来增长潜力很大，但是该行业证券的价格相对较高，则不能充分表明这些证券是可以购买的。而一些有着适度收入的行业的证券，如果其价格较低，并且估计其未来收入的变动很小，则这些证券是值得购买的。

对个别投资者来说，商业性投资公司或证券公司公布的行业分析或调查资料及具有投资观点和建议的补充资料是极有价值的。因为个别投资者往往无法对必要的大量资料做出准确的计算，而这些投资机构的专业分析人员专长于各行业，能够提供以行业和经济分析为基础的报告，这些信息是十分有益的。首先，它包含了对某一行业未来的展望，并描述了其规模和经济重要性，从而概括出了一个行业经营模式、现期困难及发展的可能性和它们对行业在未来若干年中业绩的影响。其次，这些调查报告也讨论了行业的作为与属性、活动的广度和获利程度及其未来最有可能的增长潜力。所以说投资者在投资时应充分利用这些调查报告的投资导向作用。

投资者一定要确定某一行业证券的投资价值，辨别现实价格与其真实价值的差异及其所反映的未来收入的机会和投机需求程度有多大。当然，投资者还应考虑其他因素，例如加入世贸组织后我国某些行业竞争力的变化、消费者的偏好和收入分配的变化等。只有广泛收集信息、系统地评估该行业，投资者才能进行正确的行业分析，从而最终作出明智的行业投资决策。

在行业周期的每个阶段选准时机

一般而言，每个产业都要经历一个由成长到衰退的发展演变过程，这个过程便称为行业的生命周期。行业的生命周期通常可分为四个阶段，即初创阶段、成长阶段、成熟阶段和衰退阶段。投资者也可抓准行业周期的每个阶段，选准时机进行投资。

1. 初创阶段

在这一阶段，新行业刚刚诞生或初建不久，只有为数不多的创业公司投资于这个新兴的产业。在初创阶段，产业的创立投资和产品的研究、开发费用较高，而产品市场需求狭小，销售收入较低，因此这些创业公司财务上可能不但没有赢利，反而普遍亏损，甚至可能破产。同时，企业还面临着由较高的产品成本和价格与较小的市场需求导致的投资风险。因而，这类企业更适合投机者而不是投资者。

2. 成长阶段

在这一时期，拥有一定市场营销和财务力量的企业逐渐主导市场，其资本结构比较稳定，因而它们开始定期支付股利并扩大经营。

在成长阶段，新行业的产品通过各种渠道以其自身的特点赢得了大众的认可，市场需求逐渐上升，与此同时，产品的供给方面也发生了一系列变化。由于市场前景看好，投资于新行业的厂商大量增加，产品也逐步从单一、低质、高价向多样、优质和低价方向发展，因此新行业出现了生产厂商和产品相互竞争的局面，这种状况的持续将使市场需求趋于饱和。在这一阶段，生产厂商不能单纯依靠扩大产量、提高市场份额来增加收入，而必须依靠提高生产技术、降低成本，以及研制和开发新产品来获得竞争优势，从而战胜竞争对手和维持企业的生存与发展。因此那些财力与技术较弱，经营不善，或新加入的企业（因产品的成本较高或不符合市场的需要）往往被淘汰或被兼并。在成长阶段的后期，由于行业中生产厂商与产品竞争优胜劣汰规律的作用，市场上生产厂商的数量在大幅度下降以后便开始稳定下来。由于市场需求基本饱和，产品的销售增长率减慢，整个行业开始进入稳定期。在这一阶段，由于受不确定因素的影响较小，行业的增长具有可预测性，行业的波动也较小。此时，投资者蒙受经营失败而导致投资损失的可能性大大降低，分享行业增长带来的收益的可能性则会大大提高，因此可以买入股票。

3. 成熟阶段

行业的成熟阶段是一个相对较长的时期。在这一时期里，在竞争中生存下来的少数大厂商垄断了整个行业的市场，每个厂商都占有一定比例的市场份额。厂商与产品之间的竞争手段逐渐从价格手段转向各种非价格手段，如提高质量、改善性能和加强售后服务等。此时，行业的利润由于一定程度的垄断达到了很高的水平，而风险因市场比例较稳定、新企业难以进入而降低。

这一阶段，行业增长速度降到一个更加适度的水平。在某些情况下，整个行业的增长可能完全停止，其产出甚至下降，因此行业的发展很难较好地与国民生产总值保持同步增长，当国民生产总值减少时，行业甚至蒙受更大的损失。但是，由于技术创新等原因，某些行业或许实际上会有新的增长。所以，在这种时候也可以适当地投资。

4. 衰退阶段

行业在经历了较长的稳定阶段后，就进入了衰退阶段。这主要是因为新产品和大量替代品的出现，使得原行业的市场需求减少，产品的销售量开始下降，某些厂商开始向其他更有利可图的行业转移资金，从而原行业的厂商数目减少，利润下降。至此，整个行业便进入了生命周期的最后阶段。在衰退阶段，市场逐渐萎缩，当正常利润无法维持或现有投资折旧完毕后，整个行业便解体了，因此投资者应卖出股票。

有时股价大跌也是最好的投资时机

在股市中，遇到股价下跌简直是一件最稀松平常的事。面对这种情况，有的投资者只有摇头兴叹，默默地等待股价的回涨，而聪明的投资者则相反，他们不是默默等待，而会主动出击，因为在他们的心目中，股价的下跌不仅仅是"灾难"，有的时候反而会是最好的投资时机。

正如股市中流行的一句话所说："股市下跌就像科罗拉多一月的暴风雪一样平常，如果你有准备，它并不能伤害你。反而正是投资的好机会，可以捡到那些慌忙逃离风暴的投资者丢下的廉价筹码。"

"盛极而衰，否极泰来"是股票市场波动的真谛，若从一个较长的时间周期来看，如果当前市场已经明显处于低风险区域，投资者不要一味地消沉，而要重视否极泰来的投资机会。

股票投资最忌讳的就是不问是非的抛售，最害怕的就是慌不择路的清仓。专业投资者告诉大家，应该以平常心来面对股票市场每次大的波动，要明白股票市场如同海浪一样，是有所起伏的，不要期望永远都处于波浪的上升期，永远都是幸运儿。既然股票市场的波动是常态，则当股票市场有微小波动时，千万不要惊慌失措地抛售股票，很有可能在你抛售股票之后的几天内，股票价格就会上涨到你原先持有时的水平。

投资者若想笑傲股市，首先要培养的素质就是面对股票市场的大跌而不乱方寸。如果投资者对这一点不是很放心，完全可以利用股票软件来查看股票市场的历史波动情况，历史的数据和图形将会告诉你，从来没有哪一只股票下跌的趋势最后不触底反弹，也从来没有哪一只股票在没有达到谷底之后会转为上升趋势。投资者完全可以将某段历史图形，在遮住任何后半段后通过前半段判断未来的趋势，再去掉所遮住的后半段，就会发现无论前期的下降趋势有多么惨烈，但是肯定有相应的反弹周期。当然这么说并不是建议投资者在股市大跌之时大量购买股票，而是仅仅告诉投资者对股票市场的大跌不必惊慌失措，乱了方寸。

如果投资者在股市大跌的时候能够鉴别哪些股票跌得合理，哪些股票跌得并不合理，就已经成功了一半。投资者所要做的仅仅是不理睬那些跌得合理的股票，而尽量在谷底投资那些跌得不是很合理的股票，因为那些跌得不是太合理的股票的价格下跌并不是因为上市公司的盈利变差也不是因为公司治理恶化，而仅仅是受累于那些恐慌万分的投资者的抛售行为。恐慌之中的抛售行为会不会一直持续呢？显然是不会的，那些惊慌的投资者不管需要多少时间，总之早晚会发现自己的抛售行为是过于草率的，因为大盘并不因此而低迷不振，而且很可能已经处于平稳状态了。所以在恐慌性抛售中捡到便宜货那将是十分容易的事情，而且即使在恐慌性抛售中购入的股票价格成本也往往较低。如果投资者能够抓住大盘调整期间而购入具有真实价值的股票，则会为长期的赢利性奠定良好的基础。

如果投资者能够找到哪只股票跌得不合理，则就找到了介入时间的最佳点，但是选择哪个时机购买才能算找到时间的最优点呢？理论上，应该在股票处于谷底之时进行购买才是最优的，但是世界上应该没有人可以准确预测谷底。如果靠运气去选择谷底还不如设计一套可行的方法和机制来规划这一购买时间，因为在未达到谷底之时，投资者一般是不知道谷底到底在哪里的，于是专业投资者认为可以在第一个谷底到达时即刻入市购买该股票。他们判断基础是，如果该谷底是真正的谷底，则这一行为的成本仅仅稍微高于谷底，而避免了在谷底之前购买股票，成本远远高于谷底价格的尴尬境地。当然，如果该谷底仅仅是第一个谷底，股票价格还要继续下降，也不必恐慌，待它达到真正的谷底之后还是会继续上涨到原来的水平，给投资者带来收益的。

然而，从具体的操作上看，投资者如何在股价大跌后寻找投资良机呢？

资深投资者建议，在股价大跌后，投资者可重点关注两类品种，一是市净率低的具备价值投资潜力的品种，这些品种具备短线反弹能量。二是下跌之后的中小市值品种，尤其是新兴细分行业的领先企业仍具备中线关注潜力。

另一方面，可以抓住"业绩驱动"的结构性行情和"政策主导的产业结构转型"这两条主线，这可能会是从股价大跌中淘得真金的好策略。

危机也可能是投资的好时机

在股票投资界，有一句话一直非常盛行，即"街头溅血是买入的最佳时机"。这句话并非指真的出了人命，而是指危机在投资者中造成恐慌，导致股市抛售的情况。从股市的观点来说，2001 年 9 月 11 日发生在纽约的恐怖袭击事件和几个世纪以来金融市场发生的其他许多次危机没有什么区别，结果也相似：恐慌的人们纷纷抛售股票。

面对股市中的种种危机，投资者们就无计可施了吗？其实不然。全球顶尖价值投资者约翰·邓普顿博士就非常善于从危机中发掘商机，他他很清楚地知道应该如何将市场的恐慌转化为未来的收益，也明白和战争有关的危机会带来绝好的投资机会。这一经验要追溯到他投资事业的早期阶段，包括在 1939 年欧洲爆发第二次世界大战时购买证券的经历。

当大部分投资者们不再考虑股票的价值而拼命卖出股票的时候，聪明的投资者很容易理解这样的投资机会是多么难得。危机发生之后，卖家心惊胆战，被恐惧所左右，这恰是最佳的投资时机；如果危机造成的经济后果不为人们所了解或被高估，这个机会甚至会更好。

就 2011 年中的美债危机来说，对中国股市就是一次崛起的机会。

2011 年，在美国国债危机和欧洲债务危机的交替作用下，欧美股市终于出现了暴跌，不久就露出了熊市特征。随着欧美股市的暴跌，大宗商品和亚太股市也出现了较大幅度的下跌……美债危机虽然对我们也有一些负面影响，但利总是大于弊的。

从这个意义上说，这次危机是欧美经济体的产业危机，对中国来说则是一次再上台阶的重大机遇。这个机遇对中国的益处很多，主要是表现在：

（1）实质性地削弱美国的经济、军事上的霸主地位，扩大中国在国际政治上的生存空间；

（2）资源价格的系统性回落使中国的通胀之忧消遁于无形，国际贸易条件大幅度改善；

（3）中国增加了廉价获取资源的机会，战略性地降低了中国经济发展的成本；

（4）给中国解决内部分配不公创造了缓冲区域；

（5）房地产泡沫问题解决难度降低。

该危机中对中国方面的唯一负面的因素是出口市场的萎缩，由此导致失业率的暂时上升。但凡事有利总有弊，衡量优劣的标准是收益／成本这个比值的大小。从这个角度来说，该危机是世界经济结构调整的必然，是经济公平的一种体现，对中国而言，利远大于弊。从宏观上说，这场危机利好中国，对中国股市更是超级利好。

所以说，凡事都有两面性，投资者在面对一个危机的时候，一定要多角度地观察它，切不可随大流，慌了自己的手脚。

作为长线投资者，必须清醒地意识到危机中会包含很多投资的好时机。换句话说，如果将来发生某种危机，投资者应当慧眼独具、迎面而上，因为你不能奢望这种危机每隔几年就会出现一次。事实上，经验最丰富的投资者对此可是垂涎不已，一直都在期待着危机的发生，因为这可以为他们带来绝好的投资良机。

在危机出现后，投资者如何从中寻找投资的良机呢？

（1）投资者要重点寻找那些价格下跌而且下跌后的价格远远低于其内在价值的股票。一般而言，在股票价格发生剧烈波动的时期，找到这种股票的机会最大。

（2）投资者要寻找由于很大的误解而使股票价格下跌的情况，比如某家上市公司在近期遇到困难，而这种困难只是暂时性的，会有云开雾散的一天。换句话说，投资者要找的是由于卖家近期观点发生暂时改变而导致价格被低估的股票。

（3）投资者要时常对市场上前景最糟的股票进行调查研究，而不是前景最好的股票。

危机会使上述所有情况变本加厉。换句话说，当市场在恐慌或危机中抛售股票的时候，投资者所期待的所有市场现象就会浓缩到一个短暂而密集的时期：也许是一天、几个星期、几个月或者更长的时间，但是一般而言，各种事件以及人们对此的各种反应不会持续很长时间。恐慌和危机会给卖家造成强大压力，却为发现低价股创造了良机，如果你能在其他人都夺门而逃的时候岿然不动，好股票就会轻松落入你的手中。

总之，投资者要从股票价格的剧烈波动中寻找机会，而恐慌性的大抛售恰好能制造出最剧烈的波动，波幅之大往往处于历史较高水平。投资者要寻找人们的错误观念，而恐慌性的大抛售恰好是错误观念最盛行的时期，因为人们已经恐惧到了无以复加的地步。危机期间，人们的恐惧超出了常理，反应也超出了常理，典型的反应之一就是抛售股票，而且其抛售的影响力之大也超出了常理。因为卖家只关注近期情况而使暂时性的问题被夸大，投资者就是要寻找机会对这些问题加以利用。历史表明，危机一开始的时候，情况看上去仿佛特别糟，但是随着时间的流逝，所有的恐慌都会渐渐趋于缓和。恐慌消失之后，股票价格就会回升。

所以，面对危机，投资者只要能做到冷静、客观、多思考，抱着长远的眼光来看待，一定能够从危机中发现投资的良机。

把握未来投资收益的关键点

投资者在选择投资时机的时候，不能只顾眼前得失，也应该放眼未来，把握未来投资收益的关键点。

如果想要把握未来投资收益的关键点，一个重要的能力是把握住股票的长期趋势。从某种程度上说，长期趋势代表着股票市场的牛市已经结束，这个时候投资者更应该提高对股市的关注点。

2003 年国库券泡沫的破灭就印证了这一点。虽然投资者对牛市并不陌生，但 2003 年国库券泡沫的意义绝对不同于以往。当牛市刚开始时，国库券的收益率维持在将近 16%，住房抵押贷款的成本更是攀升到 17%。当 2003 年牛市消失以后，国库券的收益率一路下跌到不足 5%，抵押股票也以 6% 的惨淡状况收场。

虽然这种惨痛的历史在短时间内不可能重演，但是并不代表这种状况不会再度出现。于是，资深的投资者们今后在选择投资时机的时候，会注意汲取这次的投资教训，更多地把目光投向股市的未来。

在把目光投向未来的时候，投资者们需要关注以下方面，并根据这些方面的调整来调整自己的投资时机。

（1）关注利率的发展方向。利率的发展方向是股票市场的指针，这和股票市场的绝对水平没有任何关系。20 世纪末的利率是下降的趋势，到了 21 世纪初利率已经变为上升的趋势了。之所以会有这种变化，是因为美联储牢记了日本因为反通货膨胀失败导致整个国家政策重心都发生转移的教训，所以才发生了美联储将物价回升作为工作目标的反常举动，因为历来美联储和通胀都是势不两立的关系，而资深的投资大师将这种现象看成了股票市场牛市的结束信号，进而据此调整了自己的入市步伐。

（2）投资者十分有必要持有一个防御能力强的证券组合。在熊市中，投资者的收益获取可能会相对困难，但不代表完全没有可能。投资大师杰西·利维摩尔曾经说过："除非地球毁灭，否则没有什么能阻止股市在行情看好的时候进化为牛市，在行情萎缩的时候发展为熊市。"所以，投资者十分有必要建立一个防御能力强大的证券组合来抵御这种牛熊市的突然转换。

（3）对于新的股票市场，这里投资者可以借鉴一下一种非常有名的"六分叉法"应对法则，该法则由证券大王格雷斯所创，它可以帮助投资者在避免多余风险的情况下取得高于单一股票投资的收益，并且格雷斯建议投资者不要买进高收益率公司的股票，因为在新的环境下这种公司的股票的收益率已经大不如前。而收益率下跌是因为垃圾股票的风险下降了，资金的拖欠率也降至不到6%，公司资产负债表在逐步增强，但这并不是实力降低的表现。

总的来说，股票市场和超级市场一样，投资者在想出手之前都应该认真对比，仔细考虑。

第4章
最重要的股票投资法则

根据计划进行交易

股票投资实践中，投资者在进行任何交易之前，务必要知道自己的目标，以及打算如何达成目标。这不仅代表你必须了解风险与报酬的关系，而且还必须界定市场可能发生的所有状况，并拟定相关的计划和对策。换言之，在任何交易之前，你必须知道每一种可能发生的结果，并根据你所拟定的计划行事。在交易的过程中，毫无计划、跟着感觉走是你最大的敌人，它会造成你的愤怒与情绪激动。

俗语说"巧妇难为无米之炊"，股票交易中的资金就如同我们赖以生存解决温饱的大米一样。大米有限，不可以任意浪费和挥霍，因此巧妇如何将有限的"米"用于"炒"一锅好饭，便成为极重要的课题。同样，在血雨腥风的股票市场里，如何将你的资金作最妥当的运用，在各种情况发生时，都有充裕的空间来调度，不致捉襟见肘，这便是投资计划所能为你做的事。股神巴菲特做股票投资之前总是会制订周密的计划，所以他能取得投资的成功。投资大师在操作前都会制定详细的计划，普通的投资者又怎能没有投资计划呢？

具体来说，在投资实践中，我们该如何制订合理的投资计划以指导我们的投资呢？

人与人之间千差万别，情况各异，这就需要我们在制订投资计划时要充分考虑个人所从事的工作、固定收入、经济环境等因素；短期投资目标是什么，长期投资有何计划，为实现这些目标、计划应采取什么样的投资策略等，尤其要注意避免盲目性。要合理制订个人投资计划，首先要明确下列因素：

（1）计划的整体性。投资讲求以一个投资方针贯穿整个计划，各项投资相互联系不能孤立起来看，必须了解每一个投资项目在这个计划当中所占的地位、所扮演的角色，这样才能明白其中的意义。例如，在整个投资计划中，你可以主要倾向于低风险。那么，大部分资金便都应该放在低风险而回报比较稳定的项目上；可部分选择风险稍高的，如何选择前景看好的新兴创业板上市的科技股。只有这样的计划，投资者才能规避风险。投资计划若采用高风险的策略，保本的投资比例便会比较少，资金的大部分集中在高风险的项目中。这些投资看准了便可以赚大钱，但看错了就可能全部输尽。投资者应给自己留一些后路，譬如，在手中预留大量现金，可以随时调用。这也是一个投资计划，没有这个计划，投资血本无归时，后果是难以想象的。

（2）考虑资金因素。有一定数量、来源可靠而合法的资金，是投资者制定个人投资计划的前提。在做出个人投资计划前，投资者先好好打量一下自己，因为你投入资金的多少将会影响投资效益的好坏。投资之前，首先了解一下自己有多少钱财可用于投资，即有多少资产、多少负债，资产扣除负债后还剩多少。这些剩余的资金，用专门的术语来说，叫作净资产，它的价值，叫作净值。这些净值才是真正属于你个人的资产。投资前核算一下这些净值，依据个人未来一年或两年动用资金的状况，从这些净值中抽取一定的比例（譬如20%，这个数据依个人情况而定，但为了保证自己的生活，建议最好不要超过50%）投资于股市。

（3）对投资收益的依赖程度。对投资收益的依赖程度是制定投资策略应考虑的重要方面，对收益依赖程度的分析，实际上就是对投资者风险承受能力的分析，是投资前的重要心理准备。有的投资者希望能以投资收益来补充生活费用，这种投资者对投资收益的依赖程度较高，可以选择有固定收入的绩优股。有的投资者只把股票投资作为业余爱好，有其他收入来源，对收益的依赖程度较低，可以选择一些高成长股或投机性较强的股票，以期得到较高的收益。

（4）考虑时间、信息因素。在投资时投资者应该认真地考虑一下，自己到底可以有多少时间用在某项投资上，以及有哪些可以获得相关信息的渠道、手段和信息的时效性如何等问题。如果这些条件都不充裕，那么选择价格波动较大的短线股票作为投资对象则是极为不理智的，而应以购买绩优股和成长股等可以长线持有的股票为投资项目。

（5）考虑自身的知识和经验因素。投资者的知识结构对投资的收益起着关键性的作用。投资者对哪种投资方式更为了解和信赖，以及更为擅长哪种投资的操作，都会对其制订有效的投资计划有帮助。一般情况下，选择自己熟悉、了解的投资项目，充分利用已有的专业知识和成熟经验，这样往往能够确保投资者投资稳定成功、安全获益。比如，某一投资者若为IT界的精英，那他对市场上的IT类股票肯定比较熟悉，对哪些公司经营业绩好，产品优良，属于绩优股或成长股，往往了然于胸，选择这类股进行投资，其成功的概率肯定比其他类股要大很多。

（6）考察自身的心理素质。在某些关键时刻，投资者的心理素质甚至比资金的多寡更为重要。如果投资者具有优柔寡断、多愁善感的性格，那么就应该避免风险较大、起伏跌宕的股票投资，应选择一些收益稳定的投资对象。

投资计划是帮我们预防投资风险，增加投资胜算的。没有计划，投资就像航行在海上的船没有指南针一样，船最终漂流到哪里，事前没有人能知道。有了计划，投资就像有了掌舵人，有了前进的方向，知道自己下一步将会怎样发展下去，还差多少达到目标，离成功还有多远，以及还需多少资源、多少努力才会成功，之后就可以按照需要逐步实现自己的目标。

市场调查和分析研究是股票投资的成功法宝

一些资深的投资者常说，自己所使用的利器莫过于市场调查和分析研究。因为市场调查可以获取第一手的感性认识，而分析研究则可以将感性认识转化为理性认识，进一步加深对上市公司的了解。一个不善于市场调查和分析研究的投资者，是很难在股票市场有所收益的，而一个不愿意花费时间进行市场调查和分析研究的投资者，也是很难在股票市场有所收益的。

具体来说，市场调查主要是指投资者要留心观察，现实生活中消费者对该上市公司产品的消费情况和满意程度，另外该行业的竞争情况也将影响到上市公司的盈利和最终的股价走势。如果该上市公司的产品很少有竞争对手，或是质量明显好于其他的厂家，消费量也明显大于其他厂家，则可以断定该上市公司的股票拥有十分巨大的上涨潜力；但是如果该上市公司的产品竞争对手众多，并且质量和消费量都无法和其他厂家区分开来，甚至还没有其他厂家的高，则该公司的股票很难有拉升的潜力，购买此股票的投资者应该十分小心。分析研究就是指投资者应该利用所获得的信息进行分析和证实，如果不进行相关分析就将所获得的信息当成有用信息利用则风险是十分大的。因为所获得的信息有可能存在失真的成分，投资者不加以分析就有可能被庄家和上市公司的虚假信息所蒙蔽、所欺骗，只有进行了仔细的分析研究，投资者才能真正利用好相关的信息为投资盈利所服务。

所以，要成为一名真正优秀的投资者，必须提高自身的调查和分析能力。调查和分析能力对股票投资的作用表现在：进行市场调查可以保证投资者及时掌握最新的投资信息，增加对上市公司实际状况的了解，避免受到其他投资者的看法和观点的影响。如果投资者不能经常进行市场调查和分析研究，就难以在股票投资过程中获得丰厚的收益。因此,成功的投资者不一定具有特别高的智商,但一定会具有勤奋、努力的特点。

资深炒股大师彼得·林奇曾说："在我将近30年的投资生涯中，我和我的同行从来没有见到过任何一个投资大师仅凭自己的感觉和专家的建议来获得丰厚的投资收益。因此，我劝告个人投资者，一定要通过自己的实际调研去投资，不要被他人左右你的投资方向。"彼得·林奇不只是这么说的，他还是这么做的。

在刚进入美国富达投资集团麦哲伦基金实习时，彼得·林奇的主要工作是调研。那时，他工作的重心是对美国出版行业以及造纸业的现状进行调查。也就是那时候开始，彼得·林奇通过自己的实际调查，发现了这样一个事实：他在大学里所学的两个原理即随机漫步假设和有效市场假设是非常矛盾的，根据这两个理论，人们根本不可能获得投资收益。这项调查提醒了很多投资者。在实习期间，相比那些讲解数量分析和随机运行理论的大学教授，彼得·林奇更佩服美国富达投资集团麦哲伦基金的工作人员，他认为他们作为投资实践者，更具说服力。

在理论和实践中，彼得·林奇更偏爱实践。正是因为这个想法，在以后长达30年的投资中，彼得·林奇非常注重调查和分析研究这一重要环节。

从某种程度上说，彼得·林奇是靠周密的市场调研在华尔街成就了自己的投资传奇。而放眼那些常在股市中败北的投资者，大多却缺乏这种调查和分析的实践精神。不管是新股民还是老股民，他们都在想当然的去购买股票，甚至是靠感觉去投资。

然而，股票投资市场并非搞美术创作需要灵感，也不像数学研究，坐在办公室里就可以得出自己需要的数据。而更像搞水利工程，既需要你实地考察后设计出你的图纸（投资计划），又需要通过考察分析出这项工程的具体实施方案，还需要你不断跑工地，监督工人正确实施你的设计方案。

也就是说，股票投资并非很多投资者所想象的那么容易。然而，在操作过程中，也并非一些投资者所想象的那么枯燥和高深莫测。投资者并不一定要像那些专业的证券分析师那样对投资知识滚瓜烂熟，所需要下到的基本功夫，就是对股市的基本分析、技术分析、财务分析方法，应当有所了解，最好能熟练掌握。因为，只有熟悉了市场的基本信息，投资者才可以独立分析市场走势，预测市场的未来方向，才能形成自己的一套投资系统和独特的投资风格，才能真正在市场中获取回报。

对自己的投资策略实施保密政策

如前所述，投资策略在股票投资中的地位非常重要，它直接决定了投资者的投资结果。投资者最终能否从投资中获利以及能获多少利，很多时候取决于是否实施了适宜的投资策略。

当今时代是个信息时代，投资者在进行投资之前，完全可以通过阅读一些相关资料了解上市公司的基本面、其产品的市场需求等，来分析研究并最终制定出正确的投资策略。如果这一策略自己一时不注意给泄露了出去，很显然，别人掌握了这样的投资情况，就会捷足先登，那么，这就会对自己的投资造成一定的影响。因此，投资策略的保密性就凸显了出来，投资者一旦制定出了投资策略就要让它密不透风。也就是说，不要轻易地将其泄露给别人，以免让自己承受不必要的损失。

股神巴菲特曾说："在股票市场，那些总是吹嘘自己拥有战无不胜的投资策略的人是骗子，因为真正的投资者是不会把自己的投资策略透露出来的。"对于投资策略的保密性，可以说没有几个人能比巴菲特做得更好。

从选好投资目标开始进行市场分析时他就会非常地谨慎，对于投资方面的信息他是不会轻易泄露给别人的，甚至连他的亲朋好友也在这一行列之内。因此，巴菲特在投资上每次取得的成功，都会引来别人对他无以言表的羡慕。他为什么几乎每次都能取得投资的成功，这对其他投资者充满了困惑，所以，在其他投资者看来，巴菲特是一个有点披着神秘色彩的人，因为几乎他每次的投资举动都让其他投资者不太理解，不过，最后的结果往往都能证明他在投资上的准确性。当然，这一点也与他对自己的投资策略进行严格保密有很大的关系。

遗憾的是，在投资实践中，很多投资者总会把自己的投资方向和投资策略，甚至是介入时机都公布于众，于是就形成了人云亦云的投资风格——一个过去炒股赚过钱的老股民总会被大家所追捧。然而，真正出色的投资者是不会把自己的投资策略公布于众的，如果他真的这么做了，要么是他头脑发热，要么就是想引导周围的投资者走入他预先设计好的投资圈套。

投资策略决定着投资者的投资是否能获得最后的成功。在这一点上，资深的投资专家给投资者的忠告是：自己的投资策略不仅不要受其他人的影响，也不要轻易地透露给其他人。

不熟悉和不懂的股票不要炒

相信我们中的很多人都听说过这样一个卖油翁的故事：

陈尧咨善射，他在训练场上练习射箭，箭全中靶心，大家都称赞他的技艺，他感到非常骄傲。但是有一个卖油的老汉却只是淡淡地点点头，于是，他将老头叫过来，问道："你也懂射箭吗？我的技术难道不高明吗？"卖油的老汉没有回答，他把一个葫芦放在地上，接着把一枚有孔的铜钱放在葫芦口，然后从他的大油壶里舀起一勺油，从高处往葫芦里倒。只见那油就像一条线一样从铜钱中间的小洞里滴下去，一滴都没有落在外边。围观者都惊呆了，而这个卖油的老汉却说："其实我也没什么大不了的，只不过天天练习，熟能生巧而已。"

从上面这个故事中，我们可以清楚地体会到熟悉和了解的重要性：对自己熟悉的事情，做起来就会得心应手，效率也会很高；而对自己陌生的事情，则要费事得多，往往会以失败而告终。其实，在股票投资领域，也是如此。那些成功的股票投资者，都有一个相同点，即只投资自己熟悉和了解的股票。

选择自己熟悉和了解的股票可以降低股票投资的风险。因为如果你对这只股票熟悉和了解，你就会知道这只股票曾经站在什么高位，曾经跌到什么程度，业绩是不是理想，如果对这一切心里有数的话，你就知道什么时候出手最合适了。

然而令人遗憾的是，现实中，有很多投资者往往不喜欢购买自己所熟悉行业的公司的股票，而选择购买自己根本不懂其公司业务的热门股，其实这是一种舍近求远的行为。对此现象，著名投资学家彼得·林奇也很不解，他曾说："一般情况下如果你对医生进行调查，我敢打赌他们当中可能只有一小部分人购买了医药行业的股票，而绝大多数人投资了石油行业的股票；如果你对鞋店的老板进行调查则结果可能是绝大多数人买了航空业而不是制鞋业的股票，反过来航空工程师可能涉足更多的是制鞋业的股票。我不清楚为什么股票像草地那样：总是别人草坪上的草显得更绿一些。"

且不说为什么很多投资者喜欢"舍近求远"，我们可以断定的是，这样"舍近求远"的投资者投资成功的可能性会非常低。

中国有句古话叫："生意不熟不做。"股神巴菲特有一个习惯，不熟的股票不做。正是因为巴菲特坚持"不熟不做"的观点，多年来他对科技企业避之唯恐不及，并成功地避开了 2000 年初网络股泡沫等一系列投资陷阱。巴菲特的例子或许会给众多投资者一些启示。

巴菲特曾说他对分析科技公司并不在行。当股市处于对高科技尤其是网络公司股票狂热的时候，巴菲特在伯克希尔公司股东大会上被别人问是否会考虑投资于高科技公司。他回答："这也许很不幸，但答案是不。我很崇拜安迪·格鲁夫和比尔·盖茨，我也希望能通过投资于他们将这种崇拜转化为行动。但当涉及微软和英特尔股票，我不知道 10 年后世界会是什么样子。我不想玩这种别人拥有优势的游戏。我可以用所有的时间思考下一年的科技发展，但不会成为分析这类企业的专家，第 100位、第 1000 位、第 10000 位专家都轮不上我。许多人都会分析科技公司，但我不行。"巴菲特说："如果我们的原理应用到科技股票上，也会有效，但我们不知道该如何去做。

如果我们损失了你的钱，我们会在下一年挣回来，并向你解释我们如何做到了这一点。我确信比尔·盖茨也在应用同样的原理。他理解科技的方式与我理解可口可乐公司与吉列公司的方式一样。所以，我们的原理对于任何高科技企业都是有效的，只不过我们本身不是能够把原理应用到这些高科技企业的人而已。如果我们在自己画的能力圈里找不到能够做的事，我们将会选择等待，而不是扩大我们的能力圈。"

巴菲特避开科技企业还有一个原因是，很难预测这些变化很快的高技术领域或新兴行业的未来发展。

巴菲特说："我可以理性地预期投资可口可乐公司的现金流量。但是谁能够准确预期10大网络公司未来25年里的现金流量呢？对于网络企业，我知道自己不太了解，一旦我们不能了解，我们就不会随便投资。显然，许多在高技术领域或新兴行业的公司，按百分比计算的成长性会比注定必然如此的公司要发展得快得多。但是，我宁愿得到一个可以确定会实现的好结果，也不愿意追求一个只是有可能会实现的伟大结果。"

一般说来，巴菲特对下列两种企业情有独钟。

（1）能够提供重复性服务的传播事业，也是企业必须利用的说服消费者购买其产品的工具。无论是大企业还是小企业，它们都必须让消费者认识自己的产品与服务，所以它们不得不花去高额的广告费以求能打开销路。所以，那些提供这类服务的行业势必从中获得高额的营业额及利润。

（2）能够提供一般大众与企业持续需要的重复消费的企业。巴菲特投资的企业，如《华盛顿邮报》、中国石油等，无疑都符合他的这一原则。

像巴菲特这样的投资大师都始终坚持"生意不熟不做"，对于我们普通的投资者来说，更应该这样。选择自己熟悉和了解的股票进行投资，才可以避免因盲目投资而造成的损失。

实际上，在投资这个领域，成功的人永远少于失败的人。究其原因，是因为有太多的人是靠着自己头脑中的想象与金钱打交道。从巴菲特的投资行为中，我们也可以得到启发，在做任何一项投资之前，都要仔细调研，在自己没有了解透、想明白之前，不要仓促作决定，以免给自己造成更大损失。

坚持长期投资

长期投资，是指不满足短期投资条件的投资，即不准备在一年或长于一年的经营周期之内转变为现金的投资。长期投资的目的在于持有而不在于出售，这是长期投资与短期投资的一个重要区别。

股神巴菲特是长期投资的领头人，他的长期投资理论主要归结为：寻找价值被市场低估的股票，买下后耐心地持有，等待它上涨。其实巴菲特的长期投资理论对我们中的很多投资者都十分适用，只要投资者拥有无比坚定的投资信念，不为一时的小利所迷惑，长期在股市中坚持，就一定会获得大利。

长期投资是制胜的法宝，长期投资法是将资金长期投资在股市里，投资者定期检查投资状况，但基本上是不会频繁进出的。在长期投资的策略下，投资者也可以基于对市场的了解，定期对投资进行调整，这其中包括两种不同的方法：

一种是固定比例投资策略，这种方法适合于波动市场，即将一笔资金投资于不同的股票后，定期调整，以便使得不同股票的价值的比例保持相对稳定，这样表现好的品种上升时卖出，可以实现收益，防止损失，而买入表现差的品种，可以摊低成本，等到这个品种净值转好时再拥有获利机会。当然这种调整不能过于频繁，否则会增加交易成本。另一种是顺势操作策略，这种方法适合于上升或下降趋势较强的市场，在某个股票品种下跌时，就赎回，以防止进一步下跌，而在某个股票品种上升时，就增加投资，以获取进一步的利润空间。

总之，不管采取哪种方法，长线持有股票都是投资成功的一个法宝。然而，在投资实践中，很多投资者对长期投资并没有一个清楚的认识，存在许多认识误区，主要体现在以下两点。

（1）认为政策市、投机市不适合长期投资。有投资者会说A股市场是"政策市""投机市"，所以不适合进行长期投资。实际上，正因为我们的市场有着"政策市""投机市"的特点，长期投资者有着更高的获益机会。在A股市场进行长期投资，要比在成熟市场进行长期投资容易得多。当大多数投资者以"政策市"的眼光来看待A股市场，当大多数投资者以"投机"行为投入A股市场，意味着长期投资者的竞争对手们忽略了证券市场真正的内在规律。所以，政策市、投机市一样适合长期投资。

（2）认为长期投资者的换手率一定很低。所谓换手率，是指单位时间内，某一证券累计成交量与可交易量之间的比率。其数值越大，不仅说明交投的活跃，还表明交易者之间换手的充分程度。在一般投资者看来，只有短线投资者在频繁买卖股票时才会出现很高的换手率。长期投资者因为股票交易次数的减少，所以换手率一定很低。

事实上，从长期来看，长期投资者的换手率一定是非常低的，要比市场平均水平低很多。但也有一些例外情况，那就是当市场发生一些严重的"比价关系错位"时，也就是指那些高估的品种和低估的品种突然变得非常明确起来，就像他们之间突然被划清了界限一样，而你持有的股票恰巧正在疾步迈向高估，同时又有很多远远被低估的股票无人问津时，长期投资者的换手率会出现爆发式增长。

迅速地抓住机遇

苏格拉底曾断言："最有希望的成功者，并不是才华最出众的人，而是那些最善于利用每一时机发掘开拓的人。"我们和机遇相随而行，但我们往往与机遇擦肩而过。抓住机遇的，一举成功；放弃机遇的，终生悔恨。从某种意义上来说，机遇也决定着我们投资的成败。在股票投资中，能够抓住瞬间的机遇，就有可能获得丰厚的利润回报。

所以，当投资的机遇来临时，投资者不要畏首畏尾，裹足不前。只要有利可图，其风险又在可以承受的范围之内，那就果断采取行动。因为股票投资市场是个变化极快的市场，很多投资机会都是一闪而过。尤其是股市上，大部分的机会都是隐性的，投资者难以在表面看到。事实上，任何赚钱的机会都不是看得见的，这需要投资者拥有良好的分析能力和判断能力，具备思维敏捷、行动果断的素质。而那些缺少清醒的头脑和果断作风的投资者，常常让机遇在面前溜掉。股市投资领域，谁先专注机遇，谁获利就越多。那种犹豫不决的状态，是股票投资最忌讳的。

"如果有好的投资机会来了，不要犹豫和徘徊，必须立即出击。"这就是索罗斯的投资名言。他之所以能获得巨大成功，是与他的敏锐的思想和坚定果断的行为分不开的。

与那些失败的投资者相比，索罗斯从来不迟疑不决，更不会消极等待，他总能在做出决策后即刻行动，不断寻找新的机会。拥有行动迅速的能力还不足以让索罗斯独领风骚，更重要的是，他还能够非常快地决定是否做一笔投资。有时候，区分决策和行动甚至是不可能的。有一次，当索罗斯正在打网球的时候，他的电话响了。那是1974年，水门事件正威胁着理查德·尼克松的总统宝座。

当时，东京的一个经纪人告诉索罗斯，水门事件正让日本市场紧张不安。索罗斯有价值数百万美元的日本股票，他必须决定怎么做。他丝毫没有犹豫，不到一秒钟，他就向他的经纪人下达了全部清仓的指令。对索罗斯来说，作出投资决策就像是在黑与白之间作出选择。不存在灰色阴影：一项投资要么符合他们的标准，要么不符合；如果符合，他们就会迅速行动。

如果索罗斯找到自己了解的投资对象，并且，这个投资对象符合他的标准，他就不会犹豫。他知道他想以什么样的价格购买或出售多少，也知道他有多少可利用资源，他的经验和想法已经向他证明，他的投资哲学和投资系统都是有效的。他已经不需要再考虑什么了。于是，买或卖变成了例行步骤。

从事股票投资就要敢于冒险，胆子要大，畏畏缩缩会令你错过投资机会。一般投资者对市场趋势的观察时常是正确的，但因为他们缺乏自信，到了一定时候，他们就开始担心自己的投资会受到损失。随后他们就止步不前了，害怕股市会突然暴跌。其实，这是一种懦弱的表现。在优秀的投资者看来，一个投资者所犯的最严重的错误，并不是胆子太大了，而是太保守、太犹豫。

逆群众心理而操作

在股票投资里，有一个相当重要的原则，就是要实行与一般群众心理相反的操作，即在群众的一片乐观声中应该警惕，在群众的一片悲观时要勇于承接。因为，群众大都是"抢涨杀跌"的。

在股票理论上，股价愈涨，风险愈高，然而群众却愈有信心；股价愈跌，风险愈低，但一般的投资者却愈来愈担心。对投资者而言，如何在投机狂热高涨时保持理智的研判，以及在群众恐惧害怕的时候仍保持足够的信心，对其投资能否获利关系甚大。

在股市波动幅度比较小的时候，更可显示反群众心理操作的重要性。

例如在1987年初，台湾的一般经济学者或经济专家均认为台币升值，以出口为导向的台湾经济，势必会受到拖累，间接地使经济增长减缓，反映在股票市场中也将会出现一季比一季淡、一季比一季差。然而结果是，股市连创新高，到了9月份，更加狂涨不止。就在这群众一片看好，股市将创5000点之际，厄运降临，股市大幅挫落，加上美国股市暴跌的影响，台湾股市跌幅超过50%。这些现象均显示股市的走向，往往与群众的心理背道而驰。

投资实践中，有时庄家也采取与一般的群众心理相反的操作方式，如在群众一片悲观而杀出股票时，庄家却大力买进；在群众一片乐观而抢进股票时，庄家又大力卖出，进行调节。

既然要与一般群众反向操作，就必须了解群众的一般心理。要了解群众的一般心理，可参考以下指标。

（1）投资顾问意见。大多数的投资顾问都鼓励客户逢低买进，逢高卖出，然而现实中许多例子都显示，投资顾问经常提出相反的建议。因此，当大多数投资刊物看法乐观时，往往趋近顶峰；大多数投资刊物看法悲观时，往往接近谷底。

（2）证券公司人气是否畅旺。如果证券公司以往喧腾不已，而如今人烟稀少，且顾客无视其好坏、漠不关心股价的开跌在下棋聊天，书报摊有关股票方面的书籍卖不出去，此时通常股价已跌至谷底。反之，当人气沸腾，一开盘即全面涨停板，此时股价通常接近高峰，宜减少持股或退出观望。有两句证券俗语，即"人弃我取，人取我予"及"人不凑在一起时才是购买时机"乃最佳写照。

（3）共同基金持有现金比率。共同基金的投资组合中持有现金增多，表示股价要下跌；持有现金减少，表示股价要上涨。因此持有现金的比率可当作一指标，当现金持有比率非常高时，往往股价已接近谷底；反之，现金持有比率非常少时，股价常接近顶点。

（4）融资余额的趋势与额度。由于投资余额表示投资者信心的增减，在股价的循环中，由谷底复苏时，融资余额缓慢增加；随着股价的上涨，投资者信心的增强，融资额度及增加的速度逐渐增加，终于达到顶点。此时，融资部分成为股票重要供应来源，反转时，融资较多的股票往往跌幅最重。

总而言之，群众的心理研究在股票投资中不宜忽视。成功的投资者，通常是特立独行，做别人不敢做的事情，并择善固执的投资者。

善于捕捉市场的情绪

股神巴菲特曾说：市场是不可预测的，聪明的投资者不但不会预测市场的走势，反而会利用这种市场的无知和情绪来规避市场风险，投资获益。

投资大师索罗斯也说：市场总是错误的。

真正的大师都善于把握市场的"情绪"，在市场的错误中去买卖获利。由于股市上噪音太多，错误的信息、传闻、消息会干扰股价的正常运行，所以市场不可能永远都是对的，有时也会犯错。我们要想在股市中规避风险，投资获利，就必须树立对待股市的正确态度并掌握股市的运行规律。

关于我们应该如何正确对待股市，我们同样可以用格雷厄姆的市场先生的比喻来予以说明。

为了理解股价的非理性，不妨假设你与"市场先生"是一家非上市公司的合伙人，若不出意外的话，"市场先生"会每天报出一个价格，他愿以此价格来购买你的股份或将他的股份出售给你。尽管你们合伙经营的企业一切如故，但"市场先生"的情绪和报价却远非如此。由于"市场先生"的情绪是不稳定的，有的时候"市场先生"会因情绪高涨而只看到未来光明的一面，在这时候，他会给你们的企业报出一个非常高的价格。相反，由于环境的变化，在另一些日子里，"市场先生"可能情绪非常消沉，看不到除了麻烦以外的任何东西，这种时候，他会给你们的企业报出非常低的价格。"市场先生"从不介意被人冷落，如果他今天的报价被你忽略了，明天还会报出一个新的价格。在这里，重要的是，如果"市场先生"某时某刻表现得很愚蠢，你就可以轻易地利用他；但更为重要的是，如果你在他的影响下认同了他的观点，这时就会出现灾难性的后果。

格雷厄姆的得意门生巴菲特一直将这个比喻记在心中，并以此指导自己树立对待股市的正确态度。他曾说："一个投资者必须既具备良好的公司分析能力，同时又必须把他的思想和行为同在市场中肆虐的极易传染的情绪隔绝开来，才有可能取得成功。在我自己与市场情绪保持隔绝的努力中，我发现将格雷厄姆的市场先生的故事牢记在心非常非常有用。"而在市场波动的巨大心理性影响中保持理性的前提，是对市场波动有正确的态度和看法。

投资大师们用其一生的投资经验为我们提出正确看待市场波动的成功经验。

格雷厄姆和巴菲特的忠告："市场先生"是仆人而非向导。

巴菲特与林奇投资成功的基本原则：要逆向投资而不是跟随市场。

我们要想利用市场的情绪投资获利，除了应树立对待股市的正确态度以外，还需掌握股市的运行规律。其实，市场再怎么变幻莫测，总有一定的规律。掌握市场的规律，就掌握了投资制胜的秘诀。巴菲特之所以能成为投资大师，不断地获取财富，及时地避免风险，就是得益于其总结出来的市场规律。

"短期经常无效但长期趋于有效"是巴菲特对市场价值规律的生动描述，也是他投资的重要法则。巴菲特曾讲过，对他来说，"市场"并不存在，即使有，也只是一个让我们看谁在做傻事的地方。

投资者能否依靠猜测市场走势而获利？基金经理人关注市场、分析个股，能否胜过股市整体表现？事实表明，依靠短期的预测是很愚蠢的。

在过去多年来，众多研究报告已经证明，每年都有超过一半的基金经理人输给了指数。可以这样说，投资者只要买入指数基金而不必去管它，每年还会胜过大半的全职基金经理人。这也难怪"指数基金"会逐渐流行。毕竟，如果花钱请人来全职管理、分析之后，还输给简简单单的被动性指数投资法，为什么还要浪费那些昂贵的基金管理费呢？

股神巴菲特也说他本身不能完全预测市场的走势，也认为这世界上没人能够真正做得到这一点。或许，我们应该谨记彼得·林奇的一句话，他曾经在新加坡演讲时给出以下投资忠告："不要预测市场走势，因为那将是徒劳无功的。"

事实上，聪明的投资者不但不会预测市场走势，而且还会利用这种市场的"无知和情绪"化而获利。

要想从市场投资中胜出，第一个条件当然就是不要受市场"情绪"的影响。而不受市场"情绪"的影响，首要条件就是在认识股票市场规律的基础上为自己确定一些选股的准则。对此，投资者一定要时刻谨记。

索罗斯和他专攻弱者的"森林法则"

从1968年创立"第一老鹰基金"，到1992年狙击英镑净赚20亿美元，1993年登上华尔街百大富豪榜首，1997年狙击泰铢，掀起亚洲金融风暴。索罗斯所到之处，无不掀起一场狂澜。他一直在这种优胜劣汰的环境中常胜不败。因为，索罗斯明白"炒股就像动物世界的森林法则，专门攻击弱者，这种做法往往能够百发百中。"

投资界所流行的森林法则主要由投资大师索罗斯所倡导。提起"森林法则"时，人们一般都能很快地联想到它所指称的含义。它是自然界运行的一种普遍法则，即"弱肉强食"。最常见的就是年老、体弱、受伤、残废的小动物会给猛兽吃掉，或者病死、饿死，自愿地接受优胜劣汰的法则。那些胜利者就可以继续繁殖生存下去。

索罗斯的森林法则主要包含以下四个方面的内容。

（1）专挑弱者攻击。炒作就像动物世界的森林法则，专门攻击弱者，这种做法往往能够百发百中。在索罗斯看来，任何制度不管如何完善都不是完美的，随着时间与环境的改变会随时出现新的漏洞。当这些漏洞出现时，只要将力量最弱的一个角落攻占，随着连锁反应，强者也会很容易被打垮。

另一方面，股票投资产品有很多品种，每个品种都有它的行情，有时你会发现今天这个品种表现不错，明天看另一个行情表现得也不错。有些人同时研究很多品种，力求抓到所有品种的行情，所有壮观的波动，以弥补收盘后的空悔。然而，人的精力和能力都是有限的，像打一款游戏一样，你要想把一款游戏打好，前期你要对它的规则很熟悉，你要挑最容易的去进攻，这点在股票投资上尤其重要。投资者需要做的是，对最容易赚钱的一个品种或一个板块做精做细，不要一山望着一山高。因为，市场虽然到处都有钱赚，但不是所有的钱都是为你准备的，你拿到你能拿到的那笔就行了。

（2）耐心等待时机出现。通常情况下，投资者都是按照股票的基本因素或既有赢利来决定投资，但对索罗斯来说，这无疑是反应缓慢的过去式。他的做法是见端而知末，按照现状的一些蛛丝马迹，去分析行将出现的未来转变，按预测布置进攻策略，静心等候捕杀的一刻。比如，拍摄狮子猎取野羊的纪录片，狮子会在羊群四周潜伏寻觅，直到你看的耐心都没有了，但往往就在此时，最精彩的一幕就会出现在镜头里：一只野羊脱离羊群了，疯狂的追捕就在此刻发生，结局想必大家都能猜得到。试想，狮子乃万兽之王，对于捕杀个别羊是绰绰有余的。但是遇到羊群他就会谨慎了，可能他之前吃过这样的亏，他急于求成，结果却一败涂地，所以他学会了等待。

同理，投资者面对股票投资市场，无论你的能力有多强大，在市场面前，你都是渺小的，你也只能像这头狮子一样，耐心地等待机会，不然你会为你的自大付出代价。

有的投资者认为，股票投资市场可以双向交易，遍地都是机会，要么涨要么跌，随时都可以操作。然而，在真正把握住适合自己的机会前，投资者还首先要有等待猎物出现的耐心。因为，在等待机会的时候，投资者同时也在积蓄行情的动能，一旦时机成熟，猎物会非常的丰厚，它们会加倍补偿投资者等待时所付出的煎熬。所以，投资者切记：股票投资这个市场从来不缺机会，缺的只是耐心。

（3）进攻时须果断，而且须全力而为。索罗斯告诫人们，进攻必须果断，不要小心翼翼地赚小钱。索罗斯并不赞同那些太过于保守的投资者。实际上，索罗斯是少数的风险大师，他所讲究的风险，不是如何循序渐进地一边保住既有利益一边赚取微利，而是如何用尽手头上每一个筹码，在大赚与大蚀的极端中取得平衡。

（4）事情不如意料时，保命是第一考虑。索罗斯擅长绝处求生，懂得何时放手。求生是投资者的一个重要策略。他投资成功的关键不仅在于懂得何时看对股票，而且还在于承认自己何时犯错。他相信：能在另一天卷土重来投入战斗。用他自己的话来说就是，"我不相信有一天醒来时已经破产"。

索罗斯的"森林法则"带有极大的形象性和生动性。他把股市比作茂密深广的大森林，因为许多危险都在无意识的背后孕育着，藏躲着，因此走在其中，投资者要处处留心，不仅要避免自己在股市中被吃掉，同时还要学会主动进攻捕杀自己的猎物，满足自己的需要。

用价值投资跑赢股市

资深的投资者可以发现这样一条规律：市场的上涨源于企业价值的提升、市场价值的发现，并分歧于价值。后市无论大盘是否会继续调整，都不会改变这个发展中市场向上的趋势，回归价值投资的牛市行情将会继续发展。经过这一轮的强制性调整，投机的风气将会得到遏制，投资的理念将会成为主流。在大盘登上历史高位并且机构重新成为市场的主导力量以后，价值投资的牛市行情将成为未来市场发展的客观趋势。

说到价值投资，谁都知道应该进行价值投资，可是价值投资贵在"坚持"二字，只有坚持才能在股市中当长跑冠军。

价值投资的一条基本原则就是透过市场价格看出实际价值。当你购买股票时，你不是只买了一只股票，而是买下了一个企业的一部分。一个企业的内在价值往往与经常波动的股票市场所显示的股票价格有极大的差距。如果购买股票的价格明显高于它的内在价值，你就会遭受损失；相反，如果低于它的内在价值，交易过程中赚钱的机会就比较大，资金被长期套住的风险就比较小。基本赌注就是市场价值最终和内在价值相吻合。

作为价值投资者，锁定目标个股介入之后，要做的操作就是坚定持有，在目标值未达到的情况下，坚定持有，而不是三心二意。来到这个市场上，大家都是为了资金增值，假如有明确的公司价值的评估，而且公司业务持续向好不断发展，你要做的操作就是在安全边际买入，坚定持有。就是这么简单的一个策略，在这个世界上越是简单的反而才是真理。

频繁换股是牛市大忌，股市中有许多投资者，时刻热衷于追逐热点，频繁换股。可短线套利炒股不是一般人能把握时局的，毕竟股市千变万化，当你频繁换股操作，若落后热点一拍，落入热点陷阱，只会跌得鼻青脸肿。其实，在牛市中频繁换股是大忌，牛市表示行情已经进入了一个上升阶段，虽然在上升的过程中会频频出现一些盘中跳水的动作，但可将其当作是一种盘中压缩上涨速度的倾向，应该坚定持股信心，等待上扬是最佳策略，而不能频繁换股。

申银万国首席经济学家杨成长认为，投资者要将长期投资与投资热点区分开。股民在购入股票时，应该分析该股是价值投资还是热点投资。如果是价值投资，就要长期持有，切忌频繁换股；如果是热点个股，一定要密切关注大盘和个股走势，不要接最后一棒。对于散户来说，若没有专业知识和判断局势能力，最好坚持长期投资，频繁换热点股容易被套入深渊。

大量的股票市场实证研究表明，虽然股市短期内会剧烈波动，但长期会向价值回归。知名的研究员希格尔、威娜等的实证研究都支持这一结论：股票收益在短期内可能存在正相关关系，如一周或一月，但对于较长的时期来说，股票收益则显示出负的序列相关性，比如在两年或更长的时间内。简单地说，也就是经过两年或更长的时间后，原来上涨的股票会反转而下跌，而原来下跌的股票会上涨。

以下引用两项著名的关于美国股市 200 年和 100 年波动的研究结果来进行说明：

希格尔的研究表明，1802—1997 年的近 200 年间，股票投资收益率在很多时候都会偏离长期平均水平，但是长期股票实际平均年投资收益率非常稳定，约为 7%。

巴菲特以 100 年详细的历史数据解释说明了为什么 1899—1998 年的 100 年间美国股市走势经常与 GNP 走势完全相背离。他认为美国股市 20 年整体平均实际投资收益率约为 6%—7% 左右，但短期投资收益率会在利率、预测投资报酬率、心理因素的综合作用而不断波动。

既然投身股市，就不要浪费你的时间和精力去研究每日股票的涨跌，你花的时间越多，你就越容易陷入思想的混乱并难以自拔。记住：战胜股市的秘诀是忽视短期的波动，购买未来。

如果投资者决定采取价值投资策略，就必须切实遵守以下原则。

（1）在没有确定是否将投资股票当作是经营企业之前不要轻言投资。

（2）靠自己的勤奋努力分析标的公司的基本面状况，同时也分析你所不喜欢的公司的基本面，使自己成为对该公司或产业最清楚的人。

（3）如果你没有做好持有股票超过 5 年以上的准备，就不要轻言采取价值投资策略。对讲究投资安全的人来说，持股时间越长，其安全保障越大。

（4）投资组合切忌融资。切记，突然而来的金融风暴以及随之而来的保证金追讨，将可能使未来有可能大获赢利的投资组合化为泡影。

（5）作为价值投资者，最重要的目标就是努力去了解你的投资目标。

如果你愿意比一般投资者付出更多的精力来分析目标公司，你就会掌握更大的竞争优势。巴菲特表示，其实价值投资策略并没有超出任何投资者的理解范围。我们非常同意他的这一说法，因为你甚至不需要有什么财务专业硕士级的评估能力，就能轻易靠价值投资策略赚钱。但是有一条是必须再次强调的，就是花时间和精力来研究所投资的标的公司的经营过程。然而遗憾的是，许多投资者宁愿花时间无聊地追逐当下市场状况，也不愿意花时间去研读公司的年度报告。但是，请记住，一味打听股票市场上那些东拼西凑的小道消息或惯于用一些旁门左道来作为投资策略，是绝对比不上花几十分钟阅读投资目标公司的最新运营和财务报告来得更加实用、有效。

我国证券市场已经步入全流通时代，随着股指期货、融资融券等金融创新品种的出台，优质企业上市带来的整体投资价值提升，我国证券市场将发生根本性的变革。因此，积极跟随市场转型，学习成熟资本市场的价值投资理念，无疑是应该长期提倡的。只有坚持价值投资理念，舍弃盲目的非理性炒作，我们的牛市才能更加长久，我们的资本市场才能获得持续健康的发展。

事实证明，价值投资才是一个市场持续发展的根本，无论是在低迷的市场还是泡沫横飞的市场。投机可以促进一个市场的活跃性，却无法维持一个市场的持续、健康、稳定发展。

判断趋势转换的要点

关注公司的趋势对于长线筹码来说很重要，而关注市场的趋势是中短线的筹码最主要的焦点。投资者往往会在股价上涨的过程中卖出筹码，这样的举动可以用逢高卖出来解释，但真正的内心冲动是在赌自己能够卖在阶段性的最高价，也就是在赌明天股价的下跌。其实大家都知道卖在最高价是可遇而不可求的事，但仍然会在不知不觉中去赌这个很小的概率出现。这当然是一种错误的决策方法，它的根源在于投资者没有用理性的方法来进行投资决策，同样也是一种着急的心态。

投资者都知道股价上升趋势的改变是做出卖出决策的关键依据。只有判断出股价的上升趋势即将或者已经改变时才是卖出的时机，而股价在连续上涨之后是仍然有可能继续上涨的。通过以下几个要点的研判，或许我们能够以比较理性的方法去研判股价的上升趋势是否已经出现转换。

要点一，成交量持续回落。股价上涨的重要基础是成交量，尤其当市场开始讨论是否有泡沫时更是需要较大的成交量才能托住股价甚至推动其上涨，因此在大阴线之后的回升过程中成交量能否保持原来的大量成为趋势能否延续的关键。

要点二，出现明显的下跌。如果股价一直是以阳线为主且没有大阴线，那么上升趋势还在持续中，因此出现大阴线是前提。也许这样做我们会失去卖在最高价的机会，但我们可以保证卖在次高价。比如股价从 5 元上涨到 10 元，如果出现大阴线后可以在 9 元卖出，但如果总是想卖在最高价的话就会在股价涨到 7 元时卖出，绝不会等到 10 元价位的出现。

要点三，下跌后的回升乏力。即使出现大阴线也不一定就是趋势的转换，关键在于研判大阴线后的回升力度。如果在此后的回升过程中股价仍然创出前面的新高，那么上升趋势仍然有延续的可能，反之则要特别注意。

如果将上述要点与一些经典形态的判断相结合，能够使投资者有更大的把握。比如股价在大阴线后的回升过程中成交量下降且未能突破前期的高点，那么要警惕双顶形态的出现。如果大阴线后股价再创新高但高度有限且成交相对萎缩，那么要警惕头肩顶形态的出现。需要注意的是在研判经典形态时一定要赶在形态完全出现前就判断出来，只有这样才能获得最大的利润。

价格的高低并非买卖的唯一理由

《专业投机原理》的作者维克多·斯波朗迪曾经说过这么一句话："不可仅因为价格偏低而买进。不可仅因价格偏高而卖出。"意思是说，投资者在进行股票买卖时，不能仅仅以价格为标准，即价格的高低并非买卖的唯一理由。

股票投资与在超市购物不同，股票交易中并没有所谓的"特价商品"。交易的重点仅在于获利或亏损，这与交易工具的价格没有任何关系。价格仅在少数情况下会影响交易决策，例如：你可能因为保证金过高而无法从事某笔交易，或其他交易机会可以提供较佳的杠杆效果，而其风险报酬比率相似或更理想。

进行股票投资时，投资者千万不要有这样的心理："这个价位已经够低了，不可能再跌了，所以我必须买了！"或"这价格已经不可能再涨了，是该卖出的时候了！"对此，维克多·斯波朗迪说："除非你见到趋势发生变动的征兆，否则趋势持续发展的机会较高。当市场处于历史高价或低价，但没有任何征兆显示趋势即将反转，我建议你不要去挑逗它，继续等待趋势变动的信号。顺势交易，耐心等待。"

"趋势是你的朋友。"这是一些资深的投资者不断重复的一句话，这也是股票投资的一条必由之路。成功的投资者认为，重要的不是去关注个股价格的波动，而是把握整个股市的行情跟着趋势走。很多投资者都建议跟着市场发展的趋势走，换句话说，也就是随市场的大流走，跟着这个趋势行动，直到这一趋势结束。

不看个股价格的波动而看市场的趋势也是《股票作手回忆录》的主人翁杰西·利维摩尔所倡导的一种投资策略，正是这种策略让他赚取了人生的第一个一百万。

说到这里，很多投资者不禁要问，什么是趋势呢？我们如何研究趋势？

趋势就是某个特定时段内，某特定价格运动的方向。对于趋势的判定方法有多种，可以用道氏理论，可以用波浪理论，可以用均线理论，更可以简单到用一把直尺往图表上一放。而对于如何把握趋势，使趋势为己所用，则见仁见智，各有各的方法。

许多中小投资者，尤其是新入市的，对行情的发展趋势往往难以判断，是盘上还是盘下？是轧空还是诱多？是反弹还是反转？是回档还是回头？等等如此之类问题，会困扰着他们，难以把握。那么应当从哪些方面来入手分析趋势的变化呢？

第一，成交量变化。就市场短期的演变而言，判断行情发展趋向的最好标志就是成交量。比如，当股指触到一定的低点，被立即拖起，而没有在低位作相当一段时间的无量盘整，那么，此番上攻必是反弹而非反转，因为缺乏"筑底"的量能，说明底部尚未确认，就会应验"是底不反弹，反弹不是底"的股谚；如果股指节节攀升，成交量却日渐萎缩,这便有"顶背离"之嫌,应先部分减磅观望,而相反呈温和状的放大,则说明还有上升的空间;如果股指下挫,成交量未有效放出,说明是合理回档,可持续持股或逢低吸纳,反之,成交量急剧放出,可视为回头,应采取应变措施。

第二,看技术面提示。技术分析在我们国内这种"特色"鲜明的市场里,应灵活应用或更多地只能作为逆向提示,即反技术而为之。如行情一涨再涨,或一跌再跌,各项技术指标出现超买或超卖时,若根据技术指标所提示的去抛或买,往往得到的是踏空或杀多的结果。因为主宰市场的主力,往往是上涨时可以作为阻力,同样下跌时也可以作为支撑。因此,在运用技术指标作分析时,应当以逆向运用为前提,必须再结合成交量的变化,结合基本面与消息的变化,结合市场的供求变化,使技术发挥最大的作用。

第三,分析基本面态势。这是压倒一切的决定因素,也是诸多要诀尤其是研断"大势"最准确的依据。

第四,关注言论界导向。这里的言论导向主要分为两类:一是指来自媒体的导向,分官方言论与非官方言论两种,前者即可视为政策性导向,无论是默许抑或批评,都应不折不扣地"贯彻落实",坚决执行;后者则应慎重对待,自己认真分析,得出相应的结论。二是指来自"人气"的导向,如果问及投资者,十有八九说好,证券营业部大厅内人头攒动,成交回报显示"买入"远大于"卖出",证券报刊时有脱销,收市之后"马路沙龙"久聚不散,这都说明"人气"已高涨到了"沸点",此时行情肯定已到了强弩之末;相反,如果与上述种种情况正好相反,特别是证券营业部内外门可罗雀,表明"人气"处在极度低迷的时候,如果能够根据这种种"导向"去有所为、有所不为,那么他在股市获利的概率将会大大提高。

简单的方法其实更有效

《华尔街股市投资经典》的作者詹姆斯·P.奥肖内西认为,在股票投资市场中有两种不同类型的决策方法:一是经验分析法,也称直觉式分析方法。该方法以知识、经验和常识为基础。另一个是定量分析法,也称精确统计法。这种方法以大量数据为基础,推论出各种关系。

詹姆斯·P.奥肖内西曾在《华尔街股市投资经典》中写道:"在大多数情况下,被动、机械化的投资系统会打败由人组成的投资系统,即使是基金经理也不例外。"詹姆斯·P.奥肖内西研究发现,多数投资者在作出投资决策的过程中,偏爱第一种分析方法,即直觉分析方法。并且,在多数情况下,直觉分析法的投资者常常作出错误的决定,或败给几乎是纯机械的方法。这是为什么呢?

肖内西引用《科学推理的局限性》一书的作者大卫·福斯特的一句话对此作出解释："人类的判断力远远小于我们所想象的。"詹姆斯·P.奥肖内西还说："他们（包括基金经理人）之中的所有人认为自己有过人的洞察力、超凡的财商和选择有利可图股票的非凡能力，不过一般说来，80% 的有利可图的股票是参考标准普尔 500 指数而选择出来的。"

换句话说，纯机械化的股票选择方式，胜过 80% 的股票投资行家。这还意味着，即使投资者对选股一无所知，但只要采用纯机械化的、非直觉型的投资分析方式，就可以让那些受过所谓良好训练和教育的投资行家们败下阵去。这也就是富爸爸所说的："投资是机械化的呆板而简单的过程。"

有时候，简单即高效和有用。在 14 世纪，奥卡姆提出了简单性原则，或者称为奥卡姆剃刀原则。他规定，如果有一组理论都能解释同一件事，则可取的总是最简单的，需要最少假设的那一个。在普林斯顿，当爱因斯坦和哥德尔这两位 " 独行侠 " 在密林小道偶然相遇时，可能都在不由自主地思考一个主题：简单。前者在解释物理学理论时说，简单就是美。而后者在归纳数学原理时感慨道，人类能够真正证明的定理其实很少。在剑桥，凯恩斯所做的投资决策，通常是在早晨起床前坐在床头，用一点儿时间，翻阅完各种报刊后就完成的。在内布拉斯加的奥哈马，远离尘嚣的最佳拍档巴菲特和门格的生活更是简单，在小镇里惬意生活的他俩，仍是 20 世纪以来最成功的投资家。

进行股票投资，同样也需要简单方法。你想得越简单，冒的风险越小，就越是高枕无忧，于股市中获利也越多。

"六炒六不炒"原则

股市中的经验、技巧、策略层出不穷，年年翻新。但万变不离其宗，其基本规律大体如此。在股市中，六炒六不炒是无论在什么时候都应该坚持的投资法则。

在股市中，六炒六不炒，具体来说，主要包含以下几方面内容。

（1）炒小不炒大。从历史上看，凡是翻倍的大黑马基本是小盘股。流通股在 8000 万以下的小盘股，价格合适的股票，庄家易于控盘。更容易翻倍。流通股大盘股虽然也有行情，但是总体上盘身太重，庄家不容易拉升。所以，小盘股应该多关注。但是如果价格已经抬高，就不宜进入。

（2）炒低不炒高。尽管有些公司业绩好，有题材，但是其股价处于高位是非常危险的。比如 30 元以上的股价，一旦遇到大利空，跌到 50% 以下，今后想解套就很难。如果股价高达 50 元以上，则更危险。如果股民在 50 元以上最高点或 30 元左右次高点买入，恐怕一辈子都解套无望。而 5 元以下的低价股则风险相对要小。即使跌到 50% 以下，2.5 元的股价再咸鱼翻身是完全可能的。而且从股市经验看，低价股也容易出现大黑马。高价股则很难出现大黑马。所以，炒低不炒高非常重要。

（3）炒新不炒旧。一般来说，老股都被爆炒过，上涨的动力自然不足，有的爆炒后几年都无行情，如众所周知的四川长虹、亿安科技、银广夏等。所以炒股一定要以新股为主。

（4）炒反转不炒反弹。反转、反弹概念对大盘而言尤为重要。即：如果大盘经过长期盘整，底部已经夯实，一旦行情趋势反转上升，股民假如没有在第一时间建仓也无碍大事，迅速在第二时间建仓跟进也不晚。即：行情趋势反转上升，什么时候买都是对的，什么时候卖都是错的。这就是"炒转"的概念。

反之，如果大盘经过长期上升，动力减弱，一旦行情趋势反转，由上升转为下跌，股民假如没有在第一时间平仓也无碍大事，迅速在第二时间平仓也不晚。即：趋势下降，什么时候卖都是对的，什么时候买都是错的。而且原则上不抢反弹。这就是"不炒弹"的概念。换句话说：该做多时，坚决做多，"炒转"不犹豫。该做空时，坚决做空，"不炒弹"不犹豫。当然这并不是反对抢反弹，假如你正好抢到反弹点最好。但是事实证明，一般人侥幸抢反弹成功率只有 1% 左右。本来顺利逃顶获利，结果"炒弹"套牢亏损的情况屡见不鲜。

（5）炒短（段）不炒长。由于目前中国的上市公司业绩不稳定，许多公司是"一年优，二年平，三年亏"，再加上股市各方面还要进一步规范。所以股民如果长期持股，如同乘电梯，从终点又回到起点。到目前为止，中国股市还没有一个始终保持稳步上升的股票股价。几乎大部分都是"电梯"股价。所以，一般来讲，如果短期内获利，应该落袋为安。但是，每年股市都会有一个波段行情，时间大约为 2—5 个月。所以，一年炒一次波段即可。从此角度讲，一年一次波段可以算是短期，所以，炒短不炒长的另一个理解是炒"段"不炒长。

（6）炒冷不炒热。如果某股热点形成，股价连续上升，处于高位，最好不要跟风炒作。以防接最后一棒。如果高位追进，必须微利出局。很多经验表明，跟风炒作大部分失败而归。当然你提前建仓，可以持股获利。一般来讲，炒冷是比较保险的。这个冷，不是曾被作为热点炒过后变冷的，而是指自从上市后就没人关注，股价也没有突出表现。这种冷股，往往是庄家战略股，蓄势待发。

股票投资是要讲究技巧和策略的，投资者在操作时，坚持六炒六不炒，就等于赢得了股票投资的一大绝招，也比别人前进了一大步。

第5章
交易赢家的心理法则

勤奋是成功投资的唯一密码

乌龟要想跑赢兔子，一定要提早出发。因为在投资市场中，勤奋是成功投资的重要砝码，只有勤奋才能把握住最佳投资时机。能够在股市中取得成功的投资者，除了依靠过人的投资能力之外，勤奋也非常重要。

相信很多人都曾听过这句一句名言，即书山有路勤为径。是的，勤奋无论对于读书还是股票投资领域，从来都不是多余物。事实上，很多世界级投资大师之所以能够成功，勤奋的个人品质在其中其中起着极其重要的作用。最伟大的投资经理人索罗斯就是因勤奋而走向成功的。

刚刚踏入金融领域的索罗斯在对投资市场的研究上，就一直表现得相当勤奋。他认为，没有全身心的投入就不会有成功的回报。索罗斯的成功，离不开他的严谨、认真和兢兢业业的工作态度。索罗斯在成为举世闻名的金融大鳄之前，也是从证券公司的普通套利交易员做起的。那时候索罗斯在华尔街研究欧洲证券，每天都非常忙碌。事实上，由于纽约和欧洲的时差，他连一夜都不能错过，而且几乎是一天24小时都在忙。他会收到由五个数字组成的暗码电报，用暗码的目的是节省电报费，数字代表股票的名称、数量和价格。

"我清晨四点半醒来，这时正好是伦敦早上九点半，然后大概每一小时我会睡一下，再拿起电话，听数字，决定是否买进。我可能回电报买进后再回头睡觉。有时候，我会梦到刚刚买进的股票上涨，有时候醒来时迷迷糊糊，不知道自己先前做过什么、梦到什么。"这样的生活让以后成为举世闻名的财富巨人的索罗斯一直记忆深刻。

由此我们可以看到，索罗斯在年轻时尚且如此努力，因此那些想要进入股市或已经进入股市，但还不会使用技术分析或基本面分析的投资者，不妨多花点精力充实一下基础知识，对市场的基本面了解得更透彻一些。

不管在什么领域，要成功都离不开勤奋，只有勤奋才是成功的唯一密码，在股票投资市场也一样。而这里的勤奋，不仅包括对市场基本面的了解，还包括对市场资讯的时刻关注和对投资时机的充分思考。

我们能够想象，一个从不辛勤耕耘的人是永远无法创造出这样规模宏大的资本的。一位成功的投资大家说过，要想得到金灿灿的金子，必须要做无数次的淘洗工作，可能你淘洗 10 次之后，就会有一次的收获；如果是 100 次的话，那么，你就可以有10 次的收获。

在这个世界上，任何事情的成功都没有捷径可走。在投资市场中，勤奋也是成功投资的唯一密码。股票投资市场时刻处于波涛汹涌之中，就像一个激烈的战场，比拼的不仅是投资者的知识储备，还有投资眼光和分析能力等多种素质。投资者在交易操作中，最不能有的就是懒怠心理。

资深炒股者说，财富不可能自己走到你面前，而需要你像蜜蜂一样勤奋地获取。正所谓"天道酬勤"。投资者需要明确一点：投资绝不是撞大运，一个成功的投资者的每一次投资，都是建立在大量的调研分析的基础之上。勤奋的投资者不一定能够获利，但是如果做不到勤奋，那是一定会被残酷的股票市场所淘汰的。勤奋是投资成功的必要条件，投资者在实际操作中，一定要谨记这一点。

上涨时不贪，下跌时不惧

凡是在股票投资市场摸爬滚打过几年的人，对下面描述的情况便不会陌生：

每当股市上涨的时候，我们的情绪便特别激动，不管是怎样虚幻的题材也敢去炒，不管是价格多高的股票也敢去接，并且昨天涨了还想今天涨，今天涨了又想明天涨。待自己吃了满肚子的货，股指却掉头向下，股价却高台跳水，几天之内便把自己的纸上富贵一扫而空，反而搭进了老本。这时我们又天天盼望反弹，可是股价不但不反弹，还天天缩水。拿计算器一算，老本亏掉了一大半。这时，我们恐慌了，认为反弹已经无望了，现在再不抽身出去，肯定会落得个鸡飞蛋打，血本无归。于是慌慌张张去刷卡，一股脑儿将所有的股票全部抛掉，并发誓再不炒股了。但股市就这么折磨人，等我们将股票亏本抛出，股价却又突然回升，几天后便涨到了我们的成本价，再过几天竟创出了新高。看着天天上涨的股价，听着股评热情的推荐，我们后悔，我们气恼，我们烦躁，最后想起一句名言：在哪里跌倒就在哪里爬起来，于是一咬牙又跑到股市里去追高买进过去丢掉的股票。谁知股市专门与我们作对，每次都是一进就跌，一抛就涨，涨后再进，眨眼又跌……

这当然是有庄家在捣鬼，有股评在误导，但最终起作用的，还是我们自己的心理弱点——贪婪和恐惧。股市上涨时我们贪婪，总想涨了还涨，于是获利了的股票不抛出，反而还大肆进货，全然不考虑没有只涨不跌的股市；而股市下跌时我们又恐惧，生怕跌得一无所有，于是割肉斩仓，丢手断臂也毫不吝惜，就是不想想公司不破产，股票又怎么会一直跌下去呢？正是这种贪婪与恐惧交织在一起，使许多中小投资者每次都是追涨杀跌，每次都是亏钱蚀本。

对许多投资者来说，无论赚多少钱都嫌赚得太少，贪婪和恐惧成了成功投资的杀手。

股民小董是 2007 年在牛市的行情下入市的，他把 10 万元投入股市后，股市持续走高，不到一个月，他账面上的资金增加了 40%。他认为股市会一直走高，所以仍然迟迟不肯抛售。这时候周围的朋友劝他，股市在走下坡路，要早点收手才好。但小董就是不听，总认为股票还会再涨。哪知到 2008 年 7 月份，股市连续出现暴跌，眼看着资金一天天缩水，恐惧感布满了小董的心头，于是在 2008 年 8 月份以亏本割肉。

由于贪婪和恐惧的心理，总想再多赚一点点，迟迟不肯抛售手中的股票，结果小董遭受了巨大损失。经过大涨大落，小董感叹说，人总要懂得知足才好。

很多投资者之所以炒股失败大多都是因为贪婪和恐惧心理在作祟，因为贪婪才不肯抛掉不断上涨的股票，因为恐惧才会割肉卖掉手里的股票。

无论从长期实际经验看，还是从极小的机会看，谁都无法以最高价卖出，因此，不要使贪婪成为努力的挫折，投资中应时刻保持"知足常乐"的心态。

同样，当我们恐惧时，无法实际地评估眼前的情况。我们一心把注意力集中在危险的那一面，正如大熊逼近时，我们会一直盯住它那样，所以无法看清它"有利"与"不利"两面因素的整体情况。当我们一心一意注意股市令人气馁的消息时，自认为行动是基于合理的判断，其实这种判断已经被恐惧感所扭曲了。当股价急速下降时，会感到钱财离我们远去，如果不马上采取行动，恐怕会一无所剩。

所以，与其坐以待毙，不如马上行动，才能"转输为赢"。其实，即使是熊市期间，股价也会上下起伏，每次下跌总有反弹上涨的时候，毕竟股价不会像飞机一样一坠到底。然而，每当股价下跌，一般人都忘了会有支撑的底价，也就是股价变得便宜，大家争相购入的价格。

事实上，当我们心中充满"贪婪"和"恐惧"时，就无法保持长期的眼光，而这恰恰是投资者所不可缺少的态度。

为了使自己的投资行为更顺畅，收获更大，投资者应该抛弃这两种心态，拒绝"贪婪"和"恐惧",在投资实践中注意以下两点。

（1）懂得适时放手。投资者要明白有舍才有得的道理。歌手阿木的专辑灵魂主打单曲叫《有一种爱叫作放手》，讲述了一个感天动地、为爱放手的故事。其中有两句歌词：有一种爱叫作放手，为爱放弃天长地久。其实，炒股也一样，也要懂得放手，套用一句股市的行话："股票会买是徒弟，会卖才是师傅。"

（2）面对下跌也要心平气和。在股市下跌中，特别是破位的走势中，一定要戒急戒躁，才能看清大势方向，分辨个股强弱。重仓投资者此时更要冷静下来，分析失误的根源，找出解套的途径，绝对不能因为心慌意乱而采取毫无章法的操作方式。世界上没有只跌不涨的股市，只有被恐慌击倒的股民。

投资股市，首要的就是要克服"贪婪"和"恐惧"这两大心理误区，股价上涨时不贪，股价下跌时不惧，这样才有可能成为股市的赢家。

目光远大才能在市场中取胜

能不能做到放眼长远，预见未来，对于一个要想在股票投资领域取得成功的人来说，无疑是非常重要的。"明者远见未萌"。高明的人有远见卓识，知迂直之计，善于捕捉机遇。

如果你只懂得计较眼前利益，那么就犹如"一叶障目"，只把眼前的一点小利无限放大了，而不懂抬起头看到更长远的利益，殊不知，眼前的小利也许发展到最后会给你带来更大的损失。只重眼前忽略长远，等于从起点上就没有成功，那么最终必定会失败。

现实中，大多数投资者，都有一个缺点，就是总想要快速地将钱赚到口袋里，不理会长远的利益。这种只顾眼前利益，而忽视了长远利益的心态是错误的。这样的投资者永远只是热衷于短线投资，他们不会长期将股票拿在手里等着它们升值，而是只要觉得价格好，哪怕上午才买进，下午就会卖出。对他们来说，只要赚钱就行了，不考虑那么长远。

当然这样的做法也有一定的好处，就是可以快速周转，资金不会被积压，投资方式很灵活，哪里有投资的机会，就可以立即加入，这样的短线急升，也可以赚到钱，但是这样的做法会使得投资者失去赚大钱的机会。

真正要赚大钱，将富裕由小变大，需要目光远大，向前多看几步。很多成功的投资大师投资大多是长线持有。例如 巴菲特等人，他们不在乎那点蝇头小利，总是将一只股票持有几年甚至几十年，期间冷静地分析市场的动态，把握机会，这样放长线钓大鱼，往往更容易成功。

巴菲特之所以在股票投资领域取得瞩目成就，除了他作为股票经纪人和资本运营者时所取得的成绩外，还有很重要的一个方面，那就是在进行股票投资时，他能对所要投资公司未来的发展前景作出很准确的判断。如今来看，巴菲特所投资的几乎都是一些非常优秀的公司，然而在当时，在他投资这些股票的时候，其他投资者根本就不看好这些股票。因为，其他投资者认为这些股票在短时间内不会有很大收益，甚至在投资后的一到两年内会出现亏损的情况。但是巴菲特却认为，越是这样的股票，其上涨的空间和幅度就越大，往往在以后的几年或是十几年，有的股票会上涨十倍甚至百倍。可是很多投资者却因为急功近利、目光短浅，看不到这些股票有着很好的发展潜力，因而忽略了这类股票远期的丰厚收益。可以说，他们的投资行为充其量也只能算作是"投机主义"。所以，这部分股票投资者，往往只能从股票市场上分得小小的一本羹。

相信，现实中的很多投资者都想掌握巴菲特的投资理论和技巧。可是，他们忽视了一个前提，那就是没有注意到巴菲特的成功很大程度上取决于其目光的远大。如果每一个投资者都能把自己的目光放得更长远一些，不只是紧盯着眼前的短期利益不放，多关注一些公司的远期发展前景，那么，在股票投资领域成功的可能性会更大。

不要过分相信投资天赋

不少投资者相信，成功的投资者都是股票投资领域的天才，都是天赋异禀的高手。他们常常抱怨自己没有巴菲特、索罗斯那样的投资天赋和才能。然而事实上，投资过程中并没有所谓的天才，更没有股神，投资者不能过分迷信于投资者的天赋和才能，而忽略了对自身操作经验的积累和证券知识的储备。那些"极具天赋"的华尔街天才，也是一些普通的投资者，只不过他们找到了适合自己的有效的操作方法，形成了自己的一套操作系统和独特的投资风格。

在美国投资市场上，有一个被舆论长期定论为是投资天才的人，他叫斯文森。索罗斯也总是以他为例，来说明投资者与天才之间的联系。

1980年，27岁的斯文森拿到耶鲁大学博士学位后就来到了华尔街，并很快开创出自己的一番事业。正当斯文森在华尔街的事业进一步发展时，他的母校耶鲁大学的基金投资回报率却长期陷入了低谷。1970—1982年。耶鲁捐赠基金的年均净收益率仅为6.5%。1985年，在各方面的大力举荐下，斯文森被任命为耶鲁捐赠基金的投资主管。

　　起初，斯文森并没有资产管理的经验，不知该如何管理耶鲁这笔巨大的捐赠基金。为此他先雇用了耶鲁的一个老同学作为自己的战略伙伴。两人花了数年的时间评估各种投资组合，并研究不同的投资战略。在反复进行了多次的实验之后，逐渐开阔了视野，斯文森慢慢地开始将自己投资组合的理论付诸实践。他将原本投在国内股票债券上大约 3/4 的耶鲁捐赠基金分散到其他一系列的投资项目中，包括购买公司的基金、股权和地产、建材、厂房、设备等硬资产。斯文森并不强调对债券和现金的投资，他认为债券和现金只能带来低于市场平均值的回报。尽管斯文森的一些投资项目本身具有很大的风险，但这些投资组合却恰恰验证了投资组合理论所预料的：投资组合降低了波动性，从而提高收益率。事后证明，斯文森的这套投资方式使耶鲁捐赠基金的收益无数倍的增长。

　　后来，人们总是将斯文森的成功不仅仅归功于科学的投资战略，还引申为斯文森天赋起到了的决定性作用。一直以来，斯文森最令人震惊的举动是聘用基金管理人，这一项工作取得了非凡的成果。斯文森是如何做的呢？他通过挑选聪明优秀的基金管理人，将耶鲁的捐赠基金分派给 100 多个不同的经理人，包括几十支对冲基金。他成功地利用这些基金管理人扩大基金的再生能力，开创了现代基金管理模式的先河。人们都将斯文森当作天赋起决定作用的例子，但斯文森本人坦言，他之所以取得成功，只是自己的方法对路而已，那是背后所付出的无数艰辛和努力。他认为自己在挑选基金人才方面，也是不断学习的结果。他对任何有才能的人都感兴趣。他喜欢有激情的人以及那些对自己从事的行业狂热的人。同时，耶鲁大学的名声也给斯文森挑选一流的人才提供了便利，因而他不用担心在华尔街会缺乏愿意出力的耶鲁优秀毕业生。另外，他认为在基金投资行业打拼多年的明星基金经理人并不一定就是最优秀的。例如，他在选择基金管理人的时候，曾经在不同行业之间公开招聘，可是他总是优先录取基金行业内的尖端人才。因为他相信站在行业最前端的人都是具有投资天赋的。但是，事实却让他十分地吃惊——那些在金融服务业或衍生品行业的人才的投资收益率远比专业的基金经理人的投资收益率高得多。从此之后，斯文森再也不相信所谓的投资天赋和投资经验。因为斯文森要的是人才，是投资收益率，而不是所谓的"天才"或"天赋"。

　　股票投资技巧并不会世袭，股神的儿子并不一定就是下一个股神。如果每个投资者都把希望寄托在遗传基因上，祈祷上帝赐予自己过人的天赋，那么就不会有这么多厉害的投资大师脱颖而出了。

　　著名基金经理人彼得·林奇说过："在华尔街，别人都认为我是一个投资天才，但我在摇篮里的时候，旁边并没有吊着播放股票行情的收音机；我长乳牙的时候，也没有咬过股票交易单；我在上小学的时候，也并没有投资股票。相反，我的少年时代仅仅是一个高尔夫球童，只不过别的球童在高尔夫球场上，仅仅是为了挣取他需要的薪金，而我是一边工作一边倾听客人对投资股票的经验交流。"股神巴菲特从小就喜欢股票，并不意味着巴菲特就比别人更有投资天赋，可能他的兴趣比别人更浓厚，因而他更早开始关注股票，也更乐于学习关于股票的知识和技能……

虽然在股市中有人赔钱到血本无归，也有人赚得不亦乐乎，但是大部分投资者获得的机会都是均等的（当然，这里不包括极少数直接参与内幕交易的投资者）。就算是金融大鳄索罗斯，也是从最普通的套利交易员开始做起的。他在成为专门分析宏观形势的投资大师之前，也曾对着几十个上市公司的财务报表数据苦苦思索，也曾不辞辛苦跑去目标公司实地考察，只求多获得一些上市公司股票的相关信息。利润只会落到那些具有专业知识和实践经验，并且善于把握时机的投资者的口袋，有些投资者在市场中亏得一败涂地，并不是自己不如别人头脑灵活，更不是自己不具备所谓的投资天赋，而是没有下够功夫，没有找到适合自己的独特的投资策略和操作方法。

很多人认为华尔街投资机构的负责人是具有投资天赋的，因为他们作出的决断往往都比较准确。事实绝非如此，华尔街分析师的投资天赋并不比常人高超多少，他们之所以成功，是他们能够享受一个投资团队的研究成果，得到整个投资团队的协助。比如索罗斯的基金公司里，就成立了不同的投资小组，各自分工合作。而索罗斯自己也不会事事亲力亲为，而只是确定公司的战略和投资方向。一旦"大师们"离开了自己的投资团队，他们就会像其他的普通投资者一样，在市场中感到无所适从。像沃伦·巴菲特、吉姆·罗杰斯、查理·芒格、乔治·索罗斯等投资大师，他们之所以能够创造出让人羡慕的赫赫战绩，也并不是他们具有与生俱来的投资才能，而主要是由于他们后天在投资领域投入了超乎常人的时间和精力，不厌其烦地收集信息，并进行研究和分析，以便做出投资决策。

每个人的智力情况是不一样的，有的人智商要比常人高许多，但真的是智商高的人就比智商低的人更容易投资获利吗？当然不是。智商的高低并不是投资成功与否的关键。索罗斯本人并没有令人羡慕的高学历，甚至连证券分析师的资格考试都没有通过。他在学校里，也没有对传统的经济学理论苦苦追随深入研究，相反的，他的秘诀是依靠自己的投资哲学进行操作。

股票投资领域并没有所谓的万能定律，任何人都可能成功，任何人都可能失败。

投资者应该多关注于自身的发展，而不是寄希望于虚无缥缈的天赋。如果投资者忽视自己的优点和特长而去追求并不存在的投资天赋，那岂不是舍本逐末？

必须具备的博弈思维

目前的沪深股市，由于交易规则的限制，一部分投资者的赢利一定是以另外更多投资者的亏损以及中间产生的交易成本为代价的，因此投资者在进行投资活动时，不但要站在自己的立场上，还要站在对手的立场上多想想，多思考一下你的对手凭什么会乖乖把钱送到你的口袋里。

投资实践中，很多投资者容易幻想性地单方向思维，这在现实中最典型的表现有三点。

（1）根据自己的持仓结果来看待市场，比如满仓后满眼都是利好。

（2）具有典型的散户思维，即自己的操作和情绪保持与大多数操作技术普通的投资者一致，这种大众思维群体正是主力炸弹瞄准的核心地带，是最易遭到亏损的一族。

（3）在运用技术分析时不够灵活，经常被主力玩耍的简单游戏所迷惑，比如说主力在盘面上给出了明显趋势迹象，但这种迹象又没有很快达到目的。这一定是骗术，但很多投资者，包括一些习惯于纸上谈兵的分析师多数会上当。

投资者在股海中搏杀的时候，如果不能够站在对手的立场进行换位思考，进而制定出有针对性的操作策略，那么就注定会成为机构主力的"刀下鬼"。

具体来说，投资者如何能够站在对手的角度来思考问题呢？首先应该具备一种博弈思维。在博弈中，一切应变策略都是有针对性的，你必须将他人的决策纳入自己的决策考虑中，根据对手的策略进行决策，最终选择最有利于自己的战略。

这是一个利益纷争的时代，每个人都在为获得最大的利益而努力，在每个涉及利益的领域，都需要我们运用博弈思维，提高自己对社会现象的洞察能力和决策能力，并将博弈的原理和规则运用到自己的人生实践中，在面对问题时作出理性的选择，减少失误，突破困境，取得事业和人生的成功。

于股海中驰骋，投资者也要养成博弈的思维习惯，去体会对手的策略，着重分析市场中他人的行为和思路，并据此制定自己的策略。

常听人说："适者生存。"随着我国股票市场的不断壮大与发展，不断的规范使市场逐步走向成熟。供求关系的变化已使我们的市场再难以出现往日齐涨齐跌的现象。因此投资者应该改变自己的传统思维模式，深刻领会股市的变化之道，不仅要知己更要知彼。

战胜"自己"这个最大的敌人

价值投资大师格雷厄姆认为，投资者最大的敌人不是股票市场，而是自己。

投资者就算具备了投资股市所必备的财务、会计等能力，如果他们在不断震荡的市道里无法控制自己的情绪变化，那么也就很难从投资中获利。格雷厄姆认为，投资者若想建立面对股票市场的正确态度，就必须在心理和财务上做好充分准备，因为市场不可避免地会出现上下震荡。投资者不仅在股价上升时要有良好的心理素质，也要以沉稳的情绪来面对股价下跌，有时甚至是猛烈下跌的局面。若投资者有那样的心理素质，那么可以说投资者已经具备了领先其他99%投资者的心理素质。他说："真正的投资者从来不会被市场形势所迫而轻易卖出自己看好的股票，也不会关心短期的价格走势。"

然而，在中国股市这个非完全市场化的股票市场中，听消息、跟庄炒股票的非理性投机反而是最普遍的投资模式。许多人根本不对上市公司进行哪怕最简单的基本分析，只要一听说有消息就疯狂地买入或卖出。这样的情况在股市中经常发生。

在股票市场中，有些股民屡战屡败，屡败屡战。他们往往不从主观心态上找败因，反而诅咒专家太歹毒，怪罪股评家预测失误，甚至埋怨政府突发利空消息，生气上市公司业绩不佳。但是，他们从未认真思考一下，为什么在同样的市场条件下，还是有人赚到不少钱呢？股票市场每天都充满各式各样的诱惑，如何抵御这些诱惑，如何长期走自己既定的投资道路，靠的就是自身强大的自制力和自信心。贪婪、恐惧、幻想、奢望这些人性的弱点驱赶着一批又一批的股市弄潮儿投身股海，但最终游到大洋彼岸的却没有几个人。很多散户每时每刻沉迷于各种复杂的图表之中，经常要忍受着被自己选中的潜力股掀翻的痛苦。

人常说："江山易改，本性难移。"挑战股市心魔，确为极难之事。

在股市中，什么都是容易变化的。因为科学技术日新月异地变化着；行业兴衰也是轮流交替的；国内外经济气候也是瞬息万变的；政策措施也是经常调整变动的；黑马股也是变化得眼花缭乱的；股价也是随机漫步般地时常波动着股民的心态。

股市好比是一个真刀、真枪、血雨腥风的战场，战胜对手的前提就是先要战胜自己。可是现实中，很多投资者不是首先战胜自己、控制自己，而是都走在尽心钻研如何去战胜市场、战胜庄家这条虚无缥缈的不归路上，岂不知市场是永远不可战胜的，庄家也只是一个低位消化别人，高位被别人消化的一个过程，他们既可以说是虚幻的，又可以说是现实存在的，这些应该都是剑走偏锋的真实写照。总贪图短线暴富，到头来，往往竹篮打水一场空。置身于此，一旦被贪心所蒙蔽，那么股票市场就已悄然变为"高智商"人群的屠宰场了。

行为金融学的研究成果告诉投资者，身处股市中，散户投资者在投资时，必须在战胜市场之前战胜自己，不要过度迷信自己，要尽量避免常见的愚蠢错误，保持自制，保持理性的投资态度。

沉着应对市场的波动

不断变化是股票投资市场总体的状态之一，经常会出现波动期。在这种情况下，投资者应该沉着地面对市场，将注意力放在如何保证自身利益的问题上。对此，资深投资者认为，投资者对市场的认识与理解始终存在一定偏差，必须保持冷静的头脑和理性的心态，正确地看待市场的波动。

一位著名的投资大师曾在自己的著作中写道："我非常喜欢混乱，因为那是我赚取收益的征兆。"他多年的投资实践也证明了这一点，他对股票市场形势和客观因素的认识和理解都是基于对市场混乱现象的认知，并以此来指导自己从中抓住投资机会，赚取收益。

其实，市场的混乱和波动并不意味着危机，聪明的投资者不但可以利用市场的波动来取得胜利，而且还可以故意制造市场波动来获得超出水平的收益。

很多的股民把 1929 年 10 月 29 日称作美国股市上的"最糟糕的一天"。但是，任何人都没有想到，在将近 58 年后一天——1987 年 10 月 19 日，世界股市又一次出现大规模的股市崩盘。短短的几天，美国近 1/8 国民生产总值，价值 5000 亿美元的资产瞬间化为乌有，道·琼斯指数受到严重挫败，跌幅高达 22.6%，下滑 508.32 点。

股票的下跌并不是因为其上市公司的赢利变差，也不是因为公司经营情况的异常，而主要是投资者在股票崩盘中不断抛售持有股票的行为所导致的。因为投资者和股市是相互影响的：由于股价的暴跌，引起投资者慌乱的情绪，于是持股者就匆忙抛售所持股票，从而导致股价一再走低，甚至会影响到其他的股票价格也随之走低。

令所有的投资者都始料未及的是，股市中出现了严重的空头市场。面对这次崩盘，华尔街投资大师索罗斯和他的量子基金都损失惨重。然而在索罗斯看来，这个时候恐慌是非常不明智的做法，股价下跌并不能反映什么，而股价的走低恰恰是寻找"黄金"——投资机遇的好时机。在面对股市暴跌的时候，不可以惊慌失措，而是要冷静地反思股市，沉着地应对股市的千变万化，索罗斯就是如此。索罗斯并没有灰心丧气，而是力挽狂澜，将自己的损失降到了最低，并很快地在这次大崩盘中寻找到了投资机会，迅速地东山再起、重出江湖，创造了股市暴跌中大反转式的传奇。

索罗斯相信，最终那些急于出售股票的投资者都会发现，他们当初的行为是多么的愚蠢。因为股市中的大盘并不会长期地低迷不振，相反它会很快恢复到平稳状态。作为长线投资者，如果能够在大盘调整期间抓住那些具有真实价值、被投资者低价抛售的股票，则会为投资者长期的赢利奠定良好的基础。如果投资者找到了下跌不合理的股票，就应该在最佳时机果断买进。在很多投资者看来，最佳时机就是股票处于最低谷，但是世界上有几个人能够预测股价的最低谷呢？就连投资天才索罗斯都不能够准确地预测股价最低谷，更何况普通的投资者呢。

正确认识市场变化的必然性，及时掌握形势逆转的临界点，是很多投资者股票投资成功的关键所在。

在股票投资市场波动的情况下，投资者的情绪往往会受到市场趋势的影响，从而使市场更加混乱。在股票市场和投资者之间的相互作用下，这种极度不稳定的状态将会愈演愈烈，最终必然会导致整个局面的失控和崩溃，引发很严重的后果。

所以，聪明的投资者们，如果不想因为股市的波动而影响自己的收益，就应该在波动期间，沉着应对，按部就班地做自己的事情，而非慌张忙乱、跟着大流走。

要用平和的心态看待成败

在股市中，很多投资者总是心浮气躁，他们一方面希望一下子能得到几倍甚至几十倍的收益；一方面又希望稳当可靠，没什么风险。他们所买的股票价格一涨，就欢呼雀跃，广为传之；股票价格一跌，就情绪低落，怨天怨地……

殊不知，这种不平和的浮躁心态乃股票投资的大忌。这种心态不仅让他们永远无法达成这个梦想，而且会让他们走向梦想的反面。

股票投资是十分现实和残酷的，可以让你变得富裕，也可以使你破产。面对不可预知的股票投资时，投资者应该保持良好的心态。顺境时，不可过于乐观；逆境时，也不用过度悲观。

有的投资者，对现实的判断会出现误差，但他不以为然，认为自己是正确的，不听取别人意见。事实上，这样的人投资完全是靠自己的主观评判，所以往往会输得很惨。

还有一些投资者，抱着过高的期望，在没看清楚形势之前便做了高风险投资的决定，他们不甘于保本的小本投资，总想一本万利，一步到位，但是这样的机会是很少的，而且只留给准备好的人。

股票投资不但是一种金钱游戏、分析游戏，很大程度上，也算是心理游戏。成功的投资者总是能在第一时间摸清状况，决定买进还是卖出，不会因为亏损而浮躁，或者犹豫，拖泥带水。

所以，投资者要看清楚形势，不急不躁，不盲目乐观和悲观，才能作出正确的决策，避免亏损。

投资者的浮躁心态让股市热闹喧嚣、风雨凄迷。那么投资者如何才能克服浮躁心理，回归平和，在纷杂的股市中保持一个清醒的头脑呢？

专家建议，可以从三个方面来加以矫正。

（1）不要天天泡在股市里，以免受市场气氛影响。平时多看报章杂志，多听广播，密切注意各种动向，学会从多个角度分析市场消息与股市走势。

（2）在大势不明朗的时候以观察为主，盘局中学会"忍"，一旦盘局往上或往下突破再顺势而为。

（3）根据自己资金的情况一次买卖不要太多，如果股市上升可逐步吃进，免得把全部资金套死，一旦下跌无还手之力。如果股价下跌也可分批买入，越跌买得越多，这样虽然不知底在何方，但可避免踩空；卖出则要一次性脱手，不可三心二意，因为如果股价上升乏力，即使最后的利润吃不到，你也已安全着陆了。

做到了以上三点，投资者便能有针对性地克服股市的浮躁，躲开股市的风险陷阱，成为股市里的赢家。

"股市教授"科斯托兰尼的金钱观

安德烈·科斯托兰尼，是德国知名的投资大师，在德国投资界的地位，有如沃伦·巴菲特之于美国。他熟悉金融商品和证券市场的一切，被誉为"股市教授"。

对个人投资的心理准备，最重要的一点是正确对待金钱。关于如何正确对待金钱，安德烈·科斯托兰尼给了我们完美的答案："我们既要热恋金钱，又必须冷静地对待金钱。"

一个人的成功，取决于很多因素，包括个人素质与潜能、专业知识，以及经营能力等方面。其中，个人素质与潜能发挥是成功的基础。而对金钱的渴望，能最大限度地激发你获取金钱的能力。一项有趣的调查表明：60%以上的成功人士都没有读完大学或者没有取得大学学位，较为典型的如托马斯·爱迪生、亨利·福特、比尔·盖茨、迈克尔·戴尔等。但无论有没有大学学历，这些成功人士都有一个共同的特点：

从小具有数字天才，并痴迷于金钱，且具有生财致富的强烈欲望。

要赚钱，先爱钱。你应该向托马斯·爱迪生、亨利·福特、比尔·盖茨他们看齐，照他们的话去做，因为他们有钱，因为他们爱钱，因为只有爱钱，你才会变得有钱。

但是，投资者在爱钱的同时要冷静对待金钱。金钱会找那些酷爱它的人。这种人必须对钱着魔，就像蛇被它的巫师催眠了一样。但是他必须与金钱保持一定的距离。

总之，一句话：人们既要热恋金钱，但又必须冷静地对待金钱。而要想冷静地对待金钱，安德烈·科斯托兰尼告诉我们，必须做到以下两点。

（1）看清投资目的，做金钱的主人。越精通投资的人，对金钱数目就越敏感，高一个价位、低一个价位，赚了多少、亏了多少，他们心中就好像有个计算机，把这些问题的答案，记得一清二楚。但是，身为投资者，到底有没有想过为什么要赚那么多的钱，钱对自己有什么具体的意义？这好像是人生哲学的问题，表面看来，和投资原则无关，但深入地想想，如果投资者不知道自己为什么投资，就会失去方向感，只成为一部投资机器，却不懂得如何好好运用赚得的钱，利人利己，有益于社会。投资的最大目的是赚钱，但钱只是一种工具，不是目的，唯有当自己能告诉自己，在得到金钱之后，要如何好好运用这笔金钱，才算是功德圆满，千万不要成为金钱的奴隶。

（2）爱钱不贪钱。贪婪会迷失人的本性，破坏人们的正常生活秩序。贪婪是因为对事物的占有欲望太强，虽不仅限于金钱，但对金钱的贪婪在很多人的欲望表现中最为明显。在投资大师沃伦·巴菲特看来，贪欲太盛的人根本不适合从事投资工作，他说："当人们因贪婪或受到惊吓的时候，他们时常会以愚蠢的价格买进或卖出股票。"

安德烈·科斯托兰尼进一步说，股票投资者最大的心理敌人就是贪，大忌就是由贪诱发的性格缺陷——犹豫和急躁。性格急躁的人做事冲动、喜欢快刀斩乱麻的决策方式，这在做其他事情的时候，可能会被认为果断，但在股票投资上，可能会因盲目而出错；犹豫不决的人做事三思而后行，从不轻举妄动，这在做其他事情的时候，可能会被认为是稳重，但在股票投资上，可能会错失良机。

股市之中以资金为王，所以，股市中只有跟着资金走才能挣到钱，大资金流向哪只股票，哪只股票就有获利的机会。所以，金钱是股市的灵魂和幕后黑手，在这场追逐金钱的过程中，愈穷的人就愈输不起。

在我们身边，经常有一些人光叫穷，时而抱怨物价太高，时而又自怨自艾，恨不能生在富贵人家，或有些愤世嫉俗者更轻蔑投资行为，认为是追逐铜臭的"俗事"。

另有一些人，过分看重金钱，以至于扭曲了个人的价值观，成为金钱的奴隶。所以，作为投资者，一定要像安德烈·科斯托兰尼那样诚实地面对自己对金钱的看法，树立起对待金钱的正确态度。

控制自己、培养耐心

耐心和自制力都是听起来很简单但做起来很困难的事情。股票投资是极其枯燥无味的工作。有的人也许会把股票投资当成一件极其刺激好玩的事，那是因为他把股票投资当成消遣，没有将它当成严肃的工作。如同围棋一样，围棋爱好者觉得围棋很好玩。但问问那些下棋为生的人，他们一定会告诉你，整日盯谱是多么的枯燥单调，其中的道理是一样的。

每天收集资料，判断行情，将其和自己的经验参照订好投资计划，偶尔做做或许是兴奋有趣的事，但经年累月地重复同样的工作就是"苦工"。如果不把"苦工"当成习惯，无论是谁，成功的希望都不会大。

因为股票投资是如此的单调乏味，新手们就喜欢不顾外在条件地在股市跳进跳出寻刺激。在算账的时候，投资者自然明白寻找这一刺激的代价是多么高昂。投资者必须培养自己的耐心和自制力，否则想在这行成功是很难的。

资深股民小梁之所以能在股海沉浮多年，屡屡赢利，就得益于其拥有充实的耐心和自制力。在长达4年的熊市折磨下，大多数股民心境悲凉，有的甚至已经麻木。不过，小梁却是少有的"幸运儿"之一：从2003年到2011年，他硬是把5万多元变成了近70万。

小梁，从2003年起开始炒股，辞去工作成为职业股民已有8年时间。2003年初，小梁把做销售和原先炒股积累下来的5万元投进股市，2007年高位全线清仓，现在账户上的资金将近70万。前几年行情好，有30%以上的年收益。最近几年，还是稳赚，年年收益超过10%，今年赚了20%。"炒股还是比打工强得多。"小梁感叹道。大盘2007年下跌不少，小梁的收益率是20%，不仅把大盘远远甩在身后，还超过了绝大多数基金经理的理财水平。他有什么绝招呢？

他的绝招说起来其实很简单：控制与耐心。

小梁从不把炒股当赌博，而当成投资一家公司。他最关注基本面，不太注意每天的涨涨跌跌，2007年取胜就靠天地科技和石油大明两只股票。

小梁眼光精准，选股首先看行业，比如天地科技是国内著名的煤矿安全设备生产厂家，石油大明则拥有油田，这两只股票同属于2006年市场上非常火爆的能源股。

天地科技做过两次波段,累计赢利 40%,石油大明 5.95 元买,7 块多卖,赢利同样丰厚。

小梁的操作频率非常低,首先是品种少,一年就在两三只股票上买卖。二是动作非常缓慢,慢慢买、慢慢卖,比如他在石油大明上建仓,前后花费半年,还不包括选票的时间。陈先生很在意买点,从来不追涨,一直等到石油大明市价跌破每股净资产后,才出手买进。为何缓慢买进呢? 小梁解释道:"不可能每次都能买到大牛股,比如 2005 年买的新华医疗,买后走势很弱,遇到这种情况,我就不加仓,趁反弹时亏损 10% 出局。"

与多数股民只是注重选股不同,小梁非常重视控制仓位,他说:"很多股民的亏损原因主要是没有管好仓位。连续几年,我都能做到在高点以现金为主,低点以股票为主。资金安排最好采用'倒金字塔'形式,指数越低仓位越重,指数越高仓位越轻。"

如果投资者希望像小梁那样成为股市赢家,首先要做的便是学会控制自己、培养耐心。

看过狮子是怎样捕猎的吗? 它耐心地等待猎物,只有在时机及取胜机会都适合的时候,它才从草丛中跳出来。成功的投资者具有同样的特点,他绝不为炒股而炒股,他等待合适的时机,然后采取行动。

那么,具体来说,在投资实践中,我们如何培养自己的耐心和自制力呢? 需做到以下几点。

1. 自我分析,明确目标

一是对自己进行分析,找出自己在哪些活动中、何种环境中自制力差,然后制定培养自制力的目标步骤,有针对性地培养自己的自制力;二是对自己的欲望进行剖析,扬善去恶,抑制自己的某些不正当的欲望。

2. 提高动机水平

心理学的研究表明,一个人的认识水平和动机水平,会影响一个人的自制力。一个成就动机强烈,人生目标远大的人,会自觉抵制各种诱惑,摆脱消极情绪的影响。无论他考虑任何问题,都着眼于事业的进取和长远的目标,从而获得一种控制自己的动力。

3. 从日常生活小事做起

高尔基说:"哪怕是对自己小小的克制,也会使人变得更加坚强。"人的自制力是在学习、生活工作中的千百万小事中培养、锻炼起来的。许多事情虽然微不足道,但却影响到一个人自制力的形成。如早上按时起床、严格遵守各种制度、按时完成学习计划等,都可积小成大,锻炼自己的自制力。

4. 绝不让步迁就

培养自制力，要有毫不含糊的坚定和顽强。不论什么东西和事情，只要意识到它不对或不好，就要坚决克制，绝不让步和迁就。另外，对已经作出的决定，要坚定不移地付诸实践，绝不轻易改变和放弃。如果执行决定半途而废，就会严重地削弱自己的自制力。

5. 经常进行自警

如当学习时忍不住想看电视时，马上警告自己，管住自己；当遇到困难想退缩时，不妨马上警告自己别懦弱。这样往往会唤起自尊，战胜怯懦，成功地控制自己。

6. 进行自我暗示和激励

自制力在很大程度上就表现在自我暗示和激励等意念控制上。意念控制的方法有：在你从事紧张的活动之前，反复默念一些树立信心、给人以力量的话，或随身携带座右铭，时时提醒激励自己；在面临困境或身临危险时，利用口头命令，如"要沉着、冷静"，以指引自身的心理活动，获得精神力量。

7. 进行松弛训练

研究表明，失去自我控制或自制力减弱，往往发生在紧张心理状态中。若此时进行些放松活动、按摩、意守丹田等，则可以提高自控水平。因为放松活动可以有意识地控制心跳加快、呼吸急促、肌肉紧张这些过程，获得生理反馈信息，从而控制和调节自身的整个心理状态。

别抱有任何侥幸心理

我国古代伟大的军事家孙子曾经说："用兵之法，无恃其不来，恃吾有以待也；无恃其不攻，恃吾有所不可攻也。"孙子这段话的主要意思是任何时候都不要抱有侥幸心理，一定要做好敌人进攻的准备。同样的，在进行股票投资时，投资者也应随时要作好手中股票下跌的准备，而不能抱有任何侥幸心理。

然而，令人遗憾的是，在股市中，很多投资者都存在一种侥幸心理。投资者这种心理有一个共同的特点，就是不愿意面对现实，在残酷的现实面前，他们选择的不是面对，而是逃避，甚至是陷于幻想之中。例如，当股票不幸被套牢后，持有"最终股价会回来"的想法的投资者恐怕不在少数。但事实上，最终股价回来的，只是其中的一部分。当大盘再度回到原来的位置上时，大多数个股并不会回来，甚至当大盘指数远远高于原来位置时，个股的股价也不一定能回来。结果，持这种侥幸心理的投资者大多遭受巨大损失。

其实，这是一种赌徒的侥幸心理，优秀的投资者从来不会把自己的身家一把全部押出去。梦想着一朝发财的人，十有八九都会以失败告终。可是直到最后，他们还只是以为自己的运气差，没有买到大牛股，却不知正是自己的侥幸心理害死了自己。

进行股票投资需要极大的耐心和努力，当然，还要加一点点运气，但把自己的成功全部押在自己的运气上，则成功的概率就极小了。

侥幸心理会极大地影响投资者的分析判断能力，从而产生操作失误。所以，克服这种心理是投资者走向成熟的必修课。在投资实践中，我们可以凭借以下方法来避免侥幸心理的"蔓延"。

（1）投资之前做好全盘规划。想要战胜侥幸心理，投资者可以在买入股票之前就做好全盘的操作计划，计划中必须包括止损价和止赢价，以及可以加仓和减仓的价位。并且在发觉自己的判断错误时，能果断止损。这样才不会在突如其来的打击中束手无策，也不会在漫漫熊途中越套越深。

（2）灵活运用鳄鱼法则。所谓鳄鱼法则，引自鳄鱼的吞噬方式：被咬的猎物越挣扎，鳄鱼的收获就越多。如果鳄鱼咬住你的脚，它等待你的挣扎。如果你用手帮忙挣脱你的脚，则它的嘴巴会同时咬住你的脚与手臂，你越挣扎，便咬得越多。所以，万一鳄鱼咬住你的脚，你唯一生存的机会就是牺牲一只脚，壮士断脚。当你在市场中被套，唯一的方法就是抛弃侥幸心理，马上止损，无论你亏了多少，你越是加码就将套得越多。

（3）克服贪婪的心理。贪婪是情绪反应的另一极端，它在股市上的表现就是在最短的时间内赚很多的钱。钱哪里有够的？在日常生活中，听说过有人嫌工资太高、福利太好的吗？无论得到什么，得到多少，总会编出理由来证明你应该得到更多。这一方面出自人这种动物对争夺生存资源的自然反应，另一方面源自对自己的无知，对外界的无知，所谓缺乏自知之明。在股票投资上，这种情绪是极其有害的。

（4）要有承认错误的勇气。心中常放一把刀，一旦证明投资方向错误时，应尽快放弃原先的看法，保持实力，握有资本，伺机再入，不要为着面子而苦挣，最终毁掉了自己的资本，到那时，就没有东山再起的机会了。所以失败并不是世界末日的来临，而是经由适当的整理和复原，可以使人振作和获取经验。在山重水复的时候，一定要有认错的勇气，这样就会出现柳暗花明。因为留得青山在，不愁没柴烧。

（5）严格遵守交易规则。投资者在确定了自己的交易规则后就要严格执行，交易规则的改变不能是随意的，而应该是坚持一段时间后发现这个规则不能赢利才去放弃，而一旦放弃就应该彻底放弃，换成另一种规则，一种根据目前市场特点和自身需求相结合的规则，一种能赢利的规则。一亏损就安慰自已换一种交易规则就不用止损了，只会越亏越多；另外如果同时想用几种交易规则进行交易，除非是几个账户分别使用，不然也几乎注定是要亏损的。

克服龙头股操作中的心理障碍

龙头股在一轮行情中呼风唤雨、涨幅可观。然而真正能抓住龙头股的投资者却不多，仔细分析，这并非技巧方面的原因，而主要是由于操作中的心理障碍造成的。我们在进行长线投资时，一样要克服龙头股操作中的心理障碍。

（1）反应迟钝。龙头股一般产生于大盘悲观时，上涨初期板块效应也不明显，一般人并不重视。而当它势头稍微明显且具备板块效应时，已有了一定升幅，不少投资者认为涨幅已高，不敢再碰。因此在行情可能的转势期，投资者要保持高度的敏感性，密切注意盘面的蛛丝马迹，一旦发现龙头股地位确立，要在第一时间捕捉，争取利润最大化。练就一双"鹰眼"，发现猎物时，像饿鹰捕食一样快速出击，是短线高手必备的素质。

（2）见好即收。没有哪一只大牛股是让你轻松赚钱的，洗盘、震仓是必然的过程。有的股票在拉升过程中，甚至出现中阴线、大阴线，上下振幅巨大，不少人也骑上了大牛股，可是一遇震荡，很快被掀下牛背，收益不高。因此在骑上大牛股后，投资者还需练就"捂功"，了解大牛股震仓洗盘的必然过程，紧紧抓住大牛股不放，让大牛股充分表现，扩大战果。

（3）奋勇追高。没有骑上大牛股的投资者，眼看着大牛股风驰电掣、一日千里，心里懊悔不已。就在懊悔之间，大牛股又蹿了一截，于是终于忍不住，奋勇追进，做了最后的接盘者。正确的做法是，错过了初期和中期行情，尽可能持币观望，并深究错过的心理原因，以利下一波行情再战。

（4）卖跌不卖涨。龙头股行情后期进入强势震荡，对于后期追进的投资者来说，获利空间自然有限，因此上涨时不愿卖出，下跌时又不甘心卖出，总认为震荡后还要上涨，于是坚持捂仓。等到跌势形成、大势已去，才明白过来，赶紧杀跌，可是已经由微利变成亏损。应对龙头股末期行情，需要练就"杀涨追跌功"，逢高即派发，逢低可适量接单，做得好，收益也不菲，起码不至于亏损。

（5）不知逃跑。行情初期，没有人会为你写价值投资报告，写了你也不看，看了也不信。可是行情后期，当同板块个股都展翅欲飞时，价值投资报告也开始铺天盖地，这时的报告也最能蛊惑人心。善良的投资者总认为股票调整后会"更上一层楼"，于是坚定持仓，充当了主力守仓的工具，直至跌幅巨大，方才明白过来，悔之晚矣。因此行情末期，需要练就"逃顶功"，见势不好，果断逃跑，绝不能被晾在山顶晒太阳。

沉得住气，耐得住寂寞

股票投资说起来简单，但实际操作起来却需要充足的耐心，耐得住寂寞的"煎熬"。

投资实践中，真正要让一笔财富有很大的增长，必须要持有它足够长的时间，没有足够长的时间，财富很难有大的增长。投资股票尤其如此。然而，在股市这个金钱的竞技场，很少有人能耐得住寂寞。但耐不住寂寞，在股市中，风险必定是如影随形，在此情况下想投资获利是很困难的。

有一定股市经验的人都会有这样的体会，即有时买进一只股票，左等右等就是涨不起来，而与其相关的其他股票，甚至效益远远比不上自己所持股票，却涨势不止，心里又着急又生气，实在无可奈何。

其实，在股市中，每种股票的行情变化，都有其不同的条件和背景。并不总是好股票领涨，有时反而是绩差股涨幅大，所以，投资者要沉得住气，相信自己手中所持股票的投资价值，相信是金子总会闪光的，不要为市场的"噪音"所动，耐心持有，静待厚报。

同很多投资者一样，小孔每天热衷于读报纸、看电视、听广播，今天听说某股票有庄家要进驻，他就立即买入，明天听说某只股票即将启动，他又急忙介入，成天买进卖出……结果只是给证券商打了工，自己却没有赚下多少钱。像小孔这样的投资者当然没有能够耐住寂寞，他们也是股市失败的一族。

让利润充分增长，把亏损限于小额。这是进行股票投资的一项基本法则，当自己对市场的发展方向判断错误，出现亏损时，投资者应尽可能把损失限定在一定的范围内，不让损失无限扩大。而当自己对市场的判断正确，出现赢利时，则不要急于抛出，应尽可能扩大战果，取得较大的利润，即一次赚的至少要够三次赔。

但是，在现实中，有的投资者套牢后很能耐住寂寞，一等就是几个月，而当账面出现赢利时，却总是迫不及待地出手，生怕钱烫了手似的。投资者要想在股市获利，必须改变这种操作方法，才能和利润"结缘"。

具体来说，投资时耐住寂寞包括很多方面。

（1）耐住寂寞，静下心来学习。从投资理念，到投资技巧，从理论知识到实战经验，这些像汪洋大海，不可能一时半会就全部掌握，只有长期坚持下去，才能不断提高。但是大多数投资者是业余投资者，他们每天都有很多事情要做，而且每个人还有很多不同的社会角色，这就注定了一部分人不会也不可能有很多时间认真地学习投资知识。股票投资是一门学问，一门艰深的知识。要学好一门学问是不容易的，有的人甚至付出一生的精力和时间，可以这么说，你要成为哪个行业的行家里手，必定要比别人付出得更多。

（2）耐得住寂寞还包括等待机会。耐得住寂寞学习的人虽少，但也确实有不少人认认真真地学习了，也掌握了一些投资的技巧，投资就会顺利得多。而能耐得住寂寞等待机会的人就更少了。股价高时风险自然大，清仓出货是最好的选择，然后耐心等待低价买入的时机，可是，能有多少投资者能耐得住寂寞等待呢？股价一跌再跌后，股价在低位行走，风险大幅降低，择机介入是最好的选择，但又有多少投资者敢于入市呢？

（3）耐得住寂寞还要只做自己看得懂的行情和股票。在对大盘看不懂或对个股没有把握的情况下，应多看少动。耐得住寂寞还有一个戒骄戒躁的问题，就是在判断错误后迅速改正，进行补仓或止损。这也是很重要的，也是很多人都做不到的。

这样，给自己留下学习提高的时间来总结，来放松，远离股市，不谈论股市，不关心股市行情。耐得住寂寞不是一般人能做到的，但只有一般人做不到的事情你做到了，你才能获得比别人更大的成功。耐住寂寞成高手，只有耐住寂寞，你才能规避由于急躁冒失所带来的投资风险，投资获利。

应该具备的"四要八如"特点

股市投资如同江湖行走，除了身怀绝技之外，还要有内功作为基础。不少投资者遍寻炒股绝招，也把经典投资理论背得滚瓜烂熟，在实战中依然无法战胜市场。这主要是因为英雄底气不足，英雄底气不是在头上抹些摩丝、不是口出狂言、不是手握重金就能够具备的。做股市英雄，需要投资者有足够的胆气，更需要有意识地培养熏陶自己。做英雄，必须具备的"四要八如"的特点。所谓"四要"是：要胆敢勒马走悬崖、要能够弯弓射明月、要舍得头颅做酒杯、要坚决饮尽仇敌血。"八如"是：心黑如漆、胆硬如钢、好色如命、酗酒如泥、挥金如土、厚义如天、杀人如麻、视死如归。"四要"如下。

1. 要胆敢勒马走悬崖

要敢于在市场最恐怖的时候买进股票，特别是在心理指标 PSY 达到历史低位（比如说 15 附近）的时候买进股票，当然为了保持心态稳定，应采取分批量差价买进的方法，比如说 2 ：2 ：4 的渐进法，买进的第一批股票应该是当时市场形象最好的品种或者含指数较多的指标股。

2. 要能够弯弓射明月

不能错过市场上的最主要上涨交易日。

3. 要舍得头颅做酒杯

在市场出现机会的时候，特别是在沪市的成交量连续大于 200 亿时，要敢于追涨买进市场成交量最大的龙头股。对于你用独特方法分析出来的机会品种也一样，只要你认为没问题，要敢于坚决以足够的仓位去赌，股市英雄多数都是一战功成的，但注意别变成了莽撞"英熊"。

4. 要坚决饮尽仇敌血

要像牛虻一样盯死几个大庄家与其重仓的股票，投资者每阶段要为自己设计个"庄家指数"，根据庄家的操盘特征对这些庄股进行（短线或者波段）伏击。如果有实力的话，在庄家已经被套但它又不动的时候，要勇于在弱市的尾市，用不丢筹码的对敲手段把股价砸得更低，越接近跌停越好。

"八如"如下。

1. "心黑如漆"

要建立自己独特的阶段盈利方法，并坚持运用这套实用的方法进行有效套利，而对那些自己无法把握的机会不要眼红，要熟视无睹，防止它们扰乱自己的心智。

2. 胆硬如钢

做投资决策时，应当听取别人的建议，但要有主见，特别不能左右摇摆，那种慢一拍跟着别人做的方法是最可怕的。

3. "好色如命"

碰见好股票，要抓住不放，与"她"结婚，把"她"当作自己的"人生赌注股"。

4. 酗酒如泥

要像酒鬼沉迷美酒一样探求好的盈利方法模式，遍寻高手学习，特别是重视可印证的独特方法。对于每个阶段大涨的股票内在原因要研究清楚。

5. 挥金如土

对于投资依据一定要严谨客观，哪怕多花些功夫。不能是依据是不确定的，不能去凭感觉去猜。天下没有免费午餐，如果选股不流汗，选时不耐心，必定投资多流血。

6. 厚义如天

炒股票需要有几个高水平的朋友，在现代信息社会里，人的精力是有限的，特点也是不同的，要群英结党奔小康，不能封闭自己成一统。

7. "杀人如麻"

一旦认为市场有系统危险，或者没把握时，应该果断出货或减仓。"宁可错杀一千,不可放过一个"是铁律。在股市中最惨痛的教训就是因为"一失足成千股恨"。

8. 视死如归

证券市场是战场，要心态平和，不能因市场短期波动影响心态和思维。如果你不论空仓还是满仓，大盘涨还是跌，你的心都砰砰乱跳，说明你不适合炒股。

股票投资的五字心理要诀

在投资实践中，许多投资者对市场寄予了过多的关注，对市场的变化往往反应过度。成功的投资者必须具备一种对市场变化保持镇定和独立的心理判断能力。具体说来，可以把它归纳为五个字："稳""忍""准""狠""跑"。

1. 稳

所谓稳，当然不是随便跟风潮入市，要胸有成竹，对大的趋势做认真的分析，要有自己的思维方式，而非随波逐流。另外，还要将自己的估计，时时刻刻结合市场的走势不断修正,并以此取胜。股票市场具有较高的风险，再加上资金不足的压力，患得患失之时，自然不可能发挥高度的智慧，取胜的把握也就比较小。

2. 忍

股票市场的行情升降、涨落并不是一朝一夕就能形成，而是慢慢形成的。多头市场的形成是这样，空头市场的形成也是这样。因此，势未形成之前绝不动心，免得杀进杀出造成冲动性的投资。要学会一个"忍"字，小不忍则乱大谋，忍一步，海阔天空。

3. 准

准就是要当机立断,坚决果断。如果大势一路看好，就不要逆着大势做空，同时，看准了行情，心目中的价位到了就进场做多，否则，犹豫太久失去了比较好的机会，那就只能望洋兴叹了。

4. 狠

所谓狠，有两方面的含义：一方面，当方向错误时，要有壮士断腕的勇气认赔出场。另一方面，当方向对时，可考虑适量加码，乘胜追击。股价上升初期，如果你已经饱赚了一笔，不妨再将股票多抱持一会儿，不可轻易获利了结，可再狠狠赚一笔。

5. 跑

在股票市场投资中，赚八分饱就走，股价反转而下可采用滤嘴原理即时撤兵，股价下跌初期，不可留恋，要壮士断腕，狠心了结。

当空头市场来临，在股票筹码的持有上应尽可能减少，此时最好远离股市，待多头市场来临时，再适时进入。

上面所谈的稳、忍、准、狠、跑五字心理要诀，在整体策略使用上，准还是其次，稳才是最重要的。因为在任何一种技艺中，准需要靠天赋，稳则靠策略及资金，进而可通过管理的手段来达到。所以，一般人应该建立在稳扎稳打的基础上，才能平步青云，一飞冲天。

第 6 章
经典股票投资理论

江恩理论

股票投资理论的作用在于它可以使投资者通过对股价走势的研究、供求关系逆转时在量和价以及图表上出现的信号，预测出未来股价的变动趋势。本章就带投资者去了解股市中常用的股票投资理论。这里首先介绍一下江恩理论。

作为 20 世纪初最成功的股市专家，威廉·江恩以数学和几何理论为基础进行市场分析，并结合应用天文学和数字学的知识，总结出了一套独特的预测方法。

知识是市场取胜之道，江恩很早已经察觉自然定律是一切市场波动的基础，他共用去 10 年漫长时间，研究自然定律与投资市场之间的关系。他认为金融市场是根据波动法则运行，这种法则一经掌握，分析者可以预测市场某特定时间的准确价位，匪夷所思。此外，江恩亦认为，每种股票或期货，都拥有一个独特的波动率主宰市场价位的起跌。

由于江恩能准确预测市场走势，因此他在市场出入数十年，通过股市交易，获取了极丰厚的利润。他的市场分析方法是数学、几何学、数字学、天文学原理的结晶。

江恩所有的预测都建立于数学基础之上，他认为只要有足够的资料，他就可以根据代数、几何，配合周期理论，预测股市将要发生的事。

江恩认为：圆形的 360 度与 9 个位的数字，是所有数学的根源。在一个圆形里面，可设置一个四方形及三角形；但在其内，还可设置四方形及圆形；而在其外，也同样可以设置一个四方形及圆形；这一现象表明了市场运行的四个面向。他说："所有市场的顶部及底部，都与其他市场的顶部及底部存在一个数学上的关系。市场上没有一个次要的顶部和底部，不能应用角度及阻力位加以解释，分析者可留意市场在这些水平上的每日走势及成交量变化。"他认为只要提供市场从前的高点和低点的时间及价位，他便可以应用四方形、三角形和圆的各种关系，顶测市场未来的走势。

江恩线的数学表达有两个基本要素，这两个基本要素是价格和时间。江恩通过江恩圆形、江恩螺旋正方形、江恩六边形、江恩"轮中轮"等图形将价格与时间完美的融合起来。在江恩的理论中，"7"是一个非常重要的数字，江恩在划分市场周期循环时，江恩经常使用"7"或"7"的倍数，江恩认为"7"融合了自然、天文与宗教的理念。

江恩线是江恩理论与投资方法的重要概念，江恩在 X 轴上建立时间，在 Y 轴建立价格，江恩线符号由"TXP"表示。江恩线的基本比率为 1∶1，即一个单位时间对应一个价格单位，此时的江恩线为 45 度。通过对市场的分析，江恩还分别以 3 和 8 为单位进行划分，如 1/3、1/8 等，这些江恩线构成了市场回调或上升的支持位和阻力位。

投资者的投资亏损，是由于情绪所致，贪婪和恐惧是成功的死敌。自然定律是一切市场波动的基础，基于这一认识，江恩用了 10 年时间研究自然定律与投资市场之间的关系。

最后，江恩指出：金融市场是根据波动规律运行的，这种规律一旦被掌握，投资者可以预测市场某特定时间的准确价位。每一种股票或期货都有一个独特的波动率，正是它主宰了它们的涨跌。

江恩在阐述他的理论的时候，也指出了造成投资者重大损失的原因，在江恩的眼里，造成投资者重大损失的原因有以下几点。

1. 操作过于频繁

大多数的投资者都知道，在市场中的短线和超短线都是靠频繁操作赢利的，不过，这对投资者要求有很高的操作技巧，如果这些投资者没有掌握短线的操作技巧而盲目进行短线的频繁操作，就会造成很大的损失。

2. 没有设立止损点

很多投资者在进行投资的时候，虽然明明知道需要设立止损点，但是，在实际操作中总是把这一点抛到九霄云外，没有设置合适的止损点，从而遭受了很大的损失。

3. 缺乏市场知识

这是江恩认为投资者在市场买卖中造成损失的最重要原因。一些投资者并不注重学习市场知识，而是想当然进行投资活动，他们不会辨别自己得到的消息是真是假，也不管三七二十一，一切都按自己听到的消息采取投资操作，结果接受了错误误导，导致了巨大的损失。还有一些投资者仅凭一些书本上学来的知识来指导实践，不加区别，在什么情况下都套用一个方法，这样不结合实际情况地使用投资原理也造成他的巨大损失。在江恩的眼里，市场知识和实践经验是非常重要的，他的操作系统是以跟随市场买卖为主，这与他的预测系统完全不同，江恩非常清楚地将买卖操作系统与市场预测系统分开，使他能在一个动荡充满危机的年代从事投机事业而立于不败之地。

虽然江恩理论是研究股市走势"自然法则"的一种理论，但交易之道、买卖规则才是这一理论的精髓，也是江恩在华尔街取得空前成功的关键所在。最经典的有江恩 21 条操作守则，具体如下。

（1）每次入市买、卖，损失不应超过资金的 1/10。

（2）永远都设立止损位，减少买卖出错时可能造成的损失。

（3）永不过量买卖。

（4）永不让所持仓位转盈为亏。

（5）永不逆市而为。市场趋势不明显时，宁可在场外观望。

（6）有怀疑，即平仓离场。入市时要坚决，犹豫不决时不要入市。

（7）只在活跃的市场买卖。买卖清淡时不宜操作。

（8）永远根据设定目标价位出入市，避免限价出入市，而只服从市场走势。

（9）可用适当理由不将所持仓平盘，可用止盈位保障所得利润。

（10）在市场连战皆捷后，可将部分利润提取，以备急时之需。

（11）买股票切忌只望分红收息。（赚市场差价第一）

（12）买卖遭损失时，切忌赌徒式加码，以谋求摊低成本。

（13）不要因为不耐烦而入市，也不要因为不耐烦而平仓。

（14）肯输不肯赢，切记赔多赚少的买卖不要做

（15）入市时设下的止损位，不宜胡乱取消。

（16）做多错多，入市要等候机会，不宜买卖太密。

（17）做多做空自如，不应只做单边。

（18）不要因为价位太低而吸纳，也不要因为价位大高而沽空。

（19）永不对冲。

（20）尽量避免在不适当时搞金字塔加码。

（21）如无适当理由，避免胡乱更改所持股票的买卖策略。

通过江恩理论，我们可以比较准确的预测市场价格的走势与波动，成为股市的赢家。当然，江恩理论也不是十全十美的，不能指望他使你一夜暴富，但是经过努力，在实践中体会江恩理论的真谛，他一定会使你受益匪浅。

道氏理论

查尔斯·H.道是全美最出色的金融通讯社 DK "道·琼斯公司"的创始人，他还是《华尔街日报》的拥有者之一。道氏理论是道氏在逝世之前的几年里，写的一些涉及股票市场投机的评论文章。这些评论是道氏个人观察股票市场中重复出现特征的记录。他的这些观察，是基于当时包含在道·琼斯平均价格指数内的铁路和工业股票的日平均价格指数运动的变化。

道氏本人并没有把他自己对股票市场观察的方法称之为道氏理论。道氏理论的定名，是由道氏的朋友 S.A.尼尔森在 1902 年所著的《股票投机常识》中首先提出的。在此书中，尼尔森首次试图从对股票投机的实用性角度出发来阐明道氏的方法。道·琼斯铁路和工业股票日平均价格指数是至今为止所发明的用来揭示股票价格趋势和经济发展趋势最可信赖的指标。

1897 年之前，道·琼斯公司还只有一种股票平均价格指数，而从 1897 年年初开始，他们就把这一种股票平均价格指数划分为了铁路和工业两种股票平均价格指数。威廉·彼得.汉密尔顿作为道氏的助手，通过时常发表一些对股票市场的预测文章，延续了对道氏理论的研究和阐述。

在 1922 年，汉密尔顿撰写了书籍《股市晴雨表》。在这本书中，汉密尔顿对道氏理论进行了更为详细的解释。此书在当时激起了暴风骤雨般的争论，其深远的影响至今还能在媒体的金融栏目中时常看到。引发争议的最主要原因之一，是那些宣称有能力旨在利用详尽的统计学研究就能预测股市趋势的人，普遍不愿意承认道氏理论的实用性。这些批评家们通常完全不了解这具有宝贵价值和实效的道氏理论的内在基本原理。

汉密尔顿在 1902—1929 年，对道氏理论进行了实验和改进，由于有了多年的平均价格指数发展变化的记录，汉密尔顿为我们提供了一种明确并具有罕见可靠性的方法，用于预测股票价格趋势和经济发展趋势。

道氏理论提供了一种可以自我调整的预测方法，其有效性已经为 30 多年的时间所证明。其证据就在于汉密尔顿多年来应用道氏理论的成功：他刊登在《华尔街日报》上预测股市的文章，其准确性无懈可击。

道氏理论的作用，随着时间的推移与日俱增。道氏本人总是避免作出确定的股市预测，他的谨慎多半是由于他对自己理论没有太多的证据来证明其正确性。随着时间的推移，汉密尔顿利用道氏理论预测股市的准确性不断提高。

具体来说，道氏理论的主要原理有以下几个：

1. 市场价格指数可以解释和反映市场的大部分行为

这是道氏理论对证券市场的重大贡献。目前，世界上所有的证券交易所都采用一个本市场的价格指数，各种指数的计算方法大同小异，但都是源于道氏理论。

2. 市场波动的三种趋势

道氏理论认为，价格的波动尽管表现形式不同，但是，我们最终可以将它们分为三种趋势：主要趋势（长期趋势）、次要趋势（中期趋势）和短暂趋势（短期趋势）。这三种趋势中，长期趋势最为重要，中期和短期趋势都从属于长期趋势，它们互相独立又互相影响，构成了完整的市场走势。三种趋势的划分为后来出现的波浪理论打下了基础。

3. 交易量在确定趋势中的作用

市场趋势的反转点是确定投资的关键，市场交易量提供的信息有助于解释一些令人困惑的市场行为。

4. 收盘价是最重要的价格

道氏理论认为，所有价格中收盘价最重要，甚至认为只需用收盘价作为研究市场的基本数据。

道氏理论是一个阐述股市运行规律较为笼统的理论，它并非总是正确，它也有很多缺陷。

（1）信号过于迟缓。道氏理论最大的缺点就是信号迟缓，不过这种情况在很大程度上是由于股票投资者对于道氏趋势的判断没有严格意义的统一，因而使得许多交易者在实际操盘过程中发现，并不能完全地把握整段行情。

在实战中道氏理论的延迟判断，使得许多交易者往往错失最佳获利良机，而当趋势已经明显时，又面临调整趋势出现，周而复始，使得交易出现矛盾。因此，股民在应用道氏理论时，也要注意把它和一些技术分析工具结合起来，这样才能起到最大的效用。

（2）道氏理论对于中级趋势，尤其是在无法准确判断牛市还是熊市的时候，无法给投资者以明确启示。

道氏理论过于关注股市的基本运行趋势，而忽略了对于价格短期甚至中期走势的分析，由于一个基本运行趋势有时持续时间极长，因而，应用道氏理论无法帮助投资者进行短期获利或中期获利操作。

（3）道氏理论每次都要两种指数互相确认，这样做已经慢了半拍，错失了最好的入货和出货机会。

　　道氏理论指出了两种指数相互验证、相互配合的关系，但是在实盘操作中，如果每次都要两种指数互相确认后再作出买卖决策，往往会延误战机，使我们无法做到顶部区获利出局、底部区低价买入，这是道氏理论的"迟滞性"特点。

　　（4）道氏理论对选股没有帮助。

　　道氏理论仅是一个解析股市整体运行规律的理论，因而在实盘买卖个股中，道氏理论的作用仅限于在一个大方向上指导我们的买卖时机，对于如何选择个股、把握个股走势的独立行情，道氏理论是无法提供帮助的。

波浪理论

　　波浪理论是由道氏理论发展来得，其中有很多道氏理论的印迹，显然道氏理论对艾略特有重大影响，他自己也说过，波浪理论是对道氏理论极为重要的补充。波浪理论是属于趋势分析的一种。由于其角度的特殊和完整独立的体系，已经和趋势分析并列为三大经典分析体系了。

　　艾略特是波浪理论的创始者，他曾经是专业的会计师，专精于餐馆业与铁路业，由于在中年染上重病，在 1927 年退休，长期住在加州休养。就在他休养的康复时期，他发展出自己的股价波浪理论。很显然，艾略特的波浪理论是受到道氏理论的影响，而有许多的共同点，道氏理论主要对股市的发展趋势给予了较完美的定性解释，而艾略特则在定量分析上提出了独到的见解。

　　1934 年，艾略特与正在投资顾问公司任股市通讯编辑的查尔斯·J. 柯林斯建立了联系，告诉了他自己的发现。到了 1938 年，柯林斯终于被他深深地折服了，于是帮助他开始了他的华尔街生涯，并且同意为他出版《波浪理论》。

　　艾略特认为市场价格呈波浪式运动，是市场自身的一种规律。至于市场所发生每一个市场决定（或买或卖）如何成为市场的一部分却不会使市场运动服从千千万万的主观愿望？经典的解释是这样说"每一个市场决定，不仅产生于意味深长的信息，同时也产生意味深长的信息。每一笔交易，在即刻将成为一种结果的同时，进入市场组织，加入其他投资者行为的原因链中。这样反馈循环受制于人的社会本性"。

　　艾略特与道氏都认识到"人类均衡地卷入到市场运动中"。关于"人类均衡活动"的理论认为商业的盛衰沉浮是由于人类的过度乐观及随后的过度悲观。朝一头走得太远就会有过剩，朝另一头走得太远就会有匮乏。一个方向上的过度会导致另一个方向上的过度，如此往复，舒张和收缩永不停息。

艾略特坚信他的理论是制约人类一切活动的普遍法则的一部分。人类群体活动的许多方面确实也显示出波浪理论所描述的那种状态。人类的这种表现之所以与股票价格的表现会有这样的吻合，是因为股票价格的总体水平是对人类总生产力普遍价值的直接而迅速衡量。他提出了一系列权威性的演绎法则用来解释市场的行为，并特别强调波动原理的预测价值，这就是久负盛名的艾略特波浪理论。

波浪理论具有独特的价值，其主要特征是通用性及准确性。通用性表现在大部分时间里能对市场进行预测，许多人类的活动也都遵守波动原理。但是艾略特之研究是立足于股市，因而股市上最常应用这一原理。准确性表现在运用波动原理分析市场变化方向时常常显示出惊人的准确率。

艾略特波浪理论继承了道氏理论，但艾略特波浪理论又向前迈进了一步，能对市场动作进行全方位的透视，能提前预测顶部或底部的到来，更能帮助人们判明当前市场在其总体周期结构模式中所处的位置。

波浪理论曾经被艾略特自己及其追随者们用来对几年后甚至几十年后的指数目标位进行预测，后来经过事实的验证，其预测之准确性或惊人的预测效果显示了"波浪理论是目前最好的预测工具"。

亚当理论

亚当理论是美国人威尔德（J. W. Wilder）所创立的投资理论。威尔德于 1978 年发明了著名的强弱指数 RSI，还发明了其他分析工具如抛物线（PAR）、动力指标 MOM、摇摆指数、市价波幅等。这些分析工具在当时的时代大行其道，受到不少投资者的欢迎，即使在今天的证券投资市场中，RSI 仍然是非常有名的分析工具。但很奇怪，威尔德后来发表文章推翻了这些分析工具的好处，而推出了另一套崭新理论去取代这些分析工具，即"亚当理论"。

亚当理论谈的是怎样在市场中操作获利是在全世界任何自由市场操作获利的道理。亚当理论指引我们用特殊的方式观察市场，并指导我们运用比较特别的方法从事市场操作。亚当理论是最纯粹、最简单和容易运用在市场上操作获利的方法……他只运用市场本身所透露的讯息。

亚当理论的作用不限如此，他还告诉操作者，市场未来最可能运行的方向。运用亚当理论的预测技术，操作者可以预估并确实见到行进的路线之后，操作者可以自问："我要不要进场？"如果答案肯定，就立即进场。

亚当理论可以运用到任何时间结构。也就是说，可以运用到月图、周图、天图以及分时走势，他是运用视觉反应的理论。简单的 K 线图就可以看得很清楚，不必用数学。

现在，运用 K 线图，回到"你是不是想操作"的问题上。如果答案肯定，操作者就进入市场。第二天，操作者在应用亚当理论，获悉市场最可能运行的路线再自问"我还要操作吗？"这个问题的答案终究会是"不"，而亚当理论也会带领你出场。

亚当理论的精义是没有任何分析工具可以绝对准确地推测市势的走向。每一套分析工具都有其缺陷。市势根本不可以推测。如果市势可以预测的话，凭借 RSI、PAR、MOM 等辅助指标，理论上就可以达到。但是不少人运用这些指标却得不到预期后果，仍然输得很惨，原因就是依赖一些并非完美的工具推测去向不定、难以捉摸的市势，将会是徒劳无功的。所以亚当理论的精髓就是教导投资人士要放弃所有主观的分析工具。

亚当理论从事上述工作时只观察市场本身所透露的信息，决不武断。亚当理论是最简单而且最纯粹的概念，多数操作者却忽视了它。

史洛门表示："亚当理论关心的问题是：在市场中获利的基本原则是什么？或者换句话说，亚当理论如何完成下列句子：要在市场中成功，我们必须……是不是存在若干共通原则，是操作者有意或无意中运用，而能在市场上获胜？"

请注意，市场如何运作的理论及其发展，与在市场上获利是有差别的。亚当理论主要不在于讨论市场或市场的运作方式，而讨论的是在市场成功的秘诀，这是不同的。

亚当理论谈的是事物的根本道理，只讨论什么事发生。他看起来不新鲜也不复杂，但这就是它的功用，请注意，亚当理论不讨论什么事应该发生，或什么令人印象深刻。他只讨论一件事——什么事情真正在事实上发生，一切都很简单，一点也不难了解。

亚当理论是广大投资者操作时的必备工具，它可以告诉投资者自己正在走向哪个方向，该往哪个方向走。投资者在运用亚当理论的时候，应谨遵其十大守则。

（1）赔钱的股票绝不要加码或"摊平"。如果你操作的是赚钱的股票，那么在那个时点你是对的。如果你操作的是赔钱的股票，那么你在那个时点你是错的。如果你错的话那么唯一的问题是"你会错多久？"唯一的答案是你会错到股票转为赚钱，或直到停损触发为止。事情就是这么简单。如果你已经错了，只有两种做法使你错得比目前更离谱。其中之一是增加错误的股票，其二在守则3中说明。

（2）在开始操作或加码时，绝不能不同时设停损，以便在你万一差错时，你能出场。在你开始操作之前，先决定你愿意错多久。这句话的另一种说法是："这笔操作我愿意赔多少钱？"在你进场之前，必须做这个决定，因为只有在进场之前，才能作出客观的决定。一旦你处在市场之中，你就不再客观的了。你已经建立了仓位……给了承诺……现在，期望跟你冷静而计算妥当的客观性相互战斗。这世界上绝没有精神上的停损这回事。除非把停损放进市场中，否则停损就不算是停损。

（3）除非是朝操作所要的方向，否则绝不取消或移动停损。你会想朝操作反方向移动停损的唯一时刻，是操作股票发生亏损，而且市场对你不利时，根据定义，在这个时点你是错的。你会错得更离谱的第二种方式，即是移动停损，导致你操作赔更多钱。请记住，你最后一次真正客观的时候，是在进场之前，决定停损的时候。如果你移动停损，那么期待之情便完全压制住你冷静且算计妥当的客观性，而且你不再是个理性的操作者。恐惧可以发挥很好的效用，贪婪可以构成障碍，但期待之情一旦占上风，却会使人万劫不复。

（4）绝不让合理的小损失演变成一发不可收拾的大损失。情况不对，立即退场，留得青山在，不怕没柴烧。

（5）一笔操作，或任何一天，不要让自己亏掉操作资金的10%以上。由于股票很多，即使停损点很接近，许多或所有股票对你不利，一天之内，你仍可能赔掉操作资金的10%以上。由于股票太多，所以这种事情可能发生。有时候，你买的所有东西都齐步下跌，你卖的每样东西都并肩上扬。请记住，操作股票应该是一件乐事。为了享受乐趣，任何时刻都不要冒亏大钱的险。

（6）别去抓头部和底部,让市场把它们抓出来。亚当理论永远抓不准头部和底部，想去抓的人也抓不准。但是头部和底部终于出现时，亚当理论只会错一次。多数操作者都想抓头部和底部。多少操作者也都赔了钱！多少操作者之所以想抓头部和底部，就是因为自负和贪婪。抓住头部和底部，准确的概率比在拉斯维加斯玩吃角子老虎机还差。每个人都知道这种事。你的敌人也知道到这种事，他偶尔会让你抓准一两次头部和底部，好让你上瘾，继续做这种事。这全是自负心里在作祟。你曾经有多少次买到最低点，而且真的抱着股票，直到最高点才脱手？为什么不只等反转确立呢？为什么要丢掉确立之前的所有利润呢？这全是贪婪在作祟。你有多少次因为不肯等候而赔了钱？即使你恪守前面的所有守则，但不顾这条守则，你仍然会赔钱。

（7）别挡在列车前面。如果市场往某个方向爆炸性发展，千万别逆市操作，除非有强烈的证据，显示反转也已发生。超买的市场绝没有不能再涨的理由。卖超的市场绝没有不能再向下的理由。这是敌人喜欢布置的陷阱。把一张非常具有方向性的市场图拿给5岁的小孩看，问他明天要站市场的那一边。这位小孩根本不懂什么叫买超、卖超，什么叫支撑、阻力，更别提更高深的技术分析。他不知道是曾经涨得多高，曾经跌得多低。他对什么叫基本面一无所知。他没有操作者背景和经验。那么他会怎么告诉你，说他要站在市场的那一边，就是这么简单。

（8）保持弹性。记住你可能会错，亚当理论可能会错，世界上任何事情可能偶尔出差错。记住亚当理论所说的是概率很高的事，而不是绝对肯定的事。做对的次数愈多就愈容易失去弹性。你连续赚六七笔操作之后，这时你难免洋洋自得，使做法失去弹性。这就是你的大敌（也就是市场）等候你这么做的时候。它会跟你要回以前所赚的钱，外加一点鲜血。永远记住：你所处理的是或然率，而不是绝对值。

（9）操作不顺时，不妨缩手休息。如果你一再发生亏损，请退场到别的地方去度假，让你的情绪冷静下来，等头脑变得清醒再说。多数操作者之所以会赔钱，其中一个理由是，不受约束的途径走起来最轻松。当你的财产值刚刚暴跌时，要放手一段时间是件相当难的事。这种时候来临时人们往往会坚守城池，奋战到底，直到反败为胜，然后才休息。

（10）问问你自己，你全身从里到外是不是真的想从市场中赚一笔钱，并仔细听一下你自己的答案。有些人心理上渴望着赔钱，也有些人只是想找件事做。"认清自己。"如果你在市场上操作的真正的理由是想赚钱、想赚一些可以在年底用的钱，那么迟早你会知道，一个人能不能能不能从市场上赚钱，取决于他有没有遵守这十大守则。至于他赚多少钱，则取决于他进场和退场的方法。

相反理论

相反理论认为，证券市场本身并不创造新的价值，没有增值，甚至可以说是减值的。如果投资者的行动同大多数人一样，那么一定不是获利最大的，因为不可能多数人获利。要想获得大的利益，就一定要同大多数人的行动不一致，在市场投资者爆满时出场，在投资者稀少的时候进场是相反理论在操作上的具体体现。

相反理论主要有四个基本要点。

（1）相反理论从实际市场研究中得出在股市中赚大钱的只占投资者的 5%，其余 95% 都是输家的结论。所以，要想做赢家只有同大多数人的想法相反，切不可盲目随大流。

（2）相反理论并不是告诉投资者只要大部分投资者看好时，我们就要看淡，或大部分投资者看淡时，我们就看好。该理论强调的是考虑这些看好看淡比例的"趋势"，是一个动态的理论。

（3）在市场将要转势时，也就是由牛市转入熊市前一刻，每一个投资者都看好后市，都会觉得价位会再一次拉升，此时众多投资者都会尽量买入，升势消耗了买家的购买力，直到想买入的都已经买入了。而后续资金却无以为继，牛市就会在众多投资者的看好声中完结。相反，熊市则会在所有人都清仓时而见到谷底。

（4）相反理论并不是说绝大多数投资者的观点一定是错的。绝大多数投资者通常都在主要趋势上看好，市势会因为绝大多数投资者的看好情绪变成购买实力而上升。这种现象可能维持很久，直到所有投资者看好的情绪趋于一致时，绝大多数投资者的观点才会出错。

例如，在牛市最疯狂但即将下跌的阶段，大众媒体都普遍宣传市场的看好情绪。投资者人人热情高涨，这就是市场暴跌的先兆。相反，大众媒体不愿意报道市场消息，或者全是市场坏消息，市场已经没有人去理会，这是市场黎明前最黑暗的一刻。

相反理论是介于基本分析和技术分析之间的一种分析方法。它提出了投资买卖的决策完全建立在公众行为的基础上。

巴菲特在《致股东的信》中曾这样写道：对投资者而言，恐惧氛围是他们最好的朋友。而只在市场评论人士表现出乐观情绪时才肯投资的人，最终只是以高价买入一份毫无意义的保险。投资所计入的不只是为一笔交易投入了什么，还有这笔交易在未来 10 年或 20 年内能够收获什么。然而，现实情况是，当市场恐慌氛围弥漫时，绝大多数的中小投资者都在盲目割肉，甚至将股市中的资金挪出以寻觅下一个"生财之道"。殊不知，这种被恐慌包围的低迷市场，恰恰是中小散户们一直等待的"次底"，甚至是"大底"。

投资实践中，投资制胜并非需要多么高深莫测的技巧与手段，且那些成功者也并非有多么神奇的秘籍。相反，只需要在操作中保持足够的定力，在顺应趋势的基础上巧妙运用"相反理论"就可以扭转不利局面，获取一定的收益。

信心理论

由于传统股价理论，过于机械性地重视影响公司盈余的因素，而并不能解释在多变的股市中股价涨跌的全盘因素。尤其当一些突发性因素导致股价应涨不涨，反而下跌，或应跌不跌，反而上升，此种现象，更使传统的股价理论变得矛盾。基于传统理论的不足，信心股价理论应运而生，它基于市场心态的观点去分析股价，强调股票市场由心理或信心因素影响股价。

根据信心理论，促成市场股价变动的因素，是市场对于未来的股票价格、公司赢利与股票投放比率等条件，所产生信心的强弱。

投资者若对于股市基本情况乐观，信心越强，就必然以买入股票来表现其心态，股价因而上升，倘若资金本身过于乐观时，可能漠视股票超越了合理正常价格水平，而盲目大量买入，使股票价格上涨至不合情理的价位水平。

相反，投资人士若对股票市场基本情况表示悲观时，信心转低落，将抛出手中股票，股价因此而下跌，倘若投资人士心理过度悲观，以致不顾正常股票价格、公司盈余与股息水平而大量抛售股票，则可导致股票价格被抛低至不合理水平。

就因为投资者信心的强弱，而产生了各种不同的情况，有时甚至与上市公司营运状况，以及获利能力等基本因素完全脱节，使股价狂升暴跌的原因就在这里。

信心股价理论，以市场心理为基础，来解释市场股价的变动，并完全依靠公司财务资料，故此理论可以弥补传统股价理论的缺点，对股市的反常现象，提出合理的解释。譬如经济状况良好，股价却疲弱，或者经济情况欠佳而股价反而上升的原因，如果这个理论是对的，投资的策略就是研究市场心态，是悲观还是乐观，而顺应市势去做，必可获利。

但信心股价理论亦有其缺点和弱点：因于股票市场的群众信心很难衡量，常使分析股票市场动态的人士感到困惑，而且信心股价理论则又过于重视影响股价的各种短期外来因素，而忽略公司本质的优劣。

趋势理论

趋势理论是股票技术分析的鼻祖，它主要研究股票市场价格运动的方向，告诉投资者要顺势而为。假如投资者上升趋势中做空，在下降趋势中做多，就会造成巨大的损失。因此，趋势理论是投资者必须掌握的知识。

趋势运行的方向主要有三个：上升方向、下降方向、水平方向（见图6-1）。

（1）主要趋势。主要趋势是趋势的主要方向，也是股价波动的大方向，一般持续的时间比较长。

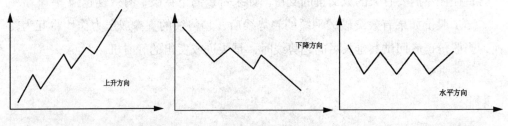

上升方向　　下降方向　　水平方向

图 6-1

（2）次要趋势。次要趋势是在主要趋势过程中进行的调整。

（3）短暂趋势。短暂趋势是在次要趋势过程中进行的调整。

这三种类型的趋势最大的区别是时间的长短和波动幅度的大小，见图 6-2。

趋势线是衡量股价波动方向的，由趋势线的方向可以明确地看出股价运行的方向。

在上升趋势中，将两个低点连成一条直线，就得到上升趋势线。

在下降趋势中，将两个高点连成一条直线，就得到下降趋势线。如图 6-3 所示。

上升趋势线起支撑作用，下降趋势线起压力作用。如图 6-4 所示。

对趋势线的分析主要包括以下几点：

（1）股价触及趋势线的次数越多，其趋势的支撑或压力越强，可靠性越高。一旦突破，其反转的信号更为明显。

（2）趋势线所跨越的时间越长，其可靠性越高。一经突破反转信号相当明确，即预示着多头市场或空头市场的结束。

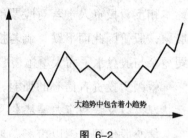

大趋势中包含着小趋势

图 6-2

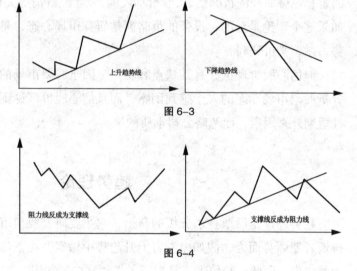

上升趋势线　　下降趋势线

图 6-3

阻力线反成为支撑线　　支撑线反成为阻力线

图 6-4

（3）斜率越高的趋势线，支撑或压力的力量越弱，因此可靠性较差，容易被突破。反之，斜率较平缓的趋势线，支撑或压力都较为强，不易被突破。

（4）股价向上突破下跌趋势线时，需要大成交量的配合，但向下突破上升趋势线时，往往不需要有大的成交量的支持。如果带量向下突破，有效性越强。

（5）股价如果有效突破较平缓的趋势线后，趋势线的支撑或压力作用将互为转换，当股价再度回试其延长后的趋势线时，是买进或卖出的好时机。

量价理论

量价理论，最早见于美国股市分析家葛兰碧（Joe Granville）所著的《股票市场指标》。葛兰碧认为成交量是股市的元气与动力，成交量的变动，直接表现股市交易是否活跃，人气是否旺盛，而且体现了市场运作过程中供给与需求间的动态实况，没有成交量的发生，市场价格就不可能变动，也就无股价趋势可言，成交量的增加或萎缩都表现出一定的股价趋势。

研究表明：成交量几乎总是先于股价，成交量为股价的先行指标。在量价理论里，成交量与股价趋势的关系可归纳为以下八种：

（1）量（成交量）涨价（股价）涨，即所谓的有价有市。量增价涨"只"出现在上升行情中，而且"大部分"是出现在上升行情的"初期"，也有小部分是出现在上升行情的中途。在经过前期一轮较长时间的下跌和底部盘整后，市场中逐渐出现诸多利好因素，或者做空的意愿衰弱，做多意愿高涨，这些利好因素增强了市场预期向好的心理、刺激了股市的需求，市场的买卖交换逐渐活跃起来。随着成交量的放大和股价的同步上升，投资者购买股票短期内就可获得利润，赚钱的示范效应激起了更多投资者的投资意愿。随着成交量的逐渐放大，股价也开始缓慢向上攀升，股价走势呈现量增价增的态势，这种量价之间的良好配合，对未来股价的进一步上扬，形成了"真实的"实质性支撑。

（2）量平价涨，股价创新高，但成交量确没有创新高，则此时股价涨势较可疑，股价趋势中存在潜在的反转信号

（3）股价随成交量递减而回升，显示出股价上涨原动力不足，股价趋势存在反转信号。

（4）股价随着成交量递增而逐渐上升，然后成交量剧增，股价暴涨（井喷行情），随后成交量大幅萎缩，股价急速下跌，这表明涨势已到末期，上升乏力，趋势即将反转。反转的幅度将视前一轮股价上涨的幅度大小及成交量的变化程度而定。

（5）股价随成交量的递增而上涨的行情持续数日后，一旦出现成交量急剧增加而股价上涨乏力，在高档盘旋却无法再向上大幅上涨时，表明股价在高档卖压沉重，此为股价下跌的先兆。股价连续下跌后，在低档出现大成交量，股价却并未随之下跌，只小幅变动，则表明行情即将反转上涨，是买进的机会。

（6）在一段长期下跌形成谷底后，股价回升，成交量却并没因股价上升而递增，股价上涨行情欲振无力，然后再度跌落至先前谷底附近（或高于谷底）时，如第二

谷底的成交量低于第一谷底，则表明股价即将上涨。

（7）股价下跌相当长的一段时间后，会出现恐慌性抛盘。随着日益增加的成交量，股价大幅度下跌。继恐慌性卖出后，预期股价可能上涨，同时因恐慌性卖出后所创的低价不可能在极短时间内突破，故随着恐慌性抛盘后，往往标志着空头市场的结束。

（8）股价向下跌破股价形态趋势线或移动平均线，同时出现大成交量，是股价下跌的信号。

把握好量价关系，利用智能选股可以完全达到事半功倍的效果，快速锁定量价配合不错的股票。

黄金分割理论

黄金分割是一种古老的数学方法，被应用于从埃及金字塔到礼品包装盒的各种事物之中，而且常常发挥我们意想不到的神奇作用。对于这个神秘的数字的神秘用途，科学上至今也没有令人信服的解释。但在证券市场中，黄金分割的妙用几乎横贯了整个技术分析领域，是交易者与市场分析人士最习惯引用的一组数字。

黄金分割率 0. 618033988……是一个充满无穷魔力的无理数，它影响着我们生活的方方面面，它不但在数学中扮演着神奇的角色，而且在建筑、美学、艺术、军事、音乐甚至在投资领域都可以找到这个神奇数字的存在。

数学家法布兰斯在 13 世纪写了一本书，关于一些奇异数字的组合。这些奇异数字的组合是 1、1、2、3、5、8、13、21、34、55、89、144、233……任何一个数字都是前面两数字的总和。任何一个数与后面数相除时，其商几乎都接近 0.618。这组数被称作神秘数字；这个 0.618 数值就是世人盛赞的黄金分割率。

黄金分割率运用的最基本方法，是将 1 分割为 0.618 和 0.382，引申出一组与黄金分割率有关的数值，即：0、0.382、0.5、0.618、1。由经过 0、0.382、0.5、0.618、1 组成的平行线叫黄金分割线。这些平行线分别被称为黄金分割线的 0 位线、0.382 位线、0.5 位线、0.618 位线和 1 位线。这五条线也就是我们在点击黄金分割线快捷键后拖动鼠标形成的五条线。这组数字十分有趣。0.618 的倒数是 1.618。譬如 144/89=1.618、233/144=1.618，而 0.618×1.618=1，就等于 1 。

黄金分割率的最基本公式，是将 1 分割为 0.618 和 0.382，它们有如下一些特点：

（1）数列中任一数字都是由前两个数字之和构成。

（2）前一数字与后一数字之比例，趋近于一固定常数，即 0.618。

（3）后一数字与前一数字之比例，趋近于 1.618。

（4）1.618 与 0.618 互为倒数，其乘积则约等于 1。

理顺下来，上列奇异数字组合除能反映黄金分割的两个基本比值 0.618 和 0.382 以 外，尚存在下列两组神秘比值。即：

（1）0.191、0.382、0.5、0.618、0.809

（2）1、1.382、1.5、1.618、2、2.382、2.618

在股价预测中，根据该两组黄金比有两种黄金分割分析方法。

（1）以股价近期走势中重要的峰位或底位，即重要的高点或低点为计算测量未来走势的基础，当股价上涨时，以底位股价为基数，跌幅在达到某一黄金比时较可能受到支撑。当行情接近尾声，股价发生急升或急跌后，其涨跌幅达到某一重要黄金比时，则可能发生转势。

（2）行情发生转势后，无论是止跌转升的反转抑或止升转跌的反转，以近期走势中重要的峰位和底位之间的涨额作为计量的基数，将原涨跌幅按 0.191、0.382、0.5、0.618、0.809 分割为五个黄金点。股价在反转后的走势将有可能在这些黄金点上遇到暂时的阻力或支撑。

例如当下跌行情结束前，某股的最低价为 10 元，那么，股价反转上升时，投资者可以预先计算出各种不同的反压价位，也就是 $10 \times (1+19.1\%) =11.9$ 元，$10 \times (1+38.2\%) =13.8$，$1 \times (1+61.8\%) =16.2$ 元，$10 \times (1+80.9\%) =18.1$ 元，$10 \times (1+100\%) =20$ 元，$10+ (1+119.1\%) =21.9$ 元，然后，再依照实际股价变动情形进行斟酌。

反之上升行情结束前，某股最高价为 30 元，那么，股价反转下跌时，投资者也可以计算出各种不同的持价位，也就是 $30 \times (1-19.1\%) =24.3$ 元，$30 \times (1-38.2\%) =18.5$ 元，$30 \times (1-61.8\%) =11.5$ 元，$30 \times (1-80.9\%) =5.7$ 元。然后，依照实际变动情形进行斟酌。

空中楼阁理论

空中楼阁理论是美国著名经济学家凯恩斯在 1936 年提出的，这种理论完全抛开股票的内在价值，强调心理构造出来的空中楼阁。投资者之所以要以一定价格购买某种股票，是因为他期望能以更高的价格卖给别人。于是每个人购买股票时都不必研究该股票到底值多少钱，或能为其带来多少长期收益，而只关心有没有人愿意以更高的价格向他买进；所以在股市中，每个人在购买股票时都必须且愿意充当暂时的"笨蛋"，只要他相信会有更"笨"的人来接替他的"笨蛋"职务，使其持有的股票能卖出。精明的投资者无须去计算股票的内在价值,他所做的只是抢在最大"笨蛋"之前成交,即股价达到最高点之前买进股票,而在股价达到最高点之后将其卖出。

空中楼阁理论的要点可归纳为以下几点。

(1)股票价格并不是由其内在价值决定的,而是由投资者心理决定的,所以这种理论被称为空中楼阁理论,以示其虚幻的一面。

(2)人类受知识和经验所限,对长期预期的准确性缺乏信心,所以一般投资大众用一连串的短期预期取代长期预期。

(3)占少数的专业人士面对占绝大多数的一般投资大众的行为模式只好采取顺应的策略,这就是通常所说的顺势而为,股票价格取决于股民的平均预期。

(4)心理预期会受乐观和悲观情绪的影响而骤变,从而引起股票价格的剧烈波动。

(5)投资者想要在股市中取胜,必须先发制人,而斗智的对象,不是预期股票能带来多少长期收益,其投资价值有几何,而在于预测短期之后,股价会因股民的心理预期变化而有何变化。

(6)只要投资者认为未来价格上涨,他就可不必追究该股票的投资价值而一味追高买进,而当投资者认为未来价格会下跌时,他也不顾市场价格远低于内在价值而杀低抛出。所以股票投资往往成为博傻游戏,成为投机者的天堂。

循环周期理论

事物的发展有一个从小到大和从大到小的过程,这种循环的发展规律在证券市场中也是存在的。循环周期理论认为,无论什么样的价格波动,都不会朝一个方向永远走下去,价格的波动过程必然产生局部的高点和低点。这些高点和低点的出现,在时间上有一定的规律,我们可以选择低点出现的时间进入市场,在高点出现的时间退出市场。

循环周期理论主要观点有以下几点。

1. 按周期划分

(1)季节性周期。因为股价受季节性影响较大。

(2)长期周期。反映平均期间超过一年以上重复一次的循环周期。

(3)中期周期。以星期作为度量单位。中期周期是指平均期间6个月至12个月重复一次的循环周期。

(4)短期周期。以天数作为度量单位。循环低点之间,平均不超过3个月。

2. 循环周期的差别

（1）对称性周期。从一个低点到另一个低点相距的时间相同，每一个循环周期相距的时间长短一致。

（2）不规则周期。每个周期相距的时间有差异，不完全一致。

3. 周期的度量

（1）可度量一个低点到另一循环低点相距的时间。

（2）可度量一个高点到另一循环高点相距的时间，但准确性不如度量低点的可靠。

4. 周期的特点

（1）周期的期间以一个循环周期与另一个周期相距的时间作为度量基础，通常以两个循环低点间的长度计算。每一个重复出现的循环周期并不一定与上一个循环周期完全相同，但必须集中在一定的范围之内，误差不大，否则就不是可靠的周期。

（2）周期重复出现的次数越多，表明它的可靠性越强。

（3）长期周期可以划分为几个低一级的中期周期，中期周期又可划分为几个低一级的短期周期。

投资者应注意的是，循环周期理论不受基本因素的影响和制约，但其重点是时间因素，而且注重长线投资，对价格和成交量考虑得不够。

股票价值理论

进入 20 世纪后，随着经济的进一步发展，一些比较大的公司从关注自身中走出来，开始把目光投向社会社会大众的零散资金，而公司本身逐渐成为独立的经营体，尤其在法律上成为具有法人资格的团体。另一方面，只对股利和差价利益感兴趣而无心参与公司经营的中小投资者则越来越多，这些投资者也逐渐将关注点放在股票的特点、股票的作用、股票的基础价值等上面。

在这种社会背景下，关于股票价值理论的探讨逐渐激烈起来。

股票价值投资理论最初由帕拉特提出，他在 20 世纪初出版的《华尔街的动态》一书中说，股票价值的经济本质在于股息请示权及影响因素中，比如：企业收益、经营者素质以及企业收益能力，其中以前者最为重要，其他的重要因素均属影响股息的间接因素。帕拉特说，从理论角度来讲，股票的价格和价值没有什么不同。然而从实际层面来看，二者有着非常大的差异。因为，就价格的形成而言，价格由供需因素来决定，不见得就会与真实价值完全一致。而且，除了形成股票价格的主要决定因素即真实价值之外，仍有许多其他的影响因素，诸如各种好坏消息、证券市场结构、投资气氛等，加上绝大多数对上市公司的生产事业外行的投资者作出的各种判断。帕拉特所提出的见解虽然强调证券市场的分析，但严谨性还不够，尚存在许多问题。

后来，哈布纳在帕拉特成果的基础上，对股票价值理论做了进一步研究和分析。他在自己的经典作品《证券市场》一书中对自己的研究成果做了具体阐述：哈布纳以股票价值和价格的关系作为投资的指针，而且利用财务分析来把握股票价值，并强调股票标价格和市场因素与金融的关系，他认为"股票价格倾向与其本质的价值一致"，就长期的股价变化因素而言，与其本质的价值有关的即为长期预期收益与资本还原率。也就是说，哈布纳认为，从长期来说，股票价格的变化，主要是依存于财产价值的变化。

对股票价值投资理论的发展有突出贡献的人还有贺斯物和莫迪。其中，贺斯物在《股票交易》一书中，则站在证券市场分析的立场，除了区别股票的价值与价格之外，再进一步确认股票的本质价值在于股息，强调股票价格与一般商品价格的根本区别点在于股票价值与市场操作有所歧异。而莫迪则在《华尔街投资的艺术》一书中强调，普通股的权利重点不仅仅是领取股利权利而已，还要看发行公司所负担的支出，如公司债息、董事、监事酬劳、利息支出之后的可分配于股息之纯收益之多少的大小来看。因为，大部分上市股票有限公司的收益情况变动幅度大，有时候扣除其他费用之后，企业收益变成亏损的情形也颇为常见。因此，对于普通股的议决权（参加经营权）与公司资产价值的评价，需要加上"投机性"因素。

除了贺斯物和莫迪之外，对股票价值投资理论有深入探讨的还有戴斯和埃特曼。他们在合作的《股票市场》一书中，从历史和法律的角度探讨股份有限公司制度，从法律上所规定的股东权来探讨股票的本质。

随机漫步理论

物理学中，有一种布朗运动，指的是分子的漫无目的的无规律运动。随机漫步理论是布朗运动的延伸。该理论认为，股票的价格是随机的，一个在宽阔的广场上漫无边际行走的人，他的下一步将走向哪个方向是随机的，随机漫步理论对价格波动的认识也是这样，价格下一步的起伏是没有规律可循的。

随机漫步理论的主要内容有以下几点。

（1）股市上的信息全是公开的，如价格、成交量、每股收益等。因此，根据理性的技术图表分析，大部分股民不会以 20 元去买一只价值仅为 1 元，甚至亏损的股票。当然也不会以低价卖出某价值高的绩优股票。也正是这些公开信息导致的理性分析，实际却全是无效的分析。

（2）影响股市变化的是那些突发的、随意的、看似不相关的信息，而且是以随机漫步，不经意的方式影响股市。

（3）股市的未来趋势是无法预测的，图表技术的分析无法预知这些非公开的随机漫步信息。

（4）股票的价格遵循正态分布规律，即大部分股票升跌幅度很窄，约为 10%—30%，处于中间高端位置。暴涨 100% 以上和暴跌 100% 以下的股票是极少数，它们处于两头低端位置。所以买卖股票是赚钱还是赔钱很大程度上取决于人的运气。

具体来说，针对股价可以由图表来预测的说法，随机漫步理论提出了相反的意见，随机漫步理论认为：股票市场内有成千上万的精明人士，并非全部都是愚昧的人。每一个人都懂得分析，而且资料流入市场全部都是公开的，所有人都可以知道，并无什么秘密可言。既然你也知，我也知，股票现在的价格就已经反映了供求关系。或者本身价值不会太远。所谓内在价值的衡量方法就是看每股资产值、市盈率、派息率等基本因素来决定。这些因素亦非什么大秘密。每一个人打开报纸或杂志都可以找到这些资料。如果一只股票资产值 10 元，断不会在市场变到值 100 元或者 1 元。市场不会有人出 100 元买入这只股票或以 1 元沽出。现时股票的市价基本已经代表了千万醒目人士的看法，构成了一个合理价位。市价会围绕着内在价值而上下波动。

这些波动是随机的没有规律可循。之所以产生波动是因为：

（1）新的经济、政治新闻消息是随意，并无固定地流入市场。

（2）这些消息使基本分析人士重新估计股票的价值，而做出买卖方针，致使股票发生新变化。

（3）这些消息无迹可寻，是突然而来，事前并无人能够预告估计，股票走势推测这回事并不能成立，图表派所说的只是一派胡言。

（4）既然所有股价在市场上的价钱已经反映其基本价值。这个价值是公平的由买卖双方决定，这个价值就不会再出现变动，除非突发消息如战争、收购、合并、加息减息、石油战等利好或利淡等消息出现才会再次波动。但下一次的消息是利好或利淡大家都不知道，所以股票现时是没有记忆系统的。昨日升并不代表今日升。今日跌，明日可以升亦可以跌。每日与另一日之间的升跌并无相关。就好像掷铜板一样，今次掷出是正面，并不代表下一次掷出的又是正面，下一次所掷出的是正面或反面各占概率 50%。亦没有人会知道下一次会一定是正面或反面。

（5）既然股价是没有记忆系统的，企图用股价波动找出一个原理去战胜市场，赢得大市，肯定全部失败。因为股票价格完全没有方向，随机漫步，乱升乱跌。我们无法预知股市去向，无人肯定一定是赢家，亦无人肯定一定会输。至于股票专家的作用其实不大，甚至可以说全无意义。因为他们是那么专长的话，就一定会自己用这些理论致富，哪里会公布研究使其他人发达？

随机漫步理论对图表派无疑是一个正面大敌，如果随机漫步理论成立，所有股票专家都无立足之地。所以不少学者曾经进行研究，看这个理论的可信程度如何。

随机漫步理论总的观点就是：买方与卖方同样聪明机智，卖方也与买方同样聪明机智。他们都能够接触同样的情报，因此在买卖双方都认为价格公平合理时，交易才会完成；股价确切地反应股票实质。结果，股价无法在买卖双方能够猜测的单纯的、有系统的情况下变动。

股价变动基本上是随机的。此一说法的真正含义是，没有谁能够战胜股市，股价早就反映一切了，而且股价不会有系统的变动。无论多么天真的选股方法，也不可能选出战胜市场的投资组合。

C–A–N–S–L–I–M 理论

C–A–N–S–L–I–M 理论主要由华尔街最顶尖的资深投资者威廉·欧奈尔所提出。其具体内涵是：

C= 当前的每股季盈余，优异的股票在飙涨之前，其每股盈余通常要比前一年同期的水准增加 20％以上：对一只股票来说，C 越高越好。

在每天交易的成千上支的股票当中，为什么仅有极少数公司的股票在整个 90 年代一直表现很好呢？另外，在诸多引起股价变动的因素当中，这些极少数股票是否具有某些相同点呢？这一问题的答案揭示了在股票市场获得真正成功的秘诀。通过对过去半个世纪股市中的飙股的研究，我们发现，它们的确具有很多相同的特征。然而，在股票最近的一两个季度收益公布之前，没有任何一只飙升股的价格发生特别明显的上涨。也就是说，只有股票最近的当季每股收益有较大的增长，才会引起股价的大幅度上扬。

A= 每股年盈余，要选择每股年盈余高于前一年水准的股票：找出每股收益真正增长的潜力股。

在关注 “A” 时，投资者需要注意以下几点：

（1）选择增长潜力股，即那些每股收益年增长率为 25％—50％甚至更高的股票。

值得你投资的好股票，其每股收益的年度增长率应该达到25%—50%，甚至100%。

（2）在具体的操作中，投资者应该重点审视公司过去3年中的收益稳定性。

（3）年度每股收益和季度每股收益要同步发展。

N= 创新。所谓创新是指新产品、新服务、产业新趋势，以及新经营策略等，当然也包括股票创新高：选择怎样的入市时机。

一个公司通过向市场推出新产品，可以取得巨大的成功，进而使得自己的股价狂飙。当然，所谓推陈出新，是能够在一定程度上改变人们的生活方式。认识到这一点，有助于投资者发现真正有创新能力的公司，进而关注其发行的股票。

另外，投资者需要注意的是，股价正在升高，并不意味着那时就是买股的好时机。投资者应该仔细观察股价的历史运动，应该寻找股票突破盘整期进入价格飙升阶段的标志点。为什么呢？因为这个点是价格真正开始上涨的标志点，而且只有这个时候价格的变动幅度最大。

S= 流通在外的股数、市值、交易量情况：股票发行量和大额交易需求量。

从"S"的角度看，投资者应该注意的是：

（1）流通股数量较小的公司的股票更具有表现潜力，但是风险也很大。

（2）应密切关注那些管理层更具有企业家精神的公司。

（3）特别关注那些在股市上进行股票回购的公司。

（4）低负债率的公司通常会比较好。

L= 领导股或强势股，行业地位：选择哪一种股票？

从"L"的角度看，投资者应该注意的是：

（1）只从同行业股票中最好的两三只股票中进行挑选。

（2）利用股价相对强度来判别领导股和落后股。

（3）挑选 PS 值在 80 或者 90 以上的股票。

I= 市场机构投资者的认同度或支撑程度，机构投资者对股票未来走势起主导性作用，因此应选择具有较大影响力的机构认同度的股票，机构数量不需要太多。

从"I"的角度看，投资者应该注意的是：

（1）质量和数量并重。

（2）买那些机构投资者认同程度提高的公司的股票。

（3）追踪机构投资者新买进的股票。

（4）别在成长股的高峰期买入。

M= 市场方向：如何判断大盘的走势？

从"M"的角度看，投资者应该注意的是：

（1）了解股票市场周期的各个阶段。

（2）每日研究大盘的指数。

（3）使用自动止损指令。

第 7 章
基本面分析的运用技巧

什么是基本面分析，投资者如何从中受益

股市是反映国民经济状况的一个窗口，股市的兴衰反过来也影响着国民经济发展的好坏与快慢。但是，从根本上来说，国民经济的发展决定着股市的发展，而不是相反。因此，国民经济发展的状况、对国民经济发展有重要影响的一些因素都将对股市发生显著作用。对这些作用，股票投资者必须做到了然于胸，不然，他们就没法作出正确的投资决策。因此，进行科学的基本面分析，意义十分重大。

什么是基本面分析呢？

基本面分析就是以判断股票市场未来走势为目标，对收集的方方面面的资料进行透彻的分析。具体来说，基本面分析就是利用丰富的统计资料，运用多种多样的经济指标，采用比例、动态的分析方法从研究宏观的经济大气候开始，逐步开始中观的行业兴衰分析，进而根据微观的公司经营、赢利的现状和前景，从中对公司所发行的股票做出接近显示现实的、客观的评价，并尽可能预测其未来的变化，作为投资者选购的依据。由于它具有比较系统的理论，受到广大投资者的青睐，是当前股价分析的主要方法。

对于准备做长线交易的投资者以及"业余"投资者来说，基本面分析是最主要也是最重要的分析方法。因为这种分析方法是从分析股票的内在价值入手的，而把对股票市场的大环境的分析结果摆在次位，当看好一只股票时，看中的是它的内在潜力与长期发展的良好前景。所以投资者不必耗费太多的时间与精力去关心股票价格的实时走势，只需采用这种分析法进行预测分析并在适当的时机购入具体的股票即可。

股神巴菲特在股市的成功，依仗的就是他对"基本面"的透彻分析，而非对"消息市"的巧妙利用。正是因为有巴菲特这样"老实本分"的投资者，正是因为市场对巴菲特理性投资行为的高额回报，使得美国的资本市场成为世界上最稳定、最成

熟、最有活力的金融市场；作为经济"晴雨表"的美国资本市场的长期稳定、健康，反过来又对经济产生了良好的反馈作用，成为美国经济长期保持强势的根本保障。

基本面分析是投资者买入任何个股之前必须做的一件事。

在基本面分析上，最根本的还要算是公司基本面分析。这里所讲的公司基本面分析主要是对公司的收益、销售、股权回报、利润空间、资产负债和股市，以及公司的产品、管理、产业情况进行分析。基本面分析能通过考察一只股票的质量和吸引力，从而识别这只股票是否具有投资价值。

那么，在公司基本面分析中最重要的是什么呢？公司的赢利能力是影响股价的最重要因素。也就是说最好只买那些赢利和销售量在不断增加、利润率和净资产收益率都很高的公司的股票。另外，在基本面分析中还有一些其他的因素，例如，公司应当有其独特的新产品或新的服务项目，且其预期前景也令人鼓舞；你应当了解你所投资的公司在做些什么，这个公司应有大机构赏识并持有其股份，大多数情况下这个公司还应属于某个先进的大企业集团；你应当了解有多少优秀的共同基金、银行和其他机构投资者买入这只个股，这也是你个人研究的基础……

具体来说，在通常情况下，华尔街的大多数基本面分析员用下面方法中的一种或几种来估计一个公司的股票价格或价值。

（1）目标股票价格分析法。一个非常普遍的分析技术是构建公司期望业绩模型来预测未来的每股净收入。然后将这一数字和预计的价格—收入比率结合起来，从而得到一个"目标股票价格"。通常，目标股票价格分析都会以这样的方式结束其分析过程："如果 1999 年的每股赢利估计为 3 美元，假定市场的价格—收入比率是 25，麦当劳公司的目标股票价格就是 75 美元。如果现在的价格是 65 美元，我们推荐你买进这只股票。"

（2）相对价值分析法。相对价值分析法经常和目标股票价格分析法结合起来使用。相对价值分析法首先要为公司、类似股票和同行竞争对手选择一种价值指标—最常用的是价格—收入比。相对价值分析法在比较具有不同特征的公司的股票价值时，除了价格—净收入比，还可以选择价格—账面价值比、价格—销售额比率或者价格—收入增长比率作为衡量标准。

（3）贴现现金流分析法。在贴现现金流分析法中，一只股票的价值依赖于分析员对公司的期望现金流的估计，并以合适的贴现率进行贴现。最基本的贴现现金流模型是股息贴现模型。在股息贴现模型中，股票的价值就是投资者期望获得的股息的现值。运用股息贴现模型，分析员首先要估计未来股息增长率和投资者要求的股票回报率，然后对期望股票进行贴现，从而得出股票的价值。贴现现金流的另一个模型是资本自由现金流模型，这种模型要计算支付了营运资本、资本支出、债务本息和优先股股息之后所留下的现金流。然后用公司的资本成本对这一现金流进行贴现，可以得出股票的价值。贴现现金流分析法的最后一个模型涉及公司的自由现金流。使用贴现现金流方法的分析员们倾向于给出如下一个简单的价值表述："在现金流的基础上，我们估计麦当劳股票的合理价格是每股 80 美元。给定现在的价格是 65 美元，我们建议你买进股票。"

投资实践中，很多投资者通常以基本面分析方法作为其长期买卖决策的基础。在运用基本面分析方法的过程中，他们通常所遵循的基本法则是：如果一只股票的价格低于它的内在价值，买进这只股票；如果股票价格高于它的价值，卖出这只股票。

在运用基本面分析的过程中，很多投资者会遭遇一种误区，即有些投资者通过基本面的分析来预测市场的未来，他们总是认为通过研究基本面的情况可以得出市场未来的方向，他们误以为基本面分析的作用就是预测市场的未来，掌握了大量的基本面资料就可以掌握未来。但在资深投资者看来，这是一个根本性的错误。因为，基本面分析的功能不是预测市场，它的更大的作用是：告诉我们市场价格波动的原因，使我们更清楚地认识和了解市场，不至于因对基本面情况的一无所知而对股票价格的涨跌感到迷茫和恐惧。

物价变动时股票价格随之而动

投资实践中，股票的价格通常会受到一般商品价格波动的影响，具体表现是：股价随物价的上涨而上涨，随物价的下跌而下跌。

具体来说，一般商品价格对股票价格的影响主要表现在以下方面。

（1）商品价格出现缓慢上涨，且幅度不是很大，但物价上涨率大于借贷利率的上涨率时，公司库存商品的价值上升，由于产品价格上涨的幅度高于借贷成本的上涨幅度。于是公司利润上升，股票价格也会因此而上升。

（2）商品价格上涨幅度过大，股价没有相应上升，反而会下降。这是因为，物价上涨引起公司生产成本上升，而上升的成本又无法通过商品销售而完全转嫁出去，从而使公司的利润降低，股价也随之降低。

（3）物价上涨，商品市场的交易旺盛时，有时却是股票低沉时，这是因为人们热衷于及时消费，使股价下跌；当商品市场上涨回跌时，反而成了投资股票的最好时机，从而引起股价上涨。

（4）物价持续上涨，股票投资者出于保障意识会从股市中抽出来，转投向动产或不动产，如房地产、贵重金属等保值性强的物品上，使得股票需求量降低，股价下跌。

通胀走势中隐含着股市行情

通货膨胀是一种货币现象，指货币发行量超过流通中实际所需要的货币量而引起的货币贬值现象。通货膨胀与物价上涨是不同的经济范畴，但两者又有一定的联系，通货膨胀最为直接的结果就是物价上涨。目前，世界各国基本上均用消费者价格指数（我国称居民消费价格指数），也即CPI来反映通货膨胀的程度。

通货膨胀对股市的影响是显而易见的。在通货膨胀情况下，政府一般会采取诸如控制和减少财政支出，实行紧缩货币政策，这就会提高市场利率水平，从而使股票价格下降。另外，在通货膨胀情况下，企业经理和投资者不能明确地知道眼前赢利究竟是多少，更难预料将来的赢利水平。他们无法判断与物价有关的设备、原材料、工资等各项成本的上涨情况。而且，企业利润也会因为通货膨胀下按名义收入征税的制度而极大减少甚至消失殆尽。因此，通货膨胀引起的企业利润的不稳定，会使新投资裹足不前。

当然，问题总是有两方面，通货膨胀对股市的影响还要看具体的通胀率。一般认为，通货膨胀率很低（如5%以内）时，危害并不大且对股票价格还有推动作用。因为，通货膨胀主要是因为货币供应量增多造成的。货币供应量增多，开始时一般能刺激生产，增加公司利润，从而增加可分派股息。股息的增加会使股票更具吸引力，于是股票价格将上涨。当通货膨胀率较高且持续到一定阶段时，经济发展和物价的前景就不可捉摸，整个经济形势会变得很不稳定。这时，一方面企业的发展会变得飘忽不定，企业利润前景不明，影响新投资注入；另一方面，政府会提高利率水平，从而使股价下降。在这两方面因素的共同作用下，股价水平将显著下降。

通货膨胀是影响股票市场以及股票价格的一个重要的宏观经济因素，这一因素对股票市场的影响比较复杂。它既有刺激股票市场的作用，又有压抑股票市场的作用。通货膨胀主要是由于过多地增加货币供应量造成的。货币供应量与股票价格一般是呈正比关系，当货币供应量增加时，多余部分的社会购买力就会投入股市，从而把股价抬高；反之，如果货币供应量少，社会购买力降低，投资就会减少，股市陷入低迷状态，因而股价也必定会受到影响。但在特殊情况下，通货膨胀又会有相反的作用。当通货膨胀到一定程度，通货膨胀率甚至超过了两位数时，将会推动利率上升，资金从股市中外流，从而使股价下跌。

总之，当通货膨胀对股票市场的刺激作用大时，股票市场的趋势与通货膨胀的趋势一致；而其压抑作用大时，股票市场的趋势与通货膨胀的趋势相反。

现在中国已经逐渐进入高通胀时期，人民币一方面对外在升值，但是对内又在贬值。客观上，通货膨胀也会导致资产价格上扬，对于股市来说，温和的甚至稍微有些偏高的通胀实际上是利好，这也就是股市能为投资者对冲通货膨胀的奥妙所在。

利率走势与股市运行方向相反

金融因素极为敏感地影响着股票市场及股票价格。利率水准的变动又是金融因素中最直接和迅速地影响着股市行情的因素。一般说来，股票的价格随利率下降而上涨，随利率上升而下跌。因此，利率的高低以及利率同股票市场的关系，也成为股票投资者据以买进和卖出股票的重要依据。

利率的升降与股价的变化呈反向运动主要由以下三个原因造成。

（1）利率上升会导致公司的借款成本增加，使公司难以获得必需的资金，这样，公司就不得不削减生产规模，而生产规模的缩小又势必会减少公司的未来利润。因此，股票价格就会下降。反之，股票价格就会上涨。

（2）利率上升时，投资者据以评估股票价值所在的折现率也会上升，股票价值因此会下降，股票价格会随价值的下降而相应下降；反之，利率下降时，股票价格就会上升。

（3）利率上升时，银行储蓄和债券会吸引一部分资金从股市流出，从而减少市场上的股票需求，使股票价格出现下跌。反之，利率下降时，储蓄的获利能力降低，一部分资金就可能回到股市中来，从而扩大对股票的需求，使股票价格上涨。

人们也不能将上述利率与股价运动呈反向变化的一般情况绝对化。在股市发展的历史上，也有一些相对特殊的情形。当形势看好时，股票行情暴涨的时候，利率的调整对股价的控制作用就不会很大。同样，当股市处于暴跌的时候，即使出现利率下降的调整政策，也可能会使股价回升乏力。例如，利率和股票价格同时上升的情形在美国 1978 年就曾出现过。当时出现这种异常现象主要有两个原因：一是许多金融机构对美国政府当时维持美元在世界上的地位和控制通货膨胀的能力有一定的疑虑；二是当时股票价格已经下降到极低点，远远偏离了股票的实际价格，从而使大量的外国资金流向了美国股市，引起了股票价格上涨。

鉴于利率与股价运动呈反向变化是一种一般情形，投资者就应该密切关注利率的升降，并对利率的走向进行必要的预测，以便抢在利率变动之前，就进行股票买卖。

在我国对利率的升降走向进行预测，应侧重以下几个因素的变化情况：

（1）贷款利率的变化情况。由于贷款的资金是由银行存款来供应的，因此，根据贷款利率的下调可以推测出存款利率必将出现下降。

（2）市场的景气动向。如果市场过旺，物价上涨，国家就有可能采取措施来提高利率水准，以吸引居民存款的方式来减轻市场压力。相反如果市场疲软，国家就有可能以降低利率水准的方法来推动市场。

（3）资金市场的银根松紧状况和国际金融市场的利率水准。国内利率水准的升降和股市行情的涨跌也会受国际金融市场的利率水准的影响。在一个开放的市场体系中是没有国界的，海外利率水准的升高或降低，一方面对国内的利率水准产生影响，另一方面，也会引致海外资金退出或进入国内股市，拉动股票价格下跌或上扬。

流动性过剩会助推股价的上涨

充裕的货币流动性在一定程度上会引起金融资产的价格发生波动，而资产价格的大幅波动又会影响到货币政策的有效传导和投资者的资产配置，因此，货币流动性对资产价格的影响不仅是货币政策执行者，同时也是广大投资者尤其是股票投资者关注的焦点问题。

要了解流动性过剩对股价的影响，我们先要了解到底什么是"流动性过剩"。

要解释"流动性过剩"，首先要了解"流动性"的含义。所谓"流动性"，实际上是指一种商品对其他商品实现交易的难易程度。衡量难易程度的标准是该商品与其他商品实现交易的速度。当该商品与其他商品交易速度加快，也就是非常容易实现交易的时候，流动性就会出现过剩；当该商品与其他商品的交易出现速度减缓，也就是实现交易非常困难的时候，流动性就会出现不足。

在一般的宏观经济分析中，流动性过剩被用来特指一种货币现象。简单地说，就是货币当局发行货币过多、货币量增长过快，银行机构资金来源充沛，居民储蓄增长迅速。在宏观经济上，它表现为货币发行增长率超过国内生产总值增长率；就银行系统而言，则表现为存款增速大大快于贷款增速。

以中国的情况来说，2006 年末，狭义货币供应量为 12.6 万亿元，比上年增长17.5%，增幅比上年高出 5.7 个百分点，远远高于同期国内生产总值的增长速度；金融机构超额存款准备金率为 4.8%，比上年末高出 0.6 个百分点；金融机构存款总额高于贷款总额，即存贷差为 11 万亿元，比上年末增加 1.7 万亿元。

因此，从某种程度来说，中国出现了流动性过剩的迹象。但是，严格地说，流动性过剩无论是从表象还是从成因或解决方法上看，都是一个复杂的经济和金融理论问题，货币过多或资金过剩都可能带来流动性过剩。

那么，具体来说，流动性过剩会对股市有什么影响呢？

如前所述，流动性过剩的一个主要表现就是货币量过多。而对于货币供应量的超额供给是否会影响股票的价格，已有研究表明该影响是存在的。研究发现，1982—1987年美国M2增长率为48%，名义GDP只增长了40%，但是这一时期美国物价基本处于稳定状态，而美国400种工业股票指数上涨了175%，股票市值增加了近一万亿美元。类似的现象也出现在日本，由此可见，流动性过剩在一定程度上会助推股价的上涨。

经济周期与股价的关联性极大

经济周期的变动，或称景气的变动，是影响股价变动的最重要的市场因素之一，它对企业营运及股价的影响极大，是股市的大行情。因此经济周期与股价的关联性是投资者不能忽视的。

衰退、危机、复苏和繁荣形成了经济周期的四个阶段，一般来说，在经济衰退时期，股票价格会逐渐下跌；到危机时期，股价跌至最低点；而经济复苏开始时，股价又会逐步上升；到繁荣时，股价则上涨至最高点。这种变动的具体原因是，当经济开始衰退之后，企业的产量会随产品滞销、利润相应减少而减少，势必导致股息、红利也不断减少，持股的股东因股票收益不佳而纷纷抛售，使股票价格下跌。当经济衰退已经达到经济危机时，整个经济生活处于瘫痪状况，大量的企业倒闭，股票持有者由于对形势持悲观态度而纷纷卖出手中的股票，从而使整个股市价格大跌，市场处于萧条和混乱之中。经济周期经过最低谷之后又出现缓慢复苏的势头，随着经济结构的调整，商品开始有一定的销售量，企业又能开始给股东分发一些股息红利，股东慢慢觉得持股有利可图，于是纷纷购买，使股价缓缓回升；当经济由复苏达到繁荣阶段时，企业的商品生产能力与产量大增，商品销售状况良好，企业开始大量赢利，股票价格、股息、红利相应上涨至最高点。

值得留意的是，股价变动受经济周期影响，但两者的变动周期的步调并不完全一致。通常的情况是，不管在经济周期的哪一阶段，股价变动总是比实际的经济周期变动要领先一步。即在衰退以前，股价已开始下跌，而在复苏之前，股价已经回升；经济周期未步入高峰阶段时，股价已经见顶；经济仍处于衰退期间，股市已开始从谷底回升。这是因为投资者对经济走势变动的预期和投资者的心理反应等因素对股市股价的涨落起着一定的推动作用。

根据经济循环周期的特征，进行股票投资的策略是：经济繁荣期尽量多地投入资金，因为大部分产业及公司经营状况改善和赢利增加时，即使是不懂股市分析而盲目跟进的散户，往往也能从股票投资中赚钱；而衰退期应采取以保本为主的投资策略，投资者在此阶段多采取持有现金（储蓄存款）和短期存款证券等形式，避免衰退期的投资损失，以待经济复苏时再适时进入股市。

任何事物都有例外现象发生，股市也如此。例如，一般情况是企业收益有希望增加或由于企业扩大规模而希望增资的景气的时期，资金会大量流入股市，出现萧条时期资金不是从股市流走，而是流进股市的情况，尤其在此期间，政府为了促进景气而扩大财政支付，公司则因为设备过剩，不会进行新的投资，因而拥有大量的闲置货币资本，一旦这些带有一定的投机性资本流入股市，则股市的买卖和价格上升就与企业收益无关。此外，投资股票除了要洞悉整个大市场趋势外，还要了解股票的种类不同在市况中的表现也会不同，如能源、机械、电子设备等类的股票在上涨趋势初期会有优异的表现；公用事业股、消费弹性较小的日用消费品部门的股票能在下跌趋势的末期发挥较强的抗跌能力。

总之，考虑到各类股票本身的特性，以便在不同的市况下作出具体选择才是投资者的明智选择。

汇率升降对股市影响重大

汇率对股票价格也有着相当大的影响。一般说来，当一个国家的货币实行的是升值的基本方针，股票价格会紧跟上涨，一旦其货币贬值，股票价格就会下跌。所以汇率的变化会带给股市很大影响。

1987年美国股票价格暴跌风潮的形成很大程度上是受外汇行情的影响。在当年全球股票价格暴跌风潮来临之前，美国突然公布预算赤字和外贸赤字，并声称要继续调整美元汇率，导致了人们普遍对美国经济和世界经济前景产生了恐慌心理，再加上其他原因的综合作用，才导致了这场股价暴跌风潮。

在当代国际贸易迅速发展的潮流中，汇率对一个国家的经济的影响越来越大。任何一国的经济在不同程度上都受到汇率变动的影响。我国股市受汇率的影响也会随着对外开放不断深入、世界贸易开放程度不断提高，而越发显著。

在当代国际贸易迅速发展的潮流中，汇率对一国经济的影响越来越大。任何一国的经济都在不同的程度上受汇率变动的影响，而且，汇率变动对一国经济的影响程度取决于该国的对外开放度程度，随着各国开放度的不断提高，股市受汇率的影响也日益扩大。但最直接的是对进出口贸易的影响，本国货币升值受益的多半是进口业，亦即依赖海外供给原料的企业；相反的，出口业由于竞争力降低，而导致亏损。可是当本国货币贬值时，情形恰恰相反。但不论是升值或是贬值，对公司业绩以及经济局势的影响，都各有利弊，所以，不能单凭汇率的升降而买入或卖出股票，这样做就会过于简单化。

汇率变动对股价的影响，最直接的是那些从事进出口贸易的公司的股票。它通过对公司营业及利润的影响，进而反映在股价上，其主要表现如下。

（1）若公司的产品相当部分销售海外市场，当汇率提高时，则产品在海外市场的竞争力受到削弱，公司赢利情况下降，股票价格下跌。

（2）若公司的某些原料依赖进口，产品主要在国外销售，那么汇率提高，使公司进口原料成本降低，赢利上升，从而使公司的股价趋于上涨。

（3）如果预测到某国汇率将要上涨，那么货币资金就会向上升转移，而其中部分资金将进入股市，股票行情也可能因此而上涨。

因此，投资者可根据汇率变动对股价的上述一般影响，并参考其他因素的变化进行正确的投资选择。

市场因素是股价形成的条件之一

市场是反映股票供求的环境，且使供求相交，最终形成股票价格的条件，因此宏观经济周期的变动、市场的供求、市场投资者的构成、市场总体价格波动、交易制度和工具、市场心理因素等都会影响到股价。关于经济周期对股价的影响，前面的小节已经有所阐述，这里具体阐述一下其他的市场因素对股价的影响。

（1）市场供求关系。股票市场的供求关系决定了股价的中短期走势。作为初兴市场的我国股市，股价主要由股市本身的供求决定，即由股票的总量和股市资金总量决定。公布新股发行上市规模和掌握上市节奏已成为管理层调控二级市场供求关系影响股价总体水平的重要手段。例如，1996年以前，新股上市一直是制约股价升跌的主要因素。在股票供给一定的情况下，股市的资金总量在价格形成中起主导作用，我国股市的资金总量对价格波动有决定性影响，且两者之间呈正相关关系。

（2）市场总体价格波动。股票市场总体价格波动对特定股票的影响是指特定股票价格与股市行情的相关关系，我国股市价格波动的特点是齐涨齐跌，个股之间的风险差异小，市场的总体风险占主导地位，个股股价的市场影响占股价变动因素的

50% 以上。

（3）市场投资者。我国股票市场的投资者包括个人投资者和机构投资者。个人投资者和机构投资者的资金结构、股票投资者的职业背景、文化程度、月收入构成等对股价波动会产生影响。

（4）市场操纵者。市场操纵者主要是实力雄厚的大机构，他们通过控制个股涨跌方向和程度，甚至联手操纵板块的走势进而影响大盘走势，使股价过高或过低，从中获得额外收益。

（5）投资者的心理预期。投资者的心理因素是买卖股票的重要因素，众多投资者的心理预期交互影响形成市场心理预期，对股价的走势产生较强的影响。

（6）交易制度和工具。我国的股市由于起步晚，可以根据国外股市发展的历史经验选择交易制度，可以直接采用最先进的交易和通信技术。连续竞价，电脑撮合的交易制度并未增加股价的波动幅度，无形席位制加快了交易速度，减少了股价扰动。

宏观经济政策仍是影响股市的主要因素

宏观经济因素是影响证券市场长期走势的重要因素。宏观经济因素对股票投资领域的影响是全方位的，主要体现在两个方面：一是宏观经济政策的调整对证券市场产生重大影响；二是宏观经济的运行决定了证券市场的总体运行态势。

这里我们主要阐述一下宏观经济政策对股市的影响。宏观经济政策主要包括：货币政策、财政政策、供给政策等。

1. 货币政策对股市的影响

影响股市的因素有很多，最大的影响因素自然莫过于政策。这一点无论是在成熟的美国股市，还是在不太成熟的中国股市，都是经过检验的。具体来说，直接对股市产生影响的政策主要分为两种，一种是货币政策，另一种是财政政策。

货币政策是政府调控宏观经济的基本手段之一。由于社会总供给和总需求的平衡与货币供给总量与货币需求总量的平衡相辅相成，因而宏观经济调控之重点必然立足于货币供给量。货币政策主要针对货币供给量的调节和控制展开，进而实现诸如稳定货币、增加就业、平衡国际收支、发展经济等宏观经济目标。

货币政策对股票市场与股票价格的影响非常大。宽松的货币政策会扩大社会上货币供给总量，对经济发展和证券市场交易有着积极影响。但是货币供应太多又会引起通货膨胀，使企业发展受到影响，使实际投资收益率下降；而紧缩的货币政策则相反，它会减少社会上货币供给总量，不利于经济发展，不利于证券市场的活跃和发展。另外，货币政策对人们的心理影响也非常大，这种影响对股市的涨跌又将产生极大的推动作用。

2. 财政政策对股市的影响

除货币以外政府调控宏观经济的另一种基本手段是财政政策。财政政策对股市的影响是不可忽视的。下面从税收、国债两个方面进行论述。

（1）税收。税收是国家为维持其存在、实现其职能而凭借其政治权力，按照法律预先规定的标准，强制地、无偿地、固定地取得财政收入的一种手段，也是国家参与国民收入分配的一种方式。通过税收总量和结构的变化，国家财政可以调节证券投资和实际投资规模，抑制社会投资总需求膨胀或者补偿有效投资需求的不足。对证券投资者的调节可通过税收杠杆来实现。即通过对证券投资者的投资所得规定不同的税种和税率来影响投资者的税后实际收入水平，从而起到鼓励、支持或抑制的作用。一般说来，企业从事证券投资所得收益的税率应高于个人证券投资收益的税率，这样可以促使企业进行实际投资即生产性投资。税收对股票种类选择也有影响。不同的股票有不同的客户，纳税级别高的投资者愿意持有较多的收益率低的股票，而纳税级别低和免税的投资者则愿意持有较多的收益率高的股票。高税率会对股票投资产生消极影响，因为税征得越多，企业用于发展生产和发放股利的盈余资金越少，投资者用于购买股票的资金也越少，投资者的投资积极性也会下降。相反，低税率或适当的减免税则可以扩大企业和个人的投资和消费水平，从而刺激生产发展和经济增长。

（2）国债。国债作为一种财政信用调节工具对股票市场也有着重要的影响。首先，国债本身是构成证券市场上金融资产总量的一个重要部分。由于国债的信用程度高、风险水平低，如果国债的发行量较大，会使证券市场风险和收益的一般水平降低。其次，国债利率的升降变动，严重影响着其他证券的发行和价格。当国债利率水平提高时，投资者就会把资金投入到既安全、收益又高的国债上。因此，国债和股票是竞争性金融资产，当证券市场资金一定或增长有限时，过多的国债势必会影响到股票的发行和交易量，导致股票价格的下跌。

3. 供给政策对股市的影响

供给政策着眼于提高经济的生产能力，其目标是创造一个良好的环境，使工人和资本所有者有最大的动力和能力来从事生产活动。通常来说，供给政策包括如税收政策、教育政策等。例如，国家提出节能减排目标后，加大对新能源、环保、节能等技术的科研扶持和税收减免政策，相关的行业板块从中受益良多，对股市是个利好。教育政策是一个政党和国家为实现一定历史时期的教育发展目标和任务，依据党和国家在一定历史时期的基本任务、基本方针而制定的关于教育的行动准则。

例如，如果国家加大对某一教育事项的扶持，颁布相应的政策，那么相关的行业板块就有可能因为该政策的颁布而成为股市中的热门或冷门。

非经济因素是股价涨跌的间接影响力

影响股价变动的非经济因素，实际上是一种间接的影响因素。一般意义上的非经济因素主要是指自然灾害、战争以及政治局势变动等。这些因素的变动是通过影响各种经济因素而影响股票价格，如国际政治形式、外交关系的变化和战争爆发等会影响国际经贸关系；社会政治事件、国家领导人的更换和政权的更迭等会直接影响到国内的经济政策。再如，社会动乱一方面影响正常的社会秩序，从而影响企业经营的外部环境；另一方面还可能引起政治形势的变化，进而引起国内经济政策的变动，导致股票价格变化。

在股市中，这些因素对股市的波动起了很大的作用，股市中一些别有用心的人往往借助这些因素，在股市中兴风作浪，引起股价的大幅波动。特别是政治因素，往往几个小时之内引起股价剧烈的波动。

具体来说，间接影响股市的非经济因素主要包括以下两点。

1. 政治因素

政治因素一般是很突然的，很难预测，但是如果我们在第一时间内掌握了这些因素，并做出正确的操作，会获得丰厚的利润或避免很大的损失。

这里所说的政治因素，包括：

（1）战争。战争对股票市场及股票价格的影响，有长期性的，亦有短期性的；有好的方面，亦有坏的方面；有广泛范围的，也有单一项目的，这要视战争性质而定。

战争促使军需工业兴起，凡与军需工业相关的公司股票当然要上涨。战争中断了某一地区之海空或陆运，提高了原料或成品输送之运费，因而商品涨价，影响购买力，公司业绩萎缩，与此相关的公司股票必然会跌价。其他由于战争所引起的许多状况都是足以使证券市场产生波动，投资人需要冷静地分析。

（2）政权。政权的转移、政府的作为、领袖的更替、社会的安定性等，都会影响股价波动。

（3）国际政治形势。国际政治形势的改变，已愈来愈对股价产生敏感反应，随着交通运输的日益便利，通讯手段、方法的日益完善，国与国之间、地区与地区之间的联系越来越密切，世界从独立单元转变成相互影响的整体，因此一个国家或地区的政治、经济、财政等结构将紧随着国际形势改变，股票市场也随之变动。

（4）法律制度。一个国家（金融方面的）法律制度是否健全；投资行为能否得到管理与规范，投资者的正当权益能否得到法律保护，是投资者能否有信心投资股市的前提。这也是促进股票市场的健康发展与繁荣的前提。

2. "热钱"

热钱，也叫游资，或叫投机性短期资本，英文称作 Hot money。它是一种充斥在世界上，纯粹为了资本套利而无特定用途的流动资金。热钱追求的是最高报酬及最低风险，属于国际金融市场上迅速流动的短期投机性资金。它的最大特点就是短期、套利和投机。正是靠它，20 世纪 90 年代末国际"金融大鳄"索罗斯一手制造了亚洲金融危机，在短短半年间掀翻了整个东南亚国家金融体系。

一般来说，一个国家一旦有大量短期性投机资本进出，必然给本国的经济和金融带来一定的破坏性和冲击性，具体影响如下：

（1）热钱首先会对经济造成推波助澜的虚假繁荣。从我国目前的情况看，热钱在赌人民币升值预期的同时，乘机在其他市场如房地产市场、债券市场、股票市场以及其他市场不断寻找套利机会，如最明显的莫过于房地产市场。近年来，我国房地产价格直线上升，全国房地产价格涨幅远远超过消费物价指数，尤其在北京、上海、杭州、南京、深圳等一些大城市，房地产价格上涨幅度更是惊人。

（2）热钱大量进入，加大外汇占款规模，影响货币政策正常操作，扰乱金融体系的正常运行，加剧国内通货膨胀的压力。

（3）热钱流入人为加大了人民币对外升值的压力。随着美元持续贬值，人民币持续升值预期不变，随着流入热钱的增多，人民币升值的压力就会越大。

（4）等到热钱流出本国市场时，通过变卖股票、国债、投机性土地等以本国货币计价的资产，将其换成他国货币后倾巢而出。这种时间短、流量大的进出，就会造成本国股市、债市楼市的暴涨暴跌，破坏国民经济的正常运行，严重时甚至可能导致一国金融体系的崩溃。

虽然作为普通的股市投资者而言，我们没有必要太过关心热钱，只要股市上涨、投资获得收益，我们的投资目标就算完成了。但如果完全对热钱的影响视而不见，以后是注定要付出代价。

注意人为因素对股市的影响

实际上，除了经济、政治等因素影响股市外，还存在人为操纵的因素，有某些人或机构在背后可以通过自己的雄厚资金买进卖出，使广大的散户盲目跟进跟出，人为的操纵股票的价格。如某些金融巨头运用手中的财势，在市场上兴风作浪、推波助澜，促使某些股票在市场上时而狂涨，时而暴跌，从而使他们在股票价格的剧烈波动中大发横财，而使一些中、小股东在这场恶战中倾家荡产。那么操纵的内涵是什么？怎样才能操纵？如何制止操纵？这些都是作为一个投资者所必须了解和防范的

在股票市场中，人为操纵影响股市，方法多种多样。其中最常见最普遍的方法就是一些主力在股市疲软之时低价大量买进，然后通过种种方法，哄抬价格，让其他广大的投资者产生一种该股票必涨的误解，跟着买进，这样，该股票的价格自然而然被抬高，从而使股市形成一种"利多"气氛效应，待股价达到相当高位时，再不声不响地将低价购进的股票抛出，从中赚取暴利，这些主力就是这样人为操纵股市，低进高出，简简单单获取大额利润。这是一种情况，还有另一种情况，这些主力有时也会在股价高峰不断卖出，并通过各种方法压低股市行情，造成一种股价将要大举下跌的氛围，等股价跌到某一价位时，他们又全部买回当初在高价的时候卖出的股票，他们就这样高出低进，这一出一进之间获取暴利。总的来说，人为操纵就是通过哄抬股价或压低股价来达到目的。但不论哄抬还是压低行情，都必须造成有利于诱惑散户盲目跟进的市场环境才行，其最终获利的是操纵者，而吃亏的是盲目跟进的中、小股东。这就需要每个投资者，特别是散户，在投资的过程中要保持清醒的头脑和较高的警惕性，辨清股价升降的原因，不要盲目跟进，以免中了人为操纵的圈套。

虽然现在关于证券交易的法律在不断完善，但是市场上人为操纵的现象还是比较严重的。本来交易三次五次，一下子交易了二十多次、三十多次，这不叫操纵是什么？从涨跌停板来分析，一个品种如果一天的涨停不超过3%或者在1%—2%是比较平稳的，但如果超过了3%，这就是非常明显的人为操纵股市的迹象，如果连续两天达到超过3%的程度就是实实在在的人为操纵市场的行为。所以，广大的投资者都要留点心眼，只要用心、细心、留心，还是能够识别出人为操纵市场的痕迹的。

就目前的社会状态，人为操纵股市的现象是不可避免的，最好的办法就是平时注意学习一些投资知识，学会识别多头、空头陷阱，在股市中保持清醒的头脑，随时保持警惕，不贪心，不盲目跟进，自己能够认真地研判股市的大势，做一个自主自立的理智投资者。

常用的市盈率指标及使用方法

投资实践中，很多投资者在进行基本面分析时，都会问一个问题：如何判断一家公司具有投资价值，也就是说如何判断这家公司未来股票价值会比现在更高，从而化解投资风险。

回答上面的问题会涉及很多理论，也有太多的争论。但是，最终还是归结为两点：公司收益和公司资产状况，特别是收益。其实，用收益和资产价值来分析买入股票，与分析购买一家自助洗衣店、药店或者公寓没有任何不同。因为对于一只股票而言，其收益和资产将决定投资者愿意支付的价格。

对于公司收益是决定公司股票市场价格的最主要因素，大家已达成共识。因此，分析公司收益趋势与公司股价趋势的偏离来判断公司股价是否被低估是一个最主要的方法，而市盈率是判断股价过高还是过低的最广泛使用也是最流行的一个指标。

所谓市盈率，是指在一个考察期（通常为 12 个月的时间）内，股票的价格和每股收益的比例。投资者通常利用该比例值估量某股票的投资价值，或者用该指标在不同公司的股票之间进行比较。计算方法是：

市盈率 = 普通股每股市场价格 / 普通股每年每股赢利

市盈率对个股、类股及大盘都是很重要参考指标。任何股票若市盈率大大超出同类股票或是大盘，都需要有充分的理由支持，而这往往离不开该公司未来赢利将快速增长这一重点。一家公司享有非常高的市盈率，说明投资者普遍相信该公司未来每股盈余将快速成长，以至数年后市盈率可降至合理水平。一旦赢利增长不如理想，支撑高市盈率的力量无以为继，股价往往会大幅回落。

市盈率是很具参考价值的股市指标，容易理解且数据容易获得。市盈率通常用来作为比较不同价格的股票是否被高估或者低估的指标，但也有不少缺点。比如，作为分母的每股盈余，是按当下通行的会计准则算出，但公司往往可视需要斟酌调整，因此理论上两家现金流量一样的公司，所公布的每股盈余可能有显著差异。另一方面，投资者亦往往不认为严格按照会计准则计算得出的赢利数字忠实反映公司在持续经营基础上的获利能力。因此，分析师往往自行对公司正式公布的净利加以调整，比如以未计利息、税项、折旧及摊销之利润（EBITDA）取代净利来计算每股盈余。

为了正确地利用市盈率来降低我们的投资风险，我们必须遵循以下三个原则：

（1）使用市盈率估值时不能过于相信专家的预测。人们之所以愿意以很高的价格、很高的市盈率来买入公司股票，是因为他们预测公司收益在未来长期内会继续以很高的速度增长。现代证券分析的核心是通过预测公司收益来预测公司股票市场价格的未来走势。因此，证券公司纷纷花费巨资聘请专家预测公司收益变化，股票分析师中的明星便是那些预测专家。那么，这些专家对公司收益预测的准确程度如何呢？

大量事实表明，这些所谓的专家预测是相当不准确的。投资者如果过于相信专家的未来收益预测，就会在以下两种情况下犹豫不决而错失良机：一是在公司收益增长时没有及时买入，因为根据专家预测收益本来应该增长得更高。二是在公司收益下降时没有及时卖出，因为根据专家预测收益本来应该下降得更低。这是因为在运用市盈率进行估值时，许多投资人包括投资专家都是根据过去几年的每股盈余进行平均，借以推断未来盈余，然后来计算和比较这家公司股票市盈率过高还是过低，并以此决定是否买入这家公司股票。

因此，我们在利用市盈率进行价格评估时，不能过于相信专家的收益预测。尽管没有人总是能够准确预测公司未来的收益，但至少可以分析公司为增加收益所制订的计划实施效果如何。我们应该关注公司以下行动：进一步削减成本、适当提高价格、开拓新市场、在原有市场上进一步提高销量、对亏损业务进行重组等。这些才是预测收益应该调查的重点。我们应该充分利用自己对公司业务的了解、在日常生活中对公司产品的了解，结合有关调查研究，对公司未来收益形成自己的预测。当然可以参考专家的预测，但只是参考，绝不能轻信，最可靠的还应该是自己的分析，因为最终盈亏都是你自己的钱。

（2）使用市盈率估值需关注市盈率相对较低的板块。众所周知，总量分析不能替代结构分析，就中国股市而言，尽管从 2007 年 1 月至 6 月 A 股市盈率还处于安全区域，但并不意味着各个股和行业的市盈率也都处于安全区域。因此，在估值时我们应关注市盈率相对较低的板块。

（3）摒弃市盈率特别高的股票。关于市盈率指标的运用，麦哲伦基金经纪人彼得·林奇曾告诫广大投资者："对于市盈率你可以什么都记不住，但你一定要记住，千万不要买入市盈率特别高的股票。如果你没有买入这种股票，你就可以让自己避免大量的痛苦和金钱的损失。正如特别重的马鞍是赛马速度的障碍一样，特别高的市盈率也会成为股价上涨的障碍，这种情况很少出现例外。"市盈率可以看作是投资者收回最初买入股票时投入资本所用的年数。那么，如果一家公司的市盈率非常高，那么它的收益必须以令人难以置信的速度增长才能表明其股价是合理的，否则投资者要收回投资所用的年数可能要比投资者的寿命还要长。

1972年，麦当劳股价高达每股75美元，其市盈率高达50倍。尽管麦当劳公司的经营仍然非常成功，但其收益根本无法支持这样高的股价。最后股价从75美元下跌到25美元，市盈率也下跌到更符合现实的13倍。

由此我们可以看出，公司的市盈率可能过高，整体的市盈率也可能过高。市场整体的市盈率对于判断整个市场是被高估或是低估是一个很好的指标，过高的市盈率是股市中大多数公司股价被高估的重要警告信号。

遵循以上三个原则，我们可以合理规避市盈率估值中可能出现的误区，从而准确评估一只股票的真实价值，有效降低估值中的风险。

通过行业基本面挖掘最有投资价值的行业

投资实践中，投资者在进行基本面分析时，可以通过GDP等指标知道或预测一定时期的整个国民经济的状况。但是宏观经济的发展状况并非与各个行业的状况完全吻合。当经济发展形势整体向好时，只能说明大部分行业的发展形势较好，而不一定每个行业都好；反之，当经济形势整体恶化，也只能说明大多数行业面临着困境，而某些行业的发展可能仍然较好。分析国民经济形势也不能知道某个行业的兴衰发展情况，不能反映产业结构的调整。

因此，只有进行行业基本面分析，投资者才能更加明确地知道某个行业的具体发展状况，以及它所处的行业生命周期的位置，并据此作出正确的投资决策。

在进行行业基本面分析时，投资者可以从以下几个角度出发。

1. 行业的稳定性分析

不同行业其销售和收益的稳定性很不相同，行业的稳定性是衡量投资风险的重要尺度。一般而言，工业经济活动易受商业周期波动的影响，而公用事业则相对稳定，后者年收入10%—20%的波动已十分罕见，而前者要大得多。波动大的行业，繁荣时期很大的超额收益在衰退期可能减少甚至消失。除公用事业外，有些行业，特别是那些向大众提供低价非耐用消费品的行业因消费需求具有刚性，在繁荣时期销售额和收益不会大幅度上升，而在衰退期则比一般行业情况好得多。而另一些行业，特别是提供资本品的行业，在繁荣时期可以飞速增长，而在衰退期则比一般行业情况糟得多。

显示一行业稳定性的主要指标有：销售和收益周期波动的幅度、增长率或所处的行业生命周期阶段，行业内、部和行业间的竞争程度、竞争对手、劳资关系和工资政策、价格和存款价值，税收和其他政治影响等。

2. 行业的市场结构分析

行业基本面分析中十分重要的一个问题是行业的市场结构，通过对该行业生产企业数量、产品性质等的分析，可以确定行业的市场结构。根据西方经济学的研究，行业有4种市场结构类型，分别是完全竞争、不完全竞争、寡头垄断、完全垄断。这4种类型的市场结构竞争程度是依次递减。一般来说，竞争程度越高，投资壁垒越少，进入成本越低，其产品价格和企业利润受供求关系影响越大，而且企业倒闭的可能性越大，因此投资风险也越大。反之，垄断性行业由于企业对产品和价格控制能力很强，投资获利良好，风险较小，但投资壁垒较多，投资机会较少，进入成本较高。

3. 行业的性质分析

企业的成长受所属产业或行业的兴衰的约束，产业或行业的兴衰则受社会发展的总体趋势和科技发展方向，特别是政府的产业政策直接制约。就目前来说，高新技术产业属成长型产业，其发展前景可观，对投资者吸引力大，反之，煤炭、棉纺业则属夕阳工业，其发展前景欠佳，投资收益率相应要低，因此公司所属行业性质对股价影响极大，具体可做如下分析。

（1）从商品形态上，分析产品是生产资料还是消费资料，满足人们生产需要的是生产资料，满足人们生活需要是消费资料，二者受经济环境的影响差别极大。一般情况下，生产资料受经济环境变动的影响较大，当经济好转时，生产资料的生产增长比消费资料快，反之，当经济恶化生产资料萎缩也快。在消费资料中，是奢侈品还是必需品对经济环境的敏感又有不同，前者更敏感。

（2）从需求形态上，要分析产品的销售对象和销售范围，不同对象对产品的性能、质量、档次有不同要求；不同的销售范围，如国别、地区等受不同范围的经济形式的影响。特别是我们必须弄清产品是内销还是外销，内销产品受国内政治经济因素影响，外销产品则受国际政治经济形式、贸易气候、国家对外政治经济关系和贸易政策（如关税、汇率等）影响。

（3）从生产形态上，要分析行业是劳动密集型还是资本密集型或是知识技术密集型。其中，以劳动投入为主的属于劳动密集型，以资本投入为主的属于资本密集型，而以知识技术投入为主的则为知识密集型。在经济不发达国家或地区，劳动密集型企业比重较大，而在发达国家和地区，资本密集型企业占优势。随着科学技术的发展，技术密集型行业已逐步取代资本密集型行业。不同类型的公司，劳动生产率和竞争力不同，将影响到企业产品的销售和赢利水平，使投资收益发生差异。

4. 行业的相关因素分析

投资者在做行业分析时，还应该考虑行业的相关因素，做好相关因素的分析。具体来说，要注意以下几个方面。

（1）如果相关行业的产品是该行业的生产原料，那么相关行业产品价格上升，就会造成该行业的生产成本提高，利润下降，从而股价会出现下降趋势。相反的情况在此也成立。

（2）如果相关行业的产品是该产品的替代产品，那么若相关行业产品价格上涨，就会提高对该行业产品的市场需求，从而使市场销售量增加，公司赢利也因此提高，股价上升。反之亦然。比如茶叶价格上升，可能对经营咖啡制品的公司股票价格产生利好影响。

（3）如果相关行业的产品与该行业生产的产品是互补关系，那么相关行业产品价格上升，对该行业内部的公司股票价格将产生利淡反应。如 1973 年石油危机爆发后，美国消费者开始偏爱小汽车，结果对美国汽车制造业形成相当大的打击，其股价也跌得十分惨重。

5. 行业分析应注意的其他问题

行业的生存发展，不仅会受到行业内部竞争、技术革新换代的影响，也会受到国家经济政策、产业政策的制约。在进行行业分析时，一定要对内外部环境进行综合分析。

（1）相关行业变动对股价变动也会产生影响：相关行业产品是该行业的生产投入，那么相关行业产品价格上升就会造成该行业的生产成本提高，利润下降，从而股价出现下降，反之则股价升高；相关行业产品如果是该行业产品的替代产品，那么，若相关行业产品价格上升，则会提高该行业产品的需求，从而提高销量，增加赢利，股价便会上升，反之则股价下跌；如果相关行业的产品与该行业产品互补，则相关行业产品价格上升，该行业内部公司的股票会产生利淡反应。

（2）政府的政策法令对股价的变动影响。当政府的政策法令鼓励某一行业的发展时，就会相应增加该行业的优惠贷款数量，限制该行业的国外进口量，降低该行业的所得税，这些措施将直接刺激该行业股票的上升。相反，政府如果要限制某一行业的发展就会对该行业的融资进行限制，提高行业的税收，并允许国外同类产品的进口，结果，该行业的股价便会下跌。此外，政府出台控制经济的宏观调控措施，对不同行业也将产生不同的影响。

通过公司内在价值判断股票的价格高低

资深的投资者都懂得这样一个道理，即若能以低于公司内在价值的钱买进它的股份，并对它的管理充满信心，那投资者赚钱的时候便指日可待了。

然而在投资实践中，通常情况下，依然有很多投资者总是习惯性地厌恶对他们最有利的市场，而对于那些他们不易获利的市场却情有独钟。在他们的潜意识里，很不喜欢拥有那些股价下跌的股票，而喜欢那些一路上涨的股票。最终陷入"高价买进低价卖出"的局面，最终当然赚不了钱。

所以，投资者在进行投资决策时，一定要慎重考虑，多关注一下公司的内在价值。股神巴菲特的投资成功很大程度上就来自于他对公司内在价值的关注，而非关注该股票一时的价格高低。

在巴菲特购买威尔斯法哥银行的时候，这只股票的价格从它的最高点跌到只剩下一半。尽管巴菲特在较高的价格就开始收购威尔斯法哥的股票，他还是很乐意见到股票下跌的情形，并且把握这个机会作为低价投资组合加码的手段。

根据巴菲特的说法，如果你期望自己这一生都要继续买进股票，你就应该学会这种接受股价下跌趁机加码的方式。

对于投资者来说，最理想的情况是，在他们进场的时候一路都是空头市场，直到他们决定卖出之前来一个大多头市场的喷出行情。人对于食物的价格都很敏感，有的人甚至是一清二楚。因为知道自己永远都得购买食物，所以他们喜欢较低廉的价格，而痛恨物价的上涨。同理，作为股票投资者，只要对你所持有之股票的公司深具信心，你应该对股价下跌抱持欢迎的态度，并借着这个机会增加你的持股，而非一味地跟买价格一路上涨的股票。

即使市场走向可能暂时忽视公司在经济上的基本面因素，但是公司本身的体质终究是会反映到市场上的。因为摒除了股票市场的涨跌迷思。对此，股神巴菲特说："对我而言，所谓的股票市场并不存在。它只是一个让我看看是否有人在那里想要做傻事的参考罢了。"

1988 年，当巴菲特第一次购买可口可乐的股票时，人们问："可口可乐的价值在何处？"公司的价格 15 倍于其收益，12 倍于其现金流——比市场平均值分别高出 30% 和 50%。巴菲特支付了账面价值的 5 倍来购买这家收益率为 6.6% 的公司。他愿意这么做是因为可口可乐公司有非同一般的经济发展水平。当时，公司的证券收益率为 31%，而资金投入相对较少。巴菲特已经解释过，价格不能说明价值。可口可乐公司的价值，他说，和其他任何公司一样，是由公司未来存续期间可能产生的所有者收益总额，根据适当利率折现决定。

1988 年，可口可乐公司的所有者收益为 8.28 亿美元。当时，30 年期美国国债（零风险利率）的交易利率是 9%。这样，可口可乐公司 1988 年的所有者收益，按 9% 的利率折现，能得出公司的内在价值为 92 亿美元。当巴菲特购买可口可乐公司的时候，市场价格是 148 亿美元，也许在别人看来巴菲特支付的价格过高了。但是，92 亿美元代表公司从当时到现在的所有者收益的折算价值，如果买方愿意以高出 92 亿美元 60% 的价格购买可口可乐公司，那一定是因为，他们把高出部分看作是可口可乐公司未来的增长机会。

如巴菲特这样的资深投资者都把公司内在价值放在重要的位置，普通的投资者更不能忽视公司的内在价值了。所以，在进行投资决策时，不能只看股票价格一时的高低，而更应该把目光投向公司本身的价值上来。

那么，具体来说，投资者如何才能确定一家公司的内在价值呢？公司的内在价值是公司资产未来预期现金流的现值。由于公司内在价值是客观存在、动态变化的价值，并不存在一个能够精确计算出公司内在价值的公式，人们往往通过不同的估价方法和模型来衡量公司的内在价值。现有的估价方法通常有以下三种：清算法、继续经营法和市场法。

（1）清算法。清算价值是变卖公司资产减去所有负债后的现金余额。因为假定公司不再营业，所以清算价值没有考虑公司未来可能的收益。

（2）继续经营法。继续经营的价值，是由公司所有未来预期现金流来决定的，这些未来现金流要用合理的贴现率来折合成现值。

（3）市场法。当未来现金流实在难于计算时，分析家们经常转向市场，将这家公司与其他上市或交易过的类似的公司进行比较，并选用合适的乘数。

具体来说，确定公司的内在价值，首先要估计公司未来存续期间可能创造的总收益，然后把它折算成现值。为估计未来现金总收益，我们需要运用所有已知的公司商务特点、财务状况、管理层的品质以及运用我们所知道的分析原则。

对于中小投资者来说，直接运用复杂的估值方法既劳神又费力，又常达不到预期效果。因此，投资实践中被广而传之的一些感性估值方法值得中小投资者密切关注：例如经常逛商店，了解该公司产品的价格和畅销程度；参加公司的新闻发布会，了解公司业务最新进展等。通过广泛的接触和了解，中小投资者虽然无法彻底了解公司运作的全部内容，但也已经基本可以对上市公司的内在价值有了相对独立的判断。"购买自己熟悉的公司的股票"，应该说是基于内在价值作出感性投资判断的最好诠释。

通过财务报表提高投资的安全边际

上市公司每个季度披露的财务报告是投资者了解公司运营最直接、透明，也是最客观的信息来源。很难想象一套操作上可持续的股票投资方法可以忽视对财务报告的仔细研读和分析，像股神巴菲特这样市场信息灵通的投资者过去大多数工作时间也是用在读大量的公司财务报表上。

对于那些崇尚理性投资并想把股票投资当作一项事业来作的投资者来说，读懂财务报表是必修课。然而要想读懂财务报表的"数字语言"，其中许多"花招"尤其要引起投资者的注意。

由于看财务报表时关心的问题不同，人们阅读的重点也不同。一般说来，股东或潜在股东阅读报表时主要注重以下问题：股东权益的变化及股东权益是否受到伤害？公司的财务成果及其赢利能力怎样？公司的财务状况及偿债能力如何？公司的经营状况是否正常、经营能力是强还是弱？

阅读和分析财务报表虽然是了解上市公司业绩和前景最可靠的手段，但对于一般投资者来说，又是一件非常枯燥繁杂的工作。比较实用的分析法，是查阅和比较下列几项指标。

1. 查看主要财务数据

（1）主营业务同比指标。主营业务是公司的支柱，是一项重要指标。上升幅度超过20%的，表明成长性良好，下降幅度超过20%的，说明主营业务滑坡。

（2）净利润同比指标。这项指标也是重点查看对象。此项指标超过20%，一般是成长性好的公司，可作为重点观察对象。

（3）查看合并利润及利润分配表。凡是净利润与主营利润同步增长的，可视为好公司。如果净利润同比增长20%，而主营业务收入出现滑坡，说明利润增长主要依靠主营业务以外的收入，应查明收入来源，确认其是否形成了新利润增长点，以判断公司未来发展前景。

（4）主营业务利润率：（主营业务利润 ÷ 主营业务收入）×100%。主要反映了公司在该主营业务领域的获利能力，必要时可用这项指标同行业中不同公司间获利能力做比较。

以上指标可以在同行业、同类型企业间进行对比，选择实力更强的作为投资对象。

2. 查看"重大事件说明"和"业务回顾"

这些栏目中经常有一些信息，预示公司在建项目及其利润估算的利润增长潜力，值得分析、验证。

3. 查看股东分布情况

从公司公布的十大股东所持股份数，可以粗略判断股票有没有大户操作。如果股东中有不少个人大户，这只股票的炒作气氛将会较浓。

4. 查看董事会的持股数量

董事长和总经理持股较多的股票，股价直接牵扯他们的个人利益，公司的业绩一般都比较好；相反，如果董事长和总经理几乎没有持股，很可能是行政指派上任，就应慎重考虑是否投资这家公司，以免造成损失。

5. 查看投资收益和营业外收入

一般说来，投资利润来源单一的公司比较可信，多元化经营未必产生多元化的利润。

第 8 章
技术分析的运用技巧

什么是技术分析，谁能够从中受益

股票价格指数和平均数仅仅为人们提供了一种衡量股票价格变动历史的工具，然而，人们更关心的是如何预测股票价格的未来趋势，以及买卖股票的适当时机。多少年来，人们不断地对股价走势进行研究，产生了种种方法。现在大多数人采用技术分析法或基本分析法预测股市的走势。基本分析前面章节已经有所阐述，这里主要介绍一下技术分析。

技术分析，以它的简单性、直观性、客观性、综观性、公开性、公平性、公正性七性合一的优点，而深为广大投资者所喜爱，更是为股评家所喜用。但若问，技术分析的真谛精髓是什么？相信答案会各式各样，甚至，有的著书立说者会说出一大堆不着边际的见解。其实，从含义上讲，技术分析是指以市场行为为研究对象，以判断市场趋势并跟随趋势的周期性变化来进行股票及一切金融衍生物交易决策的方法的总和。

技术分析这一概念产生于美国著名经济学家约翰·梅纳德·凯恩斯于 1936 年所提出的空中楼阁理论，该理论完全抛开股票的内在价值，强调心理构造出来的空中楼阁。凯恩斯认为股票价值虽然在理论上取决于其未来收益，但由于对投资者来说，进行长期预期是一件非常困难、有时预测也不太精准的事情，所以投资者最好把长期预期划分为一连串的短期预期。而投资者在进行预期时，应该遵守这样一个准则，即除非有特殊理由预测未来会有改变，否则即假定现状将无定期继续下去。

技术分析者认为，市场行为涵盖一切，价格以趋势方式演变，历史会重演，这是技术分析的三个基本假定，也可以说是前提条件。

（1）市场行为涵盖一切。"市场行为涵盖一切"构成了技术分析的基础。技术分析者认为，能够影响某种商品期货价格的任何因素——基础的、政治的、心理的或任何其他方面的，实际上都反映在其价格之中。

（2）价格以趋势方式演变。"趋势"概念是技术分析的核心。研究价格图表的全部意义，就是要在一个趋势发生发展的早期，及时准确地把它揭示出来，从而达到顺着趋势交易的目的。"价格以趋势方式演变"的意思是说，对于一个既成的趋势来说，下一步常常是沿着现在趋势方向继续演变，而掉头反向的可能性要小得多。坚定不移地顺应一个既成趋势，直至有反向的征兆为止。这就是趋势顺应理论的源头。

（3）历史会重演。技术分析和市场行为学与人类心理学有着千丝万缕的联系。比如价格形态，它们通过一些特定的价格图表形状表现出来，而这些图形表示了人们对某市场看好或看淡的心理。其实这些图形在过去的一百多年里早已广为人知，并被分门别类了。既然它们在过去很管用，就不妨认为它们在未来同样有效，因为它们是以人类心理为根据的，而人类心理从来就是"江山易改，本性难移"。"历史会重演"说得具体点就是，打开未来之门的钥匙隐藏在历史里，或者说将来是过去的翻版。

技术分析主要有图表解析与技术指标两大类。事实上早期的技术分析只是单纯的图表解析，亦即透过市场行为所构成的图表形态，来推测未来的股价变动趋势。但因这种方法在实际运用上，易受个人主观意识影响，而有不同的判断。这也就是为什么许多人戏称图表解析是一项艺术工作，九个人可能产生十种结论的原因。

为减少图表判断的主观性，市场逐渐发展一些可运用数据计算的方式，来辅助个人对图形形态的知觉与辨认，使分析更具客观性。

从事技术分析时，有下述 11 项基本操作原则可供遵循。

（1）股价的涨跌情况呈一种不规则的变化，但整个走势却有明显的趋势，也就是说，虽然在图表上看不出第二天或下周的股价是涨是跌，但在整个长期的趋势上，仍有明显的轨迹可循。

（2）一旦一种趋势开始后，即难以制止或转变。这个原则意指当一种股票呈现上涨或下跌趋势后，不会于短期内产生 180 度的转弯，但须注意，这个原则是指纯粹的市场心理而言，并不适用于重大利空或利多消息出现时。

（3）未来的趋势可由 K 线本身推论出来。基于这个原则，我们可在线路图上依整个头部或底部的延伸线明确画出往后行情可能发展的趋势。

（4）任何特定方向的主要趋势经常遭反方向力量阻挡而改变，但 1/3 或 2/3 幅度的波动对整个延伸趋势的预测影响不会太大。也就是说，假设个别股票在一段上涨幅度为 3 元的行情中，回档 1 元甚至 2 元时，仍不应视为上涨趋势已经反转只要不超过 2/3 的幅度，仍应认为整个趋势属于上升行情中。

（5）除非有肯定的技术确认指标出现，否则应认为原来趋势仍会持续发展。

（6）股价横向发展数天甚至数周时，可能有效地抵消反方向的力量。这种持续横向整理的形态有可辨认的特性。

（7）趋势线的背离现象伴随线路的正式反转而产生，但这并不具有必然性。换句话说，这个原则具有相当的可靠性，但并非没有例外。

（8）依据道氏理论的推断，股价趋势产生关键性变化之前，必然有可资辨认的形态出现。例如，头肩顶出现时，行情可能反转；头肩底形成时，走势会向上突破。

（9）在个别股票的日线图或周线图中，可清楚分辨出支撑区及抵抗区。这两种区域可用来确认趋势将持续发展或是完全反转。假设线路已向上突破抵抗区，那么股价可能继续上扬，一旦向下突破支撑区，则股价可能再现低潮。

（10）市场上的强势股票可能有持续的优良表现，而弱势股票的疲态也可能持续一段时间。我们不必从是否有主力介入的因素来探讨这个问题，只从最单纯的追涨心理即可印证此项原则。

（11）在线路产生变化的关键时刻，个别股票的成交量必定含有特定意义。例如，线路向上挺升的最初一段时间，成交量必定配合扩增；线路反转时，成交量必定随着萎缩。

技术分析与基本面分析有哪些不同

如前所述，技术分析和基本面分析都是股票分析方法，而且两者是相对应的。并且，两者的目的一致，都是为了更好把握投资时机，进行科学决策，以达到赢利目的。

另一方面，两者实践基础相同，都是投资者在长期投资实践中逐步总结归纳并提炼的科学方法，他们自成体系，既相对独立又相互联系。两者在实践中的运用相辅相成，都对投资者具有指导意义。基本分析决定股票的选择，技术分析决定投资的最佳时机。两者的结合，即选准对象和把握机会，才能在证券投资中有所斩获。

然而，与二者的相同相比，二者的区别更多，这也就解释了投资实践中，为什么有的投资者钟情于技术分析，而有的投资者则钟情于基本面分析。

具体来说，二者在如下方面有所区别。

（1）关注点不同。如前面章节所述，基本面分析着重于对一般经济情况以及各个公司的经营管理状况、行业动态等因素进行分析，以此来研究股票的价值，衡量股价的高低。而技术分析则是透过图表或技术指标的记录，研究市场过去及现在的行为反应，以推测未来价格的变动趋势。其依据的技术指标的主要内容是由股价、成交量或涨跌指数等数据计算而得的，我们也由此可知，技术分析只关心证券市场本身的变化，而不考虑会对其产生某种影响的经济方面、政治方面的等各种外部的因素。

（2）思维方式不同。基本面分析是理论性思维，它列举所有影响行情的因素，再一一研究它们对价格的影响，属于质的分析，具有一定前瞻性。技术分析是一种经验性的思维，通过所有因素变动，最终反映在价格和交易量的动态指标上。它忽略产生这些因素的原因，利用已知资料数据，给出可能出现的价格范围和区间，它侧重历史数据，是量的分析，具有一定的滞后性。

（3）投资策略不同。基本面分析侧重于证券的内在投资价值，研究价格的长期走势，而往往忽略短期数天的价格波动。投资者从中得出应该投资哪些质地优良，具有发展潜力的证券品种，以避开那些投机严重或企业连续亏损的证券商品。技术分析侧重于对市场趋势的预测，它告诉投资者获利并不在乎于你买什么证券品种，哪怕是亏损公司股票；也不在乎你买多少数量，而在于你在什么价位区间买入，在什么价位区间卖出，具有直观性和可操作性。

（4）具体目标不同。基本面分析的目标是为了判断股票现行股价的价位是否合理并描绘出它长远的发展空间，而技术分析主要是预测短期内股价涨跌的趋势。通过基本面分析，投资者可以了解应购买何种股票，而技术分析则让投资者把握具体购买的时机。在时间上，技术分析注重短期分析，在预测旧趋势结束和新趋势开始方面优于基本面分析，但在预测较长期趋势方面则不如后者。大多数成功的股票投资者都是把两种分析方法结合起来加以运用。他们用基本面分析估计较长期趋势，而用技术分析判断短期走势和确定买卖的时机。

投资实践中，投资者要分清技术分析和基本面分析的优劣，并根据自己的实际情况，选择适合自己的股票分析方法。

为何既要用基本面分析又要用技术分析

如前所述，股票投资分析方法通常可以分为两大类：基本面分析和技术分析。在投资实践中，人们总在不停地争论两者孰优孰劣，有些投资者青睐技术分析，有些投资者信奉基本面分析，然而正如美国的投资大师麦基尔所说，这绝不是个非此即彼的问题，要想对股价进行精确地分析，技术和基本面必须双管齐下，即既要用基本面分析又要用技术分析。

技术分析是将股市的起落轨迹制成行情曲线表，也将个别股价及其交易量在某个特定时期内的变化轨迹制成图表，以推测股价未来的变化，确定买卖的最佳时机。股价在一天内的变化，或者在过去几个星期、几个月、几年里的变化，都可供分析。技术分析家把自己比作导航员，把投资者比做驾驶员，通过研究市场、群体行为或证券走势来确定股市供求的变化，向投资者发出预警。导航员的判断并非总是正确的，但驾驶员不能无视它。

技术分析家认为，股市的起落虽然跟每天的时事有关，但主要受对未来预期的影响。与其说股市是温度计，不如说它是晴雨表更为恰当。我们时常观察到一家公司没有什么好消息，股价却徐徐上升，另一家公司赢利很不错，股价却慢慢下滑，原因就在于此。极少有一家公司在赢利就要恶化的前夕，股价呈上升趋势，也极少有一家公司在业绩就要大幅度改善的前夕，股价呈下跌趋势。

即使我们投资的是一家优秀的公司，也不能忽视股价的技术位区，否则会造成损失。可是光凭技术分析来投资，是不可取的。例如，出乎技术分析家意料的坏消息会使原以为跌到了谷底的股价再往下跌。

但是，买卖股票不能只根据技术分析显示的股价位区来决定。技术分析提示投资者注意某一股票，投资者再对该公司作基本分析，则往往会选到中意的股票。投资者必须把技术分析和基本面分析结合起来才能精确地分析股价。

对股票进行基本面分析涉及对经济、政治、行业、企业自身等因素的分析。其经济、政治因素等我们在前面的章节已经讨论过，在此主要讨论其中对企业自身的基本分析。

投资者应该了解所投企业靠什么赚钱，靠什么增加收入。是靠提高售价还是降低成本，是靠开拓新市场还是在原来的市场里扩大销售量，还是整顿内部精简人员，抑或是卖掉不赚钱的部门？企业价值的主要来源是它创造利润的能力。对企业作基本分析就是为了判断企业这一能力的大小。

企业基本分析主要考虑以下这些方面。

1. 对企业所属行业进行分析

每个行业都有自身的发展逻辑。通过行业分析，正确地认知行业的基本特点及其演变逻辑，判断行业所处的发展阶段，找出影响行业的关键因素，将有助于鉴别那些属于行业中的佼佼者，为企业基本分析提供切入点。

2. 分析企业的营业额

企业过去5年的营业额如何，营业额的年增长率如何，与同行业其他公司的比较如何。

3. 分析企业的营业毛利与纯利

过去 5 年的记录、年增长率以及与同行业其他公司的比较，这些数据反映生产成本和对公司产品的需求。

4. 分析企业的现金出入量

利润不等于现金。现金流量是分析企业业绩最重要的指数之一。现金的流量决定公司支付薪水、偿债、投资科研开发、机器设备以及发股息的能力。

5. 企业的资本结构分析

企业资本由股份资本和债务资本组成。应注意两者的比例，以及多少属于长期债务，多少属于短期债务，公司偿债能力如何，信用评级如何。

6. 企业的产品分析

产品是属于特异性还是一般性。产品越特异，竞争力越强。

7. 分析企业的市场占有率

市场占有率的大小和增减显示企业的竞争能力。虽然这个数据有时不准确，但企业主管人员不能没有大体估计。

8. 分析企业的主管人员

主要分析主管人员的经验、才干、成就和年龄。

9. 分析企业发股息的能力

公司定期发股息说明营业相当稳定，也说明公司现金管理有方。这种公司的股价应当能保持在一定的水平上。

10. 分析企业风险

企业风险、行业风险、行业竞争程度，以及营业在多大程度上受整体经济的影响。

11. 分析企业与政府和职工的关系

政府政策是否对企业有利，产品价格受不受政府管制，企业有没有犯过法，企业内部的士气如何，上下级的关系如何等。

在分析股价时，基本面分析同技术分析都有一定的局限性。

举例来说，假设股市下跌，而且你相信价值低估的许多股票也跟着下跌。你本来想逢低买进，但是通过技术分析你发现，整体股市的展望确定趋于黯淡。由于市场可能愈跌愈低，你也许会决定推迟买进股票，等到情况稳定下来再说。

相反的，假使市场急剧上涨，你相信从基本面来看，手上的一些持股涨过了头。不过，你审视市场的技术面数据后，发现主要指数处于稳定的上升趋势，看不到坐庄的信号，也没有过度投机的买盘介入。

由此，在分析股价时，必须将技术和基本面结合起来，这样方可作出比较平衡的投资决策。

股价相对强度是个关键技术工具

在技术分析过程中，投资者不可忽视一个关键的分析工具，即股价相对强度。

在众多的技术指标中，股价相对强度无疑是相当有效的一种，股价相对强度指标英文名称为 Relative Price Strength。简称 RPS。其定义是在一段时间内，个股涨幅在全部股票涨幅排名中的次位值。例如，假设某证券市场共有 50 只股票进行交易，若某股票的月涨幅在 50 只股票中排名第 5 位，则该股的 RPS 指标值为：（1-5/50）×100=90

该指标的意义表明该股的月涨幅超过其他 90% 股票的涨幅。通过这个指标可以很好地体现个股股价走势在同期整个市场走势中表现的相对强弱。

在实际操作中，投资者如何确定一只股票的股价相对强度呢？具体方法如下：

投资者利用该股一年前的股价和目前的股价，计算股价变化的百分数，然后把它与其他个股在同一时间段的表现做比较，于是就得到了股价相对强度指标。就像每股收益等级一样，它也从 1 到 99 分级，其中 99 是最好的。

为了验证 RPS 判断股票强弱的有效性，有研究人员于 2005 年 9 月开始，按照 RPS 标准来选择跟踪个股，并对所选个股进行为期一个月的跟踪分析。根据所选个股在跟踪期间出现的最高价计算其绝对涨幅指标和扣除同期大盘最大涨幅后的相对涨幅指标分别进行统计分析。最后分析发现：

（1）所选个股绝对涨幅全部为正值；

（2）相对涨幅涨多跌少，表明总体跑赢大盘。

为了更好地评判选股绩效，研究人员将所选个股分为 RPS>90（简称 RPS（90））和 RPS>95（简称 RPS（95））两组，并将统计涨幅区间指标缩短为 2%，同时以所选个股最高价和最高收盘价分别计算涨幅。

依据跟踪情况得出的结论如下。

（1）RPS（95）选股涨幅全部为正值，RPS（90）选股涨多跌少。

（2）考虑到大盘同期最大涨幅与上月基本持平，则 RPS（95）所选个股全部跑赢大盘，RPS（90）所选个股整体也跑赢大盘。

（3）以 RPS（95）所选样本表现强于 RPS（90）所选样本，表明 RPS>95 的强势标准值更具实用性。

（4）RPS（95）样本中涨幅 10% 以上的个股，最高价涨幅指标中为 50%，最高收盘价涨幅指标为 25%；RPS（90）样本中涨幅 10% 以上的个股，最高价涨幅指标中为 37.5%，最高收盘价涨幅指标为 18.75%，均保持了较高水平。

为了便于理解，我们可以以天津港（600717）为例（见图 8-1）来说明。

某 年 6 月 27 日到 7 月 12 日，该股股价为 10 元左右。此时 QRPS 在 70% 以上。所以不要再追涨，观察 RPS 的变化。7 月底到 8 月中旬，QRPS 处 于 40%—60% 区域，处于弱势。股价维持在 10 元左右，难以再升，此时可以考虑平仓。8 月下旬，QRPS 向下穿

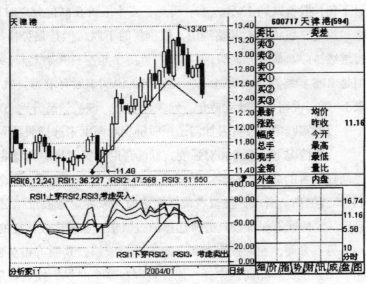

图 8-1 天津港（600717）的股价走势图

越 LRPS，表明股价要下跌。到 12 月左右，股价下跌到 8 元左右。12 月底，QRPS 已经跌到 30% 以下，此时可考虑建仓。第二年初，QRPS 上穿 LRPS，LRPS 增大到 50% 以上，可继续持仓。7 月中旬，股价达到 13 元左右。之后，QRPS 向下穿越 LRPS，表明股价要下跌。到 10 月，股价下跌到 11 元左右，QRPS 已经跌到 23% 以下，此时又可考虑建仓。

上述结果表明，RPS 选股模式具有较高的有效性、可靠性及可操作性。

在具体运用 RPS 这个指标时，我们需要注意以下几点：

（1）必须配合其他技术指标共同研判股市走势。

（2）RPS 选取时间可长可短，但短时间（RSI1）应定为 5 天或 6 天，长时间（RPS2、RPS3）定为 10 天、24 天。通常短期 RPS 值（用 QRPS 表示）起伏大，长期 RPS 值（用 LRPS 表示）规律性强。

（3）RPS 值升到 70% 以上时，追涨要小心，最好沽出股票。RPS 值降到 20% 以下时，应调整心态，考虑适时进货。

（4）快速 QRPS 向上穿越慢速 LRPS，应买入。反之卖出。

（5）注意走势背离情况。股价升，RPS 弱，说明买力不强，应卖出。股价跌，RPS 强，说明买力强，可持仓。

同时，利用 RPS 还须注意指标与股价走势背离情况。如东软股份，某年 7 月初，股价到 19 元左右。之后到 7 月底，股价维持在 17 元左右，但 QRPS 和 LRPS 都在 40% 以下，此时发生了股价和 RPS 背离走势，说明上攻态势难以支撑。果然到 12 月下旬，股价跌到 13 元左右。可见，发生股价在高位背离时，投资者应获利了结。

反之，股价在上升整理中，股价暂时下跌，但是强势指标未根本转弱，投资者可继续持股。如东方锅炉，某年初股价由 7 元左右开始上升，到 1 月下旬，股价滞涨。但是 RPS 始终在 50% 以上，未见弱势，说明该股有潜力。另外 QRPS 始终未向下穿破 LRPS，说明可以继续持仓。到 3 月 6 日，该股最高升到 10.55 元。

投资实践中，投资者如何运用股价相对强度来选择股票呢？

一般情况下，股价相对强度指标能帮助投资者排除大量业绩平庸或落后的公司，提高投资者的赢利可能性。从股价相对强度的角度来看，真正优良的股票通常会达到 85 或更高。所以，投资者最好把选股对象界定为股价相对强度达到或超过 80 的股票。这样能够保证投资者所选择的股票来自业绩比较优良的公司。

另一方面，如果投资者所青睐的几只股票，其股价相对强度值都达到或超过了 80，那么投资者如何从中择一而投资呢？这个时候，投资者最好购买那个股价相对强度曲线呈现最佳上升角度的股票。切忌购买在过去 6—12 个月中股价相对强度曲线呈现下降趋势的股票。

研究好股价相对强度，还有助于投资者选择买进时机。具体是：如果刚买的股票其股价下跌了，就别再买了。投资者应当卖出任何其股价比买入价下跌 8% 的个股，以便保护自己，这是最重要的规则。

投资实践中，很多投资者会问，如何利用股价相对强度作出卖出决定呢？

其实，这并非难事。如上所述，股价相对强度能够帮助投资者挑选出几只品质优良的股票。接下来，投资者需要在每个月或每个季度，按照每只股票在该段时间的股价变化百分数来给它们排序。如果想卖出一些股票，正确的做法通常是首先卖出表现最差的那只股票。另一方面，如果某只股票的股价相对强度指标，在几个月来一直维持在 80 多或 90 多，当它的股价相对强度指标第一次下降到 70 以下，这也许是你重新审视并考虑卖出的好时机。

如何获得一条真正起作用的趋势线

作为股票技术分析基础理论中一种极其重要的方法，或者说是一种流派，趋势分析法是一种非常重要的技术分析方法。

趋势分析法中最重要的工具就是线形分析，几乎所有的投资者都知道在 K 线图上利用画线的方法对股价的未来走势进行分析，下面就对趋势分析方法展开讨论。

投资实践中，投资者在观察 K 线图时，很可能首先发现的就是：几乎所有的次级和大部分的中级趋势线都呈现出直线状态。起初，投资者可能还会认为这仅仅是个巧合，但再深入地进行了解就会发现：不仅仅局限于较小的波动，投资者就是把连续几年，甚至更长的原始趋势线在 K 线图上连接起来，也和用一把直尺绘制在 K 线图上一样精确！而且时间越长，它的趋势线就越接近于直线。如果我们把一条棉线拉直放在若干个股价趋势图上，我们会惊奇地看到：在股价处于上升趋势时，其最低点的连线几乎就是一条直线。股价回落的最低点几乎无一例外地落在这条线上而反弹上涨，而在股价处于下跌趋势时其最高点的连线也几乎就是一条直线，股价反弹时的最高点几乎无一例外地触到这条线而回落下跌。

换句话说，股票市场的上升波动是由一连串的波纹所组成，这些波纹的底部形成了一条向上倾斜的直线，而股票市场的下跌波动同样也是由一连串的波纹组成，不过这些波纹的顶部形成的是一条向下倾斜的直线而已。这两条线——连接连续性上升波纹底部所形成的上倾的线与连接连续性下跌波纹顶部所形成的下倾的线就是要讨论的"股票操作技术分析的基本趋势线"。

形形色色、名目繁多的线形，而其中最原始、最基础、最简便、最重要、最常用的就是趋势线，它是线形分析中最核心的分析方法。在股市中最常用的谚语"顺势而为""逆大势者必败"等都是强调趋势分析在交易决策中的重要性的。股价上涨或者下跌，如果已经确认是一段涨势或者是一段跌势，其股价波动必将朝原有的方向进行。在上升行情里，虽然有时也会出现下跌，却不影响随后的涨势，且不时有新高点出现；在下跌行情中，即使是有较大的反弹出现，也不能再创出新高。相反地，新的低点却屡屡产生。为什么会出现这种现象呢？如果剔除其他的因素，只从市场投资人的人性和市场各方博弈的角度来分析，那就是：在股价上升时，投资大众一片看好，都在回落时加码买进，股票的期望值被人为地提高。当股票回落到前一个低点附近之前，早有对该股看好的投资者提前挂单买进，从而阻止了股价的进一步下跌而上涨。相反，下跌时，投资大众一致看坏，都在反弹时积极卖出，股票的期望值被人为地下降，在股票上涨到前一个高点之前，早有对该股看坏的投资者提前挂单卖出，大量的抛售筹码在排队等候兑现，从而促使了股价的进一步下跌而一再创出新低。这就是趋势线虽然简单，却非常实用的原因所在。说白了，股票市场其实就是一个利用投资大众心理活动来进行博弈角逐的场所。

股票的价格波动遵循趋势而移动。趋势线还可以简单地分为：主要（原始）移动（短期趋势）、中级移动（中期趋势）以及次级移动（长期趋势）。几次同方向移动的短期趋势可以形成中级趋势，再由几次同方向移动的中级趋势组成长期趋势。当长期趋势走到尽头，股价无法再朝同方向发展时，就会发生逆转，朝相反的方向转变而再形成另外的一种长期趋势，充分体现出了大自然"螺旋式上升，周期性演变"的永恒规律。市场就是这样周而复始，循环推进的，换句话说，趋势的改变是必然的，虽然可能会由上升趋势掉头而成为下跌趋势，或者由下跌趋势转变成为上升趋势。也有可能只改变趋势的方向（角度）而不产生反转（比如从上涨或者下跌趋势进入横盘形态），再经过一段时间的横盘选择方向的过程，再改变为上升或者下跌的趋势。

投资实践中，很多投资者不禁疑惑：如何获得一条真正起作用的趋势线呢？

趋势线的性质决定了由趋势线的方向可以明确地看出价格的趋势。

当处于上升趋势时，如果将两个上升的低点连成一条直线的话，就会得到上升趋势线。

而当处于下降趋势时，如果将两个下降的高点连成一条直线的话，就会得到下降趋势线。

上升趋势线起支撑作用，下降趋势线起压力作用。也就是说，上升趋势线是支撑线的一种，下降趋势线是压力线的一种。

我们很容易在K线图上画出趋势线，但这并不意味着趋势线已经被我们掌握了。我们画出一条直线后，还有很多问题需要我们去回答。

其中最重要的一个问题是：画出的这条直线是否具有使用的价值，这条线能否准确地预测今后的市场。这个问题实际上是对用各种方法画出的趋势线进行筛选评判，最终保留一个确实有效的趋势线的问题。也就是对趋势线进行筛选，去掉无用的，保留有用的。

一条趋势线能否真正起作用，要经多方面的验证才能最终确认，不合条件的一般应予以删除。首先，必须确实有趋势存在。也就是说，在上升趋势中，必须确认出两个依次上升的低点；在下降趋势中，必须确认两个依次下降的高点，才能确认趋势的存在，连接两个点的直线才有可能成为趋势线。其次，画出直线后，还应得到第三个点的验证才能确认这条趋势线是有效的。一般说来，所画出的直线被触及的次数越多，其作为趋势线的有效性越被得到确认，用它进行预测越准确有效。

我们还可以进一步地概括为：原始上升趋势线包括几段上升行情，可以明显地看出每段中级行情的低点都比前几段行情的低点有所抬高。因此，连接这两个最先形成的中级行情的低点，或者说最具有意义的两个中级行情低点的边线，就形成了上升行情的原始趋势线。同样的，中级行情也包括几段小行情，将最先发生的两段小行情的低点连接起来便形成了中级趋势线。

原始趋势线最初的低点也就是下跌行情转为上升行情所出现的第一个底部形成点，在短期内至少在一年以内此价位没有再出现。原始趋势线之最高点就是由上升行情转为下跌行情所出现的第一个头部的形成点，短期内（至少10个月）没有再出现比这更高的价位。

根据未来发展方向和形态还可以将趋势线再大致划分为：上升趋势线、下降趋势线、横向趋势线和修正趋势线。上升趋势线是将各谷底相连接的一条直线，其中峰顶和谷底都是依次递升的。

下降趋势线是将各峰顶相连接的一条直线，其中各峰顶和谷底是依次递降的。

横向趋势线是将各谷底相连接的一条直线，其中各谷底几乎都是在一个水平线上的。

修正趋势线由于股价的走势千变万化，原来的趋势随时会发生逆转，要根据趋势的变化对原有的趋势线作出相应的修正和调整。其修正的方法是：将最新的峰顶或者谷底与原来的趋势线的起始点相连接，这样就形成了被修正的新的趋势线。

趋势线的应用法则和实战分析

趋势线在市场中应用的频率是相当高的。就其关键问题的阐述，所见不多，在诸多理论书籍中，也不能够得到较准确的论述。为此我们综合市场实战的经验和教训，总结出了四条实战法则。

趋势线的应用法则之一：在上升行情中，股价回落到上升趋势线附近获得支撑，股价可能反转向上；而在下跌行情中，股价反弹到下跌趋势线附近将受到阻力，股价可能再次回落。也就是说：在上升趋势线的触点附近将形成支撑位，而在下跌趋势线的触点附近将形成阻力位。

这一应用法则在实战应用中要特别注意的是：当股价与趋势线形成触点时，投资人应该采用谨慎操作的策略，以回避难以把握的股价的未来走向。

趋势线的应用法则之二：如果下跌趋势线维持时间较长，而且股价的跌幅较大时，股价放量突破趋势线，是下跌趋势开始反转的信号。该法则有以下三个主要特征：

（1）下跌趋势线维持的时间较长。

（2）股价的跌幅较大。

（3）股价向上突破下跌趋势线时一般都呈现出放量的状态。

趋势线的应用法则之二在实战应用中要注意的是：所确认的反转突破点与下跌

趋势线的幅度不能过大。一般不能超过 5%。否则，这个突破的高度和可靠性是要大打折扣的。

趋势线的应用法则之三：股价突破趋势线时，如果将原来的趋势线作为支撑或者压力，股价经常会反弹或者回落。该法则也有以下三个主要特征需要我们注意：

（1）只适用于上升或者下跌趋势；对于横向趋势没有指导意义。

（2）原来的趋势线被确认有效突破时，该法则才可以适用。

（3）与原来的趋势线作用、性质将成为反向对应，即：支撑变阻力，阻力变支撑。

趋势线的应用法则之四：在上升行情初期，趋势线的斜率往往较大，回落跌破原趋势线时，通常会再沿着较缓和的趋势线上升，原趋势线将形成阻力，当股价跌破第二条修正趋势线时，行情将反转。该法则也有以下三个主要特征：

（1）股价总是沿着新的趋势线运行；

（2）原有的趋势线将形成阻力；

（3）第二条修正趋势线被有效击穿时行情将反转。

顺应趋势投资是最基本的投资原则。要做到顺势而为，首先就要掌握好趋势线的应用。趋势线属于对股指图表进行技术分析的一个方法。它是股价的各个低点或高点连接而形成的一条直线。将依次抬高的低点相连接所画出来的直线被称作上升趋势线；反之，如果将依次降低的高点相连所画出来的直线则被称作下降趋势线。虽然根据时间的长短，趋势可以划分为长期趋势、中期趋势和短期趋势。但由于一个长期趋势是由若干个中期趋势所组成的，同时每一个中期趋势也可以分解为若干个短期趋势，因此，在进行趋势研判时，对 1 个月以上 4 个月以内的中期趋势的分析就相对更加重要一些，长期的实践也表明，在各种趋势线中，实战性最强的是中期趋势线。

在分析趋势线之前，先要评价所画出的趋势线的可靠性。一般说来，趋势线所连接的点数越多，它的可靠性就越强。对于长期趋势线和中期趋势线而言，还要求前两个连接点的距离不能过近，如果这两个点的时间跨度太短，则趋势线的可靠性将大大降低。同时，趋势线的角度也十分重要。这是因为如果角度过于平缓，股价变动的趋势性显然力度不够，所指明的趋势很容易夭折；如果趋势线的角度过于陡峭，则由于过激的行情不能维持过久，所以这个趋势线必然会很快被突破。从实战的情况来看，接近 45 度角的趋势线一般可靠性都较好。

由于上升趋势线连接的是股价的低点而不是股价的高点，因而上升趋势线实际上也是一条支撑线；同样，下降趋势线连接的是股价的高点而不是股价的低点，因而上升趋势线实际上也是一条压力线。

趋势线的使用方法非常简单，股价在支撑线上方向下跌破支撑线时，应卖出股票，并应在下一条略缓的上升趋势线处等待买点的出现；股价在压力线下方向上突破时，应买入股票，同时可以考虑在下一条略缓的下降趋势线的相应位置寻找卖点。

在实际操作中投资者应当注意几个要点。

（1）趋势线的分析应当和成交量的分析配合使用。当股价从下向上突破趋势线的压力时，一般都要求有较大成交量的出现，否则就很可能是一个假突破。但向下跌破上升趋势线则不必如此，通常突破当天的成交量并不增加，不过，突破后的第二天可能会有交易量增加的现象。

（2）支撑线和压力线是可以相互转化的。当股价从上向下突破一条趋势线后，原有的上升趋势线将可能转变为一条压力线；而当股价从下向上突破一条压力线后，原有的下降趋势线也将可能转变为支撑线。

（3）尽管股价对趋势线的突破应该以收盘价为标准，但在实际操作中投资者却可以根据盘中的实际情况，及时作出决定，以免错失时机。

另外，从理论上讲，只有收盘价对趋势线的突破必须要超越 3% 才可作为有效突破。从以往的情况来看，股价从下向上突破压力线时，可以参考这条原则。但为了能够及时回避损失，股价从上向下跌破趋势线时，可以采取破位就离场的原则，而不必等到突破幅度达到 3% 时再采取行动。

如何判断趋势线的真、假突破

在进行技术分析的过程中，对投资者来说，判断趋势线何时突破，是有效突破还是无效突破，是至关重要的一件事。因为趋势线的突破对买入、卖出时机等的选择具有重要的分析意义，而且即使是市场的造势者往往也会根据趋势线的变化采取市场运作手段。事实上，股价在趋势线上下徘徊的情况常有发生，判断的失误意味着市场操作的失误，以下提供一些判断的方法和市场原则，但具体的情况仍要结合当时的市场情况进行具体的分析。

技术分析家经研究发现，收市价突破趋势线是有效的突破，因而是入市的信号。以下降趋势线即反压线为例，如果市价曾经冲破反压线，但收市价仍然低于反压线，这证明，市场的确曾经想试高，但是买盘不继，终使股价在收市时回落。这样的突破，专家认为并非有效的突破，就是说反压线仍然有效，市场的淡势依然未改。

同理，上升趋势线的突破，应看收市价是否跌破趋势线。在图表记录中常有这样的情况发生：趋势线突破之后，股价又回到原来的位置上，这种情况就不是有效的突破，相反往往是市场上的陷阱。

为了避免入市的错误，技术分析专家总结了几条判断真假突破的原则。

1. 注意突破后两天的高低价

若某天的收市价突破下降，趋势线（阻力线）向上发展，第二天，若交易价能跨越它的最高价，说明突破阻力线后有大量的买盘跟进。相反，股价在突破上升趋势线向下运动时，如果第二天的交易是在它的最低价下面进行，那么说明突破支持线后，卖盘压力很大，值得跟进卖出。

2. 发现突破后，多观察一天

如果突破后连续两天股价继续向突破后的方向发展，这样的突破就是有效的突破，是稳妥的入市时机。当然此时股价已经有较大的变化：该买的股价高了；该抛的股价低了，但是，即便这样，由于方向明确、大势已定，投资者仍会大有作为，比之贸然入市要好得多。

3. 参考成交量

通常成交量是可以衡量市场气氛的。例如，在市价大幅度上升的同时，成交量也大幅度增加，这说明市场对股价的移动方向有信心。相反，虽然市价飙升，但交易量不增反减，说明跟进的人不多，市场对移动的方向有怀疑。趋势线的突破也是同理，当股价突破支持线或阻力线后，成交量如果随之上升或保持平时的水平，这说明破线之后跟进的人多，市场对股价运动方向有信心，投资者可以跟进，博取巨利。然而，如果破线之后，成交量不升反降，就应当小心，防止突破之后又回复原位。事实上，有些突破的假信号可能是由于一些大户入市、大盘迫价所致，例如大投资公司入市，中央银行干预等。但是市场投资者并没有很多人跟随，假的突破不能改变整个局势，如果相信这样的突破，可能会上当。

4. 侧向运动

认识侧向运动的本质对把握股价运动的方向极为重要。在研究趋势线突破时，需要说明一种情况：一种趋势的打破，未必是一个相反方向的新趋势的立即开始，有时候由于上升或下降得太急，市场需要稍做调整，做上落侧向运动。如果上落的幅度很窄，就形成所谓的牛皮状态。侧向运动会持续一些时间，有时几天，有时几周才结束。技术分析家称为消化阶段或巩固阶段。侧向运动会形成一些复杂的图形。侧向运动结束后的方向是一个比较复杂的问题。

有时候，人们对于股价来回窄幅运动，不解其意，大有迷失方向的感觉。其实，侧向运动既然是消化阶段，就意味着上升过程有较大阻力；下跌过程被买盘支持，买家和卖家互不相让，你买上去，我抛下来。在一个突破阻力线上升的行程中，侧向运动是一个打底的过程，其侧向度越大，甩掉牛皮状态上升的力量也越大，而且，上升中的牛皮状态是一个密集区。同理，在上升行程结束后，股价向下滑落，也会出现侧向运动。侧向运动所形成的密集区，往往是今后股价反弹上升的阻力区，就是说没有足够的力量，市场难以突破密集区，改变下跌的状况。

如何走出技术分析的陷阱

在股票市场中，技术分析的重要性越来越得到体现。但在运用技术分析进行操作时，必须注意遵循合理性原则，否则"走火入魔"，陷入技术分析的陷阱，投资者可能输了钱还不知道原因是什么。因此，投资者需要认清以下问题，才能避免落入"技术陷阱"。

（1）技术分析只是一种工具，而且不会万试万灵的。在技术分析过程中，往往受各种主客观因素而产生偏差。

（2）技术指标有较大的人为性，强庄股往往有反技术操作的特点，目的是将技术派人士尽数洗出或套住。

（3）技术分析往往只有短期的效果，表面性较强。而基本面分析发掘的是上市公司内在的潜质具有中长期阶段性的指导意义。

（4）市场的规律总在不断变化，技术分析的方式方法也在不断变换，当大多数人都发现了市场的规律或技术分析的方法时，这个市场往往会发生逆转。

（5）市场永远是对的，不要与市场作对。市场的走势往往有其自身的规律，存在这种走势即是合理。

（6）避免用单一技术指标进行分析，每一个技术指标都有自己的优点和缺陷。高水平的技术分析还要结合波浪理论、江恩循环论、经济周期等作为指导性分析工具。

在了解了技术分析中的陷阱之后，相信很多投资者不再"痴迷"于技术分析了。因为，有了技术分析并不一定能够得出合理的分析结果，还需要存在一个大前提，这个大前提是，市场有产生这个结果的可能性。例如，大盘经过长期调整后，产生反弹还是反转，要视整个市场在这个位置阶段是否有反转的可能性，如果无反转可能性，则只能是反弹。

技术分析不是万能的，在运用它时，投资者一定要睁大自己的眼睛，运用智慧看穿其中的陷阱。在具体的炒股实践中，要密切注意以下几个方面。

（1）要站在一个高的起点运用技术分析，而不是受技术分析所局限，产生错误引导。

（2）不要忽略基本面分析，而只进行单纯的技术分析。

（3）当市场未发生明显反转的技术信号时，尽量不操作，在市场产生一个趋势（上升或下跌）时进行操作。

（4）不要逆市而为，要顺应市场的方向去操作。

（5）在进行技术分析的时候，要考虑多项技术指标的走势，同时结合短期走势进行分析理解。

中长期的投资别太迷信技术分析

技术分析是大多数投资者，尤其是趋势投资者经常使用的。作为买卖决策最重要参考依据的分析方法，技术分析的作用很大。然而，在投资实践中，很多投资者尤其是中长线投资者把技术分析神化了，认为技术分析是万能的，于是在进行投资决策时，片面追求技术分析力的增强，整日地沉溺于各种指标、技术形态的钻研中，最后造成了"为了技术分析而技术分析"的局面。其实，这走向了一种极端。

投资者进行股票投资，进行适度的技术分析是必要的，但切忌迷信技术分析。尤其是，目前是图书市场上介绍各种技术分析方法的书籍多如牛毛，各种技术指标成百上千，令人眼花缭乱。但绝大多数指标只是换了一个不同的名称，原理大同小异。大体主要可分为：大势型、超买超卖型、趋势型、能量型、成交量型、均线型、图表型、路径型等几大类，当然还有种类繁多的特色指标。

在运用过程中，投资者稍不小心就陷了进去，技术分析也变成了一种学问研究。所以，在进行技术分析时，投资者一定要秉持一种客观、实用的心态，把技术分析仅仅视为股票投资的手段之一，这样才能不至于把对技术指标、形态的分析演变成一种"迷信"。

具体来说，投资者在进行技术分析时，要避免出现以下几项错误：

（1）着眼点较浅较短。即过于注意太短期的走势，而忽略较大趋势的主导性和稳定性的问题，只是就当天的分时走势，最多仅仅看到近几天的K线组合情况，经常频繁作出趋势改变的判断，体现在实际操作的指导中，就会经常给人无所适从的感觉，不具备太大的实际指导意义。正确的分析方法应该是首先判断较长一段时间（一般在10天至两个月的范围内）的大趋势究竟是向上、向下，还是区间震荡。随后再分析较短期的走势。如：若判断一个月内的趋势是向上的，而最近几天却有较大跌幅，且离预期目标位还较远。那么，只要较大级别的趋势没有遭到破坏，那就不应判断为止损离场，而应该是逢低买入才对。目光过于短浅，必然会频繁发出前后矛盾的趋势判断，因为此种分析法就是仅仅以最短期的走势作为分析对象的，而过于短期的市场走势具有极大的不确定性和方向改变的频繁性，判断的准确程度和指导作用自然就难以令人满意了。

（2）分析方法或指标选用不当。由于各种分析法和指标太多，除了极少数情况下，几乎同一周期参数的绝大部分指标及分析法的买卖信号或指向会一致外，大部分情况下，只要你选择的不同分析法或不同类指标的数量达到一定程度，往往各种指标之间会出现彼此不同步，甚至完全相反的指向。因此，分析方法和技术指标也应该有优先主次顺序的明确原则，这个原则主要是应尽量多用绝对值类，少用相对值类的分析法和指标。即优先采用如移动平均线、趋势线、速度线、黄金分割线、斐波那契数列周期、江恩角度线及时间周期、K线形态分析、量能分析、资金流向等，而应尽可能少地运用那些多种多样的技术指标。在选择技术指标时不宜种类过多，且应是趋势型、超买超卖、均线型、路径型大体均配，以保持比较全面的分析。在现实中，大部分人却过分依赖于相对值类的各种技术指标和分析方法。

（3）运用时过于僵化。每种技术分析法都有它的不足之处，均有不同的使用条件和环境，股市的走势又波动频繁，变化无穷，若在特定的情况下，选择的分析方法或选取的指标参数不适合，自然由此推断出的结论的准确性也就大打折扣了。比如：一般股票书籍上大多对突破重要阻力位和支撑位的有效性，设立了两个判定条件，即突破三天和超越幅度在3%以上。但要根据具体情况，灵活应用才对，不能简单地生搬硬套。出现这生搬硬套问题的原因主要是没有深刻理解突破重要阻力位和支撑位这一句中的"重要"二字的含义，那里是针对较大的中长期趋势而论的，自然不能套用到目前较小的日常波动的走势预测分析中来了。

忽略基本面分析，而只进行单纯的技术分析。技术分析往往只有短期的效果，而基本面分析发掘的是上市公司内在的潜质，中长期阶段性的指导意义。高水平的技术分析还要结合波浪理论江恩循环论、经济周期等作为指导性分析工具。留意技术指标有较大的人为性。强庄股往往有反技术操作的特点，目的是将技术派人士尽数洗出或套住。成交量有重大意义，要密切关注。庄家的每一个市场行为均与成交量有关、拉高建仓抢货、短线阶段性派发、阶段性反弹、打压吸筹、规模派发等庄家行为都与成交量有直接联系。如果出现放量，往往是市场发生转变，应果断离场，而在低部放量抢货就应果断介入。

技术分析也有失效的时候

投资实践中，有的投资者会发出这样的感叹："我整整花了一年的时间去学习和研究股票技术分析。自己感觉精通了以后，才投入到股市中，可是我严格按照技术分析进行操作，结果却损失惨重。这是为什么呢？"

技术分析是普通投资者重要的信息来源和入市依据。为了追求利益的最大化，众多投资者不断研究和探索各式各样的技术分析理论，以期把握股市涨跌规律的脉搏。但股市主力为成功地把利益留给自己、把风险转移给他人，总是以各种变幻莫测的手段刻意制造各种下跌、涨升趋势形态。运用各式各样的技术图表陷阱，竭力掩饰其真实意图，左右和影响普通投资者的行为决策，以迷惑、打乱普通投资者的心智，刻意诱导市场投资方向。因此，纵然技术分析在某些时刻能够发挥重要的作用，但是它也并非万能油，在一些情况下也会失效，特别是在熊市阶段。

技术分析并非灵丹妙药，更非炒股真经。如果你认为依靠所谓的技术分析就能够获得巨额收益，那么这种想法是十分可怕的，它有可能把你领入亏损的深渊，尤其是在大势不好的时候，许多技术指标往往引致相反的效果。

所以说，也许你是一名技术分析专家，但你只是理论方面的专家，而非实践方面的专家。因此，绝对不能尽信技术分析，而只能把它当作参考的依据。

如上所述，投资实践中，技术分析往往会在某些时刻失效，但投资者又把握不好它究竟会在哪些时刻失效。针对这点，技术分析一旦失效，投资者如何应对呢？笔者认为以下几点是关键。

（1）预判风险，远离险地。当投资者从大势研判和技术分析上感知风险后，快速离场，站在另一个角度和高度去观察股市的发展。

（2）有信心和耐心，有长远的眼光和远大的理想。投资者应该加强大局观。把短期的目标行为放到一个较长期的运作趋势中去分析，不拘泥于一时的得与失，结合股票的做庄运作周期分析中短 K 线等技术形态，以正确判断目前庄家所处的形态位置。

（3）熟悉市场规律，重视信息处理。虽然普通投资者不具备更多的信息渠道，但却可以重视和加强信息处理，从分析主力动向入手找到避开危险的方法。具体来说，普通投资者要熟悉和追踪目标个股，把想要介入的股票分门别类地进行系统研究、长期跟踪。了解庄家的手法和习性，做到知己知彼。

（4）不断向庄家学习，在实践中不断提高自己的技术分析能力。打得赢就打，打不赢就跑。一旦中招，决不补仓，不吊死在一棵树上，快速出局，寻找新的市场机会。

（5）正确判断和分析市场的现实状况和主力的意图。投资者应该尽力准确判断庄家的介入时间、成本和目前的心态。比如在正确判断大势的基础上，对次新股的投资价值分析就首先应该考虑其一级市场的发行价格，再结合中签率、换手率等判断庄家的持股成本和市场意愿。

（6）总结每一次成功和失败的经验教训，比较同类技术走势以及运作手段的种种差异，找出庄家的破绽。在市场中不断提高自己。一旦发现误入陷阱也绝不循常规路线出逃。并在跟踪股票形态完成后进一步深入观察其后的连续性演变以及成交量的差异。操作上坚定"入境宜缓"的原则，不作盲目的冒险。

只有作好了充分的准备，投资者才能真正利用好技术分析好处，而非在突遇技术分析失效时刻时，而手足无措。

第 9 章
读懂 K 线和移动平均线

K 线图入门基础知识

K 线又被称为阴阳烛，据说起源于 18 世纪日本的米市。当时日本的米商用来表示米价的变动，后被引用到证券市场，成为股票技术分析的一种理论。

K 线是一条柱状的线条，由影线和实体组成。影线在实体上方的部分叫上影线，下方的部分叫下影线，实体分为阳线和阴线。

K 线是用开盘价、收盘价、最高价和最低价绘制而成，上涨为阳，下跌为阴。通过一组 K 线的连续排列，反映买卖双方的供求关系，多空力量的实力对比和股价的波动情况，进而反映股价处于上涨、下跌、盘头、筑底情况。K 线是一种特殊的市场语言，不同的形态有不同的含义，投资者如果读懂 K 线形态所表达的含义，将对投资活动有不可估量的帮助。

任何一只股票，在某一特定日期内的交易价格，通常会有一个波动的区间，它的成交价格也通常不止一个。在这许多价格当中，具有特定意义的有四个，分别是开盘价（当日第一笔成交价）、最高价（当日最高成交价）、最低价（当日最低成交价）以及收盘价（当日最后一笔成交价），它们是形成典型 K 线的基本要素（见图 9-1）。

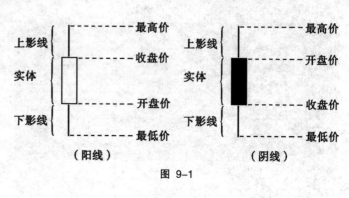

图 9-1

开盘价、最高价、最低价及收盘价四个数字是形成典型 K 线的基本要素，而判定是阳线或阴线则是以开盘价与收盘价比较，如果收盘价比开盘价高，当天的 K 线就是阳线；相反，如果收盘价比开盘价低则是阴线。以阳线而言，收盘价与最高价之间的连线称为上影线，而开盘价与最低价之间的连线称之为下影线。阴线的上影线则是开盘价与最高价之间的连线，下影线是收盘价与最低价的连线，这点与阳线略有不同。阳线一般用白色、红色实体来表示，阴线用黑色或绿色表示。

K 线图可以根据分析时间的长短而分为月 K 线、周 K 线及日 K 线，甚至在盘中走势，也可依每五分钟取样的时间划分日内 K 线。周 K 线与日 K 线原理一样，只不过是取样的时间不同而已。

单根 K 线形态

对单根 K 线进行研判是我们进行 K 线分析的第一步，也是我们通过技术分析降低炒股风险最重要的一步。

单根 K 线的基本形态主要有以下几种。

1. 大阳线

开盘价接近于全日的最低价，随后价格一路上扬至最高价处收盘，表示市场买方踊跃，涨势未尽。这种形态常出现在脱离底部的早期，回调后的再度上扬及拉升阶段，严重超跌后的强劲反弹中也时有出现，如图 9-2 所示。

2. 小阳线

表示最低价即开盘价，收盘价为最高价，价位上下窄幅波动，显示多方力量逐步增强，多空双方中多方力量略占优势。这种形态常出现在涨升初期、回调结束或盘整时，如图 9-3 所示。

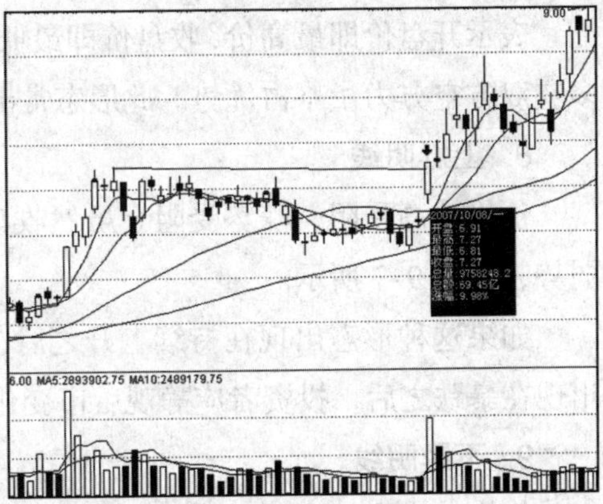

3. 上影阳线

价格冲高回落，涨势受阻，虽然收盘价仍高于开盘价，但上方有阻力，可视为弱市。这种形态出现在强劲的上升之后，表示高位震荡，买盘不足，是下降的预兆；如果出现在持续跌势之后，

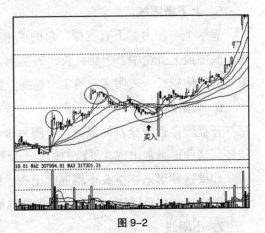

图 9-2

图 9-3

表示多方欲振乏力，行情可能继续下跌。

上影线和实体的比例反映多空双方力量的对比。上影线越长，表示空方沽压越大，阳线实体的长度越长，表示多方的力量越大，如图 9-4 所示。

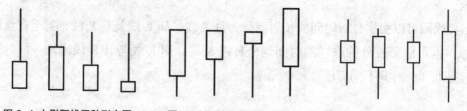

图 9-4 上影阳线四种形态图　　图 9-5 下影阳线四种形态图　　图 9-6 上下影阳线四种形态图

4. 下影阳线

价格一度大幅下滑，但受到买盘势力支持，价格又回升向上，收盘在最高处，属于强势形态。这种形状出现在持续涨势之后，预示股价可能继续上涨；如果这种形态出现在长期跌势之后，则意味着将出现反弹，如图 9-5 所示。

5. 上下影阳线

表示上有压力，下有支撑，总的说来还是多方占优势，这种情况往往出现在市场的底部或上升途中。上影线长，表明上方压力大；下影线长，表明下档支撑强劲；阳线的实体越长，表明多方的实力越强，如图 9-6 所示。

6. 大阴线

开盘价接近于全日的最高价，随后价格一路下滑到最低价收盘，表示市场强烈跌势，这种形态常出现在下跌的初期、反弹后或空方打压过程中。

如果这种形态在空头市场连续出现，则将出现反弹行情；如果这形态出现在连续上涨之后，则是回档的信号；如果这种形态出现在小幅涨跌之后，则将继续下跌。

7. 小阴线

表示开盘价即最高价，收盘价即最低价，价格有限波动，表示空方力量有所增强，多空双方空方力量略占优势。此形态常出现在下跌初期、横盘整理或反弹结束时。

8. 上影阴线

价格冲高受阻，涨势受阻。虽然收盘价仍高于开盘价，但上方有阻力，可视为弱势，如图 9-7 所示。

如果这种形态出现在持续上升之后，则意味着高位震荡，价格可能下跌；如果出现在暴跌之后，投资者应静观后市变化。

9. 下影阴线

价格一度大幅下滑，但受到买盘势力支持，价格回升向上，虽然收盘价仍然低

于开盘价，但也可视为强势。这种形态往往出现在下跌途中、市场顶部或震荡行情
中如图 9-8 所示。

10. 上下影阴线

表示上有压力，下有支撑，总的说来还是空方占优，阴线实体越长，表明空方
力量越大。这种形态往往出现在市场顶部或下跌途中，如图 9-9 所示。

图 9-7 上影阴线四种形态图　　图 9-8 下影阴线四种形态图　　图 9-9 上下影阴线四种形态图

11. 十字星

在 K 线形态，十字星形态经常出现在股票走势转折的关
键位置，对研判走势具有非常重要的意义。十字星表示开盘
价和收盘价相同，买卖双方势均力敌，走势平稳，但在强势
市场中，十字星往往成为市场强弱转换的交叉点，后市可能
有变化，如图 9-10 所示。

图 9-10 十字星形态图

12. T 字星

开盘后价格大幅下滑，但在低位获得支撑，下方买盘
积极主动，最终在最高价随近收盘，属强势。如果这种形
态出现在持续上涨之后，则可能继续上涨，如果出现在持
续下跌之后，预示后市将出现反弹行情，如图 9-11 所示。

图 9-11 T 字星形态图

13. 倒 T 字星

价格冲高后在高位处遇到强大阻力，最终被迫在开盘价
附近收盘，虽有上攻愿望，但市场有整理要求，属弱势。如
果这种形态出现在持续涨势之后，预示行情将出现反转下跌；
如果出现在跌势，则可能继续下跌，如图 9-12 所示。

图 9-12 倒 T 字星形态图

14. "一"字星

四价合一反映出市场成交冷淡，后市难有大的变化。但
如果这种形态出现在股价涨停板或跌停板之处，表示多方或空方占绝对优势，后市
方向明确，短期难以逆转，如图 9-13 所示。

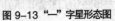

图 9-13 "一"字星形态图

两根 K 线形态

两根 K 线的组合情况非常多，要考虑两根 K 线的阴阳、高低、上下影线，一句话，两根 K 线能够组成的组合数不胜数。但是，K 线组合中，有些组合的含义是可以通过别的组合含义推测出来的。我们只需掌握几种特定的组合形态，然后举一反三，就可得知别的组合的含义。

无论是两根 K 线还是今后的三根 K 线，都是以两根 K 线的相对位置的高低和阴阳来推测行情的。将前一天的 K 线画出，然后，按这根 K 线将数字划分成五个区域。

第二天的中线是进行行情判断的关键。简单地说，第二天多空双方争斗的区域越高，越有利于上涨；越低，越有利于下降，也就是从区域 1 到区域 5 是多方力量减少、空方力量增加的过程。以下是几种具有代表性的两根 K 线的组合情况，由它们的含义可以得知别的两根 K 线组合的含义。

（1）如图 9-14 所示。右图一根阴线之后又一根跳空阴线，表明空方全面进攻已经开始。如果出现在高价附近，则下跌将开始，多方无力反抗，旭盯在长期下跌行情的尾端出现，则说明这是最后一跌，是逐步建仓的时候了。要是第二根阴线的下影线越长，则多方反攻的信号更强烈。

图 9-14 中，正好与右图相反。如果在长期上涨行情的尾端出现，是最后一涨（缺口理论中把这叫作竭尽缺口），第二根阳线的上影线越长，越是要跌了。

（2）如图 9-15 所示。这是多空双方的一方已经取得决定性胜利，牢牢地掌握了主动权，今后将以取胜的一方为主要运动方向。右图是空方获胜，左图是多方获胜。第二根 K 线实体越长，超出前一根 K 线越多，则取胜一方的优势就越大。

（3）如图 9-16 所示。左图一阳线加上一根跳空的阴线，说明空方力量正在增强。若出现在高价位，说明空方有能力阻止股价继续上升。若出现在上涨途中，说明空方的力量还是不够，多方将进一步创新高。

右图与左图完全相反。多空双方中多方在低价位取得了一定优势，改变了前一天的空方优势的局面。今后的情况还要由是在下跌行情的途中，还是在低价位出现而定。

（4）如图 9-17 所示。右图一根阴线被一根阳线吞没，说明多方已经取得决定性胜利，空方将节节败退，寻找新的抵抗区域。阳线的下影线越长，多方优势越明显越大。左图与右图正好相反，是空方掌握主动的局面，多方已经瓦解。

（5）如图 9-18 所示。左图为一根阴线后的小阳线，说明多方抵抗了，但力量相当弱，很不起眼，空方将发起新一轮攻势。右图和左图正好相反，空方弱，多方将发起进攻，创新高。

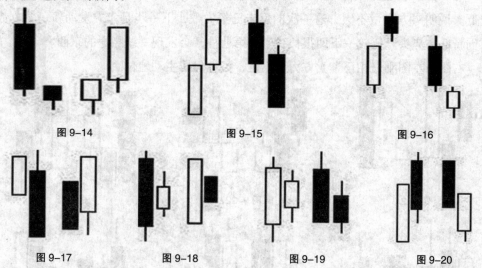

图 9–14　　　　　　　图 9–15　　　　　　　图 9–16

图 9–17　　　　图 9–18　　　　图 9–19　　　　图 9–20

（6）如图 9-19 所示。右图连续两根阴线，第二根的收盘不比第一根低。说明空方力量有限，多方出现暂时转机，股价回头向上的可能性大。

左图与右图正好相反。是空方出现转机，股价将向下调整一下。如前所述，两种情况中上下影线的长度直接反映了多空双方力量的大小程度。

（7）如图 9-20 所示。左图一根阴线吞没一根阳线，空方显示了力量和决心，但收效不大，多方没有伤元气，可以随时发动进攻。右图与左图刚好相反，多方进攻了，但效果不大，空方还有相当实力。同样，第二根 K 线的上下影线的长度也是很重要的。

三根 K 线形态

三根 K 线组合比两根 K 线组合多了一根 K 线，获得的信息就比两根 K 线更多，得到的结论相对于两根 K 线组合来讲要准确些，可信性更大些。因为三根 K 线考虑的东西更全面、更深远。

和两根 K 线的组合情况一样，我们选出了具有代表性的三根 K 线组合的情况，分析它们的表达含义和对多空双方力量大小的描述，以推测大势次日的大致走向。

（1）如图 9-21 所示。左图一根阳线比两根阴线长，多方充分刺激股价上涨，空方已经失败。结合两根 K 线组合中的第五种代表进行分析，会发现二者有相通的地方。

右图与左图正好相反，是空方一举改变局面的形势，空方因此而势头强劲。

（2）如图9-22所示。左图为连续两根阴线之后出现一根短阳线，比第二根阴线低。说明买方力量不大，这一次的反击已经失败，下一步是卖方发动新一轮攻势再创新低的势头。比较一下两很长线中的第七种，会发现一些相通的东西。

右图与左图刚好相反，卖方力量不足，买方仍居主动地位。

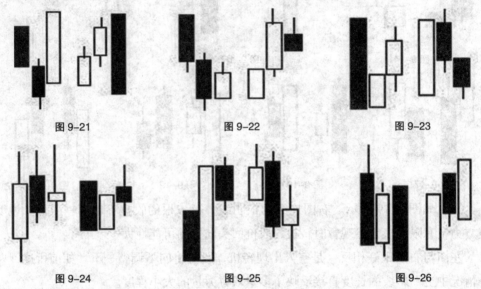

图9-21　　　　　　图9-22　　　　　　图9-23

图9-24　　　　　　图9-25　　　　　　图9-26

（3）如图9-23所示。左图为一长阴，两小阳，两阳比一阴短。表明多方虽顽强抵抗第一根及线的下跌形势，但收效甚微，下面即将来临的是空方的进攻开始。

右图与左图相反，多方占据主动，空方力量已消耗过多，多方将等空方力尽展开反击。

（4）如图9-24所示。左图一根阴线没有一根阳线长，空方力度不够，多方第三天再度进攻，但未能突破高档压力，后势将是以空方进攻为主，空方这次力度的大小将决定大方向。

右图与左图正好相反，多空双方反复拉锯之后，现在轮到多方向上抬，结果将如何，要看向上的力度。

（5）如图9-25所示。右图一根阴线比前一根阳线长，说明空方力量已占优，后一根阳线未超过前一根阴线，说明多方力量已经到头了。后势将以空方为主角，主宰局面。

左图与右图正好相反，是多方的市场，因为第三根阴线比第二根阳线低，多方将唱主角。

（6）如图9-26所示。左图两阴夹一阳，第二根阴线比前一根阳线低，是空方占优，在下落途中多方只作了小的抵抗，暂时收复了一些失地，但在第三天空方的强大打击下，溃不成军，空方已占优势。

右图与左图相反，是多方的优势。

（7）如图 9-27 所示。两根阴线吃掉第一天的一根阳线，空方的力量已经显示出很强大。多方连续两天失利，并不能肯定就完全无望，此时应结合这三根 K 线前一天的及线情况加以细分。大约可以分成三种情况。

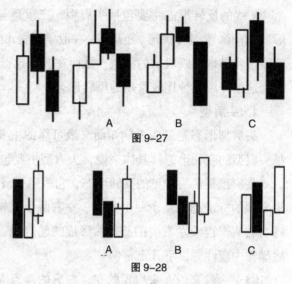

图 9-27

图 9-28

（1）图 A。两阴比两阳短，说明多方优势还在，还有主动权。

（2）图 B。两阴比两阳长，说明空方优势已确立，下一步是空方的主动。

（3）图 C。四根 K 线中有 3 根阴线，说明空方进攻势很明确。另外，从前两根 K 线看，第二天是多方的主动，但是第三根 K 线稍微向上拉了一下就向下直泻。表明原先的多方优势其实是非常的小。根本经不起空方的冲击。

（8）如图 9-28 所示。这是同上图刚好相反的图，它的结果也全同第 7 种代表图形相似，只是多方和空方的地位正好调了一下。简单地叙述如下：

（1）图 A。空方优势仍然在手。

（2）图 B。空方优势已经不在了。

（3）图 C。多方优势明显。

K 线反转形态

在技术分析过程中，投资者应用比较多的是形态分析。所谓形态分析，主要是指把股价总体走势中若干典型的形态作出归纳，并命名之。通常情况下，形态分析被分为两大类：反转形态和整理形态。反转形态表示趋势有重要的反转现象，整理形态则表示市场正逢盘整，也许在修正短线的超卖或超买之后，仍往原来的趋势前进。

绝大多数情况下，当一个价格走势处于反转过程中，不论是由涨至跌还是由跌至涨，图表上都会呈现一个典型的"区域"或"形态"，这就被称为反转形态。一个大的反转形态会带来一轮幅度大的运动，而一个小的反转形态就伴随一轮小的运动。

K线的反转形态主要包括头肩型、三重顶与底、双重顶与底、V形顶与底、圆形、三角形、菱形、楔形、矩形等，在股票投资市场上如果能判别出K线的反转形态，就能很容易地判断股价的涨跌，从而在股票投资市场上获得理想收益。

这里介绍几种比较常用的反转形态。

1. 头肩型

头肩型形态是最为人熟知而又最可靠的主要反转形态，其他的反转形态大都仅是头肩型的变化形态。具体来说，头肩型主要包括头肩底和头肩顶两种形态。

头肩顶是最为常见的反转形态，它跟随上升市势而行，并发出市况逆转的讯号。头肩顶的标准形态是由一个主峰、左右两个次峰组成。主峰为头，左峰为左肩，右峰为右肩。连续左右肩的低点而形成的趋势线，称为颈线。针对头肩顶，投资者实战操作中应注意以下几点：

（1）一般来说，头肩顶的左、右肩的顶点大致相等，而且都比头部要低。如果右肩超过头部，头肩顶形态便不能成立，可能会演化成其他形态。头肩顶一旦形成，要立即停止买股票。

（2）成交量应该是右肩最少，头部或左肩成交量巨大，头部的成交量小于左肩的成交量时，形成头肩顶的可能性很大，这时应引起警惕。在情况不明朗时，应减少操作次数。股价跌穿颈线位时，不需要成交量的配合。如果在跌穿颈线位之后，成交量放大，不要轻易抢反弹，股价有可能会加速下跌。

（3）头肩顶的颈线是非常重要的一条线，如果它的水平位向下倾斜，即左肩底部高于右肩底部，表明市场较弱；如果水平位向上倾斜，即左肩底部低于右肩底部，表明市场较强。股价在跌穿颈线位后，有时会出现反抽颈线位，这时不要抢反弹，因为在颈线位附近遇到阻挡后，还会继续下跌。

（4）头肩顶形成后，下跌的幅度一般都大于最小下跌幅度，因此股价跌到最小下跌幅度附近，应结合其他技术指标综合分析，确定是否买卖。

（5）如果在颈线位回升，股价高出头部；或者股价在跌穿颈线后回升到颈线位以上，这点如被有效确认，且伴有成交量的配合，则头肩顶形态可能不会实现（也就是说这是个假的头肩顶），大家要结合实际情况重新分析作出判断。

如图9-29所示，2011年4月9日至6月15日期间，鲁信创投（600783）走出头肩顶形态，此时该股已无力创新高，此后，该股直线下跌。因此，短线投资者应果断减仓离场，以免损失惨痛。

头肩底是头肩顶形态的倒转，它是跟随下跌市势而行，并发出市况逆转的讯号。头肩底一般出现在熊市的尽头，一轮大牛市的开始往往是以头肩底往上突破。针对头肩底，投资者在操作时应注意以下几个要点。

（1）头肩底形态中的颈线在实战中具有较强的参考意义。股价在颈线之下，颈线就是一条重要的长期压力

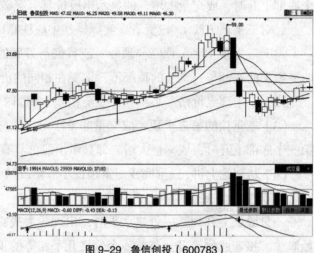

图 9-29　鲁信创投（600783）
2011 年 4 月 9 日至 6 月 15 日日线图

线，当颈线一旦被有效向上突破后就成为一条极重要的长期支撑线。

（2）当股价的收盘价向上突破颈线超过 3% 以上，并伴有大的成交量配合放出时，为有效突破。颈线一旦被有效突破，股价将进入一个较长的上涨时期。

（3）一般情况下，股价在完成突破后，都有一个向下回落以确认颈线是否有效突破的动作，而股价只要不跌破颈线就会很快加速向上扬升，投资者应抓住这最好的中短线机会，大部分或全部买入股票。

（4）股价在向上突破颈线时，一定要有比较大的成交量配合，而在以后的股价上升过程中，成交量不一定会大量放出，只要成交量不过度萎缩就没关系。

（5）头肩底一旦形成，其准确性很高，且向上突破的力度很强。股价有效向上突破颈线后，其上升幅度最少相当于头部至颈线的距离，此即基本量度升幅。而在实际当中，头肩底的上升幅度往往会超过基本量度升幅，特别是那些中小盘股票。

（6）颈线和基本量度升幅是头肩底形态中两个重要的研判标准，在实际研判和操作中，投资者一定要加以注意。

（7）头肩底的形态结合均线理论进行研判将更加可靠。

2. 三重顶（底）

三重顶或底是极少见的形态，和头肩型仅有些许差别，它的特征是三个峰或谷的高低度几乎一致。常无法分辨某个形态是头肩型抑或三重顶，幸好两种形态所代表的意义是相同的。

三重顶型在两处底点形成的支撑区被突破后才算完成图形。

三重顶的第三个顶，成交量非常小时，即显示出下跌的征兆，而三重底在第三个底部上升时，成交量大增，即显示出股价具有突破颈线的趋势。

针对三重顶（底），投资者在实际操作中应注意以下几点。

（1）三重顶（底）顶峰与顶峰，或谷底与谷底的间隔距离与时间不必相等，同时三重顶的底部与三重底的顶部不一定要在相同的价格形成。

（2）三个顶点价格不必相等，大至相差3%以内就可以了。

（3）三重顶的第三个顶，成交量非常小时，即显示出下跌的征兆；而三重底在第三个底部上升时，成交量大增，即显示出股价具有突破颈线的趋势。

（4）从理论上讲，三重底或三重顶最小涨幅或跌幅，底部或顶部愈宽，力量愈强。

3. 双重顶（底）

一只股票上升到某一价格水平时，出现较大成交量，股价随之下跌，成交量开始减少。接着股价又升至与前一个价格几乎相等的顶点，成交量再次随之增加却不能达到上一个高峰，接着第二次下跌，股价的移动轨迹就像一个"M"字。这就是双重顶，又称"M头"走势。股价持续下跌一段时间后，出现了技术性反弹，但回升时间幅度不大，然后又出现下跌，当跌至上次低点时却获得支撑，再一次回升，这次回升时成交量要大于前次反弹时的成交量。股价在这段时间的移动轨迹就像一个"W"字，这就是双重底，又称"W底"走势。

针对双重顶（底），投资者在实际操作中应注意以下几点。

（1）双头的两个最高点并不一定在同一水平，二者相差少于3%是可接受的。通常来说，第二个头可能较第一个头高出一些，原因是看好的力量企图推动股价继续上升，可是却没法使股价上升超过3%的差距。一般双底的第二个底点都较第一个底点稍高，原因是先知先觉的投资者在第二次回落时已开始买入，令股价没法再次跌回上次的低点。

（2）双头最少跌幅的量度方法，是由颈线开始计起，至少会再下跌从双头最高点至颈线之间的差价距离。双底最少涨幅的量度方法也是一样，双底之最低点和颈线之间的距离，是股价突破颈线后至少会升抵的长度。

（3）形成第一个头部（或底部）时，其回落的低点约是最高点的10%~20%（底部回升的幅度也相当）。

（4）双重顶（底）不一定都是反转信号，有时也会是整理形态，这要视两个波谷的时间差决定。通常两个高点（或两个低点）形成的时间相隔超过一个月。

（5）双头的两个高峰都有明显的高成交量。这两个高峰的成交量同样尖锐和突出，但第二个头部的成交较第一个头部显著为少，反映出市场的购买力量已在转弱。

双底第二个底部成交量十分低沉，但在突破颈线时，必须得到成交量激增的配合方可确认。双头跌破颈线时，不需成交量的上升也应该信赖。

（6）通常突破颈线后，会出现短暂的反方向移动，称之为反抽，双底只要反抽不低于颈线（双头之反抽则不能高于颈线），形态依然有效。

（7）一般来说，双头或双底的升跌幅度都较量度出来的最小升跌幅为大。

4．V 形走势

V 形是一种反转形态，它出现在市场剧烈的波动之中。V 形走势可分为三个部分。

（1）下跌阶段：通常 V 形的左方跌势十分陡峭，而且持续很短的一段时间。

（2）转势点：V 形的底部十分尖锐，一般来说形成这个转势点的时间仅两三个交易日，而且成交在这个低点明显增多。有时候转势点就在恐慌交易日中出现。

（3）回升阶段：接着股价从低点回升，成交量亦随之而增加。

伸延 V 形走势是 V 形走势的变形。在形成 V 形走势期间，上升（或是下跌）阶段呈现变异，股价有一部分出现横向发展的成交区域，其后打破徘徊区，继续完成整个形态。倒转 V 形和倒转伸延 V 形的形态特征，与 V 形走势刚好相反。

针对 V 形走势，投资者在操作时要注意以下几点：

（1）V 形走势在转势点必须有明显成交量配合，在图形上形成 V 形。

（2）股价在突破伸延 V 形的徘徊区顶部时，必须有成交量增加的配合，在跌破倒转伸延 V 形的徘徊底部时，则不必要成交量增加。

K 线整理形态

K 线整理形态主要包括三角形、楔形、旗形、矩形、喇叭形等。

1．上升三角形和下降三角形

上升三角形和下降三角形都属于重要的整理形态之一。（见图 9-30、图 9-31）

在各种盘整走势中，上升三角形是最常见的走势，也是标准的整理形态。抓住刚刚突

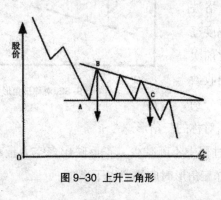

图 9-30 上升三角形

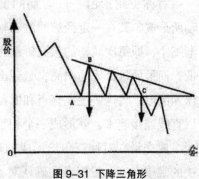

图 9-31 下降三角形

破上升三角形的股票，就是抓住了赚大钱的机会。上升三角形具有以下特征。

（1）两次冲顶连线呈一水平线，两次探底连线呈上升趋势线。

（2）成交量逐渐萎缩，在整理的尾端时才又逐渐放大，并以巨量冲破顶与顶的连线。

（3）突破要干净利落。

（4）整理至尾端时，股价波动幅度越来越小。

股价在某特定的水平出现稳定的购买力，因此股价每回落至该水平便告回升，形成一条水平的需求线。可是市场的沽售力量却不断加强，股价每一次波动的高点都较前次为低，于是形成一条向下倾斜的供给线，即下降三角形。

针对上升三角形和下降三角形，投资者在实际操作中应该注意的是：

（1）上升三角形在突破顶部水平的阻力线时，是一个短期买入信号，下降三角形在突破下部水平阻力线时是一个短期沽出讯号。但上升三角形在突破时须伴有大成交量，而下降三角形突破时不必有大成交量来确认。

（2）上升三角形和下降三角形虽属于整理形态，有一般向上向下规律性，但亦有可能朝相反方向发展。即上升三角形可能下跌，因此投资者在向下跌破3%（收市价计）时，宜暂时沽出，以待形势明朗。同时在向上突破时，没有大成交量配合，也不宜贸然投入。相反下降三角形也有可能向上突破，这里若有大成交量则可证实。另外，在向下跌破时，若出现回升，则观察其是否阻于底线水平之下。在底线之下是假性回升；若突破底线3%，则图形失败。

2. 对称三角形

对称三角形又称收敛三角形，是比较常见的整理形态，有时也会出现趋势逆转突破的情况，但出现的概率较小。（见图9-32）

对称三角形由一段时期的价格波动所形成，其在一定区域的波动幅度逐渐缩小，即每次波动的最高价都比前次低，而最低价都比前次高，呈现出收敛压缩图形，将这些短期高点和低点分别

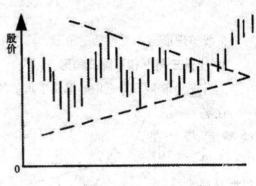

图9-32 对称三角形

以直线连接起来，就形成一个相当对称的三角形。

成交量在对称三角形形成的过程中不断减少，正反映出多空力量对后市犹疑不决的观望态度。投资者在确认对称三角形时应注意以下事项。

（1）股价波动幅度呈收敛状，成交量也随之递减，向上突破需有大成交量的配合，向下突破则不必。

（2）股价在距三角形顶点 1/2 或 3/4 处突破有效；对称三角形的股价变动愈接近其顶点而未能突破界限时，其力量愈小，接近顶点突破无效。

（3）假如对称三角形向下跌破时有极大的成交量，可能是一个错误的跌破信号，股价在跌破后并不会如理论般回落。

（4）有假突破时，应随时重划界限形成新的三角形。

（5）虽然对称三角形大部分属于整理形态，但也有可能在升市的顶部或跌市的底部中出现。

（6）对称三角形突破后，可能会出现短暂的反方向移动，上升的反抽止于高点相连而成的三角形上边线，下跌的反抽则受阻于低点相连的三角形下边线，倘若股价的反抽突破上述所说的三角形边线，则该形态可能不成立。

3. 楔形

楔形图也是反映股价走势的一种图形。在楔形图中，股价虽然在一段时间内处于争持的盘局，但上下价位界限的走势是往同方向变化的，上下价位均向上变动的叫上升楔形，上下价均朝下变动的叫下降楔形。

（1）上升的楔形。楔形图的形状有如矩形，只是矩形的顶价连接线与底价连接线是两条水平的平行线，而上升楔形的顶价连接与底价连线是两条上升的直线。当买方和卖方争持不下时，股价的走势图有如楔形，但如果一旦突破界限的价位时，股价便会挺升，出现反转的局面。投资者在此时，应抓紧时间吃进，因为价格将要上涨。

（2）下降的楔形。上升的楔形与下降的楔形的主要区别是：上升楔形顶价连线的斜率小于底价连线的斜率，也就是说，低价连线要比高价连线陡得多。而下降的楔形则正好相反，顶价连线的斜率要大于底价连线的斜率，也就说，顶价连线要陡得多。下降楔形一般预示行情将要反转，股价将会下落，投资者应抓住时机卖出，抛出自己手中持有的股票。

4. 旗形

顾名思义，旗形整理的图形就像一面挂在旗杆顶上的旗帜，由于其倾斜的方向不同，又可分为上升旗形和下降旗形。也被人们经常称为平行四边形。这种情况大多数是股价在上升到相当的幅度后，庄家开始控盘打压股价，但股价下滑不多后庄家开始护盘或者新庄入驻，股价也开始上行。由于股价已经有一定的涨幅，往往出现跟风盘不太踊跃的现象，当上行高度高于或低于前期高点时，股价再度回落，如此反复，把股价的高点和高点连接以后形成向上或向下的一条直线，把低点和低点连接后也形成向上或向下的一条直线，两条直线保持平行，形成向上或向下倾斜的箱体。这种整理洗盘形态，如果出现在上升途中一般预示着涨升行情进入了中后期。如果出现在下跌途中，经常暗示下跌行情才刚刚开始。

5. 矩形

矩形走势是一种整理形态，是将每日K线连接起来形成的一连串呈两条水平的上下界线之间变动而成的K线形态。（见图9-33、图9-34）

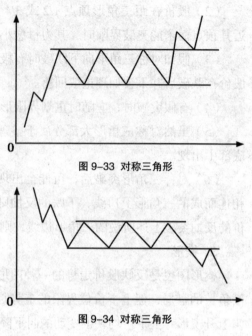

图9-33 对称三角形

针对矩形，投资者在实际操作中应注意以下几点：

（1）注意此前方向及形态规模。由于它更倾向于持续运动而非反转，所以矩形形成前股价的运行方向至关重要，而影响其规模的因素，主要是震荡幅度、持续时间和成交量分布及与股价的关系。虽然形态形成开始便确定了获利水平，但早期运动一般不会提供任何有价值的信号，甚至

图9-34 对称三角形

会发出许多反向信号，如"金叉"成为卖出的理想时机，或"死叉"后是买入的良机，这种现象同样经常发生在其他整理形态中，因此仓位比例当控制在半仓以下。

（2）充当反转形态的条件。正常情况下，该形态反转前主要表现为：股价已远超过了此前形态的量度幅度，高低点之间的差价较大，因短线交易增多导致横向波动时间延长，或量价背离较为严重等，而充当顶部反转时，震荡幅度往往会更大一些，如15%以上。延伸时间则缩短许多。

（3）利用形态变化构筑的陷阱。该形态既可作持续形态也可作反转形态，被人为利用的可能较大。

如图9-35所示，2007年6月—2008年1月期间，该股股价走势呈矩形形态发

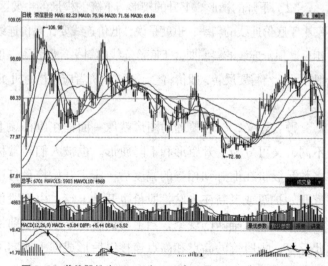

图9-35 荣信股份（002123）2007年6月—2008年1月日线图

展。该形态形成后，股价一路下跌。投资者应及时离场。

6. 喇叭形

喇叭形是三角形的变形体，大多出现在顶部，为看跌形态。喇叭形是头肩顶的变形，股价经过一段时间的上升后下跌，然后再上升再下跌，上升的高点较上次为高，下跌的低点亦较上次的低点为低，也就是说在完成左肩与头部之后，在右肩反弹时超越头部的高点创出新高。整个形态以狭窄的波动开始，然后在上下两方扩大，把上下的高点和低点分别连接起来，就可以画出一个镜中反照的三角形状，也就是右肩创新高的头肩顶，这就是笑里藏刀的喇叭形。

针对喇叭形，投资者在实际操作中应注意以下几点：

（1）标准的喇叭形至少包含三个转折高点，两个转折低点。这三个高点一个比一个高，两个低点可以在水平位置，或者右边低点低于左边低点。由于其属于"五点转向"形态，故较平缓的喇叭形也可视之为一个有较高右肩和下倾颈线的头肩顶。

（2）喇叭形在整个形态形成的过程中，成交量保持着高而且不规则的波动。由于这是投资者冲动和非理性的情绪造成的，这也说明大跌市来临前的先兆，因此喇叭形为下跌形态，暗示升势将到尽头。

（3）喇叭形下跌的幅度无法测量，也就是说并没有跌幅量度公式估计未来跌势，但一般来说，跌幅都将极深。

不过，喇叭形也有可能会失败，即会向上突破，尤其在喇叭形的顶部是由两个同一水平的高点连成，如果股价以高成交量向上突破，那么显示前面上升的趋势仍会持续。但对于稳健保守的投资者而言，不必过于迷恋这种风险大于收益的行情，毕竟喇叭形的构筑头部概率十分大。

如何利用 K 线图把握买卖机会

投资者在进行股票投资时，找到合适的买进和卖出时机是保证赢利的重要方法，而如何从 K 线图上确定买点和卖点，把握住买卖的好时机，则更是有讲究的：

（1）不破最底价时应买入，体现在 K 线图上是以下几点。

①从 K 线上看到高空跳水 30%~50% 的套牢庄股在底部横走，呈现 N 型、M 头或 W 底，只要收盘不创新低，投资者可以买进。

②大盘或个股的利空出台，但前日的最低价不破，这种现象不是诱空陷阱，就是利空出尽，投资者应该立即买进。

③在大盘或个股下跌一段后，股价运行在前一交易日的最低价之上，有止跌止

稳的迹象。空仓者可考虑适量建仓，持仓套牢者可注意第二天的走势。如果连续两天盘中探至前一日最低价处即止跌，下影线上移，就可适量补仓，从而平摊成本。

④如果股指或股价跌至支撑位，仍在前一天最低价之上，这属强势，投资者可买进。

⑤如果成交量极度萎缩，KD（随机指标）和 RSI（相对强的指标）指标在 20 以下，股指或股价在各条均线的下方甚远，此时日 K 线不管是阴线还是阳线，投资者都可以介入，只赢不输。

⑥在大盘或个股的上升途中，如果股价维持在前一天的最低价之上，投资者可买进，持股者应该继续持股。即使震荡洗盘或盘整，也可逢低买入，持股者不必急于抛出，以免错漏行情。

（2）突破最高价盘稳时应买入，体现在 K 线图上是：

①在上升趋势，如果股指或股价在前一天最高价之上，并且呈现出持续强势，投资者可以考虑介入。

②遭利空袭击，大盘指数创新低，各股均下跌，如果有一只股票仍坚守前一天最高价之上，并且成交量异常放大，这往往是全控盘的强庄股，或有利多支撑，投资者可适量买进。

③个股在低位经过长时间盘整，如果冲破上一周、上一月、60 天内的最高价，甚至上一波的顶部，投资者可适量买进。

④下跌强势中，如果股指或股价不仅不创前一日新低，反而连续突破前一日最高价，并且有成交量支持，这是庄家在拉高建仓，或想快速脱离成本区，投资者应该买进。

⑤股指或个股在底部盘整后，往上突破了颈线位，只要不放巨量，KDJ 和 RSI 在 50 左右，投资者可买进，因为该股后市还能创新高。如果放巨量，突破颈线拉长红，KDJ 和 RSI 在 70 以上，投资者可以持股到次日开盘后半小时，再作处理。

在股市中，卖出比买进更难。因为卖得早了，就会失去股价继续上涨的利润；卖得晚了，有可能被套牢，导致以前的赢利全部损失。因此，投资者一定要学会从 K 线图上把握卖点。

（3）此前高价不至时应卖出，体现在 K 线图上是：

①在中高位，成交量急剧放大，但股指或股价收平，或 K 线上留下很长的上影线，这表明上方抛压甚重，投资者应该择机卖出。

②股价连续上扬后，如果股指和个股几次试图突破某一高点都无功而返，高位出现 M 头，量增价滞，或价滞量减，投资者应该坚决减仓。

③在大盘或个股下跌过程中，如果反弹无法超过前一天的最高价，并且成交量急速放大，这表明庄家在压价出货，反弹已结束，投资者应坚决抛空。

④在高位如果成交量急剧放大甚至创天量，KDJ 和 RSI 均已达 80 以上股指和股价在各条均线上方甚远，这是卖出的最佳时机。

⑤在大盘或个股 K 线上涨过程中，如果无法超过上一个交易日的最高价，便有滞涨的迹象。如果连续两天无法超过前一天最高价，弱势已定，投资者应立即卖出。

（4）跌破此前低价无法回升时应该卖出，体现在 K 线图上是：

①调整时如果下午股指或股价无法回升到上午的最低点之上，投资者应该立即清仓。

②大盘或个股长时间横向盘整，却跌破前一日最低价且放量以长阴收市，这表明盘整失败，股价即将下跌，投资者至少应部分清仓。

③在中高位，如果日 K 线的上下影线都很长，这表明庄家在震荡中伺机出货，只有没出完货才会在尾市拉高，投资者应注意减仓。

④股指或个股如果跌破上一周、上一月、60 天内的最低点，甚至跌破前一波的波底，这预示仍将下跌，投资应卖出。

⑤在下跌过程中，如果股指或股价无法回升到前一天的最低价之上，股价将会继续下跌，投资者该卖则卖。

⑥日 K 线在连续大幅上涨后，在高位出现巨量长阴，且以最低点收盘，这预示股价还将下跌，甚至暴跌，收盘前投资者应速卖。

⑦大盘和个股 K 线在上升过程中，如果盘中跌破上一交易日的最低价，甚至收盘价也在前一日之下，这表明走势较弱，投资者应卖出。

当然，从 K 线上捕捉买卖点，主要是从技术分析方面来说，投资者还需结合基本面、政策面、消息面和庄家动向等多方面的变化，灵活加以运用，这样才能确保赢利。

移动平均线都有哪些常见图形

移动平均线（MA）又称均线，是以道·琼斯的"平均成本概念"为理论基础，采用统计学中"移动平均"的原理，将一段时期内的股票价格平均值连成曲线，用来显示股价的历史波动情况，进而反映股价指数未来发展趋势的技术分析方法。它是道氏理论的形象化表述。

移动平均线是分析价格变动趋势的一种方法，它主要是将一定时间内的股价加以平均，根据平均值作出图线。通常将每日的 K 线图与平均线绘在同一张图中，这样便于分析比较。通过分析平均线的走势以及平均线与 K 线之间的关系来决定买卖的时机，或是判断大势的方向。

移动平均线常用的图形主要有以下几种。

（1）多头排列。所谓多头排列，就是日线在上，以下依次短期线、中期线、长期线，这说明我们过去买进的成本很低，做短线的、中线的、长线的都有赚头，市场一片向上，这就是典型的牛市了。

多头排列代表多方（买方）力量强大，后市将由多方主导行情，此时是中线进场的机会。

（2）空头排列。所谓空头排列，指的是日线在下，以上依次分别为短期线、中期线、长期线，空头排列说明我们过去买进的成本都比现在高，做短、中、长线的此时抛出都在"割肉"，市场一片看坏。显然，这是典型的熊市。

（3）黄金交叉。黄金交叉出现在上涨趋势初期，它由两根移动平均线组成。短期移动平均线向上突破长期移动平均线，同时长期移动平均线也呈向上的圆弧形。黄金交叉是见底信号，表示后市看涨。在股价大跌后出现黄金交叉，表示见底回升，投资者可以积极做多。如果是中期均线组合或长期均线组合出现黄金交叉，则表示中期或长期有一波上涨行情。这个交叉之间的开口角度越大，其信号强度就越高。

（4）死亡交叉。死亡交叉与黄金交叉相对应，它出现于下跌初期，是看空信号。死亡交叉也是由两条移动平均线组成，短期均线从上向下穿过长期均线，与此同时，长期均线也是向下的弧形。

死亡交叉出现在一波大的上涨后，投资者需要坚定做空。投资者如果在周、月 K 线下发现死亡交叉，则要保持谨慎做空，不宜长线持股。死亡交叉组合中，开口的角度越大，则看跌信号越强烈。

（5）银山谷。银山谷出现在上涨初期，是见底信号，表示后市看涨。银山谷由 3 根移动平均线组成，每一根均线都呈圆弧形。这组均线组合中，短期移动平均线首先向上突破中期移动平均线，然后突破长期移动平均线，组成一个山谷的形状。

银山谷是看多信号，但信号强度不如多头排列组合或黄金交叉组合。

（6）金山谷。金山谷出现在银山谷之后，它的图形特征与银山谷相同，出现时的股价要不低于银山谷位置的股价。金山谷也是看多信号，信号强度比银山谷要强烈，同时股价上涨的时间也要长一些。一般来说，金山谷与银山谷之间相隔的时间越长，后市股价上涨的空间就越大。但需要注意的是，如果银山谷之后出现回调，再次出现银山谷图形，则该图形并非金山谷。

由于金山谷出现在银山谷的一定交易日之后，股价可能已经上涨了一定的幅度，因此，金山谷更适合稳健型的投资者。

（7）死亡谷。死亡谷出现在下跌初期，是见顶信号，表示后市看跌。死亡谷由 3 根移动平均线组成，短期移动平均线先后突过中期和长期移动平均线，形成一个山谷的形状。死亡谷的看空信号比死亡交叉更为强烈，出现此图形时，投资者应该坚定做空。

利用移动平均线测市的方法有哪些

移动平均线有多种测市方法，具体来说包括以下几种：

（1）当多头市场进入稳定上升时期时，5 日、10 日、30 日、60 日移动平均线均向右上方移动，并依次从上而下的顺序形成多头排列。

（2）股市进入多头市场时，股价从下向上依次突破 5 日、10 日、30 日、60 日移动平均线。

（3）当 10 日移动平均线由上升移动而向右下方反折下移时，30 日移动平均线却仍向右上方移动，表示此段下跌是多头市场的技术性回档，涨势并未结束。

（4）如果 30 日移动平均线也跟随 10 日移动平均线向右下方反折下跌，而 60 日移动平均线仍然向右上方移动，表示此波段回档较深，宜采取出局观望态度。

（5）如果 60 日移动平均线也跟随 10 日、30 日移动平均线向右下方反转而下跌，表示多头市场结束，空头市场来临。

（6）盘整时，5 日、10 日、30 日移动平均线会纠缠在一起，如盘局时间延长，60 日移动平均线也会与之黏合在一起。

（7）大势处于盘局时，如 5 日、10 日移动平均线向右上方突破上升，则后市必然盘高；如 5 日、10 日移动平均线向右下方下行，则后市必然盘跌。

（8）当股市由多头市场转入空头市场时，股价首先跌破 5 日、10 日移动平均线，接着依次跌破 30 日、60 日移动平均线。

（9）空头市场中移动平均线反压在股价之上并向右下方移动，其排列顺序从下向上依次为股价、5 日、10 日、30 日、60 日移动平均线，即呈空头排列。

（10）空头市场中，如股价先后向上突破了 5 日、10 日、30 日移动平均线，又突破了 60 日移动平均线，则后市会有一波强力反弹的中级行情，甚至空头市场就此结束，多头市场开始。

（11）空头市场中，如股价向上突破 5 日、10 日移动平均线并站稳，是股价在空头市场中反弹的征兆。

（12）空头市场中，如股价向上突破5日、10日移动平均线后又站上30日移动平均线，且10日与30日移动平均线形成黄金交叉，则反弹势将转强，后市有一定上升空间。

如何进行移动平均线的周期选择

众所周知，移动平均线系统的周期选择有很多种，从3日到数百日平均线都有投资者采用。然而，到底应以几日平均线做行情判断的参考比较具有实效，这一问题一直困扰着众多投资者。这些投资者因为大都倾向短期投机，所以证券公司的平均线设置，通常都是短期或短中期平均线，比如5日、10日、20日，或者5日、10日、30日，极少使用可以代表短中长三种趋势的平均线。事实上，平均线的选择应该代表短中长三种趋势，而不是过分重视某一种趋势而忽略别的趋势，这都是不明智的，所以应参考以下几种趋势。

（1）短期趋势。通常是指一个月以下的股价波动趋势。因为5日平均线所代表的是一个星期的波动。10日线代表的是半月线。所以我们经常以它们代表短期趋势，短期均线通常波动起伏较大，过于敏感。

（2）中期趋势。是指一个月以上，半年以下的股价波动趋势。常用20日线、40日线、60日线。这是因为20日线代表的是一个月股价波动趋势。40日线代表的是两个月的股价波动趋势。60日线所代表的是三个月的波动趋势，又正好是一个季度，因此又叫季线，也经常有投资者采用。中期均线走势既不过于敏感，又有沉稳的一面，因此最常被投资者使用。

（3）长期趋势。是指半年以上的股价波动的趋势。比较常用的是120日线与240日线。120日线代表半年的波动方向，又叫半年线。240日平均线代表的是正好一年的波动方向，又叫年线。总的来讲长期均线走势过于稳重，不灵活。

为了同时显示这三种趋势与长期、短期、中期投资大众的平均成本，投资者应同时选择这几种趋势，而不能因为个人习惯或爱好厚此薄彼。不能同时观察几种趋势的变动，是不能够做好分析工作的。

投资实践中，很多投资者设置一些不常见的均线周期，比如：7日、9日、13日、27日，等等，目的是担心庄家故意骗线。这是完全没有必要的，事实上只要是短期波动，随时就有庄家故意画线的可能。这是因为短期均线最容易操纵，而中长期趋势则很难故意画线，假如所有的投资者参考的均线周期都是240日均线，即使庄家知道这一点，他又能怎样做骗线？这正是要三种趋势同时考虑的主要原因。因此，投资者没有必要处心积虑地设置一些不常用的均线周期。

需要注意的是，以收盘价作为计算均线系统的基点，是因为在过去，不论是任何的技术指标，包括 K 线的记录，完全是手工记录。所以要将每一只股票的收盘价记录在案已经很不容易了，要得到股票的每日均价，必须要有交易所提供的全部成交记录，才能计算得出。一方面计算数据太大，另一方面资料来之不易，而收盘价较为容易得到，所以就将收盘价作为计算平均线的基点，久而久之，习惯成自然，就一直沿用到了今天。实际上最可以代表一天股价的平均成本的当然不是收盘价，而是一日的均价。运用收盘价计算短期的均线，比如 5 日均线，就离真正均价的差距较大，所以用这种计算方法得出的均线周期越短，就越不能代表平均成本。相对来说，越长的周期这种误差就越小，所以真正有代表意义的是每日的均价，而并非收盘价，这一因素是使用均线系统的投资者必须注意的。

如何用移动平均线研判市场多空倾向

移动平均线反映股票价格的变化，投资者在实际操作中可以利用移动平均线来研判市场多空的倾向，从而把握股票的买进和卖出时机。

一般情况下，通常将长、中、短期的移动平均线画在一起。如果三种移动平均线并列上涨，则表明市场呈现多头占上风的格局；反之，如果三种移动平均线并列下跌，则市场呈现空头占上风的格局。

（1）股价由下向上突破 5 日、10 日移动平均线，表示短线由空翻多，买方力量增加，后市上升可能大，是买入时机。这在投机性极强的上海股市是最适用的，如果投资者能始终坚持股价从下向上突破 10 日移动平均线时及时买进。

（2）股价由下向上突破 10 日移动平均线后，相继向上突破 30 日、60 日移动平均线，则是两个重要的买进时机。因为这种情况可以判定，多头气势极为强劲，后市大涨已成定局。这也是为什么上海股市的许多投资者和专家视 30 日平均线为其生命线的缘由。上证指数每当向上有效突破 30 日移动平均线，均有一轮像样的中级行情甚至大行情。

（3）如果 5 日、10 日、30 日、60 日移动平均线为多头排列，且略呈平行状上升，则表示后市将有一段极大的涨幅，多头气势极为旺盛，短期不易回档，是买进时机。这种机会在上海股市只有三次，第一次是上交所开市至放开股价，上证指数由 95 点上涨至 1429 点；第二次是由 386 点上涨到 1558 点；第三次则是由 325 点上涨到 1052 点。

（4）空头市场中反弹也是买进时机。如果股价仅能由下向上突破 5 日、10 日移动平均线，则反弹力度较弱，反弹时间也不能持久，不过若能把握时机，也可赚取差价。特别是在股价由高峰下跌后又暴跌，股价在 5 日、10 日移动平均线以下运行，距离 10 日移动平均线很远，10 日乖离率达到 15% 至负 20% 以下时，人气散尽，恐慌性抛盘不断，这正是黎明前的黑暗，强劲反弹就将来临，也是进货的绝佳机会。上海股市 1993 年 12 月 20 日和 1994 年 10 月 7 日即是先一路暴跌而后马上暴涨，差价高达 20%—40% 之多。

（5）空头市场中，当股价向上突破 5 日、10 日移动平均线后，又突破了 30 日移动平均线，则反弹上升的力量增强，会有较大的上升空间，也是一轮中级行情，可逢低买入。

（6）空头市场中，如果股价续向上突破 5 日、10 日、30 日移动平均线后，又突破了 60 日移动平均线，则后市的上涨空间会比其他情况来得强劲；如有利好消息的配合，则可顺势脱离空头市场，是极佳买点。

（7）股市处于盘局时，如果 10 日移动平均线向上方突破，表示多头力量较强，是买入时机。但在上海股市，就上证指数来说这种机会几乎没有。因为"久盘必跌"是上海股市的铁律，上证指数在经过较长时间的盘整后，要想发动一轮行情均要以先跌为代价，且跌幅通常不会小。这也许是上海股市投机性太强，机构在发动行情前再次压低吸货，以降低成本。

（8）10 日移动平均线位于股价下方，当股价与 10 日移动平均线之间的距离由紧密而加大时，表示多头力量增强，后市上涨机会大，是买进时机。

（9）如 K 线图与 10 日移动平均线纠缠在一起，纵有利多消息，仍不要轻易跟进，等 10 日移动平均线与 K 线图分开且上行时，方是买进时机。这时多方力量才是真正的增强，后市上升的概率才会大。特别是在空头市场，投资者均对利空敏感，而对非实质性的利多麻木。空头市场中的利多消息往往是出货的良机，而非跟进的机会，这在上海股市屡试不爽。所以，投资者在进场时，可分清大势，再行决断，不能盲目跟进。

（10）因长期的空头市场，使得 60 日移动平均线趋于平缓，甚至快成了直线状。当 60 日移动平均线由平缓向右上方拉升时，表示多头反攻，买盘增强，是买进时机。但这应结合 10 日、30 日移动平均线综合分析，决定买进时机。

当 10 日移动平均线上穿 20 日移动平均线时，股价收盘价收在这两根均线之上为有效金叉，可及时买入。当 10 日移动平均线下穿 20 日移动平均线时，股价收盘价收在两根均线之下为有效死叉，可及时卖出规避风险。中长线投资者可根据 10 日移动平均线和 20 日移动平均线的状态进行买入或持有，抑或是卖出。

在进行股票投资时，如果投资者能够很好地运用移动平均线理论，通常能够获取理想的收益。但移动平均线理论并非万能的技术分析方法，它也有其自身局限性：移动平均性是股价定型后产生的图形，反应较慢。另外，不能反映股价在当日的变化及成交量的大小。综合动用其他技术分析方法，可以达到更好的效果。针对这一点，投资者在进行实际操作时，一定要予以注意。

如何看待移动平均线的胶着状态

投资实践中，很多投资者常常可以看到这样一些个股：走势不上不下，甚至不为大市所动，兀自我行我素，股价老是围绕短期均线波动且波幅十分狭窄，呈现出一种胶着状态。那么，这种态势预示着什么？其后续走势又将如何发展呢？

实际上，这一问题必须通过辩证分析来进行判断，因为均线胶着之后的走势既可能存在比较大的市场机会，也完全有可能是一个陷阱。其判断的因素主要有以下几个方面。

1. 所处位置及成交量情况

首先要明确当时的股价水平处于相对高位还是相对低位。很多时候投资者无法判断股价是处于底部、中部还是顶部，但从其近来的运行趋势判断股价究竟是处于一段时间来的相对高位还是相对低位并不十分困难。如果是在相对高位且成交量始终保持较高水平，则必须提防风险；反之，若处于相对低位且成交量与前期相比萎缩较为明显，则成交量重新放大之时，股价一般都会有一个上扬的过程。而当股价处于上下均可的中位时，成交量更是必须重点参考的指标。

2. 历史走势

该股历史上有没有过被庄家爆炒的经历？如果有，并且从时间上看距今还不够久远（至少要 1—2 年），仍不时表现出成交量突升突减、日 K 线常常带有较长的上下影线等庄股特征，则最好少碰为妙，因为有庄并不是坏事，但千方百计想出货的庄则不是好事；如果是经过长时间无庄状态的低迷之后出现均线胶着状态，则可予以关注，等待成交量放大的介入信号出现。

3. 参考长期均线及周 K 线甚至月 K 线

在判断趋势模棱两可的时候，投资者可以用较长期的均线来进行研判，比如 125 天线、250 天线，甚至更长时间的均线，等等。因为短期均线可能存在庄家画线之嫌，但庄家耐性再好、功夫再深，也只能是短期行为，不可能成年累月地画下去。另外，有时候在日线图上不好把握的趋势，在周线图或月线图上却往往能够一目了然。因此，投资者完全可以并且应该养成一种习惯，即在分析大盘或个股走势时经常参考长期均线以及周线图或月线图的形态、趋势及技术指标，高瞻远瞩更能做到心中有数。

均线胶着属于整理形态，其后必然会有一个突破的过程。如果成交量逐渐放大，均线系统开始呈现多头排列现象，则其后将有一段升势；而一旦向下突破，也会有较大的下跌空间。需要注意的是，向下突破时成交量不一定放大，投资者切不可因为下跌无量而掉以轻心。

移动平均线方法的优化

通过技术分析来预测股市走势可能因技术指标的局限性而产生错误，但这不妨碍投资者通过一些方法来弥补其不足，使得预测正确的可能性最大。

下面将以移动平均线为例说明如何通过某些方法弥补移动平均线在操作过程中的不足。移动平均线的一般交易策略是：当价格日线向上穿过移动平均线，就表示可以买入，当价格日线向下穿过移动平均线，就表示可以卖出，但是，这样产生的买卖信号可能频繁发生，这时投资者就要改变交易策略。最简便也最有效的方法是以两条移动平均线作为判断标准，时间跨度大的移动平均线对最新价格信息的反应较不敏感，对趋势变化的指示较慢，反映中期的趋势；而时间跨度小的移动平均线对最新价格信息的反应较敏感，对趋势变化的指示较快，反映短期的趋势。这样用不同时间跨度的移动平均线来判断，既能指示出接近于每日变化的趋势，又能避免出现频繁的买卖信号。

采用这种方法的话，进一步要解决的是选用的时间跨度参数，我们可提供两个原则作为参考。第一，我们一般在菲波纳契数列中选，包括 1，2，3，5，8，13，21，34，55；第二，选择要以股价的波动性和股票的交易量为依据，如果股票交易清淡，选择的跨度长，才能获得较多的利润，比如可选择 3 对 13（表示短期均线的参数为3天，长期均线的参数为 13 天）；而交易活跃的股票能支持更频繁的交易，因此选择短的跨度可以获得较多的利润，比如选择 13 对 55。我们还可以借助计算机，通过分析历史数据，把这样的原则程序化，进而作出最优的选择。

另一种避免出现频繁的买卖信号的方法是通过设定一个过滤标准来判断突破是否有效，把无效突破排除掉，具体做法是当价格日线穿过移动平均线超过一定的幅度时（比如 3%），就表示可以买入或卖出。

还有一种办法是，结合三条移动平均线来确认市场是否强势，以 5 天、13 天、34 天的均线为例，若三条线在较短的时间互相向上或向下穿过，则指示买入或卖出的信号。

对于盘整的市场，单纯使用上述的移动平均线方法会产生频繁的买卖信号，使得交易策略失败。一种消极的解决办法是退出盘整的市场，在场外观望，但这必然使得你失去许多机会。另一种解决方法是不放弃移动平均线方法，但是同时借助其他可用作确认走势的指标，比如变动率指标 ROC 或动量指标 MTM，ROC 的计算涉及时间周期的选取，周期的选择仍用菲波纳契数列中的数，一般说来，价格波动小的股票可采用较长的时间周期，如 55 天，而价格波动大的股票宜采用较短的时间周期，如 34 天。ROC 指标的用处在于：单从它的符号来看，当显示正号时，表示与该时间周期前（比如 34 天前的价格）比，市场是上升的；当显示负号时，表示市场是下跌的。而进一步从该指标的大小和趋势来看，它能对移动平均线方法给出领先或滞后的确认信息。当 ROC 的值很高或很低时，市场情绪也达到极端，出现超买或超卖，这时很可能出现趋势的反转，而如果此时移动平均线方法显示出买卖的信号，那么要看它与 ROC 是同步还是背离的，如果是背离的，那么要小心控制趋势可能反转导致的损失，最好不采取行动。

另外，异同移动平均线 MACD 也可作为移动平均线信号的确认指标，再结合异同移动平均 MACD 的指数移动平均线（也被称为指示线）能更准确地进行判断，同时 MACD 线还是价格到顶或到底的领先指标，因为它不像移动平均线那样是滞后的，而是几乎能同步地指示出真实的价格顶和底。

第 10 章
破解成交量密码

什么是成交量

在股票投资领域，很多投资者经常听到这么一个词，即"量在价先"，然而对这句话能够真正理解的投资者并不多。投资者在听股评时也常常听到"量价配合""天量有天价""成交量不足，市场观望较重"等有关成交量的说法，这些说法一方面体现了成交量在分析股价未来走势中的重要地位；另一方面也说明了"成交量"这一看似简单的指标早已被专业人士及一般投资者所把握。然而事实真是如此吗？成交量难道只是一个简简单单的指标？通过本章，投资者可以对成交量有一个比较透彻的了解。

成交量在技术分析系统中，占有非常重要的位置，它是一种供需表现，代表投资者购买股票欲望的强弱，它反映股价波动的潮起潮落和人气的聚散，成交量的变化会造成股价随时变化，并与股价涨或跌有极其密切的关系。因此，一个好的技术分析者必须对成交量及其相关知识有一定的了解和掌握。

所谓成交量，主要是指某只股票在一段时间内，买方买进了多少股（或者说是卖方卖出了多少股），以单边的交易来计算。例如，某只股票当日成交量显示为10000 股 =100 手（其中 1 手 =100 股），这是表示买卖双方达成协议共交易了 10000 股，即买方买进了 10000 股，同时卖方卖出了 10000 股。在计算成交量时按 10000 股来统计。但如果计算交易量，则双边计算，买方 10000 股加卖方 10000 股，当日交易量计为 20000 股。

成交量主要包括日成交量、周成交量、月成交量、年成交量，甚至是 5 分钟、30 分钟、60 分钟成交量等。它既可以反映个股的交易数量，也可以反映整个市场总体的交易数量。

无论是分时走势图还是 K 线走势图，都可以看到图中有柱状线，这些柱状线就表示成变量。

图 10-1 为五粮液（000858）2010 年 3 月 11 日—7 月 13 日的 K 线图。从图中可以看到，在 K 线图下方，与每个交易日 K 线相对应都有一个柱形图，这些柱形图就反映了每个交易日的成交量情况。

在投资实践中，对成交量的分析，主要是将价与量联系起来，从股价与成交量的配合、股指与成交总值等角度对股市走势进行分析。

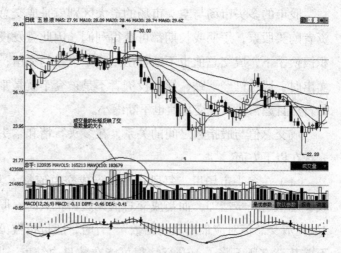

图 10-1 五粮液 (000858)2010 年 3 月 11 日—7 月 13 日 K 线图

1. 量价关系

在实践中，股价与成交量之间的变化关系是比较复杂的，概括起来包括以下几个要点。（1）低价量缩：当股市处于盘整阶段时，股份低迷，成交量萎缩，出现价低量缩现象；当股价极低，成交量极小时，股市已进入底部区域。

（2）价平量增：当底部价位区成交量放大但股价却没有进一步下跌或仅出现小幅波动时，这表明空头市场即将结束，大势将要反转。

（3）价涨量增：股价随着成交量的递增而上涨，这是多头市场的典型特征。因为在多头市场初期，股价逐步走出盘局，成交量明显放大，随着成交量的进一步增加，股价会出现飞快上涨的现象。

（4）价涨量缩：如果股价持续上升，不断创出新高，成交量却无法继续放大，甚至出现成交量萎缩的现象，这可能是股价即将反转的信号。

当股价在高价位区盘旋整理，却无法再维持巨大成交量，甚至成交量显著萎缩时，这表明多头市场已进入末期，大势即将反转。

（5）价跌量增：在空头市场初期，由于多空双方对大势的认识尚有分歧，一些投资者尚未认识到多头市场已结束。在股价下跌时，承接盘还很踊跃，成交量仍比较大，而当股价向下跌破股价形态、趋势线移动平均线，同时出现大成交量，这就是趋势反转向下的信号。

（6）价跌量缩：在空头市场末期，成交量随着股价不断创新低而逐渐萎缩。当股价在低位反弹后又跌回低位，如果这时的成交量少于前一个低位的成交量，这表明空头市场已进入末期，股价将进入底部区域。

2. 股指与成交总值

股市的多头市场与空头市场的最大区别就是成交总值的不同。上升趋势里，投资者购买股票，短期或长期都可获得利润。因此激发投资意愿，市场交易活跃，在积极换手下，成交总值也不断创出纪录；下跌趋势里，投资者买进股票后，再准备卖出时，股价已经下跌，导致投资者不是被套牢就是割肉离场，因此影响买气，交易自然且趋清淡，成交总值也不断缩小。

成交总值与股指数之间的关系，在多头行情和空头行情中表现各不相同，具体表现在以下方面。

（1）在多头市场里，每段行情起点成交总值都不大，随着股价的进一步上升，成交总值进一步增加，而当成交总值无法再扩大时，股价指数可能将开始下跌，即"最高成交总值对应最高股价指数"。有时，股价指数虽然继续上升而成交值却停滞不前甚至有所下降，上升行情很可能在数日内结束，即"先见量，后见价"。有时在长期下跌行情中突然放出巨量，股价也可能会由此上升一段。

（2）在空头市场里，下跌的每段行情成交总值均有急剧萎缩现象，显示买气日渐衰退；股价逐渐走低，直至成交总值不能萎缩，跌势便告一段落，也就是"最低成交总值对应最低股价指数"，有时股价虽然继续走低但成价总值不变，下跌时行情即将结束。

与成交量相关的一些术语及概念解析

投资实践中，投资者在使用相关股票软件查看行情或分析成交量的时候，会发现有许多指标或术语涉及成交量这个概念。这些指标或术语从不同侧面反映了市场的交投情况。为了更好地了解成交量的含义，还需了解成交量的相关概念，即成交笔数、成交金额、换手率、内外盘、委比、量比等。

1. 成交笔数

成交笔数是指某只股票成交的次数，对成交笔数的分析主要依据某只股票成交次数的多少，了解人气的聚集与离散，进而研判股价因人气的强弱变化所可能产生的走势。成交笔数分析要点如下。

（1）当股价位于低价位区时，成交笔数缩小，表示大势即将反转向上，是介入时机。

（2）当股价位于低价位区时，成交笔数放大，且股价上升，表示大势反转，是买入时机。

（3）当股价位于高价区时，成交笔数放大，并且股价上升，表示仍有一段上升行情。

（4）当股价位于高价位区时，成交笔数较大，但是股价下跌，表示大势即将反转向下，是卖出时机。

投资者应该注意的是成交笔数分析一般适用于中长线投资操作，而不适用于短线操作。

2. 成交金额

所谓成交金额，是指在某一特定交易日内，在证券交易所上市交易的某支股票或大盘的成交金额。成交金额的基本统计单位是元，在行情分析软件上都是以万元为统计单位的。日常投资实践中，投资者通常所说的两市大盘多少亿的成交量就是指成交金额。

成交金额显示了证券市场上主力资金的流向以及投入市场的资金总量情况，直接反映即时参与市场交易的资金量多少。成交金额常用于大盘分析，通过成交金额使大盘成交量的研判具有纵向的可比性。

3. 换手率

换手率是股票炒作当中不可忽视的技术指标，尤其在新股操作当中最为突出。一般而言，新股上市第一个交易日换手率在70%左右是比较好的，收盘价最好在当日平均价格之上为好，这样的股票常常存在不错的投资机会。而在一般情况下，普通股票换手率的判断基本可以有以下几个结论。

（1）当换手率一天达到3.5%就有能力推动股价的上升，可密切留意其动向。

（2）一天换手率达到5%—6%时是股票重点关注时期，投资者应随时准备做短线投机操作。

（3）在换手率达到20%以上时就另眼看待，有可能是主力换庄，也有可能是主力出货，还有可能是大部分投资者达成共鸣的群众运动，需结合其他情况综合分析判断。

（4）在换手率达到30%以上时要首先考虑主力出货的可能性。如果经过一段时间调整后股价再次无量突破该股当天的高位，则可以少量买入。

以上解读换手率的方法，需要投资者根据自己实际投资股票的具体情况来具体分析，不一定要生搬硬套。炒股最讲究的就是在实战当中做到灵活应变。行情经常在变化，换手率的判断与其他人任何技术指标一样也会有被主力机构反操作的时候。投资者要谨慎应用多种技术指标进行分析才是上策。

4. 外盘与内盘

所谓外盘，是指在通用的行情软件中，以委卖价成交的主动性买盘。所谓内盘，则是指以委买价成交的主动性卖盘。一般来讲，由于卖方成交的委托纳入外盘，如外盘很大意味着多数卖的价位都有人来接，显示买势强劲；而以买方成交的纳入内盘，如内盘过大，则意味着大多数的买入价都有人愿卖，显示卖方力量较大；如内盘和外盘大体相近，则买卖力量相当。

5. 委比

委比是用以衡量一段时间内买盘与卖盘相对强弱的指标。它的计算公式为：

委比＝（委买手数－委卖手数）/（委买手数＋委卖手数）×100%

其中：委买（卖）手数是指现在所有个股委托买入（卖出）下（上）五档的总数量。委比数值的变化范围在－100%至＋100%之间。委比值越大，说明市场买盘相对比较强劲；委比负值越大，说明相对来讲市场的抛盘比较强劲。

值得注意的是，委比需要与涨幅榜和量比结合起来分析，才能发挥有效作用，单纯分析委比是不能作为买卖依据的。因为委比只能说明在这一时刻，这只股票买卖的强度对比。有时会出现某只股票涨势不错，而委比却显示空方力量比较强的偶然情况，此时就需要对这只股票进行连续观察，才能发现该股的真实买卖强度。

6. 量比

量比是衡量相对成交量的指标。量比是一个发现成交量是否出现异动的工具。对投资者而言，应主要关注那些放量和缩量的个股。

所谓放量，是指股票在某一段时间内的成交量相对于前一段时间的平均成交量出现了放大的态势。这里的"放大"是一种"明显"的放大。例如，昨天全天的成交量是2亿，今天忽然变成4亿了，就是放量。如果今天变成了2.1亿，就不算。放量是相对而言的，昨天2亿，今天变成3亿，你也可以说它放量了。放量一般有三种情况，一是"连续放量"又可称为"堆量"，即成交量的放出效果在多日内能连续维持，其中多蕴藏了主力的参与；二是"递增成交量"，即成交量在几日内出现逐级递增、持续变大的情况，有一个明显的递增效果；三是"间歇性放量"，即成交量在单日内突然放大，随后几日内逐步恢复放量前的水平或者在第二日就恢复到原来水平。

所谓缩量，是指市场成交量比较小，大部分投资者对市场后期走势十分认同，意见十分一致。缩量一般发生在趋势的中期，大家都对后市走势十分认同。这里所说的"对后市走势十分认同"，主要是说市场里的各投资者和机构看法基本一致。通常包含两种情况：

第一种情况是投资者都十分看淡后市，造成只有人卖却无人买，所以急剧缩量；

第二种情况是投资者都对后市十分看好，只有人买，却没有人卖，所以又急剧缩量。

了解了成交量的相关概念，有助于投资者作出更好的投资决策。

7. 均量线

均量线是一种反映一定时期内市场平均成交情况即交投趋势的技术性指标。

在判断均量线时，应了解均量线的波动既不提供交易中的买入或卖出信号，也不具备移动平均线那种对股价助涨或助跌的功能。均量线反映的仅是市场交投的趋向，对未来股价的变动起辅助指标的作用。

把一定时期内的成交量相加后再除以成交天数，得出平均数，然后在成交量图中形成较为平滑的曲线，就是均量线。一般情况下，均量线以 10 日作为采样天数，即在 10 日平均成交量基础上绘制，也可以同时选 10 日和 30 日的天数采样绘制两条均量线，其中 10 日均量线代表中期交投趋势，30 日均量线代表较长期的交投趋势。

成交量与价格趋势有哪些关系

投资实践中，投资者若想找出价格短线运行的有用线索，需要对成交量和价格的关系有一个深切的了解。在探索成交量和价格之间的关系时，投资者需要注意的关键点是以下几点。

（1）确认当前价格运行趋势：市场上行或下探，其趋势可以用较大的成交量或日益增加的成交量进行确认。逆趋势而行可以用成交量日益缩减或清淡进行确认。

（2）趋势呈现弱势的警告：如果市场成交量一直保持锐减，则警告目前趋势正开始弱化。尤其是市场在清淡成交量情况下创新高或新低，以上判断的准确性更高。在清淡成交量情况下创新高或新低应该值得怀疑。

（3）区间突破的确认方法：市场失去运行趋势时即处于区间波动，创新高或新低即实现对区间的突破将伴随成交量的急剧增加。价格得到突破但缺乏成交量的配合预示市场尚未真正改变当前运行区间，所以应多加谨慎。

（4）价格形态的确认：在以后的形态学讲解中，如果没有成交量的确认，价格形态将是虚的，其可靠性也就差一些。

（5）成交量是股价的先行指标：关于价和量的趋势，一般说来，量是价的先行者。当量增时，价迟早会跟上来；当价升而量不增时，价迟早会掉下来。从这个意义上，我们往往说"价是虚的，而只有量才是真实的"。时间在进行行情判断时有着很重要的作用。一个已经形成的趋势在短时间内不会发生根本改变，中途出现的反方向波动，对原来趋势不会产生大的影响。一个形成了的趋势又不可能永远不变，经过了一定时间又会有新的趋势出现。循环周期理论着重关心的就是时间因素，它强调了时间的重要性。

（6）成交量催化股价涨跌：一只股票成交量的大小，反映的是该股票对市场的吸引程度。当更多的人或更多的资金对股票未来看好时，他们就会投入资金；当更多的人或资金不看好股票未来时，他们就会卖出手中的股票，从而引起价格下跌。但是无论如何，这是一个相对的过程，也就是说，不会所有的人对股票"一致地"看好或看坏。这是一个比较单纯的看法，更深层的意义在于：股票处于不同的价格区域，看好的人和看淡的人数量会产生变化。比如市场上现在有 100 个人参与交易，某股价格在 10 元时可能有 80 个人看好，认为以后会出现更高的价格，而当这 80 个人都买进后，果真引起价格上升；股价到了 30 元时，起先买入的人中可能有 30 个人认为价格不会继续上升，因此会卖出股票，而最初看跌的 20 个人可能改变了观点，认为价格还会上升，这时，价格产生了瞬间不平衡，卖出的有 30 人，买入的只有 20 人，则价格下跌。看好、看淡的人数会重新组合并决定下一步走势。

那么，具体来说，分析成交量究竟对投资者有什么益处呢？

（1）可以通过成交量变化分析某只股票对市场的吸引程度。成交量越大，说明越有吸引力，以后的价格波动幅度可能会越大。

（2）可以作为股价趋势反转信号。在一波段的涨势中，股价随着递增的成交量而上涨，突破前一波的高峰，创下新高后继续上涨，然而此波段股价上涨的整个成交量水准却低于前一波段上涨的成交量水准，价突破创新高，量却没突破创新水准量，则此波段股价涨势令人怀疑，同时也是股价趋势潜在的反转信号。

（3）可以从成交量变化分析某只股票的价格压力和支撑区域。在一个价格区域，如果成交量很大，说明该区域有很大的压力或支撑，趋势将在这里产生停顿或反转。

（4）可以观察价格走出成交密集区域的方向。当价格走出成交密集区，说明多空分歧得到了暂时的统一，如果是向上走，那价格倾向于上升；若向下走，则价格倾向于下跌。

（5）可以观察成交量在不同价格区域的相对值大小，来判断趋势的健康性或持续性。随着某只股票价格的上升，成交量应呈现阶梯性减弱，一般来说，股票相应的价格越高,感兴趣或敢于参与的人就相应越少。不过这一点，从成交额的角度来看，会更加简单扼要。

（6）可以观察涨势是否已到末期。有时股价随着缓慢递增的成交量而逐渐上涨，渐渐地走势突然成为垂直上升的喷发行情，成交量急剧增加，股价暴涨。紧随着此波走势，继之而来的是成交量大幅度萎缩，同时股价急速下跌。这种现象表示涨势已到末期，上升乏力，走势力竭，显示出趋势反转的现象。反转所具有的意义将视前一波股价上涨幅度的大小及成交量扩增的程度而定。

成交量是价格变化的一个重要因素之一，也是一个可能引起本质变动的因素，但是在大多数时候，只起到催化剂的作用。仅仅根据成交量，并不能判断价格趋势的变化，至少还要有价格来确认。

成交量增大时股价上涨是怎么回事

所谓的成交量大股价也上涨，在股市术语中叫作"量增价升"。量增价升是"量价配合"形态之一，是指股价随着成交量的放大而上涨，或者是大盘在成交量放大的同时大盘指数也出现上涨。通常情况下，量增价升是买入的重要信号之一。

图 10-2 为 光 明 乳 业（600597）2009 年 8 月 11 日—2010 年 2 月 4 日 的 K 线图，从图中可以看到，经过一波较大跌幅的下跌行情之后，股价逐步向上攀升，同时成交量也放大，呈现量增价升走势。随着成交量放大的配合，股价不断向上拓展空间，在这个过程中量价配合良好，后市走出一波可观的上涨行情。

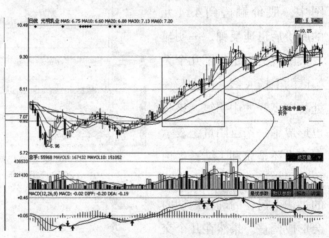

图 10-2 光明乳业（600597）
2009 年 8 月 11 日—2010 年 2 月 4 日的 K 线图

通常情况下，量增价升在上升行情的初期、中期和末期都会出现。前者最好分辨，此时的成交量虽然明显放大，但是均量并不是极大的；而中期和末期则容易出现混淆，下面我们就来学习它们各自的特点。

量增价升是上涨初期最为常见的量价形态，表示股价正在稳步回升，投资者对股票后市看好。出现量增价升之后有两种发展方向，如果前期价格缓慢上升，那么上涨就能在相对长一些的时间中继续进行；如果价格上升过快，则往往有横盘或回调发生。

中期出现的"量增价升"，表示股价受到投资者的追捧，后市可期。中期成交量的特点是每一次上升和回调一般都会对应成交量上的放大和缩小——即成交量的间歇性放大，这种现象表示投资者看好该股后市发展，因此上升时愿意追涨，下跌时则不愿抛售。

后期出现的"量增价升"有两种。

（1）无论阴线阳线都有大量，这大体上就是主力出货了。

（2）阳线为大量，阴线会减少。

但它们共同的特点就是成交量放得极大，且反转日附近经常会出现极大的成交量，需要注意的是有时最大的成交量并不能超过前期上涨时的成交量，但平均每根K线的成交量还是属于大量的。

图 10-3 为武钢股份（600005）在 2008 年下半年至 2009 年年初的走势图。图中，股价触碰到 4.14 元的底价后迅速反弹，一明显放大的成交量走出了几个大幅度的上扬 K 线，图中又一处跳空高开的中阴线，该日也形成了一条巨阴量，表示很多人还是获利了结，生怕再跌。这种情况，结合股价的过快上扬，的确在短期内会形成调整。果然在几个交易日后又进行了一周左右的平盘震荡，才又开始上升的。

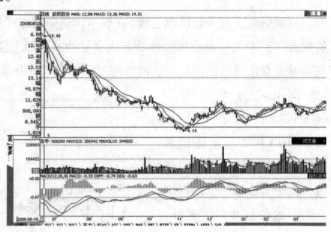

图 10-3 武钢股份（600005）
2008 年下半年—2009 年年初的走势图

当投资者介入此类上涨时，做长线的就可以一直持有，而短线者则需要注意这种调整的出现。其实上升初期出现回调是再正常不过了，关键是什么时候回调？利用技术指标是一种比较好

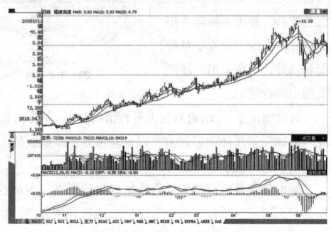

图 10-4 福建高速（600033）
2006 年 10 月—2007 年 7 月的上涨走势图

的方法，另外也可结合 K 线图进行分析。

图 10-4 为福建高速（600033）在 2006 年 10 月—2007 年 7 月的上涨走势图，

呈反复震荡形状。我们看到它的中期上涨阶段，每一次震荡向上时都会伴随着成交量的增加，由于每一次上升都会引起量能的明显放大，上升的速度都比较快。这种量增价升的形态提醒我们，股价随时会出现调整。作为长线投资者可以一直持有，而短线客则需要找准时机。技术指标在股价上升的过程中准确率较高，因此我们可以借助于技术指标来判断上升中期的短线投资策略。另外，在上升期间出现的典型K线形态准确率也较高，需要我们留意。

由上面的分析和案例，我们可以看出：

1. "量增价升"出现在不同阶段的表现形态是不同的

上涨初期：成交量或温和放大，或突然放大都有可能。成交量随波峰波谷出现间歇性的增加，平均成交量不会很大。

上涨中期：成交量温和放大，若有突破行情则突然放大。成交量随波峰波谷出现间歇性的增加。

上涨末期：在一段持续的时间内，成交量不论上涨下跌都极大（下跌时可能比上涨时小些，但和前期普遍的阴量相比明显为大量）。

这一条不能死记硬背，因为在局中，谁也无法说清这到底是中期还是末期，我们作此划分是为了使内容清晰有序。实际上，当成交量维持大量的时间长度或量的高度上都不能持续时，就是上涨末期（判断时从价格高度、成交量程度以及时间长度上来分析）。

2. 强势市场的不同阶段，有不同的操作方法

上涨初期：出现"量增价升"时可建仓，每次回调都是补仓的时机。

上涨中期：短线投资者应注意波峰波谷的买卖时机。

上涨末期：出现"量增价升"，并配合上一条的特征，立刻卖出。

3. 配合其他指标进行综合判断更准确

在上升途中做波段时，尽量结合K线、技术指标等；在上升末期，结合K线、技术指标，并重视顶部形态。

值得关注的成交量形态有哪些

投资实践中，虽然成交量的形态要结合具体的个股情况来做研究，但是熟悉这些成交量的所有形态却有助于投资者从众多的股票中快速地发现具有赢利潜质的优良个股。

图10-5为法尔胜（000890）的成交量形态示意图。

具体来说，值得关注的成交量的形态主要有以下几点。

1. 缩量

缩量直接反映出了市场成交极为清淡。对于极度萎缩的成交量我们可以将其称之为"地量"。如果说主力可以通过"对倒"进行放量造假的话，那么缩量则真实地反映出市场的交投行为。根据其发生在股价的位置，又可分为顶部缩量、途中缩量、底部缩量。

图 10-5　法尔胜（000890）成交量形态示意图

2. 连续放量

根据放量的结果，放量主要分为三种形式，其一就是连续放量。所谓连续放量，也就是我们投资实践中通常所说的"放量"，即成交量的放出效果在多日内能连续维持，其中多蕴藏了主力的参与。连续放量主要分为底部连续放量、途中连续放量和顶部连续放量。

（1）底部连续放量。任何一种放量形态都无法决定股价的后期走势，但是放量却为我们提供了研判个股主力动向的切入点，通过具体个股具体分析，就可以做到心中有数。底部连续放量通常是一种股价即将要上涨的信号。这里所说的"底部"并非指已无下跌空间，而是指这个区间距离最低点已经非常接近，如果从长期的角度来看，在此时买入，即使无法马上获利，那么从长期的观点来看，只要有耐心，肯定会收获颇丰。

（2）连续放量既可以出现在上涨途中，也可以出现在下跌途中。一般来讲，对于上涨而言，这种连续放量多是虚假的放量，是主力为了吸引市场人气而人为制造的。投资实践中，很少有投资者谈及下跌行情中如何如何，因为下跌行情中盈利的可能性相对较小。然而，资深的投资专家都知道，如果对下跌没有一定研究，下跌的行情会让投资者亏损更多。所以，投资者应该更多地关注下跌行情，尤其是下跌途中出现的连续放量情况。

（3）顶部连续放量。在投资实践中，很少有投资者理会顶部连续放量的情况。因为，顶部连续放量情况大多是主力自导自演的一种哄骗散户投资者的陷阱。然而，针对顶部连续放量情况，投资者需要注意的是：如果一只股票的股价相对底部已经翻了两倍左右，那么即使这只股票出现了相比以前放大效果更为明显的成交量，虽然此股股价还有可能更上一层，投资者也应该尽量回避，因为此时介入风险极大。

3. 递增放量

针对递增放量，投资者只需明白：如果递增放量在上涨途中出现，则是一种人气逐渐汇聚的过程；相反，如果出现在下跌途中，则是一种恐慌情绪逐渐加重的过程。

4. 间歇性放量

间歇性放量打破了市场交投状况的连续性。其主要是突发利好或利空消息引发了大量涌入的买盘或大量涌出的抛盘。针对这点，投资者可以结合放量的程度来判断市场情绪是否仍会蔓延下去，如果市场情绪在消息公布当天完全发泄出来，那么在这种持续释放出来的情绪影响下，股价在随后的走势中仍会惯性上涨或下跌。

5. 双峰放量与多峰放量

所谓双峰放量，是指间隔较短的时间内连续出现了两个间歇性放量，而这两个间歇性放量之间的成交量明显出现的萎缩，在形态上好像是山谷连接两个山峰一样。由此类推，还有三峰放量、多峰放量。

成交量缩小时股价上涨是怎么回事

如前所述，当成交量增大时，说明股市一片利好，会吸引越来越多的投资者介入，引发股价上涨行情。

然而，投资实践中，让很多投资者不解的是，在某些时刻，成交量缩小，股价也会呈现上升态势，即股价随着成交量的缩小而上升或者大盘在成交量缩小的同时大盘指数出现上涨。这是怎么回事呢？

一个原因是开盘直接涨停造成的成交量锐减。除了这个原因，我们知道，股价在一段时间内的上涨是有限度的，价格过高的风险不言而喻。因此，当股价位置太高时，成交量反而会发生萎缩，这就是量缩价升最常见也是最值得投资者重视的原因。

量缩价升在价格上升行情的初期、中期和末期都有可能发生，最重要的就是上面介绍的末期发生的量缩价升形态，投资者一定要有所了解。

通常情况下，量缩价升在上升行情的初期、中期和末期都会出现。

在初期出现量缩价升一般是由于投资者对前期的下跌还心有余悸，遇到回升后不敢贸然进入，那么这种情况就很难支撑个股的进一步上涨了，短期内可能出现平盘、回落，等到越来越多的参与者达成了股价已见底的共识，股价才会上升。

上升中期的量缩价升：价格上升得不够痛快，买盘未被吸引，且刚入盘的投资者并不愿意此时卖出，因此卖盘也有所减少。整个盘局是有点僵持的状态。这种情况出现后涨势会放缓，或者需要经过横盘确认才能继续上升。当确认价格在某点为出现支撑后（价格开始回升），价格会继续上升。它的特点是在平均的成交量不大的基础上的缩量。价格仍在升高，但越来越多的投资者意识到风险，不再买进，导致成交量减少。而当大部分持股人赚到满意决定了结时，卖盘太多，股价必然下跌。

上升末期缩量特点：成交量极大，然后慢慢缩小。

投资者在看到这种形态时，要注意该股前期升幅情况，如果升幅不大，那么完全可以趁整理价格入手，或是继续持有，比如2009年出现的股市不同板块的轮涨，若担心整理时间过久，则可保持积极关注，结合消息面利好，在该股的升势得到大部分投资者认可后积极买进。

一般说来，出现"量缩价升"的情况，股价仍在继续上升，适宜继续持股，如果锁筹现象较好，也只能是小资金短线参与，因为股价已经有了相当的涨幅。有时在上涨初期也会出现"量缩价升"，则可能是昙花一现，但经过补量后仍有上行空间。

成交量增大时股价下跌是怎么回事

成交量增大时股价下跌的情况，在股市中也有一个术语，即量增价跌。所谓量增价跌，是指随着成交量的放大，股价出现不涨反跌的趋势，或者是大盘在成交量增大的同时大盘指数出现下跌。

图10-6为银轮股份（002126）2010年2月25日—6月23日的K线图，从图中可以看到，经过前期上涨后股价运行到高位区，主力会趁股价上涨的机会逐步兑现获利筹码，其他获利盘在这高位区域，也会纷纷获利了结。而此时股价经过加速上涨后，做多热情减弱，缺乏继续上涨动力，成交量又连续放出大量，呈现出量增价跌现象，这是一个卖出信号。

通常情况下，量增价跌在上升行情的初期、中期和末期都会出现。

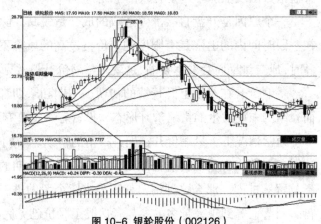

图 10-6 银轮股份（002126）
2010 年 2 月 25 日—6 月 23 日的 K 线图

下跌初期与中期的"量增价跌"一般都发生在重要位置上，比如说跌破支撑点位（支撑线）、出现向下跳空以及下跌信号的K线组合，等等。区别是中期的"量增价跌"一般会发生在反弹失败后，让投资者越来越感到绝望之时。

下跌末期出现的"量增价跌"，表示逐渐有投资者开始入场建仓。

投资者在看到下跌初期与中期的"量增价跌"后，效率最高的止损方法就是斩仓，最好不要通过在下跌中买入的方法来减少平均成本，这只会让你越陷越深。

综上，在不同的阶段，投资者对"量增价跌"应根据不同情况进行判断。

下跌初期：出现在关键的点位上或有利空刺激，若是持续大量则可能是主力出逃，建议清仓。

下跌中期：出现在反弹失败，向下突破支撑时。

下跌末期：往往出现在具有超跌效应（跌过头）的下跌之中，但量不会特别大。此时不建议跟入，但可保持积极关注。

成交量缩小时股价下跌是怎么回事

所谓成交量缩小时股价下跌，在股市中的术语叫作"量缩价跌"。所谓量缩价跌，是指随着成交量的缩小，股价出现下跌的趋势，或者是大盘在成交量缩小的同时大盘指数出现下跌的情况。量缩价跌为卖出的一个重要信号。因为，量缩价跌为无量阴跌，底部遥遥无期，所谓多头不死跌势不止，一直跌到多头彻底丧失信心斩仓认赔，出大的成交量，跌势才会停止，所以在操作上，只要趋势逆转，应及时止损出局。

通常，"量减价跌"在下跌中期比早期更容易出现，因为大部分投资者认为已经过了最佳出货时机，那至少要等到下跌的反弹高点再出货。但这一等却遥遥无期，除非是到了关键点位，投资者再也忍受不了，才会出现量大的斩仓现象。投资者是不愿意"割肉"的，但是在下跌趋势明显的早中期，"割肉"却是最理智的行为。

下跌末期出现的"量减价跌"：当股市经过一阵暴跌

图 10-7 大有能源（600403）
2010 年 3 月 15 日—7 月 1 日的 K 线图

后，价格不断下探，到某一价位区间时，长期投资者和深度套牢者不会轻易地卖出股票，那么股价也就不会再下跌，此时就呈现出较长时间的平盘震荡，这就是筑底过程，它的价量形态也就表现为"量减价跌"。

与下跌初期或下跌中期的"量减价跌"不同的是，末期会多次出现或长时间持续出现此形态，投资者可保持积关注。

图10-7为大有能源（600403）2010年3月15日—7月1日的K线图，从图中可以看到，经过前期上涨后股价运行到高位区，经过冲高回落放出大量的走势后，接下来的交易日，出现量缩价跌走势。在高位区域出现量缩价跌现象，且在随后的交易日，量能急剧萎缩，投资者应果断离场观望，回避下跌风险。在下跌途中出现量缩价跌为弱势信号，股价下跌不需要成交量支持，后市继续看空。

成交量增大时股价持平是怎么回事

所谓成交量增大时股价持平，在股市术语中叫作"量增价平"。所谓量增价平，是指随着成交量放大，股价走势几乎是在一定价位区间内水平波动，或者是大盘在成交量放大的情况下，指数没有同步上涨，而是在一定指数点位水平波动。

出现量增价平的情况时，一般成交量的阳柱线明显多于阴柱，凸凹量差比较明显，说明底部在积聚上涨动力，有主力在进货为中线转阳信号，可以适量买进持股待涨。有时也会在上升趋势中途也出现量增价平，则说明股价上行暂时受挫，只要上升趋势未破，一般整理后仍会有行情。

如果当时股价处于阶段性的底部，或出现了地量地价的极端情形，那么此时的量增价平往往是多头开始进场的表现。但由于是建仓阶段，所以主力的吃货行为比较保守，没有引起股价过多的涨幅，但是却承接了空方的大部分抛单，导致成交量增大而价格不涨的现象。但此时并不意味着跌势停止，有时主力为了建仓的需要，会拿着刚买的筹码反手打压股价，迫使更低的筹码出现。因此，小资金的交易者不宜在此时进场，而大资金的交

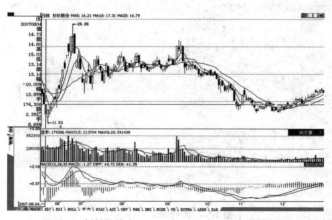

图10-8 杉杉股份（600884）2007年下半年的走势图

易者则可以同步建仓。

如果当时股价处于阶段性的顶部，量增价平则往往是空头开始发力的表现。当股价有了较大的涨幅后，尽管多方的热情仍然高涨，但空方出于套现的需要而开始抛售，导致股票会出现成交量增大而价格上不去的现象。此时，没有股票的交易者要持币观望，而有股票的交易者则应考虑减仓或平仓。

图 10-8 是杉杉股份（600884）在 2007 年下半年的走势图。在 6 月 22 日该股高位放量，而最终几乎收平盘，这是主力出货的一种表现。

成交量缩小时价格持平是怎么回事

所谓成交量缩小时股价持平，在股市术语中叫作"量缩价平"。所谓量缩价平，是指随着成交量的萎缩，股价走势几乎是在一定价位区间内水平波动，或者是大盘在成交量萎缩的情况下，指数没有同步下跌，而是在一定指数点位水平波动。

图 10-9 为成飞集成（002190）2009 年 12 月 21日—2010 年 4 月 14 日的 K线图，从图中可以看到，经过前期上涨后出现量缩价平走势，往往是主力利用平台整理来消化抛压盘或洗盘，只要股价没有跌破 60日均线，后市仍然看多。从图上可以看到，经过一段时间整理后，股价仍继续向上攀升。

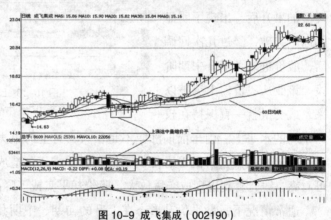

图 10-9　成飞集成（002190）
2009 年 12 月 21 日—2010 年 4 月 14 日的 K 线图

对于个股，在不同阶段出现量缩价平现象，其代表的含义是不同的。

上涨初期的量缩价平：市场方向不明确，投资者应观望。

上涨途中的量缩价平：可能是主力利用整理平台来清洗筹码，消化获利回吐压力和解套压力，只要股价没有破 60 日均线，后市仍可继续看多。

有了较大涨幅后的高位区域的量缩价平：如果此前成交量曾经持续出现大量，此时的缩量可能是主力完成派发任务，一旦市场后期无新增资金介入，股价必然下跌，此时投资者应获利了结。

下跌初期或下跌途中的量缩价平：为弱势信号，投资者应谨慎操作。

较大跌幅的末期中出现的量缩价平：如果成交量持续缩至很小，说明此时股价已经接近底部或者这个区域就是底部，投资者应作好买入准备。

成交量持平时股价上升是怎么回事

所谓成交量持平时股价上升，在股市中的术语叫做量平价升。量平价升属于价量背离形态的一种，主要是指成交量几乎是在一定幅度水平波动的同时股价出现上涨的走势，或者是大盘在成交量几乎是在一定水平波动的情况下，指数上涨。

图 10-10 为上海电力（600021）在 2006 年下半年—2007 年上半年的走势图。该股在 3.92 元的谷底价后开始回升，经过了一段缓慢的攀升后，出现了明显的向上突破，经过几次回调后，股价进入了上升中期阶段。该股从股价向上突破以来，成交量就一直保持在较为平均的水平上。

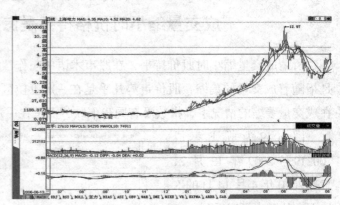

图 10-10 上海电力（600021）
2006 年下半年—2007 年上半年的走势图

由于前期涨幅不是很大，且上海电力的基本面不错，因此我们可以推测这种量平价升的形态是由于投资者"惜售"造成的。那么这种情况下股票就可看高一线，直到出现成交量放大、股价却平盘或下降的情况。

通常情况下，量平价升形态在上升的初期、中期和末期都会出现，初期的量平价升好辨认，也好操作，中后期的"量平价升"却难以分辨。成交量保持等量水平，股价持续上升，可以在期间适时适量地参与。

上升初期出现的量平价升：在股价开始回升时，涨幅不算很大（一般小于 45 度斜线，甚至小于 30 度斜线），一些散户投资者开始建仓，但力度不足，价格上涨得不够抢眼，终究没能引起更多买盘的关注，因此上涨状态不会持续很久，很可能会回落补量。其特点是：成交量很小。

上升中期出现的量平价升：如果出现的是量小平，则表示主力控盘情况较好，后市继续看涨，投资者可继续持股做多；如果出现量中平，则说明此时股价运行方向不明，投资者应谨慎做多；如果出现量大平，则看淡后市，投资者可退出观望。

有了较大涨幅后的高位区域出现量大平为滞涨信号，投资者不要对后市抱有幻想而追高买入，可分批获利了结。

下跌初期或下跌途中出现量平价升，此时的价升属于一个技术反弹，只要后期成交量不增加，股价后期仍要继续下跌。

较大跌幅的末期中出现量平价升，股价仍有可能出现回落，投资者应继续观望，同时作好买入准备，等待合适时机的到来。

成交量持平时股价下跌是怎么回事

所谓成交量持平时股价下跌，在股市中的术语叫作量平价跌。量平价跌，是指成交量几乎是在一定幅度水平波动的同时股价出现下跌的走势，或者是大盘在成交量几乎是在一定水平波动的情况下，大盘指数下跌。

图 10-11 为安泰集团（600408）2010 年 3 月 5 日—7 月 19 日的 K 线图，从图中可以看到，在股价下跌行情中呈现量平价跌走势，表示股价处于空头行情中，抛压减小，但是下跌趋势也不容易改变。此时，应该及时离场观望，回避下跌风险。该股后期的下跌走势也说明

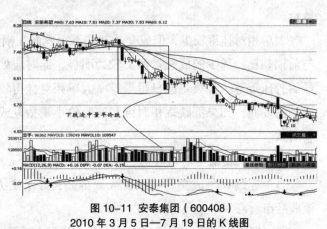

图 10-11 安泰集团（600408）
2010 年 3 月 5 日—7 月 19 日的 K 线图

了在下跌途中出现量平价跌的形态，投资者应该及时退出观望，减少投资风险。

具体来说，对于个股，在不同阶段出现量平价跌的现象，其代表的市场意义不同。

上涨初期或上涨途中的量平价跌，预示此阶段抛压大，主力利用整理平台来消化获利回吐压力和解套压力，只要股价没有跌破 60 日均线，后市仍可继续看多。

有了较大涨幅的高位区域出现的量平价跌，往往是主力开始逐渐出货，投资者此时应获利了结，不要轻易追高买入。

下跌初期或下跌途中出现量平价跌，后市看空，股价后期会继续下跌，投资者应及时退出观望。

较大跌幅的末期出现量平价跌，如果成交量呈现量小平状态，则股价此时接近底部区域或此区域就是底部区域，投资者应密切关注。

为何会出现多笔大单瞬间成交的现象

投资实践中，一般的行情软件，都把 500 手作为划分大单和零星小单的分界线。一笔数量大于 500 手的成交称为大手成交。连续且单向的大手成交显然非中小投资者所为，而大户也大多不会如此轻易买卖股票而滥用自己的钱，我们几乎可以肯定是主力所为。大买单数量以整数居多，但也可能是零数，但不管怎样都说明有大资金在活动。比方说，用大的买单或卖单告知伙伴自己的意图，像 4500 手，连续两个 1200 手等，这是他们早已约好的暗号。或者用有特殊含义的数字，比如 1818 手、2345 手、6666 手、6868 手等，一般投资者是绝不会这样挂单的。如果连续出现两笔同样数值的三位数以上的成交，则可能是使用软件下单的机构操盘并未修改下单数量。

大单相对挂得较少，但成交量却并不因此而大幅萎缩，一般多为主力对敲所致。与前期相比，稀少的成交量意义较为明显，此时应处于主力吸筹末期，主力在进行最后打压吸筹，且吸筹已显得艰难；大单相对挂得较多且成交量增加，是主力积极活动的征兆。如果涨跌幅相对温和，股价小幅抬升或下跌，一般多为主力逐步增减仓所致。

大手成交情况与后市股价表现的基本规律如下。

（1）连续大手成交，将股价大幅推高，显示主力愿意高价吃货，是扫盘行为，该股后市看涨。

（2）股价下跌后，大手成交仍连续不断，显示主力愿意低价卖出，是出货行为，该股后市看淡。

（3）股价随大手成交而上涨，如稍回调再上涨时大手成交（笔数或单笔数量）增加，说明股价上升的动力加强，该股后市继续上涨的可能性大。

（4）股价随大手成交而下跌，如随后大手成交增加，说明股价下跌的动力增强，该股后市继续下跌的可能性大。

（5）股价随大手成交而有较大幅度下跌后，大手成交减少后又慢慢增加，股价上升，说明股票的承接力增强，是跌势将尽的信号。

（6）股价总体下跌，但大手成交时的价位都是上升的，这是打压吸货的行为，后市将向上反转。

为何会出现单笔大单大幅提高股价的现象

投资实践中，很多投资者一定看到过这样的现象，即盘中以一笔或数笔拉起巨大升幅，但瞬间又回落原价位附近。为什么会出现这种现象呢？

其实，其目的是试盘，测试上方抛盘是否沉重，以决定是否拉升。如测试出上方压力还很大，就不会立即拉升，先消化浮筹再说；如测试出上方压力很轻，则可能拉升很快展开。

另一方面，也经常出现这样的现象，即在股价已有一定涨幅后，瞬间以几笔大单将股价笔直拉升至涨停。其目的又何在呢？其实此为弱主力的投机性拉升，减轻抛压，同时也可以减少跟风盘，以利后续拉升。

为何会出现多笔大单使股票瞬间跳水的现象

在观察成交量时，投资者会发现这样一种现象，即多笔大单使股票瞬间跳水，为什么会出现这种现象呢？出现了这种现象又代表着什么意思呢？对此，我们逐一分析：

个股瞬间跳水一般是从瞬间砸掉下挡大笔接单开始的，所以跳水的同时伴有较大的成交量出现。

（1）先看买方。由于指数盘升，除了会增加一些主动性的买单以外，更多的市场买单会挂在下面，所以下挡的接单会增加，因为散单追高的意愿一般低于在下挡挂单的意愿。但不管怎么说，下挡的接单中即使有主力的单子也一定有不少市场的接单，所以股价跳水以后，至少市场的这些接单将全部成交。

（2）再看卖方。对于卖方来说，指数上涨无疑将提高心理上的卖出价位，所以悄悄往上面更高的价位挂单是必然的选择。也许会有一些坚定卖出者的单仍会挂在当前的价位，但不会拼命往下砸。所以现在出现的几笔巨大的抛单将多个价位的接单悉数砸掉，是非正常的卖单。

（3）对于这类大卖单我们可以将其划分为两类：盘中主力的单子或者某张大单子（可能属于机构、私募或者大户）。这样分类是为了区分是否属于一次性卖单。如果是主力的单子，那么只要主力愿意，理论上会有源源不断地卖单出来。而对于某一张大单子来说，抛完以后应该就没有了。也许这张大单子原来有够多的筹码，但应该早就开始出货了，而这一次的砸盘是最后一些筹码，否则就不可能采取逆势跳水的方式，所以这是一次性的卖单。

（4）从跳水后的成交量以及股价的走势进行分析。第一种可能性：跳水后成交量缩小，股价又快速回到原位甚至继续跟着指数上涨。显然，因为跳水使股价出现低位，所以市场买单只会在低位挂单，因此股价回归原位只有依靠主力。同时由于跳水会引来市场的跟风卖单，这些卖单尽管不会马上适应跳水后的低位但会降低目标价，但也会挂在比跳水前的价位要低的位置。毫无疑问，为了使股价恢复至原位，主力必须买进一些筹码，不过与前面跳水卖出的筹码相比要少很多，因为成交量萎缩很快。

结论：跳水是主力在卖，目的是减掉一些仓位，但仍然在运作股价。

第二种可能性：跳水后成交量依然不小，股价略有回升后继续下跌。由于指数在上涨，大幅下跌的股价就会吸引市场的接单。但这些挂单大多只是逢低接纳，而市场卖单一时还难以接受跳水后的价位，所以仍然挂在上面。因此真正的交易状态应该是短时间内成交稀少。然而现在则是成交活跃，而且大都是在跳水后的相对低位，所以只能理解为主力在继续卖出。

随着时间的推移，指数的上升波段会结束，市场上的卖单将增加，跳水后的价位也会逐渐被卖方接受，所以股价回升到跳水前的价位将会越来越困难。主力很清楚这一点，所以在跳水后趁低位有买单时继续尽可能地卖出。

结论：主力进入大量出货阶段。

第三种可能性：跳水后成交量恢复原状，股价在低点随指数起伏。如果是主力将股价砸了下来以后又放任自流，显然是非理性的。

结论：跳水只是某张大单子所为。

根据成交量进行逆市选股的两种方案

所谓逆市，通常是指弱市或跌市，很多只股票跌停，其状十分惨烈。股市难免会有涨有跌，逆市中如何选股是投资者也应该慎重思虑的一件事。因为，一旦处于熊市中，关注逆市股可谓是漫漫"熊"途中寻求避风港的最佳策略，这也正是"跌市重质"的思想精髓所在。

从成交量的角度来讲，有两种选股方案值得投资者关注：

1. 逆市温和放量选股方案

在该方案中，投资者需要关注的逆市股具有这样的形态特征：其一是该类逆市股往往是短线品种，在突破时一般放大成交量，连续拉长阳；其二是成交量温和放大，但换手率不大，一般最高在 5% 左右；逆市小幅拉升，呈现轨道型，且累计升幅不大，大约在 10% 左右。

针对逆市股，投资者选择合适的介入时机非常重要。不妨考虑以下两点：

一个介入时机是：温和放量拉升者一旦出现中阳以上大成交量，并突破盘升轨道。其强烈的惯性作用往往会带来短线的丰厚利润。

另一个介入时机是在结束缩量平台调整后，初步温和放量拉升即碰到大盘打压但又能盘稳者，可介入。该类个股往往也是大盘反弹中的龙头板块或个股所在。特别在短期大盘暴跌当日，选择经过平台缩量后再放量开始突破拉升的进攻型股票，其往往就是最佳的短线龙头股。

2. 逆市缩量平台选股方案

逆市缩量平台选股方案也应该是投资者重点关注的一种方案，其主要优势在于安全系数高。

逆市缩量平台的具体特征表现为：其一是在大跌市仍能缩量企稳构筑平台，逆市时间越长潜力越大。其中特别要强调平台要缩量，这是该形态中最关键的一点。其二是选择价位在主力成本区或相对底部的股票较安全。对投资者而言，可以首先淘汰掉主力高度控盘且股价在相对高位的逆市股票，除此之外介入剩下的逆市股风险不是特别大，这在调整市中有利于自我保护。其中的主力成本区一般可用成交密集区进行替代分析。

在该方案中，该类股一旦在大盘企稳时开始突破，其拉升时往往逐步连续性放量。因为此前的平台缩量其实是成交量的累积阶段，从成交量的转换原理看，后面阶段就有个成交量的释放期，这恰好与拉升期需要放量的要求相辅相成。另外，正由于成交量集中持续地放大，造成股价运行的惯性较大，像刹车后失去动力但车仍会继续前行一样，股价在成交量缩小时仍会惯性上行，形成成交量的顶背弛，但这时候往往也就是股价将见顶的信号，应择机抛出。

在具体的操作策略上，投资者如何选择介入时机呢？不妨等待出现连续放量突破时再介入，因为这个时候介入最安全。

如何看待"成交密集区"

市场在涨跌过程中，总会出现一些成交量集中的时段，这也就是人们常说的"成交密集区"，这种"成交密集区"也往往成为下一轮行情的"压力区"或"支撑区"。这样，成交密集区便成为一些投资者研判市场的辅助工具。

"成交密集区"通常会成为后市发展的阻力。一定程度的反弹也可能无功而返，印证了该区形成的庞大套牢盘压力，许多投资者对该区域的套牢盘压力忧心忡忡。其实，我们应当全方位地看待"成交密集区"。总感到"成交密集区"有压力的投资者，其实是把该区域静态化了，这是一个误区。"成交密集区"其实是一个动态指标。这是因为，市场过高的换手率无时无刻不在化解"成交密集区"。许多人套牢之后，并非死守，会出货，会换票，留在K线图上的"成交密集区"，往往不过是一张历史图表而已，而且时间越长，换手率越高，"成交密集区"效力越小。无论是大盘还是个股，都是这样，尤其是个股，有些股票换手率极高，"成交密集区"作用十分微小。

所以，投资者可以更加明确"成交密集区"的市场地位，动态化的"成交密集区"只在短时期内对股指或股价起到一定作用。而随着时间的推移，换手率的增大，它的作用会越来越小。真正的作用可能只是心理上的。的确，在大盘或个股冲关或下跌遇阻之时，会有"成交密集区"的提法出来解释现象。但最终在市场中起决定作用的当然不是什么"密集区"。"没有过不去的山"，庄家如想拉升股票，当然会考虑成交密集区可能存在的被套盘，但影响只会是一时的。中小投资者应得到的重要启示是，在操作上，如你所持有的股票向上运行遇到前一个密集区时，不要被轻易"吓住"，尤其是股价正好在前一个密集区驻足不前时，如果此时你的个股经过调整，有了充分的换手（一般要达100%以上），上攻时成交量又持续放大，那么这座"山"过定了，而且突破时不会显得很沉重。全方位看待"成交密集区"的核心是要动态地观察市场。

如何透过成交量的本质分析大盘的走势

投资实践中，很多投资者都认为自己对成交量很了解。其实这些人很可能只是了解成交量的表层，真正了解其本质的人并不多。因为市场上当作经典的"价升量增""天量出天价"都有相当的局限性，投资者如果生搬硬套，就可能陷入困境。

实践证明：对于大盘来讲，连续涨势中成交量逐次放大，说明上档抛压开始加重，应以派发为主；连续跌势中成交量逐次放大，说明下档承接开始加强，应以买入为主。对于个股来讲，在"散兵坑"的成交量阶段，突然有一巨量"从天而降"，这不是"天量出天价"的卖出信号，而往往是市场大庄家"拔高吸货"，而庄家的高成本使得短时间内难以出局，故胆大心细的人不妨一跟。

（1）无量对止跌是有一定"质"的支撑。当某日沪市日成交量空前萎缩，尤其是前市的成交量不足1亿，由此促动的当日反弹，引起市场机警人士的关注：不应当作盘中反弹对待。这种迫近历史地量区域的日成交量显示了无量盘跌的"纸老虎"性质。

无量和无量盘告诉投资者：沪市 300 多点的周成交手数为 247 万手，如周成交手数迫近这一数值，下跌是不足为患的，因为无量盘跌也会导致将来"真空"区域无量上涨。可以认为市场利空的杀伤力基本上在大幅下挫的股指和极度萎缩的量能中得以宣泄；被套的市场庄家在低量面前根本无法出局，深深被套而力不从心，同时，不少做波段的人建仓的主要原则就是成交量极度萎缩，这种微妙格局造成无量和无量盘跌状态，天平略向多方倾斜。

（2）高量本身就表明筹码的锁定性差了。比如某日沪市日成交量空前放大，尤其是前市的成交量已超过前日的日成交量，由此产生的无序行情可能是"最后一棒"。简单地说，大资金撤离必须具备日成交量屡创新高并维持新高量区域。所以，在不否认成交量具有保证推动行情向纵深方向发展的基础的同时，应始终绷紧在高量面前有风险这根弦。

（3）在涨停板缺席下，第一个无量跌停，仍将跌停，直到有大量才能反弹或反转；第一个无量涨停，仍将涨停，直至有大量才能回档或反转。

尽管目前有着众多的技术分析学派，但其许多重要技术指标都是参照成交量这个中心轴的，例如目前市场的新潮代表 OBV 能量潮等。不少身经百战的股民仍在运用最普通的、也是能够看到本质问题的成交量来分析大盘走势，尤其是对强势股、庄家股的日成交量、周成交量进行跟踪。

如何从缩量与放量中抓住涨跌

影响股价走势的关键是成交量。量是价的先驱，在低位因量的放大才会有价的上涨，而在高位也会因量的放大从而引起价格的下跌。成交量的放大与缩小会很好地配合着股价的上涨与下跌，如果不管是上涨还是下跌量都乱放的话，那也就没有研究成交量的必要了。如果脱离了成交量只看 K 线图，那赔光是早晚的事。

价格是很容易被人们控制的，但成交量是很难人为操纵的，尤其是缩量，因为庄家可以做出很多人买卖放量的假象，但他却永远也做不出无成交的骗局，这里先从缩量讲起。

缩量是指市场成交极为清淡，大部分人对市场后期走势十分认同。这里面又分两种情况：一是看淡后市，造成只有人卖，没有人买；二是看好后市，只有人买，没有人卖。缩量一般发生在趋势的中期，碰到下跌缩量应坚决出局，等量缩到一定程度，开始放量上攻时再买入。碰到上涨缩量则可坚决买进，等股价上冲乏力，有巨量放出的时候再卖出。

缩量的区间有以下三个：

1. 低位的庄家吸筹震仓区间

庄家要想吸到筹码就必须拉高股价，因为在下跌过程中，被套的股民都在盼望着反弹，股民只有见到股价重新上涨才会卖出，股价越跌反而拿得越死，不肯卖出。当股价因为庄家吸筹而被拉到一个庄家不肯再花高价钱买进的时候，庄家就要震仓打低股价重新吸筹了。在庄家打压股价的过程中，股民一见跌了就又会停止卖出，再次盼望股价的重新上涨，所以抛盘是依然存在的，只是靠散户这些资金是不可能做出大成交量的，所以这时无量的根本原因是庄家停止了积极地买入，在这个无量区间的操作是：不放量不操作，因为我们永远不可能知道庄家会在什么时候、什么价位开始再次吸筹，庄家不开始吸筹股价就不会上涨，所以我们这时买入只会买到风险。

2. 中位庄家洗盘整理区间

在吸足筹码后庄家会先把股价拉高一个台阶，当股价脱离庄家成本区约5%—20%的价格高度时，为避免受到主升浪途中与庄家同一价格建仓股民卖出抛压的干扰,庄家往往会进行洗盘,把那些低位买入的股民赶出局去。这时庄家又会停止操作，因为在低位吸到了大量的筹码，所以只要庄家不操作飘散在外的浮筹并不会引起多大的成交量，但是由于股价从底部有了一定的涨幅，形成了近期所谓的高位，所以在这个位置参与换手的股民比低位会多一些，所以虽然庄家不操作了，但成交量仍会比低位吸筹区间的量相对大一些。这时无量的根本原因是因为庄家的高控盘却不积极操作引起的。中位的洗盘整理区间的操作是：当股价再次上涨超过中位形成的高点时应积极参与，只要股价不产生上涨，我们就要持币观望，因为我们不知道庄家会有多大耐心一直等下去，只要是没有特别的情况如重大利空、政策变化或重大灾害，庄家会迟早继续拉高股价的，因为这个位置并不是庄家的出货目标位，此区间股价不涨就不买的另一个原因是防止庄家真的在这个地方慢慢出货，因为这个区间庄家毕竟是有获利空间的。

3. 高位开始的下跌区间

庄家在高位出完了货，筹码自然全在散户手中，所以此时不会有大成交量的产生。此阶段的策略是：股价没有较大的跌幅绝不操作，没有成交量的放大绝不操作，此时的大盘环境多为熊市的初期。

从上我们可以看到：无量的股票是没有上涨潜力的，无量的原因全是因为庄家不再进行积极的操作或不操作了，所以我们要打破以往的思维方式——缩量买入，当然，缩量也有缩量的买入方法。

再来看看放量。放量一般发生在市场趋势发生转折的转折点处，市场上的各方力量对后市分歧逐渐加大，一些投资者纷纷把自己的家底都甩出，而另外一部分投资者却在大手笔地进行吸纳。相对于缩量来说，放量有很大的虚假成分，控盘庄家利用手中的筹码大手笔对敲放出天量是非常简单的事，但我们也没有必要因噎废食，只要弄明白了庄家的用意，就可以将计就计"咬他一大口"。

放量区间也有以下三个。

1. 低位建仓区间

低位是庄家建仓的区间，因为庄家的资金量很大，而且又要在较短的时间内买进大量的股票，所以就会造成成交量的放大，成交量的放大说明了庄家的操作与资金的活跃，这时的操作方法：只要成交量持续放大就持股，一旦缩量马上出局，因为庄家吸筹时会把股价控制在一个极小的区间内，所以此时不要希望股价会涨得很高。技术分析：5日均量线趋势向上一路持股，指南针筹码分布会显示上方套牢筹码开始向低位转移并逐渐密集，此时的大盘环境多为熊市的中末期。

2. 中位拉升区间

股价怎样才能上涨？靠资金的推动才能上涨，资金就像汽车的油门，想要跑得快就要踩大油门，股价想要涨得快，必须增加资金的运作力度，只有成交量放大，股价才有快速上涨的动能。操作方法为：量不减不松手，一旦成交量减小则应马上出局，价不停不卖出，一旦股价停止上涨应马上卖出。技术分析：均线系统多头排列，5日、10日均量线趋势向上，指南针筹码显示低位筹码开始向上飘散，此时的大盘环境多为牛市的初期或中期。

3. 高位出货区间

股价有了较大的涨幅后，庄家开始神不知鬼不觉地出货了，前期的飙升已把人们的追涨热情充分地调动起来，所以即使股价在高位，股民还是会疯狂地进行追涨，这就为庄家的顺利出货埋下了伏笔。高位的巨量有两种可能：一是股民的疯狂追涨促使庄家疯狂的出货引起的真实出货巨量。二是庄家人为对倒制造巨量以吸引人气，这种巨量是虚假的，一旦可以激发股民再度疯狂追涨的热情，就又会放出真实的出货巨量，但这种情况仅做静态的盘后分析是分析不出来的，必须要求在实盘中进行跟踪分析，当然这也需要操盘手的水平达到一定的程度。

我们把以上的六个区间排列一下顺序：低位建仓区间放量—低位吸筹震仓区间无量—中位拉升区间放量—中位洗盘整理区间无量—高位出货区间放量—高位开始

的下跌区间无量。这个顺序就是量能放与缩的标准顺序，这些顺序是标准的量能变化原形。通常情况下庄家的操作不会是非常标准的，有时会省掉一些步骤，而使这些顺序变乱，但投资者只要记清了原形，任庄家的操作如何变化也是可以辨认出来的。

真假成交量：不可不知的成交量陷阱

经典的股市投资或投机的理论都认为成交量是不会骗人的。成交量的大小与股价的上升或下跌成正比关系，这个观点有时是正确的，但在许多情况下是片面的，甚至完全是错误的。实践证明，成交量不仅会骗人，而且是庄家设置陷阱的最佳办法。

投资者在投资实践中，应该睁大双眼，辨别出成交量的真假。

所谓真成交量，是指在个股的当日交易中，并不存在主力或某些大资金持有者通过对倒制造假交易数量；而假成交量则相反，假成交量里含有对倒的"水分"。假成交量混迹于真成交量之间，使投资者很难判断真假。经典成交量理论的一个致命之处就是往往将假成交量当做真成交量来用于研判股价未来的走势，由此可能得到完全错误的结论。

投资实践中，只有存在真实的交易行为，才能把交易的数量计算进成交量之内，这也是经典的股市投资理论认为成交量是不会骗人的原因所在。虽然，经典的成交量理论在分析是否有主力参与个股时往往结论正确，然而应用到沪深两市的绝大多数个股身上却很难奏效，因为经典成交量理论并没有把"主力"这个对股价走势起决定作用的因素考虑进去。而"主力"很有可能利用自身资金、技术、信息等优势操控股市行情。所以说，从科学角度上讲，成交量也有真假之分。市场上的一些主力往往会利用假成交量迷惑散户投资者的眼睛，更甚者设置一些陷阱等着散户投资者自己跌进去。

那么，具体来说，庄家是如何在成交量方面设置陷阱呢？而散户投资者又应该如何防备和应对呢？

1. 个股成交量在中报或年报公告前突然放大

许多企业的业绩都是在中报或年报公布前就已经做出来了。这样一来，公司董事会、会计师、会计师事务所以及发表中报或年报的新闻媒体都会领先一步知道消息。股价在中报或年报公布前会因消息的泄漏而出现异常波动。业绩好的公司，其经营状况早就在各券商和大机构的调研之中，其经营业绩也早有可能被预测出来。因而庄家早就入主其中，将股价做到了很高的位置盘整，等待利好公布出货。但也有一些上市公司信息披露保密工作做得好，直到消息公布前几天才在有关环节泄露出来。这时，庄家要在低价位收集筹码已经来不及了，可是优秀的业绩又确实是做短线的机会。因此，一些资金会迅速进入这些股票，能买多少买多少，股价也不急不火地上升，成交量温和放大。待消息公布时，投资者一致认同该股值得买入时，该股会在涨停板位置高开。然后，先期获得消息的人会将股票全部抛出，做一个漂亮的短线投机。类似这种股票，千万不要在复牌后那天追高买入，应冷静地观察一下，看看有无主力出货的现象。假如该股后来真的涨上去了，你未能在复牌那天买入，也不要后悔，因为你避免了一次风险。

庄家利用成交量制造陷阱必须选择时机，通常这个时机是短线投资者期望的时机。久盘之后的突破、业绩报表公布前，都是极容易制造假象，使投资者产生幻觉的时期。

2. 久盘后突然放量突破

这里说的久盘有时是指股价在炒高了相当大的幅度后的高位盘整，有的是炒高后再送配股票除权后的盘整，还有的是中报或年报公告前不久的盘整。仔细研究一下，为什么该股会在突然放量往上突破时又掉头向下，甚至加速下跌呢？这就是庄家利用成交量设置的陷阱。通常的情况是，庄家在久盘以后知道强行上攻难以见效，如果长期盘整下去又找不到做多题材，甚至还有潜在的利空消息已经被庄家知道。为了赶快脱身，庄家在久盘后，采取滚打自己筹码的方式，造成成交量放大的假象，引起短线炒手关注，诱使人们盲目跟进。这时，庄家只是在启动时滚打了自己的股票，在推高的过程中，许多追涨的人接下了庄家的大量卖单。那些在追涨时没有买到股票，然后就将买单挂在那里的人更加强了买盘的力量，并为庄家出货提供了机会。庄家就是这样利用量增价升这一普遍被人认可的原则，制造了假象，达到出货的目的。

对于这种技术骗线不容易提防，但值得特别提醒的是，一旦股价跌破它带量上攻的那一天的开盘价，就应该止损出场，以防吃大亏。

3. 逆势而行

有些股票长时期在一个平台或一个箱形内盘整。但是，有一天在大势放量下跌，个股纷纷翻绿，市场一片哀叹之时，该股逆势飘红，放量上攻，造成了"万绿丛中一点红"的市场效果。这时候，许多人会认为，该股敢逆势而为，一定是有潜在的利好待公布，或者有大量新资金入驻其中，于是大胆跟进。谁料该股往往只有一两天的行情，随后反而加速下跌，使许多在放量上攻那天跟进的人套牢。

显然，该股的庄家利用了人们反向操作的心理，在大势下跌时逆势而为，吸引市场广泛的关注，然后在拉抬之中达到出货的目的。在这种情况下，庄家常常是孤注一掷，拼死一搏，设下陷阱，而许多短线炒手正好也想孤注一掷，舍命追高，正好符合了庄家的心愿。老实说这种陷阱很容易使那些颇有短线炒作实践经验的人上当受骗。

庄家在吸筹的时候，成交量不要太大，只要有耐心，在底部多盘整一段时间就行。庄家要出货的时候，由于手中筹码太多，总是想方设法，设置成交量的陷阱。因此，我们在研究量价关系时，应全面考察一只股票长时间（半年或一年以上）的运行轨迹，了解它所处的价位和它的业绩之间的关系，摸清庄家的活动迹象及其规律，以避免在庄家放量出货时盲目跟进。

4. 高送配除权后的成交量放大

某股有大比例的送配消息是庄股炒作的一条铁的规律。在大比例送红股、用公积金转送和配股消息公布前，庄股通常都炒得很高了。这时候，一般稍有买卖股票经验的人都不会在高位买进。而股价大幅上升后，庄家拉抬也没有什么意义。所以股价要在高位企稳一段时间，等待送红股或公积金转送的消息。一旦消息公布，炒高了的股票大幅除权，使价位降到很低。这时候，庄家利用广大中小散户追涨的心理，在除权日大幅拉抬股价，造成巨大的成交量。道理和手法与上述两个陷阱设置如出一辙。当散户幻想填权行情到来时，庄家却乘机大肆出货。

值得指出的是，庄家利用除权后的成交量放大制造陷阱，有可能在除权当天进行，也可能要过几天，要根据当时的大局而定。有的一次出货不尽，就在除权后多次震荡，设置各种看似筑底成功的假象，在放量上攻途中出货。

对于大幅除权后的股票，投资者要仔细研究其股本扩张速度是否能和业绩增长保持同步，还要考察除权后流通股数量的大小及有无后续炒作题材。切不可见放量就跟，见价涨就追。

总的来说，投资者如能熟记以下6条规律，就容易避免上当受骗。

（1）成交金额（股市收市以后的总金额）除以总的交易次数，数值小预示着入市股民是散户，数值大预示有机构或大户在入市。

（2）成交金额除以总股票数，数值小表示行情最近几天要下跌，因为大户都不肯入市，数值大预示机构和大户看涨行情。

（3）成交金额除以股票数量，如果每一股的平均价等于或接近于最高价，预示行情看涨，反之预示行情看跌。因为当天成交的大部分都在低价位，小部分在高价位。

（4）成交和股价连续3天背道而驰，预示股价到底。

（5）进入牛市最后一个阶段，股价上涨一天比一天减弱，成交量也随之减少，预示股价到顶。

（6）股价跌幅较少，低价股几乎不跌，成交量增加，预示股价近底。

当股指、股价进行箱形整理时，若股指、股价突破上档阻力或下档支撑位时，成交量较小（如沪市日成交股数 5000 万股左右，热门股换手率 5%），当心是机构大户的"多头陷阱"或"空头陷阱"。

若破上档阻力位时成交量巨大（如沪市日成交股数 2 亿股左右，热门股日换手率 30%—100%），当心是机构大户的"多头陷阱"。

若以大成交量（如沪市日成交量股数 1 亿股左右，热门股换手率 5%—10%）配合，以收盘股指（股价）有效突破上档阻力位，下档支撑位，当心"多头行情"或"空头行情"。

需要强调的是：股指、股价在"股票箱"底部、顶部徘徊时，应特别留意有无重大"利多""利空"消息，留意成交变化的情况，随时准备应付股指、股价的突破。有效突破为"多头行情""空头行情"；无效突破为"多头陷阱""空头陷阱"。

第 11 章
怎样判断股市何时见顶

正确识别顶部的方法

对投资者来说，低价买进绩优股，只是成功了一半，而要真正赚到大钱，还在于准确地捕捉顶部，实现"顶部高抛"，正所谓"无限风光在险峰"。

股市中永远是机遇与风险同在的，但总体来说是机会大于风险。然而在你没有掌握市场的运动规律之前，最好别轻易重仓位炒股，但当你掌握了市场的运动规律之后，炒股赢钱将成为必然。要想在股市里赚钱，首先要迅速搞定底部和顶部。

要想利用顶部高抛在股市获利，首先要弄清楚什么是顶部，如何寻找顶部以及顶部的投资策略。一般来说在上升趋势中，价格的涨升往往是一个波峰推向另一个波峰，这就形成了顶部。

随着上升波的延续，市场上的获利筹码越来越多，因此，获利回吐性的抛盘就会不断增加，在顶部形成之前，这种回吐所造成的股价回档的幅度是有限的。因此，一个升势的维持，成交量的逐渐增长是很重要的，一旦成交量跟不上去，则越来越多的获利盘就会被抛出，于是造成股价的回档整理，当这种回档在一定限度之内时，投资大众的心态仍能保持"逢低吸纳"的状态，如果股价出现较大的跌幅，就会唤醒一部分投资者的风险意识，使之产生获利平仓、落袋为安的想法，而这种想法又势必导致股价进一步受压，从而唤醒更多的投资者，如此循环使得大众心态得以转变，大市即会见顶。

因此，时刻保持清醒，冷静地看待股价的波动，有助于及时看到即将见顶的征兆，从而避开风险，保住盈利。具体来说，投资者在投资实践中如何正确识别真正的顶部呢？

其实，常态下的顶部主要有单顶、双顶和多重顶三种形式。

如果没有基本面上的突然加压，一般情况下，形成单顶的可能性不大。而形成双顶和多重顶的情况倒是常见，这是因为在一轮多头行情催逼下，由于惯性思维的影响，人们总以为股指会在很短时间内重拾升势，再创新高，也往往会认为每一次反弹，都是探寻底部成功的标志，于是这种心理很容易被市场庄家利用，使得庄家在不断给市场留下还能再创新高的幻想中边拉边撤，普通中小投资者也就在不断抢反弹中，层层吃套，越陷越深。所以股市常说，顶部不是一个点，而是一个区域，道理就在这里。

那么怎样识别真正的顶部？中国的股市顶部的形成主要受两个因素的影响，一个是政策因素，一个是技术因素。前者很容易导致急跌，而后者却可以持续很长一段时间。

投资者一般可以从以下方面寻找阶段性顶部的形态特征。

1. 技术指标分析

一是布林线（布林线指标，是通过计算股价的"标准差"，再求股价的"信赖区间"。该指标在图形上画出三条线，其中上下两条线可以分别看成是股价的压力线和支撑线，而在两条线之间还有一条股价平均线，布林线指标的参数最好设为20。一般来说，股价会运行在压力线和支撑线所形成的通道中。）开口逐渐变小，说明股价的涨跌幅度逐渐变小，多头力量不再强悍，短期盘势将会选择突破方向，而且开口越小，盘面的突变性就越强；二是停损点转向指标 SAR 发出卖出信号；三是 5 日均线死叉 10 日均线，并击穿 25 日均线、30 日均线，中线多头趋淡；四是盘中反弹乏力，MACD 红线消失绿头时隐时现；五是短线指标 KDJ 和 RSI 从高位钝化状态回落到 50 附近甚至更下面。

2. 空头力量的变化

市场在经过一段买方力量强于卖方力量的升势之后，多头趋弱或仅能维持原来的购买力量，使涨势缓和，而空头力量却不断加强，最后双方力量均衡，此时股价会保持没有涨跌的静止状态。如果卖方力量超过买方，股价就会回落，开始也许只是慢慢改变，跌势不明显，但后期则由空方完全掌握主动，跌势转急，调整市道来临，此时的成交量多表现为自左向右逐渐变小，说明市场人心趋于谨慎，操作上出现保守倾向。

三种典型的见顶图形

对投资者来说，想要识别顶部，还需了解见顶的各种图形表现形式。见顶的图形有很多，这里笔者主要介绍三种典型的图形，即"乌云盖顶""射击之星"和"穿头破脚"。

1. "乌云盖顶"

"乌云盖顶"是由两根K线组合而成，通常是第一天出现一根阳线，第二天出现一根阴线，这根阴线实体切入前天阳线实体的50%以上，成交量相对比较大。

这种形态出现在相对高位时，表明空方的势力比较强大，股价随时都有可能反转，投资者应该及时退出。中国人寿（601628）在2007年10月31日收出的就是"乌云盖顶"图形，如图11-1所示。

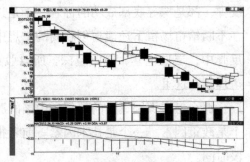

图11-1 中国人寿（601628）
2007年10月31日走势图

2. "射击之星"

"射击之星"是由一根长长的上影线和一个十分短小的实体（阳线或阴线都成立）组成，因类似古代猎人拉弓射箭的动作故而得名。这种图形的最大特点是，上影线很长，须是实体部分的两倍或以上，一般没有下影线，就算有也很短。

当股价有过明显上升趋势后出现"射击之星"时，表明股价已失去上升的持久动能，随时可能见顶回落，这时投资者还是退出观望为宜。最明显的例子就是兴业银行（601166）2007年10月29日的走势，如图11-2所示。

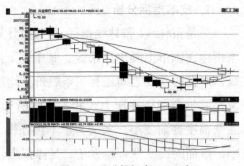

图11-2 兴业银行（601166）
2007年10月29日走势图

3. "穿头破脚"

在洗盘之后，股价就会进入最具有爆发力的阶段——拉升阶段。这是庄家为了

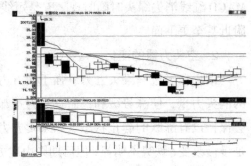

图11-3 中国石化（600028）
2007年11月5日走势图

确保拉升的安全性，常常会先试探大盘。某只股票会突然一改往日下跌态势，放量上攻，一些投资者会盲目跟进，但次日该股却高开之后一路打压，昨日阳线最终被阴线吞掉，形成"穿头破脚"的形态。"穿头破脚"形态如果出现在高位，预示着将出现威力极大的反转，因此投资者在看到这类图形要十分小心。当然如果出现在底位，一条阳线完全包裹了前一天的K线，这是止跌回升的信号。不过我们这里主要讲见顶图形，因而底部"穿头破脚"就不再举例了。中国石化2007年11月5

日就收出了高位"穿头破脚"的 K 线形态，如图 11-3 所示。

升势即将见顶时都有哪些特征

市场上的获利筹码随着上升波的延续会越来越多，获利回吐性的抛盘就会不断增加，在顶部形成之前，这种获利性回吐所引发的股价回档的高度非常有限。因此，一个升势的维持，成交量的逐渐增长是很重要的，因为，如果成交量不增长，就会有越来越多的获利盘被抛出去，引发股价的回档整理。如果此种回档整理维持在一定的限度之内，投资者的投资心态会处于"逢低吸纳"状态，但如果股票价格的跌幅较大的话，则投资者就会产生一种风险意识，这种风险意识会使一部分投资者产生获利平仓、落袋为安的想法，而这种想法又势必导致股价的进一步受压，从而唤醒更多的投资者。如此循环下去，投资大众的心态得以转变，大市很快便会见顶。因此，投资者应该时刻保持清醒，面对股价的波动要秉持一颗冷静之心，这样有助于投资者及时发现见顶前的征兆，采取有力的风险规避措施，保住赢利。

下面笔者介绍几条升势即将见顶时的市场特征。

（1）一线股表现呆滞、垃圾股轮番跳升。这一迹象是预示升势即将见顶的最早出现的征兆，起初一般一线绩优股原地踏步，稍后才会出现一线股价表现沉重，有欲支乏力、摇摇欲坠之态。而与此同时，三、四线股却会轮流大幅跳升，给人一种鸡犬升天的感觉。这一市场特征出现时，虽然意味着升势即将见顶，但也不见得会很快见顶，垃圾股轮跳会持续一段时间，在这段时间里，大市仍然会艰难地上升。

（2）日 K 线图上出现较大的阴线，在升势之中。市场上人气很旺，大家都不惜追高买入，一旦股价有回落稍显便宜，理所当然地会被抢购的入市者承接住，因此，升势在延续过程当中一般不会出现大的阴线。如果有一天走出一条大大的阴线，说明市场上的人心有变，买与卖的力量正在形成新的对比。所以，大阴线的出现预示着市场已好景不长了。

（3）股价大幅上下振荡，升势的顶部在多空双方的正规力量遭遇的区域。看多者买入勇气未减，看空者忙于大量出货，因此必然造成股价上下剧烈波动，并且这种波动的高点和低点都不断降低。这种状态制造了许多很好的短线机会，但是，由于是在顶部区域，这类短线的风险性也应当重视。

（4）重大位被打穿。一般来说，这里指的重大位是总升幅回落 38.2% 处的价位，只要这个重要位置被击穿，甚至只要日 K 线的下影线穿过此位，就足以说明市场上投资大众的信心已被动摇。因此，在大升特升之后，只要股价有力量向下穿透支撑位，往往意味着走势已经出现问题了。

（5）成交量减少。成交量减少也是股价近顶的明显表现，不过升势中的第二浪及第四浪调整也会出现成交量的大幅度减小，因此，成交量下降不是判断顶部形成的可靠依据。

（6）市场舆论出现较严重的分歧。市场舆论是投资者信心的反映，如果在对市场的信心上产生严重分歧，升势就很难长时间维持下去。因此，舆论的严重分歧也是大市处于顶部区域的一大特征。

如何判别见顶还是调整

投资实践中，很多投资者都会混淆见顶和调整，因此带来很多困扰。

究竟如何区分见顶和调整，从而识别真正的顶部呢？不妨借鉴以下辨别方法。

（1）从价格变动的角度识别。上升行情中出现的强势调整一般具有洗盘的目的，股价的跌势较凶狠，用快速、连续性的下跌和跌破重要支撑线等方法来达到清洗浮动筹码的目的。而大盘构筑顶部时期的下跌则是以清仓出货为主要目的，所以，其走势特征较温和，以一种缓慢的下跌速率来麻痹投资者的警惕性，使投资者在类似"温水煮青蛙"的跌市中，不知不觉地陷入深套。

（2）从成交量的角度识别。强势调整中的成交量具有一种鲜明的特征：缩量，成交量的大幅萎缩说明市场中实际的主动性抛盘并不重。见顶回落行情中的成交量明显放大，而且，在股价转入下跌通道后，成交量依然不见明显缩小，表明市场中的主力资金撤出。

（3）从 K 线形态的角度识别。强势调整时的走势常常以长线实体的大阴线出现，而构筑顶部的时候往往会在股价正式破位之前，出现一连串的小阴线或小阳线，使得投资者对后市仍抱有期望。有时在筑顶过程中，K 线实体虽然较短，但上下影线却较长，显露盘中震荡加剧。

（4）从尾盘异动的角度识别。强势调整时一般在尾盘常常会出现异动，例如：股价本来全天走势非常正常，但临近尾盘时，却会突然遭遇巨大卖盘打压，使得 K 线图上出现极为破位的走势。而在见顶过程中尾盘出现异动的现象相对要少得多。

（5）从调整持续时间的角度识别。上涨过程中的强势调整行情持续时间不长，一般 5—12 个交易日就结束。而见顶的过程中，股价调整的时间较长。

（6）从成交密集区的角度识别。强势调整还是构筑顶部往往与成交密集区有一定的关系，当股价从底部区域启动不久，离低位成交密集区不远的位置，这时出现的下跌属于强势调整的概率较大。如果股价逼近上档套牢筹码的成交密集区时遇到阻力，那么，出现构筑顶部的概率比较大。

判断见顶的方法无非两个要点：其一上涨幅度；其二换手率是否放大。这是人们熟知的道理。因为上涨幅度不大控盘主力无所谓出逃的问题，除非大势不好或者出了大事或者出现了意想不到的其他事情。而主力要想成功出逃必然会伴随出现换手率放大，无论主力的操盘水平如何高超，在出逃之前做出怎样漂亮的图形，其出逃的股票数量是遮掩不了的。除了上述两点之外，判断见顶的最简单最便捷的方法是心理分析法。主力出逃前一定会将图形做得好看，世界上没有这样愚蠢的主力或者说这样愚蠢的人，会在自己打算出逃之前将图形做坏的，因为谁都知道图形做坏以后自己就已经逃不出去了或者说将图形做坏是为自己制造了巨大的外逃障碍。除非涨幅非常之大，主力可以毫无顾忌地出逃，出逃以后依然能够获取可观的赢利；或者出了大事顾不得盈亏了，否则绝不会出现先做坏图形然后出逃的怪事。

判断调整的信号无非也是两点：一是成交量的迅速萎缩。虽然这意味着多头的买盘力量有所衰弱，但相对应的则是卖盘力量也迅速衰弱，意味着做空能量的减弱，这自然会带来大盘的短线企稳契机。二是新股等代表着短线资金风向的品种会否出现止跌企稳，因为短线资金往往在热点中转换较快，所以，只要新股等品种出现强势，意味着市场的短多能量聚集，市场短线企稳的可能性就迅速增强。

典型的顶部特征——三死叉见顶

股价在长期上涨后开始进入头部，而后股价缓慢下跌。有时会同时出现 5 日、10 日均价线、5 日、10 日均量线和 MACD 的死亡交叉点，这是股价见顶回落的信号。有时会伴随出现两阴夹一阳、空方炮、断头铡刀和 MACD 下穿零位线等图形。

（1）当股价长期上升后人气沸腾，股价出现滞涨进入高位震荡。随着主力的缓慢派发，股价终于开始回落。

（2）刚开始的价格回落可能是缓慢的，但这种走势最终会造成股价加速滑跌。

（3）股价滑跌时，5 日、10 日均价线、量均线和 MACD 自然发生死亡交叉。

（4）随着股价的下跌，顶部买入的人已有亏损，这种亏损效应传播后会带动更多人卖出该股，于是股价再度下跌。当出现三死叉后坚决卖出股票；或等待股价反弹到 10 日均线附近时逢高派发。

如何利用 CR 指标判断大顶

逃大顶意味着回避了最大的风险，将之前的操作收益牢牢锁定在了自己的口袋里。但逃大顶虽然具有如此重要的地位作用，许多的投资者却由于惯性的牛市思维，不愿去想大顶到来时应如何操作，而那些有危机意识的投资者又苦于不知道如何判断大顶的到来与否，整日既担心高位被套，又担心踏空行情。

其实，判断大顶并不困难，只要投资者细心学习观察，一个 CR 指标就能帮你成功辨识大顶。

CR 指标又称中间意愿指标，也有人称其为能量指标。CR 是与 AR 指标、BR 指标极为相似的指标。CR 指标找到的是多空双方平衡点，即昨日的中间价，既不像 AR 指标中的今日开盘价，也不是 BR 指标中所用的昨日收盘价。

CR 指标计算方法是：

昨日中间值 = 昨日最高价 − 昨日最低价

在股票分析软件中，图表上须另外画出 CR 本身的 10 日、20 日、40 日、62 日移动平均线。

CR 的 10 天平均线较 CR 本身提前 5 天，为 a 线。

CR 的 20 天平均线较 CR 本身提前 9 天，为 b 线。

CR 的 40 天平均线较 CR 本身提前 17 天，为 c 线。

CR 的 62 天平均线较 CR 本身提前 26 天，为 d 线。

CR 指标的一般运用法则如下。

（1）a、b 两线所夹成的区域称为"副地震带"。当 CR 由下向上欲穿越副地震带时，股价相对将遭遇次级压力干扰；当 CR 欲由上往下贯穿副地震带时，股价相对受到一定的支撑。

（2）c、d 两线所夹成的区域称为"主地震带"。当 CR 由下向上欲穿越主地震带时，股价相对将遇强大压力干扰；当 CR 由上向下欲贯穿主地震带时，股价相对将受到强大支撑。

（3）CR 跌至 a、b、c、d 四条线的下方，再由低点向上爬升 160% 时，为短线获利卖出时机。

（4）CR 下跌至 40 以下时，股价形成底部的机会相当高。

（5）CR 高于 300~400 之间时，股价很容易向下反转。

（6）CR 相对股价也会产生背离现象。

用 CR 指标判断大盘见顶之术是：在日线 CR 技术分析参数中，将 CR 指标参数依次修改为 26、3、8、13、89。当在盘指数上涨一段时间后，CR 线跌破 a 线，大盘见顶，立即抛空。此方法在 30 分钟图表中运用更超前。

如何利用 RSI 指标判断大顶

强弱指标，英文名 RSI（Relative Strength Index），中文全称为相对强弱指标，由技术分析大师威尔德（Wells Wider）所创，最初用于美国期货市场。RSI 指标也是在我国股市中运用最多最流行的技术指标，但 RSI 指标的使用规则相当复杂。

在证券市场中，供应与需求必须达到平衡，价格才能稳定。正常情况下，供应与需求两者本应受许多因素的影响而不断变化，股票价格也随供应与需求的变化而变化，当股票市场中，卖出股票的人多于买入股票的人时，便产生下跌行情，当买入股票的人多于卖出的人，股票价格便上扬，RSI 指标即基于这个供需平衡的原理而产生，用以测量股票市场买卖双方意愿的强弱程度。

由于现在的股票市场中并不是每一位投资者随时都参与买卖，买卖时也无法统计真正的卖出者与买入者的数量，因此以股价的涨跌为基础，来评价市场买卖力量的强弱。

RSI 指标计算公式：

RSI=100 × ［1−1/（1+RS）］

RS=N 日内收盘价上涨幅度的总和 /N 日内收盘价下跌幅度的总和

公式中的 RS 又称为相对强弱值，RSI 指标的强弱值的变化幅度限定在 0~100 之间。

RSI 指标反映了股价变动的四个因素：上涨的天数、下跌的天数、上涨的幅度、下跌的幅度。因为它对股价的四个构成要素都加以考虑，所以在股价预测方面较为可信。

RSI 作为判断价格变动相对强弱的指标，可以根据一段时期内股价的变动情况，来推测未来价格的变动方向，在识顶实战中具有很强的指导意义。

RSI 指标通常选择的时间参数有 9 天、14 天、22 天等。一般认为时间参数越短，RSI 指标越灵敏，振幅也越大。

（1）当短期 RSI 处于长期 RSI 上方时，属于多头市场；当短期 RSI 处于长期 RSI 下方时，则属于空头市场。当短期 RSI 低位上穿长期 RSI 时，预示买入；而短期 RSI 高位下穿长期 RSI 时，预示卖出。

（2）RSI 曲线形状也有助于对行情的判断，当 RSI 在较高或较低的位置形成头肩形或多重顶（底），是采取行动的信号。形态出现的位置越高或越低，一般成功的机会就越大。另外，RSI 曲线也可使用趋势线分析，支撑线与压力线一旦被突破，也是卖出或者买入的信号。

（3）从 RSI 指标与价格形态的背驰来考虑，顶背驰为卖出信号，底背驰为买入信号。

依据 RSI 背驰现象来研判行情的转向成功率较高。也就是说，背驰现象是 RSI 指标最具意义所在，在实战中，依据 RSI 顶背驰现象可帮助我们成功识别大顶。

图 11-4 是深证成指（399001）在 1999 年 5 月 7 日的 K 线图。从图上可见，7日 RSI 为 97.76，14 日 RSI 为 92.06，21 日 RSI 为 86.92，数值均大于 80。随后果不其然，之后 RSI 向下运行，大盘也随之见顶。

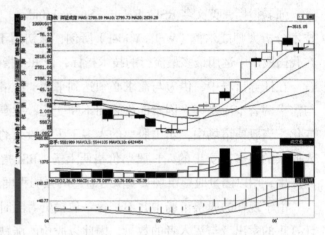

图 11-4 深证成指（399001）1999 年 5 月 7 日 K 线图

如何利用 MACD 周线识别顶部

投资实践中，投资者尤其是中线投资者也可以利用 MACD 来识别顶部。因为即便是在一波大牛行情中，由于主力的洗盘，日线死亡交叉或顶背离出现的也会比较频繁，其参考意义不大。如果按照日线顶背离的方式频繁进出，也就失去了中线持股的本意了。月 MACD 线则由于时间太长，顶背离一般不会出现，其参考意义更小。

具体来说，用 MACD 线识别顶部时主要看两点：

（1）看是否出现 MACD 线的死亡交叉，一旦出现死亡交叉，就要考虑兑换利润短期出局。

（2）看 MACD 线与股价是否出现顶背离，出现顶背离之后也要以看空的心态处理。

MACD 的死亡交叉有两种形式。第一种是 DIF 与 DEA 都在零线——即中间的中轴线以上，而 DIF 向下击破 DEA 线产生的交叉，这种情况下行情将由强势转为弱势，第二种是 DIF 和 DEA 都在零线以下，DIF 继续向下突破 DEA，这种情况表示下跌将加剧。

MACD 线的背离指的是 MACD 图形的走势与 K 线图的走势相反，包括顶背离和底背离。上面所说的顶背离就是其中一种情况。当 K 线图上的股价峰值一直在走高，而 MACD 图形中的红柱峰值却在不断变短，这时候就意味着行情开始转为弱势。底背离与之图形相反，同时是股票由弱转强的信号。

需要注意的是，在强势中出现的顶背离往往提示效果要好于弱势中的底背离。强势中出现一次顶背离往往就意味着行情开始反转，而通过周 MACD 线判断的时候，如果股票强势中出现了顶背离，则要果断出局。与之相比，弱势中的底背离往往需要经过几次确认才可以作为买入信号。

主力有时候会在上涨行情中洗盘，这时候日 MACD 线可能会出现死叉，但周 MACD 线一般会平稳向上，这就是为什么周 MACD 线在中线炒股中更实用的原因。但使用周 MACD 线也有一些欠缺的地方，由于分析周期较长，当出现死亡交叉时，股价往往已经开始下跌了，这样投资者的利润就会受到损失。另外，在大的上涨行情中如果出现幅度较大或时间较长的阶段性调整时，周 MACD 线也会出现死亡交叉，卖出股票可能就会错过后面的行情，这时候就需要配合日 MACD 线进行判断。对于前一种情况，可以在出现背离时就密切关注日 MACD 线，如果日 MACD 线中提前出现死亡交叉，可以出一部分仓位，留下其余的仓位继续观察。而针对后一种情况，可以配合月 MACD 线，如果月 MACD 线仍呈平稳向上的趋势，投资者可以坚定持股。

另外需要注意的是，如果月 MACD 线出现死亡交叉，则表示大的顶部已经形成。这时候行情已经由牛转熊了，投资者必须果断出局。在这种行情下，投资者不能有侥幸心理，果断出局等待机会才是最佳选择。

但对于大局势的体现上，月均线效果也最可靠。可以用一句话来概括 MACD 日线、周线和月线对于辨别顶部的作用。日线用于判断小顶，周线用于判断波段顶部，而月线则是将要进行的持续下跌的确认。

从政策和市场的角度寻找顶部

在股市中，投资者经常会听到这样一句话，会买的是徒弟，会卖的才是师傅。这是因为股价在底部徘徊的时间较长，可以有充分的时间考虑，但在顶部经常是高点的时间非常短，不少投资者还没有来得及卖出，便开始下跌了。

另一方面，市场上有"底部百日，顶部三天"的说法，也说明了逃顶的难度。投资实践中，那些挣大钱的投资者往往都是逃顶高手。

投资者若想在投机性非常强的股票市场上获得赢利，应该学会一些技巧和方法来识别顶部，继而成功逃顶。具体来说，投资者可以从大局的角度，考察以下方面，借此寻找真正的顶部。

1. 政策特征

中国股市是一个新兴的市场，政策调控将直接影响股市，在历史的走势中，可以看到许多头部是由政策调控造成的。如 1995 年停止国债、期货交易，造成 5.18 行情的大幅上涨；数日后公布新股上市额度，股指形成头部，大幅下跌。1996 年 12 月中旬，深沪股市连续上涨，上证指数已涨到 1258 点，随后数日《人民日报》发表社论，认为股市市盈率太高，泡沫过多，结果造成股市大跌，形成阶段性头部。1997 年 5 月中旬的大顶部也是由直接政策调控造成的。5 月 9 日证券印花税率由千分之三上调为千分之五，紧跟着公布了 300 个亿的新股上市额度；1997 年 5 月 22 日又出台严禁国企和上市公司炒股的规定，连续的政策调控使股指形成一个大头部，紧跟着是一轮大幅下跌。因此，一个投资者如想成功逃顶，必须把握住政策导向，广泛搜集政策信息，并通过精心分析这些政策信息，通过政策面的微小变化，及时发现管理层的调控意图，这样才可以领先一步。如在 1997 年 5 月，刚宣布印花税提高时大规模离场，将可以逃出一个大顶，随后的 300 个亿的上市额度，增加幅度之大是空前的。而每次大扩容，股市都伴随大幅下跌，因此，投资者对扩容消息一定要谨慎对待。

2. 市场现象特征

当散户大厅人山人海，进出极不方便的时候；当周围的人都争相谈论已经挣了大钱的时候；当散户大厅全都是新面孔的时候；当证券交易所门口自行车极多，没有地方停的时候；当买证券类报纸、杂志买不着的时候；当一个股市新手都敢给别人推荐股票，并说这是庄股，目标位要拉到多高多高的时候；当卖冰棍的老太太都来买股票的时候；当大型股评报告会人满为患的时候；当证券交易所工作人员服务态度极端不好的时候；当开户资金大幅提高了再提高的时候……以上现象出现时，市场已在顶部或是顶部区域，投资者应开始减磅离场。

到底何时才是逃顶的最佳时机

投资实践中，很多投资者都有一个疑惑，即究竟在什么时候应该获利了结。

有的投资大师常常告诫投资者，要在见顶前离场，宁可把后面的一段利润和风险让给其他人，切不可做把从底到顶所有利润吃透的美梦。

也有不少投资大师虽然同意只吃中间那段利润的观点，但他们却强调不要对距离顶部还有多远，何时会到顶部等问题去妄加猜测。只需等待顶部确认，反转信号出现后再离场也不算晚。

虽然都强调只吃当中一段利润，但一个是在见顶前，一个却是在见顶后逃离，大师们矛盾的说法让投资者们实在不知道该信哪一个为好。

其实，如果弄明白了这些大师的立场、背景，就该知道，之所以有矛盾出现，关键是屁股决定脑袋。投资大师一般是类似大型机构的掌舵人，买卖的对象几乎以股票为主。股票虽是主流市场，规模庞大，但是对于那些上100亿乃至上1000亿的基金，流动性始终是个问题，要轻易抛售手中大量持股，并不容易。所以，在尚未见顶，交易活跃、市道疯狂的时候离场，无疑要容易得多，一旦遇上成交锐减、阴跌不断的熊市，想抛都找不着多少接盘。至于交易大师就不同了，一般都是纵横期货市场，期货市场比起股市，不仅规模更为庞大，而且因为大量套期保值的对冲大户存在，无论涨跌总有买入者，所以做一个趋势交易者待见顶后离场，相对要容易得多。

那么中小投资者到底该听谁的呢？很简单，想想几近跌停的市道，如果中小投资者有把握将手中股票在跌停前抛光，如果中小投资者是船小掉头快的规模，那么等见顶后再逃也未尝不可。

如何利用月K线逃顶

投资实践证明，所有K线的周期越长，对研判后市的价值越大，其可靠程度也就越高。相反，对后市的变化较难把握。

例如：如果某只股票月K线图上出现一根"十字星"和上影线很长的"射击之星"或"倒锤头"，并且这根"倒锤头"K线又是在股价上涨之后出现的，这就预示着这只股票在未来的日子里一定会阴跌不止，即使途中偶有反弹后也会继续下跌，直到大行情发动前的起步位置。

因此，凡是不知道这种月K线形态意义及其危害、在股价下跌的中途买进的投资者，不但不能抢到反弹，反而会被套牢。

以上讲的是观察月K线的逃顶技术。除此之外，逃顶技术的参照指标还有KDJ（随机指标），凡是月K线KDJ指标在91—105之间缓缓向下的股票，投资者应当果断卖出。

如何才能有效地逃离大顶

投资实践中,在投资者中间流传着这样一句话,即逃得了大顶才能赚大钱。然而,究竟怎样才能有效地逃大顶呢?

这里介绍几种有效逃大顶的方法,希望能给广大投资者带来一些帮助。

(1)某只股票的股价从高位下来后,如果连续三天未收复5日均线,稳妥的做法是,在尚未严重"损手断脚"的情况下,早退出来要紧。再如某只股票的股价破20日、60日均线或号称生命线的120日均线(半年线)、250日均线(年线)时,一般尚有8%至15%左右的跌幅,还是先退出来观望较好。当然,如果资金不急着用的话,死顶也未尝不可,但请充分估计未来方方面面可能发生的变数。

(2)如日线图上留下从上至下十分突然的大阴线并跌破重要平台时,不管第二天是有反弹、没反弹,还是收出十字星时,都应该出掉手中的货。还有在遇重大利好当天不准备卖掉的话,第二天高开卖出或许能获取较多收益,但也并存着一定的风险。

(3)在遇到重大节日前一个星期左右,开始调整手中的筹码,乃至清空股票,静待观望。遇政策面通过相关媒体明示或暗示要出整顿"金牌"告示后,应战略性地渐渐撤离股市。如果市场大底形成后,个股方面通常会有30%—50%左右的涨幅。记着,不要贪心,别听专家们胡言乱语说什么还能有38.2%、50%、61.8%的涨幅等蛊惑人心的话,见好就收。再能涨的那块,给胆子大点的人去挣吧!

(4)在国际、周边国家的社会、政治、经济形势趋向恶劣的情况出现时,早做退市准备。同样,国家出现同样问题或情况不明朗时,能出多少就出多少,而且,资金不要在股市上停留。也要关注同类(行业、流通股数接近、地域板块、发行时间上相近等情况下)股票中某只有影响的股票率先大跌的话,其他股票很难独善其身,手里有类似股票的话,先出来再说。股价反弹未达前期高点或成交无量达前期高点时,不宜留着该只股票。

雪崩式股票什么时候出来都是对的。大市持续下跌中,手中持有的股票不跌或微跌,一定要打起精神来,不要太过侥幸,先出来为好,像此类股票总有补跌赶底的时候。

贪心不足是逃顶的大忌,投资者要学会见好就收,保持良好的心态。

如何利用均量线识别顶部

一般来说，股价都是呈波动的形态运行的。在投资实践中，如果投资者错过了合适的卖点，除了没有办法锁定利润之外，还有出现亏损的可能性。

均量线反映的是一段时期内市场的平均成交量。是投资者研判大盘和个股顶部的一个好工具，简单明了，准确率高，尤其对于大顶之前的虚假繁荣，其往往比 K 线有更超前的警示作用。

实际操作中，投资者可以使用 5 日、10 日和 30 日的指标参数进行顶部判断。一般来讲，当 10 日均量线在 30 日均量线上方且继续上扬时上涨行情就持续，反之 10 日均量线在 30 日下方且开口不断变大时则下跌将持续。当 10 日均量线向下与 30 日均量线交叉时，意味着下跌得到确认，这时候就要考虑出货兑现利润。10 日均量线向下与 30 日均量线的交叉，就是股民常说的死亡叉。

当 10 日均量线向下击穿 30 日均量线出现死亡交叉之后，上涨行情结束，随之而来的是一波时间不短的下跌。在这种情况下，建议投资者兑现利润中线出局。另外在实际使用中要特别注意 30 日均量线，当 30 日均量线由向上趋势转为平行甚至掉头向下时，意味着短期可能出现顶部。此时要保持谨慎，随时应对盘面变化。

第 12 章
怎样判断股市何时见底

七种典型的见底形态

　　股票的大幅上扬是从底部开始的，所谓底部当有一个筑底过程，筑底的目的是调整均线或者叫清洗筹码，只有当市场上对该股的抛盘达到了极微的程度，或者因为消息导致市场人士对股市绝望逃命，而又有新生力量介入的时候底部才有可能形成，因此从图表看，一种形态为窄幅缩量，另一种形态则是巨量下跌，底部形成方可产生强大的上升行情。

　　底部形态的研判主要适用于两方面：一种是适用于短线职业高手进行盘中"T+0"等超短线操作中使用，另一种是所有投资者在实施买入操作中使用，通过对盘中底部形态的研判，把握最佳的买入时机。以下有七种主要形态的底。

　　（1）平台底。股价在5日均线附近连续平盘三天，迫使5日均线和10日均线形成金叉或者5日均线上翘、10日均线下移速率变慢，具体的要求是三天中第一天收小阴线，第二天收小阳或小阴，第三天收小阳，整体看三根K线是平移的。

　　（2）海底月。它的具体要求是第一天收中阴线或者大阴线，第二天、第三天收上升形态的小阳或十字星，并且三天中有成交量放大趋势的迹象。大阴线好比是一只大船沉入海底，但在底部受到强大的支撑，并有超过其下跌的能量维持它的上升，因此假如说均线系统是往上的，中线指标看好，没有理由认为该大阴线是行情的中止，应该考虑这是主力刻意打压造成的，因此出现这种情况可以认为是新一轮行情的旭日东升。

　　（3）阳夹阴。即两根阳线中间夹一根阴线，意思是说第一天股票上扬受到抑制，第二天被迫调整，但第三天新生力量又重新介入，这种上升后市向好的机会多。

　　（4）均线星。在底部均线系统刚修复往上的时候，往往会在均线附近收一个阴或者阳十字星，这是多空力量平衡的一种表示，但发生在底部，第二天极容易出现反弹或者往上突破，这是一种不引人注目的形态。

（5）三红兵。在均线附近或者下方连续出现三根低开高收的小阳线，并且量有逐步放大的趋势，预示着有小规模的资金在逢低吸纳，后市将看好。

（6）探底线。当天开盘低开在均线的下方，而收盘在均线的上方，这是主力为了进一步做行情而刻意做出来，按照惯性原理后市理应看涨。

（7）长尾线。当天开盘之后，股市出现放量下跌，但之后莫名其妙被多头主力拉升，留下了一个长长的下影线，这是做反弹资金介入的信号，只要第二天重拾上升路，上升空间就很明显。底部是由形态构造的，但成交量起了一个关键性的作用，无论是缩量也好，放量也好，都必须要有个规律，比如说逐波缩量、温和放量这都是一种向好量变过程，但假如说有放量不规则，或者说上去的时候成交量很大但没有涨多少，无论任何形态都有成为下跌换挡的可能。

如果投资者平时注意观察，密切跟踪，并在交易软件上设置好盘中预警功能，一旦发现即时成交量突然急剧放大，可以准确、及时地出击，获取盘中可观的短线收益。

其实，投资者把底部的形态特征总结成为简单易懂的规律加以记忆仅仅是第一步，还应该学会举一反三。只有真正了解了底部的这些变化和走势特点，投资者在实战中吃亏的可能性才会大大降低。

短期、中期、长期底部的形成

底部包括短期底部、中期底部和长期底部。具体来说，这三种底部是如何形成的呢？

1. 短期底部

所谓短期底部，是指股价经过一段不长时间的连续下跌之后因导致短期技术指标超卖，从而出现股价反弹的转折点；中期底部是由于股价经过长期下跌之后借助于利好题材所产生的历时较长、升幅可观的弹升行情的转折点；而长期底部则是指弱势行情完全结束。多头行情重新到来的转折点。以上三种不同层次的底部行情特征和各股表现都不大相同，下面我们分别予以叙述。

短期底部以 V 型居多，发生行情转折的当天经常在日 K 线图上走出较为明显的下影线，在探到底部之前，常常会出现 2—3 根比较大的阴线，也就是说，每一次加速下跌都会探及一个短期底部。在短期底部前的几天加速下跌之中，一、二、三线股的跌幅差不大。短期底部之后，将是一个历时很短的反弹，这一反弹的时间跨度多则三五天，少则只有一天，反弹的高度在多数情况下很难超过加速下跌开始时的起点。在反弹行情中，以低价位的三级股表现最好，而一线优质股则波幅不大。

2. 中期底部

中期底部各种形态出现的可能性都有，其中 W 型底和头肩底出现的概率稍大些。中期底部一般是在跌势持续时间较长（10 周以上）、跌幅较深（下跌 30% 以上）这后才会出现。在到达中期底部之前往往有一段颇具规模的加速下跌。中期底部的出现，一般不需要宏观上基本因素的改变。但却往往需要消息面的配合，最典型的情况是先由重大利空消息促成见底之前的加速下跌。然后再由于利好消息的出现，配合市场形成反转。在见底之前的加速下跌中，往往优质股的跌幅较大，股价见底期间。优质股的成交量会率先放大。中期底部之后，会走出一个历时较长（一至数周）、升幅较高的上升行情。这段上升行情中间会出现回调整理。大体来讲升势可分为三段、第一段由低位斩仓者的补货盘为主要推动力，个股方面优质股表现最好，第二段由炒题材的建仓盘推动。二线股轮番表现的机会比较多，升势的第三段是靠投机性炒作推动的，小盘低价股表现得会更活跃一些。在中期底部之后的升势发展过程中，会有想当多的市场人士把这一行情当作新一轮多头市场的开始，而这种想法的存在正是能够走成中级行情而不仅仅是反弹的重要原因。

3. 长期底部

长期底部是熊市与牛市的交界点，长期底部的形成有两个重要前提，其一是导致长期弱势形成的宏观基本面利空因素正在改变过程当中、无论宏观基本面利空的消除速度快慢，最终的结果必须是彻底地消除；其次是在一个低股价水平的基础上投资者的信心开始恢复。长期底部之后的升势可能是由某种利好题材引发的，但利好题材仅仅是起一个引发的作用而已，绝对不是出现多头行情的全部原因，也就是说，市场须存在出现多头行情的内在因素、才有走多头行情的可能性。而这种内在因素必须是宏观经济环境和宏观金融环境的根本改善。长期底部的形成一般有简单形态和复杂形态两种。所谓简单形态是指潜伏底或圆弧形底，这两种底部的成交量都很小。市场表现冷清；而复杂形态是指规律性不强的上下振荡。长期底部走成 V 型底或小 W 型底的可能性不大，见底之后将是新一轮的多头市场循环。由以上分析可以看出，作为股市上的投资者应当十分重视中期底部与长期底部的形成。一旦看准中长期底部出现，可以下大注去搏，而对于短期底部，可以不予理睬为上策，即使确实有兴趣进行短线投机，也应严格控制入货总量，并坚决按照止亏纪律进行操作，那种逢底便抄，几乎天天都在抄底的投资者必然损失惨重。

典型的底部特征——三金叉见底

所谓三金叉见底，简而言之就是均线、均量线与 MACD 的黄金交叉点同时出现。股价在长期下跌后开始企稳筑底，而后股价缓慢上升，这时往往会出现 5 日与 10 日均线、5 日与 10 日均量线以及 MACD 的黄金交叉点，这往往是股价见底回升的重要信号。

股价在长期下跌后人气涣散，当跌无可跌时开始进入底部震荡，随着主力的逐渐建仓，股价终于开始回升。刚开始的股价上涨可能是极其缓慢的，也有可能会潜龙出水、厚积薄发，但不管怎样，最终都会造成股价底部的抬高与上攻行情的雄起。当成交量继续放大推动股价上行时，5 日与 10 日均线、5 日与 10 日均量线以及 MACD 自然而然地发生黄金交叉，这是强烈的底部信号。随着股价的推高，底部买入的投资者开始有赢利，而这种强烈的赚钱示范效应将会吸引更多的场外资金介入，从而全面爆发一轮气势磅礴的多头行情。

三金叉的出现，意味着：

（1）短中期均线的金叉表明市场的平均持仓成本已朝有利于多头的方向发展，随着多头赚钱效应的不断扩大，将吸引更多的场外资金入市；

（2）短中期均量线的金叉表明了市场人气得以进一步的恢复，场外新增资金在不断地进场，从而使量价配合越来越理想；

（3）MACD 的黄金交叉，不管是 DIF、MACD 是在 0 轴之上还是在 0 轴之下，当 DIF 向上突

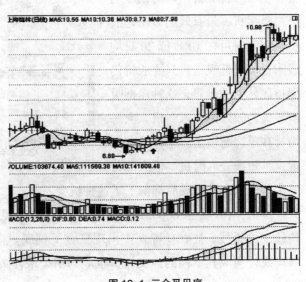

图 12-1 三金叉见底

破 MACD 时皆为短中期的较佳买点，只不过前者为较好的中期买点，而后者仅为空头暂时回补的反弹。总而言之，随着三金叉的出现，在技术分析"价、量、时、空"四大要素中有三个发出买入信号，将极大地提高研判准确性的概率，因此三线合一的三金叉为强烈的见底买入信号。

图 12-1 是上海梅林（600073）在 2006 年 12 月 28 日见底 6.69 元之后的翻云覆

雨走势，以此来说明三金叉见底的实战运用技巧。

1. 第一个买点为三金叉发生时

所谓的 5 日、10 日均线、均量线以及 MACD 三金叉，并非绝对要求同时或同一天金叉的，这仅是一种简单的描述。事实上，均线、均量线及 MACD 三金叉只要在几个交易日之内发生，都可视同于"三金叉"。由于探底之前往往有一个放量的过程，均量线的金叉往往是第一个出现，三者当中最后一项发生金叉时就是短中线的买入信号。上海梅林在 2006 年 12 月 28 日见底 6.69 元之后，到 2007 年 1 月 9 日为止均线、均量线、MACD 先后都已发生金叉，因此 2007 年 1 月 9 日的阴十字星的强势蓄势震荡为较好的买点。如图 12-1 箭头所示。

2. 第二个买点为三金叉发生后上攻途中出现回档时

三金叉见底发生时，投资者当时有可能没有注意到这种极好的短线介入点，其实在错过三金叉见底发生的买入信号之后，投资者仍可等待股价回档时出现的第二个买机，最有效的方法是股价在回档时可在 10 日或 20 日均线附近可逢低吸纳。只要股价仍保持原始上升趋势，这种逢低吸纳不失为较好的介入时机。上海梅林在单边超强走势中并没有出现这种短线介入时机，但大部分的个股在三金叉出现后都留下了这种机会。

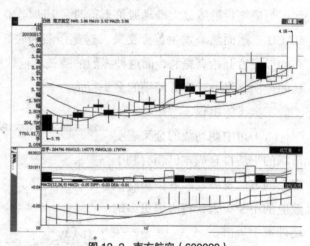

图 12-2　南方航空（600029）
2003 年 9 月 17 日—10 月 8 日走势图

例如，南方航空（600029）在 2003 年 9 月 17 日见底 3.75 元之后，到 10 月 8 日为止，均线、均量线、MACD 皆真正出现三金叉见底。在随后的上攻过程中，10 日与 20 日均线皆构成其下档的强支撑，也成为错失最佳买入时机后的逢低吸纳的良机，如图 12-2 所示。

在三金叉见底过程中，往往会伴随出现买入的 K 线组合或其他研判方法，而两阳夹一阴、阳后两阴阳、三阳开泰等买进信号出现，也从侧面进一步证明了三金叉见底的有效性，这也符合更多指标发出买入信号将极大地提高研判准确性概率的规律。

典型的见底标志——希望之星

希望之星出现在下跌行情的末期，是一种具有反转意义的 K 线组合。它由三根 K 线组成，其中第一根是大阴线，延续跌势，第二根是跳低开盘的小实体（可阴可阳），第三天是大阳线，表明多方已经站稳脚，价格止跌回升。中间实体短小的 K 线，在左右两根较长的 K 线的衬托之下，就像一颗星星，故得此名。希望之星代表后市可期，是见底标志。

"希望之星"的形态特点是：

（1）前期处于长期的跌势中；

（2）第一根 K 线是大中型阳线或阴线；

（3）第二根 K 线是跳空低开的小实体（阴阳均可）；

（4）第三根 K 线是与之前趋势相反的大中型阴线或阳线。

希望之星在出现之前，市场上的下跌氛围浓重，因此中间的一根 K 线在开盘时仍然延续了下跌的势头，呈现出跳空低开的开盘格局。但经过一个交易日的多空之战，收盘价往上回升，形成了实体短小的一根 K 线，这就是价格被多方托住，下跌之势收缓的表现。当然，价格能否真正得到有力地支持，还要配合第三天的 K 线。图中所示的第三

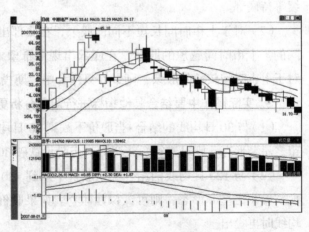

图 12-3　中粮地产（000031）"希望之星" K 线形态

天 K 线收阳，表示价格的触底得到了更多投资者的确认，股价止跌。

下面结合实际 K 线图（见图 12-3），分析一下"希望之星"的操作手法：

自从 2007 年 8 月开始，中粮地产（000031）就伴随大势，一路震荡下行，到 2008 年 9 月份时已从最高点的 40 多元跌至不到 4 元（期间有过分红派息）。在 2008 年 9 月 17 日走出了跌幅达 7.41% 的大阴线。一般来说，长期下跌后的大跌不一定是坏事，根据实践经验，它往往成为空头最后一击的表现。但此例中，股价能否真正反弹还要再看近期表现。第二日（9 月 18 日），跳空低开、尾盘收阳的小实体出现，而第三日（9 月 19 日）又出现了一个涨停，正是空头竭力，多头重新积聚力量的表现。

此时我们可以再从成交量角度进行分析，前期下跌过程中的成交量都非常小，属"地量"水平——跌无可跌，这也是股价见底的一个信号。

由于出现了明显的"希望之星"K线形态，因此短期内应该有一段上扬产生，激进型投资者可选择现在就买进，进行短线操作。保守性的投资者也可以选择试探性买入，逐渐增仓，或是在成交量出现明显的放大、趋势更加明朗后进场。

运用"希望之星"时请注意以下几点。

1. 应用条件

（1）前期处于长期的跌势，一般要求近期跌幅至少达到50%，"希望之星"的出现才是见底标志。

（2）若跌幅没有达到上述要求，"希望之星"的出现只是反弹标志而非见底标志。

2. "希望之星"出现后的操作方法

（1）在满足上述条件底部出现"希望之星"时，可试探性建仓，如果股价没有跌破"希望之星"的最低点，就可继续持股，出现明显跌破时，则应立刻出手，继续等待底部。

（2）对于上市时间长短不同的股票，在底部出现"希望之星"时的操作也是不同的。上市时间越短的股票，在底部出现"希望之星"，越可以作为长期投资，而对于上市时间较长的股票，则最好只作为中短期投资目标。

3. 实际操作中要结合其他指标进行配合分析更准确

（1）与30日均线的结合：当股价下跌到30日均线处得到有力支撑后，并出现"希望之星"形态，则可进行短线买入，当股价跌破30日均线时，则应立刻抛售。

（2）与120日均线的结合：当股价下跌到120日均线处得到有力支撑后，并出现"希望之星"形态，则可试探性建仓。如果股价出现回落，则在明显跌破120日均线时再卖出。

（3）结合成交量："希望之星"出现以前，成交量都较小，出现以后，成交量有明显放大。

典型的见底标志——炉架底线

股价经过一段很长时间的下跌后，在低位拉出一根长阴线，随后股价在长阴线收盘价附近做横盘窄幅整理，小阴线和小阳线交替出现之后，突然收出一根大阳线，收盘价超出或接近前大阴线的开盘价。这就是炉架底K线形态。

炉架底线是可靠性较强的见底信号，在低位拉出一根长阴线，表明空方仍占优势，随后出现的小阴线和小阳线显示了多空双方开始激烈争夺，此时庄家正在吸筹，中阳线是吸筹充分、拉升开始的重要信号。

如图 12-4 所示，该股连续下跌后，1998 年 2 月 16 日收一阴线，随后经历了近 6 个交易周的窄幅横盘，3 月 25 日收一中阳线，形成"炉架底"图线。此后，该股连涨两周，升幅达 28.55%。

如图 12-5 所示，1999 年 2 月 3 日，该股收一开盘秃大阴线，随后小阴小阳横盘整理 6 个交易日。3 月 3 日收一大阳线，形成"炉架底"图线。此后，该股逐波向上攀升，股价由 3 月 3 日的 8.97 元，上升到 3 月 19 日的 10.19 元；升幅达 1.3.60%。

如图 12-6 所示，钱江摩托（000913）2005 年 12 月 5 日—12 月 9 日期间股价经过幅度超过 20% 的下跌后，在低位出现标准的"炉架底"K 线组合，随后股价果然见底回升。从 2.40 元震荡上攻至 4.55 元。

以底部反转形态的姿态出现，"炉架底"成立后的上升幅度较为可观。其重要的买点有两个：一是中阳线出现当日，股价盘中接近或超过大阴线开盘价时迅速跟进；二是形态成立次日，股价

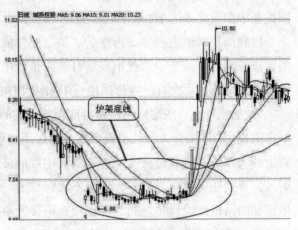

图 12-4 城投控股（600649）
1998 年 2 月 16 日—3 月 25 日日线图

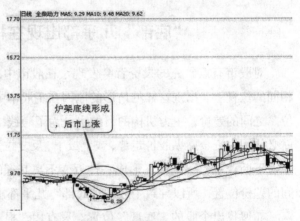

图 12-5 全柴动力（600218）
1999 年 2 月 3 日—3 月 3 日日线图

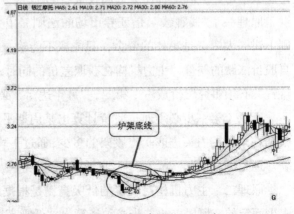

图 12-6 钱江摩托（000913）
2005 年 12 月 5 日—12 月 9 日日线图

回抽至中阳线实体的 1/2 水平时买进。

以底部反转形态的姿态出现的"炉架底"成立后的上升幅度较为可观。其重要的买点有两个：一是中阳线出现当日，股价盘中接近或超过大阴线开盘价时迅速跟进；二是形态成立次日，股价回抽至中阳线实体的 1/2 水平时买进。

"炉架底"这一图形的出现是抄底很难得的时机，投资者应关注此类图线的形成，一旦出现，应坚决介入。但投资者在具体运用过程中，还需要注意一点是，"炉架底"右边的大阳线是否超过或接近前面的大阴线的最高价。如果超过，则投资者可放心买入，否则还应观望。另外，如果不太标准的"炉架底"右边的阳线不够长时，可用相邻的两根阳线代替。同时，在观察阳线大小的同时，应注意成交量的变化，若放量推动股价上行，就能确认"炉架底"的成立。

"底部"几乎都出现在相同的位置上

对股市有点研究的投资者会发现：在股市中，个股的"底部"几乎都会出现在相同的位置上。出现这样的情形的原因在于股市中的利润都来自股价"高位"和"低位"之间的差价，主力机构的目的也是为了赚钱，主力机构要想获取股票中的差价，就必须用大资金操纵股价走势，或上或下，反复拉开股价的上下距离，进行低吸高抛，才能不断获取差价，最终形成一种万变不离其宗的痕迹，这种痕迹就是股价涨跌之间的差价位置，所以导致个股的"底部"几乎都出现在相同的位置上。

如何找出个股的"底部"位置？只有用"根本原理"打造的股市技术，才能使投资者在股市中多赢少输，甚至不输，如违背了股市技术的"根本原理"，那么，无论怎么学习，胜利之神还会远离投资者。

原理一："钱赚钱"是证券市场的法则。主力机构投入股市的是大资金，从原则上讲，大资金是集体的资金，只能赢不能输，每年还必须要达标。股市中利润来自股价涨跌的差价，主力机构在获取差价的同时，还必须考虑以下两点：第一，"钱赚钱"必须讲究股价成本；第二，"每年达标"必须考虑操作周期。

所以，第一步必须通过股价计算出某周期平均价，也称平均线，因为主力机构根据在某周期内买进或卖出股票的多少，通过平均价，就能得知股民手中筹码是"被套"还是"获利"。

原理二：主力机构对股价的低吸高抛是根据股民手中筹码被套或获利的涨跌幅多少而定的。所以，第二步必须计算出"低吸高抛"位置。

一般股价走势常碰中期底部线，碰线后上涨概率约 80%。一般股价走势常碰大底部线，碰线后上涨概率约 95%。

值得关注的是，无论股价上涨或下跌碰到哪一条线，投资者必须关注股价在涨跌前的"转弯现象"。同样上涨碰头部线，也要关注是否有转弯向下的迹象。从一般的走势图可以看到，股价不管是在下跌还是上涨过程，都有赚钱的机会。

有些"底部"并非真正的底部

投资者都知道，最低的股价都是在技术形态最差的时候出现的，同时底部的基本特征是缩量，因为较少出现"底部放量"的技术特征。换句话说，如果能够判断个股处在"底部"，就无须用"放量"来加以描述。

在机构投资者的眼里，个股的底部放量是一种"诱饵"形态，换句话说，最像底部的形态就不会是底部。

从板块角度来看，每年涨幅最大的行业，在启动之初也是风险最大的板块。比如 2001 年入世时的汽车板块、2002 年因中国石化发行的石化板块等。这类不弱于一波牛市行情的局部板块，都是在利空中完成的建仓。

2000 年的网络科技、2001 年的汽车、2002 年的石化、2003 年的钢铁、2004 年的能源，这类股票都不以翘动大盘为目的，掀起一波不弱于一大波行情的"局部牛市"运动，是为超级主力机构借助政策变化获得赢利的呕心沥血之作。

所以，真正的底部的特征，一定是散户投资者全面看空的时期。这就告诉投资者，若想识别出真正的底部，要采取与众多散户投资者相反方向的操作。当然，这需要一些勇气和智慧。

根据四根 K 线组合研判大盘底部

其实，根据底部弹升的四根 K 线组合也可以研判大盘底部，方法既简单又实用，投资者不妨一试。

1. 四根 K 线组合的成交量分布规律及形成机理

第一根 K 线成交量仅有温和放大即可，因为大盘从底部弹升，市场获利筹码极少，几无抛压，无须放量。

第二根 K 线成交量要有明显放大，以沪市为准，一般要达到 100 亿左右。因为随着指数的上升，会遇到压力。

第三根 K 线的成交量比第二根 K 线略小，但明显大于第一根 K 线。之所以成交量较大,原因是投资者还不认可市场的走强,因此见利即抛。龙头股在连续上涨后,也开始了震仓或者重新走弱。

第四根 K 线如果为阳线则成交量继续放大,大盘将气势如虹,一轮升势确立；如果为阴线,则成交量缩小,表明市场再度走弱。

查看中国股市历年底部形成的 K 线组合,除"5·19"行情连续飙升外,多数为上述四根 K 线组合。如果不符合上述规律,则底部形态一般不能成立。

2. 四根 K 线组合的涨升规律

第一、第二根 K 线是连续中大阳线,第三根 K 线是带上下影线的十字星或阴线,最关键的是第四根 K 线,第四根 K 线为阳线则大盘强势确立,否则弱势依旧。

为了使上述 K 线组合的应用最佳化,以下要点需要投资者加以注意：

一是要有强劲的领涨热点。这是率领市场走出弱市的关键。否则,即使出现同样的 K 线组合,也不一定能形成底部。

二是要高度关注第三根 K 线的上影线长度,加强行情的前瞻性。第三日大盘多数为大幅震荡形态,研判后市行情发展的难度较大。但这一日的上影线基本决定了次日走势:上影线长,说明行情的力度大,次日走强的概率大,短线以高抛低吸为主；上影线短,甚至没有上影线,则次日走弱的概率大,短线高抛不低吸。

三是四根 K 线组合会有变形。变形多数发生在第三根 K 线之后。如果在第四日出现带较长上影线的阳十字星,此时不影响行情研判的有效性,一般第五日会出现中大阳线。

四是如果是在长期市场的底部,则第四根 K 线会有效站稳在 60 日均线之上,这也是市场转强的强烈信号。

如何通过来成交量来识别底部

弄清楚成交量是确认股价底部的一个很巧妙的技巧,这是因为股价的底部往往随成交量的底部出现而出现。

成交量底部的研判是以过去的底部作为标准的。当股价从高位往下滑落后,成交量逐步递减至过去的底部均量后,股价触底盘稳不再往下跌,此后股价呈现盘档,成交量也萎缩到极限,出现价稳量缩的走势,这种现象就是盘底。底部的重要形态就是股价的波动的幅度越来越小。此后,如果成交量一直萎缩,则股价将继续盘下去,直到成交量逐步放大且股价坚挺,价量配合之后才有往上的冲击能力,成交量由萎缩而递增代表了供求状态已经发生变化。底部区域成交量的萎缩表示浮动筹码大幅缩减，筹码安定性高，杀盘力量衰竭，所以出现价稳量缩的现象。此后再出现成交量的递增，表示有人吃货了，因为如果没有人进货，何来出货呢？所以此时筹码的供需力量已经改变，已蕴藏着上攻行情。成交量见底的股票要特别加以注意，当一只股票的跌幅逐渐缩小跳空下跌缺口出现时，通常成交量会极度萎缩，之后量增价扬，这就是股价见底反弹的时候到了。

然而，分析大众心理可知，当成交量见底时，人们的情绪也往往见底了，赚钱的人逐渐退出，新入场的人一个个被套，因此入场意愿也不断在减弱。如果当人们买股票的欲望最低的时候，而股价却不再下跌，那只说明人们抛售股票的意愿也处于最低状态，这种状态往往就是筑底阶段的特征。问题是，既然成交量已萎缩至极，说明参与者是很少的，这就证明真正能抄到底部的人必然是非常非常少的。

当股价长期盘整却再也掉不下去的时候，有一部分人开始感觉到这是底部，于是试探性地进货，这造成成交量少许放大。由于抛压很小，只需少量买盘就可以令股价上涨，这就是圆底右半部分形成的原因。如果股价在这些试探性买盘的推动下果然开始上扬，那必然会引起更多的人入市的愿望，结果成交量进一步放大，而股价也随着成交量开始上扬。这种现象犹如雪崩，是一种连续反应。

只要股价轻微上涨就能引发更多的人入市，这样的市场就具有上涨的潜力，如果这种现象发生在成交量极度萎缩之后，那么就充分证明股价正在筑底。选股的时候需要有耐心，筑底需要一段时间。在成交量的底部买入的人需要具有很大的勇气和信心，但更需要有耐心。如果投资者对所持的股票几个月不见动静还能泰然处之，那么说明投资者具备炒股赚钱的第一个基本条件。

还有一些相对保守的投资者，他们不愿意在底部等待太久，他们希望看清形势之后再作出决策，圆弧底的右半部分是他们入市的机会。尤其是当成交量随着股价的上升而急速放大时，他们认为升势已定，于是纷纷追入。正是由于这一类投资者的存在，且人数众多，才形成突破之后激升的局面。

其实大家应该做有耐心的投资者，在成交量底部买入。事实上，这种做法才是真正的保守和安全的。在市势明朗之后才买入的人也许能够赚钱，但是他们赚不到大钱，他们只是抓住了行情的中间的一段；而且他们面临的风险实际上比较大，因为他们买入的价格比底部价格高出了许多，当他们买进的时候，底部买进的投资者已经随时可以获利离场，相比之下，谁的优势更强也就一目了然了。

如何应对短线底部

所谓短线底部，如前所述，是指股票价格经过一段短时间的连续下跌后，因导致短期技术指标超卖而出现股价反弹的转折点的一种现象。对短线投资者来说，判明个股是否进入了一个短期底部是一项十分重要的工作，会直接影响着自己的投资成效。因为，短期底部一旦得到确认，随之而来的就会是一波难得的反弹机会。

关于短期底部的确认方法，前面的小节已经有所阐述，但还不全面，这里笔者介绍一些短线底部其他的确认方法。

具体来说，短线底部的确认讲究一定的标准，并且要有阶段性的不同考虑。一般情况下，在符合以下三个条件时，短线底部才会真正出现。

（1）各种技术指标必须向上突破下降趋势线，由于各阶段的下降趋势线均有所不同，一般以 25 日平均线为准。

（2）从形态上看，以前的最低底部都会是参考点。如果在一年内有几次都是在某一最低位置反弹上升的，那么该位置即可认为是一处中期的底部。

（3）在 KDJ 和 RSI 的周线已成多头排列时，6 日均量连续 3 日迅增。在技术面，技术线指标已严重超跌，走势上也出现有利于多方的形态。

在实际操作上，投资者应尽量控制资金量，并谨遵止损规则。那种逢底便抄的心态必将引致大损失。除此之外，投资者若想成功应对短线底部，还应该具备以下知识：

（1）不要指望抄最低点。投资实践中，很多投资者认为反弹即是底部，担心错过买入时机，次日无法追高，但由于抢反弹是高风险的行为，建议投资者千万不要希望能买到一个最低点。等待底部形态成熟后再大量买进，才能避免在跌势中被最低点套牢。

（2）不要迷信地量。价跌量缩，大家都知道，但量缩了还可以缩。所以，只有等待大盘指数走稳后，6 日均量连续 3 日增加才能确认。

（3）不要认为底部是一日。俗话说"天上三日人间一年"就是这个道理。

如何区分底部和下跌中继

投资实践中，很多投资者很容易将底部和下跌中继混淆。这里提供一些区分二者的方法。

在对二者进行区分前，先向投资者介绍一下下跌中继与底部的相同点。

（1）下跌中继平台与阶段性底部都是在股市经历过一段时间的快速调整后，自然地于某一位置暂时性止跌企稳，出现平衡走势。

（2）成交量会不断减少，一般情况下，阶段性底部的量能至少减少到前期峰量的 1/3 以下。下跌中继平台也同样会大幅度减少。

（3）当大盘即将进入阶段性底部时，指数在盘中表现多为窄幅整理状况，表现在 K 线形态上，就是 K 线实体较小，并且经常出现单个或连续性的小阴小阳线。

（4）盘中热点逐渐沉寂下来，只有少数板块或零星个股，表演自弹自唱的行情，但对市场人气起不到聚拢和带动作用。

（5）技术指标大多处于超卖区域，其中随机指标的 J 值至少低于 20，通常是跌为负值；心理线指标的 20 天移动平均线小于 0.4；13 日 W％R 指标线低于 −80。

（6）投资者的炒作热情趋于冷淡，投资心态较为冷静，一般不愿意采用追涨杀跌的激进型操作手法，而多采用一些较为保守的投资策略。

虽然这些相同特征，增加了投资者区别下跌中继平台与阶段性底部的难度，但是，还是有些科学的方法能够准确辨别两者差异的。对于下跌中继平台与阶段性底部识别，重点是通过平台走势之前和平台走势之后这两个阶段进行的。

通过对平台走势前的下跌过程中的特征进行识别，如果在平台之前的下跌过程中有明显的刻意打压迹象，这时形成的平台大多属于阶段性底部。其中，刻意打压的迹象主要有以下几点。

（1）**移动成本分布研判**。主要是通过对移动筹码的平均成本分布和三角形分布进行分析，如果发现大多数个股的获利盘长时间处于较低水平，甚至短时间内获利盘接近 0 时，而股市仍然遭到空方的肆意打压，则可以说明这属于主力资金的刻意打压行为。

（2）**均线系统与乖离率的研判**。股市偏离均线系统过远，乖离率的负值过大时，往往会向 0 值回归，如果这时有资金仍不顾一切地继续打压时，则可以视为刻意打压行为。

（3）**成交量的研判**。当股市下跌到一定阶段时，投资者由于亏损幅度过大，会逐渐减少交易，成交量会逐渐地趋于缩小，直至放出地量水平。这时候如果有巨量砸盘，或者有前期主流品种纷纷跳水，但股市却并没有受较大影响，则说明这是主流资金在打压恐吓。

（4）**做空动能的研判**。如果大盘经历了较长时间的下跌，做空动能已经消耗将尽，但股指仍然不能摆脱下跌的命运。这时投资者就需要运用反向思维：大盘是否有实质性做空因素？做空的动力来自何方？空方的动机何在？如果答案是否定的，则不排除主流资金正在有所图谋地刻意打压。

（5）恐慌盘的研判。在下跌过程中如果有大量恐慌盘慌不择路地出逃，而大盘却能迅速止跌企稳，说明有资金正在乘机逢低建仓，后市将出现阶段性底部。主流资金刻意打压的目的就在于在低位收集廉价筹码，如果没有恐慌盘的退出，就会给主流资金发动行情带来困难。因此，调整的时间就会延长，而下跌中继平台出现的概率也将大为增加。

如果股市的下跌没有刻意打压的迹象，而是因为市场本身存在调整压力，或受到实质性做空因素的影响导致的自然性下跌，这时形成的平台走势大多属于下跌中继平台。

通过对平台走势后的突破过程中的特征进行识别。

（1）增量资金的介入程度。如果平台走势后的突破过程中，增量资金积极介入，成交量是处于有效放大的，那么，比较容易形成阶段性底部的走势。如果平台突破后，成交不但不能放大，反而持续减少，显示增量资金入市不积极，则比较容易形成下跌中继平台。

（2）技术形态与指标状况。平台走势后的突破过程中，如果各项技术指标严重超卖，包括日线、周线，甚至月线在内的技术指标均出现一定程度同步底背离特征，而且，底部形态构筑比较坚实的容易形成阶段性底部；如果指标没有严重超卖，或没有形成同步底背离特征的，以及底部形态的构筑没有经过反复夯实的一般会形成下跌中继走势。

（3）领头羊的种类与表现。平台突破后，市场中涌现出的领头羊如果是具有一定市场号召力和资金凝聚力，并且能有效激发市场的人气，具有向纵深发展潜力和便于大规模主流资金进出的热点个股，则往往能成功构筑阶段性底部。相反，领头羊是没有号召力、凝聚力，不能激发市场人气，不便于大资金进出的小盘股、超跌股或补涨股，则往往会形成下跌中继走势。

如何区分二次探底和破位下行

股市经历过长时间的深幅下跌以后，往往积弱难返，不能在一次见底过程中就扭转颓势，只有在第一次反弹中先延缓下跌的速率，然后通过二次探底再蓄势整理积累做多能量，重新发动一轮上升行情。表现在盘面中的走势形态类似于"W"，这就是最重要的底部形态之一，W形底或称为双底。

众所周知，行情的启动必须以增量资金的介入为先决条件，在双底形态中量能的因素十分重要，没有成交量支持的形态是难以构筑成功的，即使从表面上走出双底，也往往不能走出理想的上升浪，有时甚至来不及突破颈线位就回落。

对于双底的量能分析主要集中在其能否有效放量，其中需要重点观察以下四种情况：

（1）W形底的构筑过程中，右侧V形走势的成交量是否能超过左侧V形走势的成交量；

（2）完成右底后的右侧上涨过程中是否能有效放量；

（3）特别是在突破颈线位的关键时刻，是否能够带量快速突破；

（4）W形底的构筑过程中，均量线是否能向上移动，并处于发散过程中。

这些因素是决定双底形态能否构筑成功的关键因素。

如何根据各种底部形态判断买进时机

投资实践中，投资者也可以根据底部形态来确定是否买进。具体情况如下。

（1）当日K线形成双底形态，并收出阳线，是买进的好时机。此时，要视两种情况而定：

第一种情况是，该阳线出现在低价区域：其股价经过长时间的震荡下跌后企稳出现小幅反弹，之后再度回落到前期底部附近收出阳线，这暗示着股价基本探明短线底部，多头在前期底部附近有短线抄底介入的尝试性操作。同时很有可能是主力通过打压股价，达到洗清盘面浮动筹码以及二次吸筹的目的。

第二种情况是，该阳线出现在中高价区域：股价在一段时间冲高后形成双底形态，此时收出的阳线，表明盘面浮动筹码以及市场抛压的减少，若成交量能够出现放大的迹象，则预示着多方力量将展开新一轮的上攻态势，短线上扬的走势将出现。

（2）二次探底不破是最佳的买进时机。这里所说的二次探底不是传统意义上的双底，也不完全同于V形反转，而是指股价再一次由高位下跌至以前的低点附近获得支撑，然后直接转为上升趋势，且这一底点至少是数星期之前的低点，一般是数月之前甚至是一年以上之前的低点。这时股价往往经过了较长时间的下跌，股价跌幅已深，市场交易清淡，风险已经很小，是难得的中长线最佳买入时机，一旦有利好刺激或主力入场，股价就会大幅上涨，大多会重新涨回起跌点甚至更高。

（3）三重底形态的买进技巧。三重底既是头肩底的变异形态，也是W形底的复合形态，三重底相对于W形底和头肩底而言比较少见，却又是比后两者更加坚实的底部形态，而且形态形成后的上攻力度也更强。其形态的成立必须等待有效向上突破颈线位时才能最终确认。因为，三重底突破颈线位后的理论涨幅，将大于或等于低点到颈线位的距离。所以，投资者即使在形态确立后介入，仍有较大的获利空间。

（4）圆底末期是最佳的买进时机。圆底，就是指股价在经历长期下跌之后，跌势逐渐缓和，并最终停止下跌，在底部横盘一段时间后，又再次缓慢回升，终于向上发展的过程。

当股价在成交放大的推动下向上突破时，这是一个难得的买进时机，因为圆底形成所耗时间长，所以在底部积累了较充足的动力，一旦向上突破，将会引起一段相当有力而持久的上涨。投资者这时必须果断，不要被当时虚弱的市场气氛吓倒。

（5）潜伏底的买进技巧。潜伏底是指股价在一个极狭窄的范围内横向移动，每日股价的高低波幅极少，且成交量亦十分稀疏，图表上形成一条横线般的形状。经过一段长时间的潜伏静止后，价位和成交量同时摆脱了沉寂不动的闷局，股价大幅向上抢升，成交亦转趋畅旺。

潜伏底大多出现在市场淡静之时，及一些股本少的冷门股上。由于这些股票流通量少，而且公司不注重宣传，前景模糊，结果受到投资者的忽视，稀少的买卖使股票的供求十分平衡。持有股票的人找不到急于沽售的理由，有意买进的也找不到急于追入的原因，于是股价就在一个狭窄的区域里一天天地移动，既没有上升的趋势，也没有下跌的迹象，表现令人感到沉闷，就像是处于冬眠时期的蛇虫，潜伏不动。最后，该股突然出现不寻常的大量成交，原因可能是受到某些突如其来的消息，例如公司赢利大增、分红前景好等的刺激，股价亦脱离潜伏底，大幅向上扬或在这潜伏底中，先知先觉的投资者在潜伏底形成期间不断在作收集性买入，当形态突破后，未来的上升趋势将会强而有力，而且股价的升幅甚大。所以，当潜伏底明显向上突破时，值得投资者马上跟进，跟进这些股票利润十分可观，但风险却是很低。

哪些个股是抄底的最佳选择

投资实践中，需要投资者注意的是，不是任何个股都可以进去抄底的，对跳水老庄股要区别对待，要格外小心。有的股票因主力彻底离场或基本面恶化，也是不适合进去抄底的。

对此，投资者不禁产生这样的疑惑：不能抄的底那么多，到底哪些能抄呢？具体来说，适合抄底的股票有以下几种。

（1）主力选择的股票主要是基金重仓股，是抄底的最佳选择。主力资金链没有问题，个股基本面也没有出现问题，是抄底的必要条件，基金在投资之前都会进行充分的研究和论证，所以对公司的基本面了解较为深刻，有他把关的个股比较令人放心。而且基金的操盘手法比较单调，具有明显的追涨杀跌痕迹，只要跌出了价值就会有资金进行回补，只要对他的手法有一定了解就可以进场抄基金重仓股的底。

（2）行业前景看好且有一定业绩保证的股票。那么多股票破位，如何能在沙砾中找到珍珠，就需要具备一定的眼光才能有所收获。电子元器件、网游、有色金属、数字电视、煤炭、电脑、通信等行业的个股就比较具备投资价值，如果其中的绩优股出现破位情况，在分析历史走势的基础上，运用技术分析一般可以抄到他的短期底部或大底。农业、汽配、钢铁、食品、商业、地产、外贸、医药、汽车等行业的抄底价值就没有上述那么大，所以即使抄底也应该选择行业看好的来抄。次新股由于定位不准和主力实力不明，一般来说抄底难度是最高的。

（3）抄绩优行业龙头股。当一个好的板块整体出现回调时，本着擒贼先擒王的原则买入其中的龙头个股或者业绩最好的个股。比如有一个投资者在2007年7月28日去抄铜峰电子（600237），收盘前抓住主力对倒洗盘之机于7.09元介入，次日曾一度涨停，之后以7.90元抛售，收益率有10点以上。抄底原因主要是基于他的价格已经是上市以来的新低和优良业绩作出的准确判断。7元是铜峰电子近几年的最低价，而且之前也公布了业绩，曾探底7元但支撑强劲，说明有资金看好它的投资价值，该公司生产的电容器用的聚丙烯膜产量位居世界第一位，做这样价平绩优的科技股胜算很大。

（4）横向对比和联想抄底。当一个行业或板块出现某只龙头强势股，就可以看他整个板块其他个股的表现是否同步，如果出现背道而驰的走势，在充分研究基础上可以介入。如2007年6月底整个煤炭能源板块在兖州煤业（600188）的带领下走出一浪强劲的上攻行情，而同板块的山西焦化（600740）却在加速赶底，山西焦化以前走势在煤炭中是最强的，股价也是最高的，现在却成了最差的一个，股价比兖州煤业等低得多，在了解其公司基本面没有出现重大问题的情况下如果于6月28日介入，将走出一波十分强劲的反弹行情，获利丰厚。

（5）股性活跃的股票。这点十分重要，股性活跃的个股才更具备抄底价值，那些一年没有几根大阳线的个股就不要去做了。

（6）流通盘小的股票。盘小的个股在反弹时有较强的爆发力，大盘股则由于弱市很难有起色。

最后，在抄底的时候，投资者需要特别注意以下几点：①回避老庄跳水股；②

不要满仓操作；③不要一次性买入；④不要太贪婪，适可而止；⑤速战速决，不可恋战；⑥套牢了不要急于补仓。

成功抄底的"四到位"与"四突破"原则

底部潜含着大风险，但也潜含着大收益，所以吸引了众多投资者趋之若鹜地去抄底。然而，成功抄底并非一件容易的事。为了提高抄底的成功系数，各位投资大师冥思苦想，想出了各种寻底测底的技术工具，如波浪理论中的 ABC 和下跌 5 浪、动力指标的底背驰、价量理论中的阶段性地量与循环周期中的波谷等。然而，上述工具在实际操作中又存在许多缺点，如下跌 5 浪可以延伸，底背驰之后又有双底背驰、三底背驰，地量之下还有地量，循环可以后移——种种因素集结起来，使得成功抄底成为一件十分困难的事。

其实，抄底也是有方法和技巧可循的。在抄底的过程中，如果遵循以下"四到位"与"四突破"的原则，则会提高投资者的抄底成功指数。

四到位指的是：

（1）成交量的萎缩到位。成交量随着大盘的回落而急速萎缩，并不时出现地量。但值得注意的是，地量不能决定股市一定调整到位。如果股指继续下跌，而成交量在创出地量后开始缓慢地温和放量，成交量与股价之间形成明显的底背离走势时，才能说明成交量调整到位。

（2）股指的调整到位。在强势市场中股指调整是否到位，可以通过波浪理论或黄金分割率进行测算，但在弱势调整中，只能通过观察市场做空能量进行估算。当做空动能趋于衰竭的情况下，指数就会到达跌无可跌的地步。

（3）技术指标的超卖到位。这是根据多种指标在同一时期中在月线、周线、日线上同时发生底背离进行综合研判的。

（4）热点的冷却到位。这里所指的热点是指前期的主流热点，热点板块的基本调整到位，将会起到稳定市场重心的作用。前期主流板块的成功探底，也有助于调整行情的早日结束。

"四到位"说明股指在底部区域基本止跌企稳，这时，投资者可以少量试探性建仓。

但如果投资者打算重仓介入，还需要等待底部彻底构筑完成后，上升趋势被正式确认时，也就是股指完成"四突破"之际才可以战略性建仓。

"四突破"指的是：

（1）指数对均线系统的突破。这里的均线系统是指大盘的 5 日、10 日、20 日、60 日等多条移动平均线，当指数突破这些均线系统的时候，投资者可以重点关注和选择一些优质的个股。

（2）成交量对均线系统的突破。由于成交量与指数之间有不同的运动特性，因此，对成交量的均线系统的设置不能照搬指数或股价的均线设置。对成交量的均线设置为三条，分别是 6 日、12 日、24 日移动平均成交量。当成交量突破这些均线系统的压制时，可以积极介入个股的炒作。

（3）热点的突破。形成突破的热点不需要一定是前期的主流热点，如果是新兴的热点板块突破也未尝不可，但热点必须符合以下几方面特点：具有一定市场号召力和资金凝聚力，并且能有效激发和带动市场人气；热点行情具有向纵深发展的动能和可持续上涨的潜力；热点板块具有便于大规模主流资金进出的流通容量；热点行情具有持续时间长，不会过早分化和频繁切换等特点。

（4）技术指标的突破。中期底部的研判，重点参考以下技术指标的突破走势：随机指标的 K、D 值均小于 20 时形成的黄金交叉突破走势。趋向指标 DMI 中的 +DI 向上突破 –DI。相对强弱指标 RSI 指标的短期线 RSI 在 20 以下的水平，由下往上突破长期的 RSI 时。威廉变异离散量 WVAD 指标的 5 天均线由下往上突破 21 天 WVAD 均线。

如何把握牛市中的抄底机会

在牛市中，尤其是在大牛市中，几乎个个投资者都是专家，针对投资技巧都能说出个一二来。然而，在牛市的中期调整阶段，只有在下跌中依然能够坦然应付市场的人才是真正的资深投资者。

众所周知，市场大跌的时刻往往是入场"抄底"的良机，因为长期牛市的格局已经被认可，但是，何时"抄底"却是个问题。

经过一番归纳和研究，笔者认为，在牛市中成功抄底需要注意以下几点。

（1）在大盘和个股均经过了长时间下跌之后，已经出现了企稳迹象，日 K 线形成了双重底的形态，底的右侧已经开始放量，一旦突破了颈线位，可大胆买入。

（2）在大盘和个股均经过了长时间下跌之后，已经出现了企稳迹象，日 K 线形成了三重底的形态，底的右侧已经开始放量，一旦突破了颈线位，可大胆买入。

（3）在大盘和个股均经过了长时间下跌之后，已经出现了企稳迹象，日 K 线形成了头肩底的形态，而且右肩部位已经开始放量，并突破了颈线位，可大胆买入。

（4）在大盘和个股均经过了长时间下跌之后，出现横盘整理的走势，日 K 线形成了潜伏底的形态，底的右侧已经开始温和放量，一旦突破了箱体的顶部，可大胆买入。

（5）在大盘和个股均经过了长时间下跌之后，已经出现了企稳迹象，日 K 线形成了圆弧底的形态，而且近期已经开始温和放量，可大胆买入。

（6）在大盘和个股均经过了长时间下跌之后，又出现了加速下跌，然后突然连续放量上涨，回调可大胆买入。

（7）当目标股票技术系统的月线 KDJ 指标、周线 KDJ 指标、日线 KDJ 指标，即所有周期的指标均在 20 以下低位全部金叉共振向上攻击发散时，是千载难逢的买进机会。

（8）个股在经过长时间下调，开始企稳回升，在放量收出了一根大阳线之后，又连续收出了不断向上的小阳线或十字星（三个以上），预示着后市将大幅上涨，可果断跟进。

（9）底部放量的第一个涨停板，是买入股票的最佳时机，无论是从短线还是从中线来看，都会有很好的获利机会。

（10）个股在经过大幅下调企稳之后，经过第一次拉升，开始缩量回落，出现的 5、10 均线，5、40 日均量线，MACD 的三线汇集，是再次发力向上的前兆，可大胆介入。

（11）经过长时间的下跌之后，在以大阳线做前导的情况下，出现的长下影线缩量，下影线的长度在 3%~4% 最佳，往往是标准的见底动作。

（12）在一旦确定大盘已经进入牛市之后，应该果断地买入人气最旺的股票，不管这些股票的价格有多高，坚决果断地介入，一定能有最丰厚的回报。

牛市中要学会在调整中大胆抄底，尤其是对于领涨的主流品种，在其出现第一次大调整过程中，一旦出现缩量走稳，便可大胆介入。因为主流品种的第一次上涨往往都是建仓过程或是脱离主力资金成本过程，调整后才会展开最具爆发力的拉升行情，如果在调整末期及时抄底，随后的涨幅也相当大。

投资者切记，牛市中只要抓住了抄底的机会，就会比别人获利更多。

判断市场是否走出底部的量化指标

投资实践中，在研究底部形态时，投资者还应该关注市场何时走出底部形态。而想要准确判断出市场已经走出底部形态，需要依靠以下几种量化指标。、

具体来说，当出现以下几种情况时，就预示着市场正要脱离底部形态。

1. 有地量出现

因为地量出现是调整到位的先兆，表明做空能量接近衰竭。而对地量观察的重点则是上海市场。

2. 两市场成交额达到100亿

地量出现后应密切观察市场每日的成交额是否逐渐回升，也就是否出现放量。笔者认为出现放量的标准是两市场成交额达到100亿元，因为两市成交额突破100亿元意味市场重新开始变得活跃。

3. 两市成交额连续三天保持100亿

如果市场真的出现转机，那么放量必将是持续性的。因此成交不能有不均衡现象出现，即放量后下一个交易日缩量不能超过40%。如果缩量过快，则表明多方做多意愿不坚决，还需进一步观察。因此两市场成交额能否连续三天保持100亿的意义就在于此。而当沪市单日成交额连续出现100亿以上时，则说明已有短期热点出现，应密切关注大盘走势的变化，这是分析大盘能否走出底部最为关键的地方。

4. 有两个热点板块出现

如果两市场成交额连续保持在100亿，就要观察是否有热点出现。市场要走出底部需要两个热点板块，如果盘中只有一个热点板块，将使大盘的上涨动力不足，持续性差甚至影响有限。

5. 至少有一个龙头股出现

如果有龙头股出现将会拉动大盘形成大的突破，而龙头股一定产生于热点板块。

6. 周K线连续两周站稳5周均线

例如2003年1月或11月两波行情，周K线都连续两周在5周均线上。而2004年7月16日收盘时虽然K线上到5周均线上，但7月23日收盘时又重新将其击穿，所以只有当周K线上穿5周均线并且站稳两周时间才能作为判断大盘走出底部的依据。

投资者要注意将上述要点结合起来分析，不要遗漏任何一项。例如：2004年7月19日两市场出现放量，并且连续3天成交额超过100亿，但由于周K线没有连续两周站稳5周均线，也没有热点板块和龙头股出现，因此尽管短期放量，市场仍没有出现转机。

第 13 章
资源配置策略问题

资源配置策略解析

投资者一旦决定投资于股市，首先所面临的不仅仅是买进什么股票，还必须明确如何进行合理的资源配置，即应买入多少只股票、如何调整和优化投资组合等。因为，是否采取合适、灵活的资源配置策略，将影响着你的股票投资是否能够令你从中赢利以及赢利多少。

股票投资犹如经营企业，其核心问题就是资源配置问题。股票投资所需的基本资源是资金、股票、炒股技术（包括操盘手经验、操盘模式、资源配置技术等）、信息。股票投资能否赢利和赢利的高低主要取决于资源配置是否合理和高效。

什么是"资产配置"呢？简单来说，"资产配置"就是将资金分别投资到各种不同资产类别或投资工具，经由长期持有及持续投资来降低风险，以达到预期报酬的一种投资组合策略。其基本概念即为：在风险投资与无风险投资之间求取平衡。也就是把鸡蛋放在不同的篮子里，以此来分散投资上的风险。

资金和股票是一个硬币的两面，可以很方便快捷地转换，但是，在进行股票投资的过程中，资金和股票，其性质和作用是相反的，也是资源配置的直接对象，技术和相关的股票信息这两种资源，都是通过合理和高效配置资金和股票这两种带有原材料性质的资源来发挥和体现其作用的。具体地说，股票投资过程中的资源配置，就是投资者在投资某支股票时，利用其本身的技术和所掌握的与操盘股票相关的信息，根据其所能支配的资源总量（资金和股票），在所操盘的股票价格不同的运行阶段或时点，配置不同的资金和股票的比例。

资产配置讲究安全性、成长性、收益性，这是关键。投资实践中，经常听到有投资者高喊，指数这样高啊，好可怕啊，要大跌了，但是，他们仅仅是喊喊口号，却没有任何防范风险的有效方法。他们没有空仓而持股，又没有选择优质筹码，所以，反倒是他们的风险最大。

根据最新投资研究报告，影响投资绩效最大的因素就是"资源配置"，影响程度高达 91.5%。也就是说，如果依据资源配置的结果来进行投资，可使投资者有较大的机会达成所设定的投资目标。所以，资源配置才是决定投资回报的主要因素。

这就需要投资者在投资实践中，设定好自己的投资目标，拟定好自己的投资计划。先依据自己的年龄、性格、风险承受度、家庭财务状况等，订出投资目标、设定投资期限、选择合适的投资组合，然后订出投资计划。

资源配置的原则和目标

投资实践中，投资者在制定资源配置策略时，应遵循一定的原则、设置一定的目标。在该原则的指引下，投资者会制定出更科学、更合理的资源配置策略。

具体来说，投资者应该遵循的原则如以下四点。

1. 资金原则

在投资市场中资金丰裕的人可以选择风险较大的投资工具，即使损失掉这笔钱，也不会给自己的工作、生活造成多大影响；相反，资金少，尤其是靠省吃俭用、积攒投资资金的人，千万不要选择风险较大的投资工具，而应选取风险较小的投资组合。

投资者到底应该拿出多少资金用于市场投资，这没有一个绝对的界限，而要视投资者本身情况而定。

2. 时间原则

投资不仅仅是一种金钱的投资，更是时间的投入。从投资准备、信息搜集、做出决策直至交易结束，所有的投资过程都需要时间。不投入时间就想取得收益是不可能的。而且，各种投资工具的特点各不相同，对投资者的知识、技能要求也不同，投资者从了解认识到熟练地掌握、运用一种投资工具，都需要花费一定的时间。因此，投资者在投资组合中选取的工具越多，就越需要投入更多的时间。投资者在确定投资组合时，必须考虑自己能用于投资的时间有多少。

3. 能力原则

投资者的知识越丰富，技能越高超，决断力越强，就有越多的获胜机会。

然而，投资者的能力都是有限的，投资工具如此之多，能够样样精通的人很少。兵法上讲究集中力量，力量越集中，杀伤力越强，越容易制胜。投资者也要发挥和集中自己的能力，如果投资者能力强，可以考虑较多投资工具的组合；如果投资者能力弱，则应选择较少的工具组合。同时要牢记一点，投资组合中的工具选择应是自己比较熟悉、力所能及的。

4. 心理原则

不同的人，心理承受能力是不同的。心理承受能力强的人，可以选择风险高、高收益的投资组合，因为他们能够冷静地面对投资中的波折与失败，不会惊慌失措；相反，心理承受能力弱的人，则不宜选择高风险的投资组合，因为他们总担心赔本、失败，总是惴惴不安，惶惶不可终日，一遇波折，顿时六神无主，无法作出正确的决策，导致损失愈来愈大。如果彻底失败，他们很容易陷入极度悲伤与绝望之中，甚至走上绝路。

这并不意味着心理承受能力强的人就可以去冒险，去追求高风险、高收益投资组合；而心理承受能力弱的人，就永远与高收益无缘。事实上，经过投资实践的锻炼，大多数投资者都趋向于稳中求进，采取适度收益与风险的投资组合。

根据投资者是为了保值还是增值而定，资源配置目标具体又可分为以下三点。

1. 获取高收益

一些投资者由于具有冒险的精神、乐观的心态、雄厚的资金和熟练的技巧，他们将获取高收益作为投资目标，因此他们不满足于平均投资收益，敢于迎接高风险的挑战，放手搏击一番，能成功地实现目标，跌倒了爬起来继续往前冲。但是，大多数人不能够承受高风险，获取高收益，对于他们而言，一般人都不会以这种不现实的目标作为自己投资组合的目标。

2. 收入的稳定增长

一些投资者迫切地希望自己的投资能够给自己带来一笔稳定的收入，以补贴目前的生活所需。由于这类投资者自有资金较少，承受风险的能力很小，暂时又没有能力购买房地产和进行实物投资，拥有一笔稳定、可靠的补贴收入对于他们的生活十分重要，因此，其所选择的投资对象多以安全、稳妥为首，如储蓄、债券投资等。

同时，对于这类投资者而言，将稳定的收入积累起来，又可以形成一笔较大的资金，用于再投资，谋取更多的利益。通过这种渐进的投资方式，可实现投资资本的持续增长。

3. 保持资金安全，使其不受损失

投资者最基本的投资目标就是能收回本金。如果在投资期间部分本金或全部本金损失，那么不但失去了投资收益，而且连以后投资的机会也会减弱甚至丧失。

仅就保持资金安全这一层意思来看，投资工具中储蓄、债券，特别是国债是很稳妥的，到期能够收回本金和利息。然而由于在整个投资期间其收益基本固定，若到期时发生通货膨胀，并且通货膨胀率超过了收益率，此时收回的本息实际价值已

不如以前了。而诸如珠宝、古玩、房地产等投资对象则因其资源的稀缺性，不但能够保证本金货币数额的收回，其实际价值也会随着时间不断增长。

因此，投资者在保持资金安全的时候应着重考虑通货膨胀因素。

投资者在确定投资目标之前，一定要弄清楚自己是属于哪一类型的投资者，然后再根据资金实力、投资能力等确定适合自己的投资目标。

"多样化"是做好投资组合的关键

如何做好投资组合，使它能真正帮助我们规避股市风险、投资获利？美国价值投资之父杰明·格雷厄姆给出了答案："一定要注意投资组合的多样化，多样化是投资组合的关键。"

什么是投资组合的多样化？就是把金融资产投入大量不同的股票类型中，以便提高获得高额利润的机会、抵御损失、简化分析和选择过程。这里的"大量不同的投资"不是指买进三只不同的计算机公司股票。希捷、英特尔和苹果公司应当是好的电脑公司，但仅仅投资于这些公司的股票不足以形成好的多样化。如果一个人投资一家好的电脑公司、一家食品公司和一家超市，这种混合就是多样化的。

尽管它们受到总体经济条件的限制，但该多样化组合进入了一个成长性行业、一个防御性行业以及一个消费产品行业。

在设定投资组合时，除了要考虑多样化的种类，还需考虑多样化的程度。

多样化的程度取决于经验、分析的时间和投资者可用的资产量。投资咨询师可能会很油滑地回答："如果你有10000元投资，应该投10家公司，3个不同行业。"但这话没有多大用处。即使花25元买一手100股，将使一位投资者买四家股票，这也意味着要为费用或手续费多花钱。

上述所谓的"10公司法则"将会产生几个零星股票，这种投资缺乏深度。请记住这样一个原则："让优胜股赢得更多。"最好避免零股（100股以下）的情形，开始时在3个行业买3~4只股。这将提供安全性，提高选到一个优胜股的机会。以后，随着投入的钱更多，多样化的深度和广度都可以加大。

还有，要考虑挑选和分析10家公司的时间。观察三个行业的10家公司的表现，需要多少时间？大多数人会把时间分配到股票组合、市场和经济分析上，但他们最不希望的就是使它成为第二个工作。

具体来说，一个多样化的投资组合是如何诞生的，又该遵循什么样的原则呢？以下投资法则正是你最需要的：

1. 多样化要适度而不能过分

为了合理规避风险，我们的投资组合应该保持多样化，但是这种多样化不能超过一定的限度，过分的多样化不仅不能规避风险，反而会大大增加我们的投资风险。这是因为，我们操作的主要策略是一视同仁地购买"价格低于流动资产"的普通股，稍后，特别是当股价获利率达到每年 20% 或更高时，再行卖出。在某些时候，我们的投资组合通常有超过 100 档以上类似的超值股票。

对于一般的保守性投资人来说，如果手边股票的品质够好，至少应该同时持有5 档股票；如果对股票的品质不是很有把握，则最多可以持有 30 档的股票，超过这个数目，即使有电脑协助，都可能会因为数量过多，而不容易监控股票的表现。虽然电脑可以追踪股价的变化，提供一些简单资料以供研究，投资人还是得花心思去阅读并了解这些企业的营运情形。

一般说来，同时持有 5 档股票是最稳当的做法，因为每个人的投资组合中，都不应将超过 20% 的筹码集中在同一个产业；至于是否要持有多达 30 档的股票，则是可以变通的。不过，值得注意的是，限制投资组合当中标的物的数量，只是单纯为了方便簿记管理、容易追踪价格变动状况，而不见得是为了提高投资报酬率。从投资报酬的角度来看，并没有购买股票种类多寡的上限：只要能够严格执行我们前述的选股标准，投资报酬率并不会因为投资组合中标的物数量的增加而稀释。

2. 投资看效果须重整体收益

对任何投资者而言，真正有意义的是投资组合的税后整体收益。也就是说，投资效果的好坏关键要看你拿到的"利"是多、是少，只有多"利"才是自己的目标。这个原则对退休者来说尤其重要。但如果单一的收益率增长是以投资组合总体价值的缩水为代价，那么就可能会引起危险后果，需要及时调整投资组合，以避开更大危险后果的发生。

一个有效的投资组合必定是多样化的。多样化是投资组合的关键，然而这里的多样化是要讲究一定技巧的，我们不仅要考虑多样化的种类，还需要注意多样化要适度而不能过分。掌握这些技巧，才能让我们的投资组合更大限度地分散风险，更大程度地带来收益。

谨遵"有所为，有所不为"原则

投资实践中，很多投资者在买进股票时，常常没有自己的主见，盲目听取他人意见，于是，跟着其他朋友抢进和追涨，会不自觉或不经意地买了一大堆股票，内容涵盖各项产业，琳琅满目好像在开杂货店。往往在看盘或注意自己持股的价格波动时，不免要看左又看右，瞻前又顾后，其中几只幸运赚到钱，几只打平不赚不赔，还有些赔钱货，等到全部结算下来，搞不好没啥输赢，自己内心却忽喜忽悲，因为有的个股上涨，有的下跌，搞得自己很疲惫。

众所周知，散户投资者是股市里最大的弱势群体。他们势单力薄，资金少，信息闭塞，能力有限，却承受着市场的各种风险。什么指数暴跌风险、政策摇摆风险、挤泡沫风险、查处违规资金风险、虚假业绩风险、欺诈拐骗风险、巨额亏损风险、套牢风险……他们无不首当其冲。庄家、机构投资者无不虎视眈眈地觊觎着他们的钱袋。他们的资金在种种风险侵袭下不断缩水，有的被深套，有的被腰斩，有的甚至血本无归。

老严是一个投资散户，一次同时买进了十多只股票。一段时间后，老严发现大盘走势不妙，而且，断定第二天还有继续深跌的可能，于是决定在当日收盘前，将手中的股票全部清仓。决心下了，卖股票时却遇到了麻烦。因手中股票太多，顾了这只，顾不了那只，搞得手忙脚乱、顾此失彼。这一乱不要紧，老严竟然忙中出错：有一只股票卖单在电脑上却敲成了买单，只好第二天割肉出局，赔了很多。

从上面老严的教训中，我们一定要谨记：买股票时，不在"多"而在"精"，也就是有所为有所不为。

当然，若真的又看上了另一只股票时，那就得强迫自己要有所取舍，而不是没有限制一直买下去就可以了。这样的好处是你能借此随时检视自己的持股内容和目前的盈亏，对于个股价量表现，以及基本面的变化也照顾得来。再者，也会因此做出汰弱留强的动作，这样持股内容会比较灵活，也具有基金经理人布局的概念，只要有这种观念，基本上，你已踏出成功的第一步了。

在汰弱留强的过程中要注意，股票看重的是成长性，所以有时重质不重价。公司由很烂变成普通坏，或是普通好，这种转机股股价会有所反应，但原则上最好手上的股票都是积极成长型，因为转机股的股价表现，会有一定的反应幅度，较难以倍数成长。

根据近年来的市场运行规律，作为长线投资者，首先要改变操作思路和策略，尤其要克服"尽力做多才能赚钱，频繁操作才能解套"的错误观念。恰恰相反，如今要多看少动，多研究少下单，下单要少而精，一定要打有准备之仗。具体来讲，要贯彻以下三个"只参与"。（1）只参与一年中的主要行情。除参与主要行情，其他时段任凭个股翻腾不动心，指数上蹿下跳手不痒。

（2）只参与主流热点。抓住了热点才有赚钱机会。如今市场热点全在机构的运筹帷幄之中，作为散户，唯有跟随基金为首的机构脚步走，才能跑赢大盘。所以，多研究基金为首的机构投资者的投资策略和思路，顺势而为，才能取得胜利。

（3）只参与主升段。当指数又开始蹭蹭下滑时，你会为能在主升段中分到一杯羹而欣慰。

在股市里，我们要做到"少而精"，而不能三心二意，见异思迁。谈恋爱需要专一，做股票更需要专一！我们要做就做那些行情能持续的股票，对于那些抽筋似的昙花一现的股票我们可以不做，只当作观赏市场的一道瞬间的风景线。股市里，我们也要学会"有所为，有所不为"的原则，有些东西我们需要珍惜，有些东西我们也要舍得放弃！

及时调整你的资源配置策略

在经历了全球金融危机之后，2009 年各国政府使出"浑身解数"刺激经济复苏，国际经济走上缓慢复苏之路。"稳增长、调结构、促消费"，成为了 2010 年的中国经济发展方向的主基调，这表明经济的工作重心已经开始随着经济新形势的发展而进行着结构的调整了。对我们普通投资者而言，想要走好自己的投资之路，有必要深切关注经济发展的形势以及国家的所进行的一系列的境界结构的调整政策。

世界上唯一不变的是变化。投资市场也时刻处于变化之中，把投资当作事业的投资者，习惯上注意市场的变化，根据市场变化及时调整自己的投资策略：大市不怕升，也不怕跌，升市时有升市的投资法，跌市时也有跌市的投资法。

投资实践中，很多投资者在遇到市场动荡的时候，特别是股票下跌的时候，总是喜欢卖掉正在赔钱的股票。事实上，这是一个投资者关于股市的最为重要的理解之一。一个投资者卖掉正在赔钱并有可能继续下跌的股票是很谨慎的行为，而留下收益显著的股票具有同样的意义，只要它们能够保持基本面的良好。

迈克尔·沙伊莫提醒投资者，在股市动荡的时候，要注意观察市场，不要轻易卖掉好的股票，不能因为股票上涨就卖掉，好股票涨了还会涨。但总有人喜欢卖掉赢家，把输家留住，大概他们希望输家有朝一日变成赢家；有的人又固守着赢家，把输家卖掉。这些人错在以市价代替了公司本身的价值。须知股价有时并不能代表公司的真正价值。投资者既要注意股价，又要注意公司本身的价值。根据市场的动向来调整投资组合。

初涉投资市场的投资者，大多认为股市、汇市是金矿，可以随意发掘，几年之内，就能赚够享受一世的金钱。期望越高，投资就越大，就会忽略投资风险的存在。尤其是年轻人，他们坚信赚大钱一定要冒险，当看到一个好机会时就不理会什么风险，把大量资金投进去，甚至没有什么好机会，也乱投资金，10 万元家产中有 9 万元放在投资市场。万一赔了怎么办？

投入多少资金，应当先估量自己的财力，根据自己所拥有的资金，深入了解市场动向调整自己的投资组合。投资 1 亿元算不算多？在那些拥有几百亿家产的富翁眼中，1 亿元并不是什么大数目，他们可以找专人研究、分析，再决定如何利用这 1 亿元做投资。以他们的财富，就算形势不利，1 亿元全部亏掉，他们依然生活无忧。但是，如果你只有 10 万元，却投资 10 万元，肯定是过多。若这 10 万元全部亏损了的话，半生的积蓄便成为泡影，甚至连生计也困难，若是有妻有儿，这样投资，只会连累家人。

所以说，投资者应该定期观察或调整自己的资源配置策略，以规避风险，获取收益。紧随变动投资对象才有可能赚大钱。比如说，当你的全部资金都用于储蓄投资或者股票投资，当国家银行利率上调的时候，储蓄存款收益率高，风险很小，股市却要面临股价暴跌的风险；而当银行利率下调的时候，储蓄投资的利率风险就会上升，收益率下降，但与此同时，股票的价格却会大幅度上涨，收益率会上升。

由此可见，如果投资者只做一种投资的情况下，面对市场的波动，是具有很高风险的，而如果将你的资金分散于各种投资品种当中，你就可以更好地把握市场的动向，当利率上升的时候，你可以增加储蓄投资，储蓄获利可以抵消股票投资上的亏损，当利率下降的时候，你可以增加股票投资，股票投资上的收益又可以弥补储蓄上的亏损。这种资源配置的灵活性可以使你的收益维持在稳定的水平上。因此，随着市场动向对资源配置进行灵活的调整，可以有效地避免单一投资带来的风险。这就是资源配置的妙用所在。

然而，资源配置策略的调整说起来很容易，具体操作起来则会存在很多难题，但基本的方向还是可以把握的。具体来说，在投资实践中，投资者应该经常打理自己的投资组合。

投资组合建立后，即便它是最佳的，也绝非意味着可以一劳永逸，它需要及时打理。诚如美国投资大师威廉·欧奈尔所说，经营有价证券就好像护理一个花园。如果你不坚持护理，你辛苦种植的那些美丽的花朵可能就被繁杂的野草所覆盖。这些野草带给你更多的是烦恼而不是快乐。你所持有的股票至少需要你的密切关注，如果你不想给予更多关心的话。如果出现了野草，那就不要犹豫，去拿铲子吧！

那么我们如何才能区分投资组合中的花朵和野草呢？可以借助于股市来判断。那些在你买入之后上涨很大幅度的股票就是你的花朵；那些在你买入之后大幅度下跌或上涨幅度很小的股票就是你的野草。

总而言之，在投资过程中进行合理的资源配置是为了更好地防范投资风险。投资产品有很多，不仅有股票、基金和储蓄，还包括保险、房产、黄金、珠宝、古玩、艺术收藏品等，这些都是不错的投资手段。你可以根据自己的喜好和兴趣特长来采取不同的资源配置策略。总之，不要固执地投资于一个品种，而要通过投资组合，随势变动投资对象。进行资源配置策略的调整是为了及时适应投资需求的变化与市场的变化。而如何进行资源配置策略的调整需要我们结合各种因素认真思考，这样才能取得更好的投资收益。

持有几只股票较为合适

投资实践中，很多投资者都有一个为之头疼的问题，那就是应该购买多少只股票才最合适。针对这个问题，一直以来，在投资界都存在着两种截然不同的投资答案：集中投资和分散投资。

集中投资者主张把所有的鸡蛋放在一个篮子里，而分散投资者主张把鸡蛋放在不同的篮子里。到底哪种更具优势呢？

其实，"不要把鸡蛋放在一个篮子里"是很多专家对广大投资者的忠告，专家给出如此建议是因为分散投资可以起到分散风险的作用，而且在对股票的后市走势拿不准的情况下可以做到东方不亮西方亮。但这种不把鸡蛋放在一个篮子里的做法，对每一位投资者都适合吗？

首先要看投资者的资金量，如果资金量很大，那么就必须分散投资。证券投资组合理论就是针对大资金的，如果有几个亿的资金当然得分散投资。证券投资基金就是这样的。但对于一些资金量很小的散户投资者来讲，这种策略就不一定适用。

其次，要看个人的投资风格，有的投资者喜欢投资一种股票，而且做得很好；有的投资者喜欢做几只股票，也会有较好的收益。

在日常的操作中，经常会有这样一些散户投资者，总共只有几万元的资金，却买了十几种股票，每种股票只一手或者两手，这样风险是在一定程度上避免了，但是收益水平却提高不起来了。出现这种情况的一个原因是投资者对所买的股票没有信心，不敢多买，所以抱着试一试的想法每样都买点儿。还有一个原因就是屡买屡套型投资者在买股票之前没有经过仔细地研究分析，就贸然买入，或者在高位没来得及出货被重新套住，而又不舍得割肉，所以就再买别的股票，这样越买越多，直到没有资金为止……

其实，与分散投资相比，笔者更青睐于集中投资策略，即尽可能地把所有的鸡蛋放在一个篮子里。当然这里所说的并非只购买一只股票，而是说要尽可能地减少购买股票的种类，即只选择几种最适合自己的股票。

股神巴菲特就是一个坚持集中投资的人，他曾说："我不会同时投资 50 或 70 种企业，那是挪亚方舟的传统投资法。我喜欢以适当的资金集中投资于少数优秀企业。"与其将你的钱分成若干小份频繁操作，不如集中力量做几个大的投资行为。

巴菲特一直将自己的投资方略归纳为集中投资，他在投资机会没有出现时，往往选择按兵不动，不过，一旦那种可望而不即及的绝好机会来临时，他会选择进行大量集中投资。而且他从来不关注股价的短期变化，不管股市短期跌升，坚持长期持股。可以说，集中投资策略是巴菲特取得巨大成功的最大原因之一。

无独有偶，世界级投资大师彼得·林奇也是一位集中投资的拥护者。他曾说："一般情况下，普通投资者大约有时间跟踪 8—12 个公司即可，但是在有条件买卖股票时，同一时间的投资组合最好不要超过 5 只。"对此，彼得·林奇常常打趣地比喻道：拥有股票就像抚养自己的孩子，如果需要关心的孩子太多，很可能因为家长精力有限，而使得每个孩子都不能得到充分关心，最终导致他们的成长和发育受到一定的影响。所以彼得·林奇告诫说，一般投资者所投资的股票只数一般不能超过 5 只，而花时间去关心和考察的股票不能超过 10 只，否则他们很可能因为精力不足而导致投资决策质量不高，影响他们的投资收益，甚至致使他们的投资遭受损失。

巴菲特和彼得·林奇的例子都向我们传达出了这样一种信息，即在个人有限的知识与经验之下，与其多而广地选股，不如选择少数几只你了解并对它们十分有信心的股票，这样你投资成功的可能性才会更高。

资源配置方式 1：三角形投资组合

作为一名投资者，如果你打算长期在股市中获利，不是来赌一把就走，而你又是个理性的投资者，那么你最好采取一种稳健的组合方式。其中三角型投资组合最为合适。

三角形是最稳定的结构，为达到稳定的收益投资者可以搭配出三角形投资组合。

所谓三角形投资组合是将自己的资金四等分，为什么是四等分？不是三角吗？以下会说明原因。

具体操作步骤如下。

1. 布局

（1）将第一份资金挑选短线最有上涨可能的股票购入，这只股票可以在各个机构的荐股榜上找，结合自己的看法来挑选，一般来说是盘子比较小的，少许资金即可推动上涨的，活性比较好的股票。

（2）将第二份资金挑选中线上涨的股票购入，这只股票可以是自己观察过的，具备良好业绩支撑的，但一直在盘整未大量上涨而后期会稳定上涨的股票。这只股票一定要对公司的大致情况要了解，对于自己不了解的公司不能放在第二笔资金来购买。一般推荐红蓝筹股。

（3）将第三份资金挑选稳定性最高的股票购入，这只股票涨不涨是次要的，稳定性一定要高，一般挑选大盘股指标股，推荐银行股或国家大型工程项目的股票，如工商银行、长江电力等。当然在合理的情况下，根据自己能接受的风险高低可以自由选择，但是一定要注意和前两份资金的股票区分开来。

（4）第四份资金持币备用。

2. 操作

基本的操作思路是在预期顺利的情况下，第一只股票会先涨，锁定利润后加仓买入第二只股票，锁定利润后再加仓第三只股票，涨后得利完成一个周期，再依次布局进入下一个周期。

上面的情况是比较完美的，当然股市不可能按我们计划的这样走，如果真是这样，你已经是亿万富翁了，不用在这里看这个投资组合。很多情况下，买入的股票没有涨而是出现下跌，这时就需要用到第四份资金，三只股票哪只跌就将第四份资金补进去等待反弹，反弹后将第四份资金再抽出来，切不可贪心，因为少了第四份资金，你的系统风险会大很多。第四份资金的作用是保证下跌的情况下降低你的损失，最好不要有盈利的想法。

3. 变通

看了上面，你应该了解三角形投资组合的基本思路，你可以根据自己的偏好来设定三份资金的布局，比如你可以设定三只相同分量的股票，但是要注意三只股票要尽量打开时间差，如果出现三只股票齐飞的现象，虽然看起来很高兴，但是比起依次上涨的情况你将损失一半的收益。

一定要注意第三只股票的稳定性一定要最高，因为最后你会将三份资金都放入最后一只股票，如果这只股票出现下跌，那将是损失非常惨重。为什么把它放在最后？因为之前你的资金已经进入守候这么久了，之前下跌你可以补仓等待反弹，三份资金都进入的时候，你只有一份资金可以补仓，所以它的稳定性非常重要，不过股市中没有只跌不涨的股票，牛市中更是如此，希望你能把握好。

以每只股票锁定15%的收益计算，完成一个周期可以获利33%左右，而且系统风险较小，起码不用每天都盯，只需要每天看一次决定明天是否要补仓或卖出即可。

资源配置方式 2：成长型投资组合

任何一个投资者，无论其智力、判断力或财务状况如何，都可以做到购买并持有一个多样化的股票组合（无须具备任何预测能力）。而在实际中比较困难的是如何才能让这个组合像我们购买的超级明星股一样具有长期的成长性，从而长期为我们带来收益。

下面的这些策略可以帮你构建一个长期成长型的投资组合，这些策略可以提高收益率，降低风险，适用于长线投资者。

（1）把对股票未来收益的期望降到合理的水平。股票市盈率的历史水平一般为15—20倍，而目前有很多有利因素表明长期市盈率水平将会上升。在较高的市盈率水平下，未来多样化的普通股组合的平均收益率将仅为5%—7%（剔除通货膨胀因素后），这一收益率水平仅等于或者略低于历史平均水平。

（2）在所有长期金融资产投资组合中，股票应当占据绝大部分比重。想要降低股票风险的长期投资者可以考虑选择新的政府通货膨胀调整债券。投资组合构成取决于投资者的持有期，而持有期常常比大多数投资者所意识到的要长很多。通货膨胀率的不确定性使标准面值债券的长期风险更大。从历史经验来看，即使最保守的投资者也应该把大部分金融资产放在普通股上。

我们可以判断出来的是，新的政府通货膨胀调整债券的通货膨胀后收益率将很可能超过那些标准债券，而且从购买力上来讲，将会更加安全。虽然通胀调整债券目前的收益率仅为股票长期收益率的一半，但如果把考察期延长到10年以上，这些债券的收益率将会比股票高出大约1/4。担心股票风险的投资者可以考虑用这些债券替代股票。

（3）应该把投资组合中最大比例的奖金——股票组合中的核心持股投资于高度多样化、低费用率的共同基金。投资者如果想获得一个满意的收益率，则有必要持有一个高度多样化的股票组合。除非你可以持续选出高收益的股票（没有几个投资者能够实现这一目标），最优的多样化组合就是按照占市场资本总额比重的大小，持有每一只股票。

（4）略微提高国内股票组合中非标准普尔500指数成分股的比重。股票组合中小盘股和中盘股的比重应该超过1/3。与标准普尔500指数相联系的指数基金的飞速增加可能会降低这一基准指数的未来收益率。一般说来，当某只股票被纳入标准普尔500指数后，该股票的价格会上升，从而产生不合理的溢价。因为指数基金必须以更高的价格购买这些股票,这就导致标准普尔500指数的长期收益率降低。但是,投资者也不能大幅降低标准普尔500指数的比重,因为如果指数化越来越流行的话,这些股票的价格将会上升到更高的水平,溢价会更大,从而标准普尔500指数的收益也会上升。

资源配置方式3:防御型投资组合

防御型投资组合策略是投资者以选择较高股息的投资股作为主要投资对象的股票组合策略。这种投资策略的主要依据是,由于将资金投向具有较高股息的股票,在经济稳定增长的时期,能够获取较好的投资回报,即使行情下跌,他仍能够领取较为可观的股息红利。

以下就是针对防御型投资者设计的价值投资方式。

(1)这些股票价格会落在既定区间,因为在既定区间内运作让你有安全感。

(2)你喜欢研究,因而价值型股票有待你去发掘。

(3)你发现知道这只价值型股票的人不多,这一发现可以满足你的好胜心。

(4)通常情况下,价值型股票波动幅度低于成长型股票,因此,你的情绪波动较容易被控制。

(5)持有价值型股票需要你具备足够的耐心,迫使你必须等待,并适应市场波动。如果你了解了这条规律,就可同时降低罪恶感与焦虑感。

作为防御型投资者,你可以购入一定比例的稳健成长型股票,但必须避开波动过大的股票(例如小盘股或高科技股),因为这类股票高低价差大。我们要记住,如果发现自己正在对一只这种类型的股票动心思,则应作出拒绝的反应,以抑制自己的不良嗜好。将数量限制在10种股票或股票—基金的组合上,因为当你买进的股票种类过多时,注意力就会太分散,你的忧虑也会增加。不论买入的是股票还是基金,都要坚持对每种投资标的进行书面记录,并只能根据计划买进或卖出股票和基金。

此外,注意自己决定买进的程序。虽然你对股票做了调查和了解,你还是会担心目前是否为买进的"正确时机"。因此,买进股票的最好方式是通过平均成本法,这样可缓解由于无法确定买进卖出时机而产生的焦虑,并定时定额买进股票以降低风险——轮流买进股票及基金。如果你想拥有一个包括6只基金在内的投资组合,你可将每个月薪资的10%用于投资,第一个月买进其中3只基金,下个月再买进另外3只。轮流买进的结果是1年内每只基金有6次买进机会。另外,由于股价高时你买得少,股价低时你买得多,这样每股的平均成本可低于以其他方式买进时的平均成本，可大幅降低购买股票的风险。

平均成本法对每一位投资者来说都是好方法，尤其是防御型投资者。平均成本法最重要的心理优势是，可减少做决定的机会。你一旦决定采取定时定额的方式投资，就应按此进行：决定—记录—运作。

在市场波动时，平均成本法可鼓励你继续留在市场，还可以帮助你养成耐心、遵纪及目光长远等优点，因为要想获得利润，这些都是必不可少的。

防御型投资组合主要适宜于经济稳定增长的时期采用，但在经济结构的转型与衰退期要谨慎使用。因为在经济结构的转型与衰退期，原先投资价值较高的投资股，有可能由于经济结构的转型或不景气，使发行这些股票的公司获利大幅降低而使投资者蒙受损失。

资源配置方式 4：进攻型投资组合

在选择进攻型股票时，投资者通常都运用技术分析法，认真分析市场多空双方的对比关系、均衡状态等情况，并以此为依据作出预测，选择有上升空间的股票。一般而言，激进型股票的选择有以下几条标准可作为参考。

（1）以往表现较为活跃。

（2）最好有市场主力介入。

（3）有炒作题材配合。

（4）量价关系配合良好。

（5）技术指标发出较为明显的信号。

在具体运用以上标准时，进攻型投资者需要遵循以下程序：

首先，由于进攻型投资者在选择股票时，往往倾向于股价高估股票，然而由于市场运行到一定阶段时，这些股票价格肯定会下跌，以反映其真实的价值，所以这类股票风险较大，进攻型投资者必须首先确定投资组合内该类股票的比例。一般说来，比例不应超过10%，但这个比例可根据你所能承受的风险和情绪回报进行调整。

如果你能容忍个别股票价格高估的幅度不超过10%，你就可以适当提高投资组合内价格高估股票的比例；如果你的标准是35%，则可以适当放宽比例。

如果你认可在调整比例后写下的调整比例，那么，你就根据市场情况进行调整。假设你定的标准是我们建议的10%，在强劲的牛市中，这个比例很容易因股价上涨而提高为20%或25%。如果真的发生了那种情况，你一定要告诉自己："我会抱牢，但不会再买进任何股价高估的股票。"

写下新的比例极为重要，它会限制你在牛市中买进更多价格高估的股票，从而不会轻易超过自己设定的比率。

其次，选择已经由投机型变为成长型的股票，以增加投资组合的安全性。你永远得考虑：如何在让自己感觉良好的同时增强安全感？坚持选择已有产品面市的公司，如此才有获利希望、可预测的盈余及成长率。大部分生化公司还没有上市产品，虽然有一些已有产品问世，且这些公司已摆脱投机型，成为稳步上涨的股票，但投机型与成长型的分界线还是你应该关注的。

如果你想追求身处"热门"领域的刺激，在投资组合中增加所谓的"热门"股，则应尽量以最安全的方式为之。区域电话公司或有线电视公司很可能最终将控制网络产业，许多投机性的"网络"股会消失。如果你想玩玩"网络"，较保险的做法是购买最可能成为真正赢家的根基雄厚的公司。但这并不表明你就不能针对若干崭露头角的企业及关于网络的高度专业化的产品，小试一下手气，但注意只是"小试"。

最后，从自己的专业领域开始分析。如果你想在这些公司还未形成气候时就买进它的股票，且又无法抗拒这种念头，那么为了自保，你最好将这类行为限制在自己熟知的领域。假如你是医生，就选择制药公司；如果你服务于美容业，就选择个人保健产品；如果你就职于通信业，就选择电信类股。业内人士的视角能让你较正确地判断一个企业成功的概率。

如果你是一个进攻型投资者，又想通过投资组合来分散自己的投资风险，那么不妨试试上述策略，它们会为你带来满意的回报。

资源配置方式 5：根据持有期制定资源配置策略

要想进行合理的资源配置，投资者必须参照的一个指标是持有期。因为研究证明，股票、债券等的风险与持有期是紧密相关的。图 13-1 反映的是美国股市（以美国股市为例是因为美国股市历史较长，数据较易获得，中国股市历史很短，相关数据有的不全。）从 1802 年开始分别投资于持有期为 1—30 年的股票、债券和国库券的最好和最差的回报率。图中柱形的高度衡量了最好和最差回报率的差额。从图中可以看出，随着持有期的增长，股票和固定收益证券的回报率差额发生了明显而迅速的缩减。

很明显，股票的风险在短期内要比债券和国库券大。但是从 1802 年开始，如果持有期为 5 年，则股票最差的回报率是每年 –11%，这比债券或是国库券的最差回报率稍逊一筹。如果持有期为 10 年，则股票的最差表现实际已经优于债券或是国库券了。

如果持有期为 20 年，股票回报率就从未低于通货膨胀率。但债券和国库券的年回报率一度比通货膨胀率要低 3%。如果一个每年 3% 的损失持续了 20 年，那么投资组合的实际购买力将会砍掉一半。对于 30 年的持有期，股票最差的年回报率比通货膨胀率稳稳地高出 2.6%，这仅次于固定收益资产 30 年的平均收益率。

通过图表，我们可以看到相对于债券和国库券，股票有很重要的一点是，如若持有期超过 17 年，则不会给投资者提供负的真实回报率。虽然表面看起来，在积累长期财富方面，股票比债券的风险更大，但实际上恰恰相反：保持购买力的最安全的长期投资显然就是股票的多样化投资组合。

图 13-1 反映了不同持有期股票收益率胜过债券或是国库券的百分比倍数。随着持有期的增长，股票表现优于固定收益资产的可能性越发明显。对于 10 年的持有期，股票的表现优于债券和国库券 0.8 倍；20 年期就是 0.9 倍；对于 30 年期，就是实实在在的整一倍了。

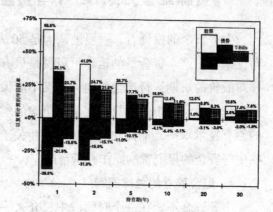

图 13-1 1802—2001 年，不同持有期内的最高和最低回报率

那么，在实际操作中，投资者应该如何依据持有期制定有效的资源配置策略呢？其中关键的就是找到一个有效的边界，图 13-2 同样是依据美国股市在过去 200 种的股票和债券回报率汇制的。反映了在 1—30 年不同持有期下，由于资源配置中股票和债券比例的不同而导致的不同的风险和收益。

图中每条曲线底端的小方框代表全部由债券组成的投资组合的风险和收益；而每条曲线顶端的小叉表示全部由股票组成的投资组合的风险和收益。在每条曲线中间的小圆圈表示结

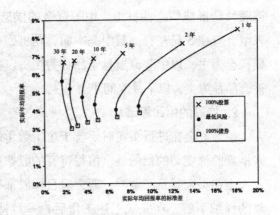

图 13-2 1802—2001 年不同持有期下风险收益抵换图

合股票和债券的投资组合的最小风险。连接以上各点的曲线表示的是从 100% 股票到 100% 债券之间各种投资组合的风险和收益。这条有效边界曲线是现代投资组合理论的核心，也是资产配置模型的基础。

通过改变股票和债券的比例，我们可以达到曲线上的风险和收益的任何组合。

沿着曲线向上移动就意味着增加股票的比例和同时减少债券的比例。将股票加到都为债券的投资组合中，可以预期收益增加、风险减小。这是一个投资者梦寐以求的组合。但是在达到风险最低点之后，再增加股票虽然会增加投资组合的收益，但也伴随着额外的风险。有效边界上每一点的斜率表示的是该点组合的风险—收益比。通过寻找长期有效边界上与一年期曲线具有相同斜率的点，我们可以决定出同所有持有期具有相同风险—收益比的投资组合。

资源配置方式 6：中等资金投资者的资源配置策略

中等资金的投资者，一般被认为是 50 万—200 万之间的投资者，从实战操作的角度来看，这个资金量的运作可以说是最有难度的，因为它既不能像更大的资金那样对股价的短期运行产生导向性，又不能像小资金那样从容不迫地跟随看好的少数个股作波段。股市中，只有在洞悉正确的实战策略的基础上，才能充分发挥操作者的原有技术水平。下面我们就实战谈些关于中等资金的投资组合原则，可能会对一些中等资金的投资者的操作有所帮助。

1. 组合确立的总体原则

中等资金不能在一个时间段中只介入一个品种，这是因为这样操作可能会对目标股庄家的计划操作造成消极影响，万一同时出现所选个股不是阶段热点，就会对持股情绪形成信心性打击。中等资金的候选组合品种数量应在 12 只左右，实际介入组合应在 5 只左右，其中基本面、题材面与庄家面应有所搭配，组合原则为以明显机会为主，以中等流通盘子品种为主，以基本面有保障的低价品种为主，以庄家被套品种为主，以下跌空间小者为主。

2. 持股的中线思维

中等资金在进行买卖时要善于应用数学的概率来追求获益率，要善于用逻辑学来推算股价变动的目的性。值得持有的股票应该是你自己非常熟悉的品种。一些职业人士在买入某只股票时，通常对目标股都有过长时间的观察与超出普通投资者想象的详细了解，在完成上述工作后，一旦持有目标股，应以中线思维为主，要相信长时间的努力可靠性是较强的。一般情况下，一次操作的获利目标应在 30% 以上，如果眼前的利益只是一些低于 80% 的可靠性与低于 30% 的收益性的刀口舔血，还不如不操作。在持股时应了解，一般真正的黑马在启动前，都有"会咬人的狗不叫"的特点，那些在盘面上明显给出安慰性异动的股票反而要当心，不要影响持股情绪。

3. 入市的时机原则

中等资金的入市时机应该是，在大盘处于低位时选择形象股与明显机会股，在大盘急跌时选择目标庄股，在候选股的隐忧兑现时开始分批介入。

4. "火鸡收益"原则

无论中外股市总是这样，当应该恐惧时我们满心期望，而应该期盼时我们却又畏惧不前。人们的天性习惯就是喜欢买股票与持有股票，不爱卖股票，投资者的这种心态与"老人捉火鸡的故事"非常类似。

一个想要捉火鸡的老人，带着一个有活动门的大火鸡笼子，这个活动门用一个机关撑开，上面绑的细绳可牵到远处，由老人控制。他先在笼子外面撒一些玉米，引诱野火鸡上门，一旦火鸡来到笼子附近，会发现笼内有更多的玉米，等到愈来愈多的火鸡被引入笼内，老人只需拉动细绳，笼门即能关闭，但此举会吓跑其他火鸡，因此只有当入笼的火鸡达到一定数量时，才是拉绳的最佳时机。

笼子设好不久后，有 12 只野火鸡跑进笼内，但不一会儿，有一只火鸡跑了出去，剩下 11 只在笼内，老人想："刚才有 12 只时拉绳该多好。"并安慰自己说："再等 1 分钟吧，或许那只跑出去的会再跑进来。"

但就在他等第 12 只火鸡时，又有两只火鸡跑了出去，此时老人埋怨道："刚才 11 只时就该满足了。"并自言自语地说，"只要再多一只，我一定拉绳关门。"

笼子里的最后一只火鸡也出去了，老人忍不住了，抓起一块砖头向火鸡砸去，火鸡都跑了，老人空手而归。

许多投资者都有老人的这种经历，所不同的是一些投资者不但没有抓住野火鸡，有时甚至把老虎引来了，或者是不知怎么搞的，最后自己被关进笼子里了。

股市收益的原则应该是保持稳定性与持续性，而不是最大化，操作术的最高境界只能做到如此。但一些投资者执意追求最大化利润，只有去求老天爷保佑，如果老天爷不给面子的话，只能是丢了火鸡折了笼子。

第 14 章
最重要的选股方法

选股如同选球员：明星不如超级明星

投身风云变幻的股市遇到的首要问题，就是如何选择股票。真正选中一只好的股票，并在合适的时机买入，无疑将使投资者获得丰厚的利润。

那么，什么样的股票才是好股票？什么样的股票才能带来丰厚的利润呢？

熟悉体育竞赛的投资者都知道，在体育比赛中，那些主力球员常常在比赛的时候发挥其超长的技能，引导着自己的队友取得成功。这样的主力球员往往被人们称其为"明星球员"，之所以这样称呼他们，是因为他们在比赛中的活跃表现以及他们在运动上所具有的天赋，将使得比赛最终取得胜利。

其实，投资者的选股标准也与之有一定的相似之处。像那些价格波动小而且价格持续稳定的股票，通常也会被投资者称其为"明星股票"。因为这样的股票就像星光闪闪的明星一样，对投资者有着极强的吸引力。所以，这样的股票就成了投资者喜爱甚至是热捧的对象。

股神巴菲特就是一个热衷于选择超级明星股的人，他曾说："我一直在努力找寻业务清晰、财务报表易懂、业绩稳定，而且是由那些能力极强并且时时为股东着想的管理层所经营的超级明星公司。这种目标公司有时候并不一定能保证我们在短期内投资获利。我们不仅要在合理的价格买入，而且我们所买入公司将来的业绩还要与我们所估计的相符。可以说寻找超级明星这一投资方法——给我提供了真正通向成功的机会。"根据这一段话，就可看出作为股神巴菲特和普通投资者的选股标准很不一致。在他看来，投资时所选择的目标性企业，不能只是一个明星企业，如果能够选择到那些超级明星企业则更好。

投资者不禁要问，什么样的股票属于超级明星股呢？针对该问题，巴菲特提出了他的建议。巴菲特认为符合以下 10 个选股准则的股票，是他心目中十全十美的超级明星股。

1. **超级长期稳定业务**

经验表明，赢利能力最好的企业，经常是那些现在的经营方式与 5 年前甚至 10 年前相比几乎完全相同的企业。

2. **超级经济特许权**

"一座城堡似的坚不可摧的经济特许权正是企业持续取得超额利润的关键所在。""一项经济特许权的形成，来自具有以下特征的产品或服务：（1）它是顾客需要或者希望得到的;（2）被顾客认定为找不到类似的替代品;（3）不受价格上的管制。以上三个特点的存在，将会体现为一个公司能够对所提供的产品与服务进行主动提价，从而赚取更高的资本报酬率。

3. **超级持续竞争优势**

"对于投资者来说，关键不是确定某个产业对社会的影响力有多大，或者这个产业将会增长多少，而是要确定所选择企业的竞争优势，更重要的是这种优势的持续性。那些所提供的产品或服务具有很强竞争优势的企业能为投资者带来满意的回报。"

4. **超级明星经理人**

"我们持续受惠于这些所持股公司的超凡出众的经理人。他们品德高尚、能力出众、始终为股东着想，我们投资这些公司所取得的非凡投资回报，恰恰反映了这些经理人非凡的个人品质。"

5. **超级资本配置能力**

"我们从来不看什么公司战略规划，我们关注而且非常深入分析的是公司资本配置决策的历史记录。一旦成为 CEO，他们需要承担新的责任，他们必须进行资本配置决策，这是一项至关重要的工作。"

6. **超级产品赢利能力**

"真正能够让你投资赚大钱的公司，大部分都有相对偏高的利润率，通常它们在业内有最高的利润率。"

7. **超级权益资本赢利能力**

"对公司经营管理业绩的最佳衡量标准是，能否取得较高的权益资本收益率，而不是每股收益的增加。"

8. **超级留存收益赢利能力**

"在这个巨大的股票拍卖场中，我们的工作是选择具有如下经济特性的企业：每 1 美元的留存收益最终能够转化为至少 1 美元的市场价值。"

9. **超级内在价值**

"内在价值尽管模糊难辨却至关重要，它是评估投资和企业的相对吸引力的唯一合理标准。""内在价值可以简单地定义为：它是一家企业在其存续期间可以产生的现金流量的贴现值。"

10. 超级安全边际

"我们在买入价格上坚持留有一个安全边际。如果我们计算出一只普通股的价值仅仅略高于它的价格，那么我们不会对买入产生兴趣。我们相信这种安全边际准则——本·格雷厄姆尤其强调这一点——是投资成功的基石。"

其实，选股的过程就是投资价值发现的过程，一个好的选股者就是一个好的投资价值发现者。发现超级明星股既需要正确的方法和工具，也需要耐心和等待。一旦找到了心仪许久的珍宝，就要果断地拥有它，因为它来之不易。

掌握选股的八个依据

市场上有千万种股票，面对各种股票，任何一个投资者即使有雄厚的资金，也不可能同时购买市场上的所有股票。如何选择风险小、收益大的股票进行投资，实在是一件难事。对于资金数量不多的小额投资者而言，在眼花缭乱的大量股票中选择好投资对象，就更为不易。正因为如此，便有"选股如选美"的感叹。但是，选股并非毫无策略可言，下述方法可谓选股之真谛。

1. 根据公司业绩选股

公司业绩是股票价格变动的根本力量。公司业绩优良，其股票价格必将稳步持续上升，反之则会下降。因此，长线投资者应主要考虑公司业绩进行选股。衡量公司业绩的最主要指标是每股赢利及其增长率。根据我国公司的现状，一般认为每股税后赢利 0.8 元以上且年增长率在 25% 以上者，具有长期投资价值。

2. 根据经济周期选股

不同行业的公司股票在经济周期的不同阶段，其市场表现大不一样。有的公司对经济周期变动的影响极为敏感，经济繁荣时，公司业务发展很快，赢利也极为丰厚；反之，经济衰退时，其业绩也明显下降。另一类公司受经济繁荣或衰退的影响则不大，繁荣时期，其赢利不会大幅上升，衰退时期亦无明显减少，甚至还可能更好。因此，在经济繁荣时期，投资者最好选择前一类股票；而在经济不景气或衰退时，最好选择后一类股票。

3. 根据每股净资产值选股

每股净资产值即股票的"含金量"，它是股票的内在价值，是公司即期资产中真正属于股东的且有实物或现金形式存在的权益，它是股票价格变动的内在支配力量。通常情况下，每股净资产值必须高于每股票面值，但通常低于股票市价，因为市价总是包含了投资者的预期。在市价一定的情况下，每股净资产值越高的股票越具有投资价值。因此，投资者应选择每股净资产值高的股票进行投资。如果市价低于每股净资产值，其投资价值极高。当然，净资产值低而市价也低的股票，也可适当选择，但无论如何最好不要选择净资产值低于股票面值的股票。

4. 根据股票市盈率选股

市盈率是一个综合性指标，长线投资者可以从中看出股票投资的翻本期，短线投资者则可从中观察到股票价格的高低。一般地说，应选择市盈率较低的股票。但市盈率长期偏低的股票未必值得选择，因为它可能是不活跃，不被大多数投资者看好的股票，而市场永远是由大众行为决定的，因此，其价格也很难攀升。至于市盈率究竟在何种水平的股票值得选择，并无绝对标准。从我国目前经济发展和企业成长状况来看，市盈率在20左右不算高。

5. 根据股票的市场表现选股

股票的净资产是股票市场表现的基础，但两者并非完全对应，即净资产值高的股票，其市价不一定都有良好的表现，相同或相近净资产值的股票，其市价可能有较大差异。因此，对短线投资者而言，市场价格如何变动，即其波动幅度大不大，上升空间广不广，亦是选股的重要依据。一般地说，短线操作者最好选择那些短期内有较大上升空间或市价波动幅度大的股票，这些股票提供的短期获利机会较大。

6. 根据个人情况选股

大多数投资者常对某些股票有所偏好，这可能是因为对这类股票的公司业务较熟悉，或是对这类股票的个性较易驾驭，或是操作起来得心应手，等等。根据个人情况选股时，要全面考虑自己的资金、风险、心理、时间、知识等方面的承受能力。比如有的股票经常大起大落，变动无常，就不宜于在上述方面承受能力不强的投资者选择。

7. 根据股价涨幅超前与否选股

通常同一行业中最好的两三只股票会有强劲的走势，而其他的股票则步履维艰。前者被称为"领导股"，后者便是所谓的"同情股"。"领导股"也是涨幅超前股，是投资者应选择的对象。如何发现这些"领导股"呢？一个简易的方法是股票相对价格强度测定法。所谓"相对价格强度"，是指某种股票在一定时期内涨价幅度与同期的股价指数或其他股票的涨幅度的比值。通常认为，相对价格强度在80以上的股票极具投资价值。

8. 根据多头市场的四段行情选股

多头市场的行情走势通常可分为四段行情。第一段行情为股价急升行情，整个市场的升幅极大，通常占整个多头行情的 50%。在这段行情内，大多数股票从空头市场过度压抑的水准下反弹时，几乎所有的股票都会上涨。在这期间可以尝试买进高风险股票。当空头市场转向，公司破产的威胁减少，这类股票会回复到较正常的水准，其升幅将有优良的表现。

第二段行情也是相当有利的，股价指数的升幅超出整个多头行情的 25%。通常，在这段行情中，成长股开始有好的表现。投资者普遍看出经济发展的未来美景，并且寻找参与成长的方式。在这种投资气候里，成长股会更快地升高价位，此时的绩优成长股走势也相当好，其可能涨幅比股价指数还要高。因此，在这一段行情内，最好选择成长股的绩优股。

第三段行情的涨幅显著较小，一般少于整个多头行情的 25%，而且只有极有限的股票继续上升。对这段行情的可能策略是，慢慢卖出次等成长股，转移部分资金用于具有在多头市场里维持价位能力的绩优成长股，以及购进那些能在未来经济困境中特别获益的顺应大势的股票。总之，此段行情内必须开始对空头市场作准备。

第四段行情是多头市场即将完结的行情，此时该涨的股票都已涨得差不多，只有绩优成长股以及可在经济困境中获利的少数股票，才可能继续上升。因此，这段行情的选股是最困难的，通常这时应是准备撤离市场的时候。但空头市场究竟何时来临很难确定，故此时全部清盘未必明智，最佳的保障办法是维持某些绩优成长股，而不要空仓。

掌握选股"四优先"原则

股票投资是一种集远见卓识、渊博的专业知识、智慧和实战经验于一体的风险投资。选择股票尤为重要，投资者必须仔细分析，独立研判。

股票投资专家建议，在进行选股时，投资者可以优先考虑以下股票。

（1）优先选择公司利润丰厚的股票。无论对什么公司来说，利润都是非常重要甚至是处于第一位的。而股票发行公司的盈利水准是影响股票市场价格的主要因素之一。由于股票价值是未来各期股息收益的折现值，而股息又来自公司的利润，因此，利润的增减变动就成为影响股票价值以及股票价格的最本质因素。通常情况下，公司的利润水平提高，其所发行股票的市场价格也会随之提高；相反，公司的利润水平降低，其股票的市场价格也会随之降低。因此，在选择股票的时候，投资者要优先选择那些公司利润丰厚的股票。

（2）优先选择财务状况良好的股票。当今，很多公司为了扩大自身的规模而处于负债经营的状态，利用债务的税收抵免效应和财务杠杆作用增加公司股东价值。面对这种状况，投资者不得不考虑的是，如果公司的债务管理失策，财务状况欠佳，不仅会影响公司自身的正常运转，还会波及该公司发行的股票的股息。因此，股票投资者要优先选择那些财务状况良好的公司的股票。

（3）优先选择具有垄断背景的股票。投资实践中，很多资深投资者在选择股票时，通常会非常关注技术垄断会对公司发展带来何种前景，股神巴菲特就是其中的一位。在巴菲特所买的股票中，大量持有蓝筹股，如可口可乐。可口可乐也是有技术垄断地位的，它的配方是绝对保密的，再加上可口可乐不仅在美国家喻户晓，在亚、非、拉国家甚至整个世界都享有一定声誉。巴菲特从可口可乐这只股票中获利颇丰。

（4）优先选择管理团队优异的股票。股神巴菲特曾经说过："在进行控股收购和买入股票时，我们想要购买的目标公司不仅要业务优秀，还要有非凡出众、聪明能干、受人敬爱的领导者。"因为伟人才能成就伟业。一家公司在财务、经营上是否占据优势，与其管理团队有很大关系。管理团队在整个公司业务活动中起着主导性、决定性的作用，他们是企业的神经中枢。如果他们不优秀、素质不高，他们所经营的企业也不会是优秀的企业，投资者也不会有机会获得良好的投资回报。所以，投资者在选择股票时，要优先选择那些管理团队优异的公司的股票。

掌握选股"四回避"原则

投身股市，投资者不仅要知道该选什么，还应明白不该选什么，要注意回避股市中的"暗礁险滩"，这样才能真正实现选股零风险。

具体来说，在进行选股时，投资者应该回避的股票主要有以下几种：

1. 低价股

许多投资者都认为低价股才是安全的。其实，低价位股票并不等于会有高价值，高股指也并不等于高净值。挑选股票若只盯着"价格"，很容易出现盲点，因为股票的价值与价位并非永远同步而行，一般来说其内在价值往往是走在其市场价格的前面的。

股价的高低不仅取决于其内在投资价值，而且同市场的预期有关。高价股往往因为其高成长性和高赢利水平而受到市场追捧而走高，其股价定位是市场预期的结果。被市场持续看好的股票，更具备投资价值。低价股则往往由一些赢利水平较低的大盘股和垃圾股构成，这类股票风险更大。

此外，我们需记住，股票收益应以投资资金的增幅计算。一些投资者买股票只买 10 元以下的，其实股市投资选股标准应以低市盈率、高成长性、庄家实力雄厚、股性活的上市公司为主，这些股票的价格往往不是很低，但单位时间内上涨力度与获利率却相当可观。

投资股票不是以你买入了多少股计算，而以投入多少资金计算；不是以你在某只股票的单价上挣了多少钱计算，而是以你的资金增幅百分比计算。如果股票价格很低，只能说明该上市公司业绩差或前景堪忧，投入资金的增长是得不到保障的。

总之，选股要选择升势确立的股票，避免低价股。

通过对中国股市近 5 年来的个股走势的统计，得出了如下结论：如果某只股票在某天创了新高或近期新高，那么在未来 60 天的时间里再创新高的可能性达 70% 以上；与之相反，如果某只股票在某天里创了新低或近期新低，那么在未来 60 天的时间里再创新低的可能性也高达 60% 以上。我们应牢记上述结论。

由上可见，将低价作为买入的理由是很不明智的。要睁大眼睛，根据大势选择业绩优良、成长性良好的个股，并且尽量搜寻价值被低估的板块个股，只有充分把握住这些要领，才能拥有在波澜壮阔的股海浪潮中制胜的法宝。

2. 问题股

问题股是指某发行股票的上市公司的经营状况和财务状况已陷入危机，危机的原因多是由于经营无方、管理不善、产品无销路，或投资失利，造成巨额亏损，看不到发展前景。

对于有问题的上市公司，投资者尤其是新手最好不要去碰。因为出过问题的公司，往往很难起死回生，总有许多纠缠不休的问题。从国外统计的结果来看，能起死回生者，比例不超过 10%。所以，投资者还是与它们保持一定的距离为妙。如果一定要投资问题股，也要注意先少量地投资，千万不可大量投入。

3. "黑马" 股

投资者进入股市，无非是想获取高收益，选股票时自然会抱着选一个能够跑得快的"黑马"的心态，认为只有"黑马"才能成为大牛股，才能带来高收益。殊不知，"黑马"都是有来历的，但很少有投资者能够搞清楚"黑马"究竟是怎么来的。于是，想买"黑马"的投资者要么自己骑上"黑马"也未必知道，骑着"黑马"走了一圈后从终点回到起点；要么是没骑着"黑马"，反而骑了一头黑驴，跑不动还不知道怎么回事。

归根结底，买股票就像生活中买东西一样：首先，至少要知道自己究竟买了个什么样的东西，用在哪里，产自哪里，什么品牌，和别的类似商品相比价格如何；其次，要明白自己买东西的标准或原因是什么，没用的东西再便宜、再好，买了也是浪费，有用的东西如果物有所值，价钱贵点也值，那才是最佳选择。

买"黑马"最大的问题就像生活中盲目买东西一样，或者像盲人摸象一样，只知其一，不知其二，更不知全貌。选择了黑马，就像是选择了一颗不定时炸弹，随时都有爆发风险的可能，这对于一般的投资者而言并不合适。

4. 冷门股

股谚云："冷门股上莫停留。"

依据基础分析的观点，冷门股之所以冷门就是该种股票在市场中流动的筹码较少，外面持有该种股票的人不多，因而流通必不畅，既然外面流动的筹码较少，想要它上升就不成问题。有些冷门股，一般投资人很少持有，持有该种股票的主力作手便可以随心所欲，想使之上升多少个停板都没有很大的问题。

通常情况下，冷门股不会有卖盘的压力，除非公司的管理层见涨心慰，干脆不干了，否则在行情挺扬过程中不会出现上档卖压，所以"做"起来，势如破竹，顺畅无比。没有哪个空头作手会笨到去抛冷门股的程度。

因此，一般投资人在其投资组合中，无论冷门股的价位调整得如何有吸引力，都应缩减冷门股的持有比重，更不能使其占的比重过大。因为冷门股往上调升时，尽管可入无人之境，升到相当的高度，但一旦回落，滑降的速度也相当可观，有时简直像落体运动，直线下降，持股者如果来不及脱手，等待下一次再动，天知道是何年、何月、何日。而如果投资绩优股，即使行情看坏，仍可以领取股利。

由此看来，投资者最好莫恋冷门股。

股市也有"暗礁险滩"，对这些"暗礁险滩"，我们最好能及早发现，绕道而行，否则一不小心撞上，不仅不会在股市投资中获利，反而会葬身股海。

选股时具备全球性眼光

股神巴菲特在自己的投资过程中，从来不局限于本国市场上的公司，他会有一个全球的视野去在全球的范围中寻找适合投资的目标。因为这样，投资者才能够把握住一个大局势。

在股票投资过程中，假如你只是想抢个短线赚个小钱，那么听一些小道消息，或追逐一些短线热点股就能办到。但是如果你想实现在零风险下放长线钓大鱼，那么选股就要有全球观。

举个例子来说，1985年微软的视窗系统问世，电脑的功能大幅提升。20世纪90年代以后的网络技术的突飞猛进，经济全球化的格局终于成型。一般的说法，

1985 年是经济全球化开始的第一年，至今已二十多年，这是经济全球化的第一阶段。在这个阶段，中印两国经济起飞，成为全球瞩目的对象。

2001 年"9·11"事件发生后，美联储维持基准利率在 2% 以下达 3 年之久，造成后来资金泛滥的现象。2004 年起才开始升息，不过资金泛滥已造成了原材料价格的一路大涨。这个巨大的影响导致资源型国家的股市大涨，如巴西、印度、俄罗斯的股市在 3 年内皆大涨 3 倍。沪深股市的资源股在全球化的前提下也出现惊人的涨幅，不少资源股上涨 5—7 倍。

从 2006 年下半年开始，受资源全球化的影响，国内农产品开始涨价。10 月份，大豆、玉米、小麦、白糖、棉花等农产品的期货交投量持续走高，同一个时期内，农产品期货市场成为其他期货品种资金涌入的对象。当时的背景是考虑到能源的国际联动性。中国开始发展可替代性能源的比重，比如燃料乙醇及生物柴油等生物能源，这使得农产品也具有广义的能源概念。

温家宝同志于 2006 年底在北京就一些地区粮油和副食品价格上涨对群众特别是困难群众生活产生的影响进行考察。他表示，从全国来说，中央高度重视发展农业，实施了一系列支农政策，调动了农民积极性。粮食实现连续 3 年丰收，今年总产量超过 9800 亿斤，冬种面积和去年差不多，库存也在增加，市场供应有保障。就北京市来说，一天需要供应 1000 万斤粮食，目前成品粮库存够一个月，原粮食库存够半年，保障供应没有问题。而且这次部分地区粮价上涨，对于广大的农民来说是件好事，因此它带有农产品价格恢复的性质。

温家宝同志在考察时，同时提出了五项具体的需求：一要保证农产品价格合理，使农民得到实惠。二要保护消费者利益，搞好调控，保持粮价基本稳定。三要加强市场管理，防止少数不法商人囤积居奇，哄抬物价。四要做好储存、运输和调度，保证供给。五要对低保户和困难群众给予更多的照顾，如果粮价上涨超过低保家庭的承受能力，就要提高低保的水平，保障他们的基本生活。

投资者在这个时候如果能站在全球的高度把握住全球的资源局势，恰当地介入农产品类的股票，肯定会有收获。

事实证明，从 2006 年 12 月份开始到 2007 年 2 月，农业板块的个股进入了一个黄金的投资时期。金健米业（600127）、北大荒（600598）、新农开发（600359）、敦煌种业（600354）等农业类个股几乎都有 80% 以上的涨幅，而大盘当期涨幅则在 40% 左右，远远超越了大盘的表现，而且回避后面的一个大幅调整。

在经济全球化的今天，投资者在选股时一定要有全球观。以全球观的视角找寻潜力板块是一个有效的方法。因为现在全球都有很强的联动性，并且全球的竞争力逐渐增强。如果用全球一盘棋的眼光来选股，不少资源股获利在 300% 以上，与指数涨幅真是天壤之别。可见新牛市需要有新思维，只有用全球眼光来选股，方可真正实现股海淘金。

选股要从日常生活中做起

投资者进行股票投资，不一定非得自己去学习大量艰深的专业知识，阅读大量的有关股票的研究报告，完全可以从日常生活中寻找选股的最佳线索。

资深的投资大师都懂得，最佳的投资对象往往来自于日常生活。就是说投资机会就在我们每个投资者生活的周围，甚至经常直接面对这些投资机会。投资者只要对身边的衣食住行等各方面多加留心，常能从中发现一些好的投资机会。

投资大师彼得·林奇曾说："开始寻找涨 10 倍股票的最佳地方就是在自己住处的附近：不是在院子里就是在大型购物中心，特别是在你曾工作的每一个地方。"

作为顶尖的投资大师，彼得·林奇在自己的职业生涯中自然会承受不少压力，要知道他一生共投资超过 1500 种股票，更厉害的是，彼得·林奇能够把这些股票烂熟于心，那么，彼得·林奇是如何做到寻找这些好股票的呢？他运用的方法就是从日常生活中选股。

熟悉彼得·林奇传奇人生的投资者都听说过他的"漫步销品贸"投资策略。该投资策略是彼得·林奇在距自己所住的麻本海德镇 25 英里的柏林顿购物中心漫步的过程中得到启发而提出的。

这个柏林顿购物中心在林奇看来像是一个美国的老式的城镇中心，有池塘、公园、大树。池塘的对面是一字排开的 4 家商场，池塘边的两层商业大厦分布着 160 多家独立的商店。这样大而全的销品贸全美有 450 座，在林奇看来是发掘好股票的金矿。我们不妨看看林奇在逛销品贸时一路看到的：家居超市、雷米特、盖普、沃尔玛等零售企业，其股票从 1986 年到 1991 年涨了 50 倍；"电器小屋" 1970—1982 年涨了 100 倍；连锁店"我们是玩具"的股价则从 25 美分涨至 36 美元；莱维兹家具涨了 100 倍；林奇的女儿们喜欢的"碧加"饮料，其股票 1991 年在加拿大挂牌，股价 1 年内从 3 美元涨到 26.75 美元。

在彼得·林奇看来，日常生活中的点滴小事都有可能为他的选股决策提供好线索。

有的投资者不禁疑惑：我怎么从来没有从日常生活中看到有什么投资机会呢？其实，是因为你没有用心体察生活中的小细节。

我们身边的投资机会的确有很多，如果投资者日常就能关注，并收集到这些最直接的信息，那么给自己带来的回报应该是非常理想的。

从日常生活中挖掘到投资机会，需要投资者做到以下两点

（1）注意观察、分析那些还没有受到大型机构关注或已经受到关注但资金还未进入的上市公司。不仅要从正式公开的渠道了解上市公司的内部情况，还可以从其他的一些非正式的渠道了解到上市公司还未公布的情况，这样很可能使投资者避免不必要的损失，或获取意想不到的收益。例如，如果投资者可以事先了解到上市公司将获得国家产业政策的支持，或将获得某项特殊领域的新牌照，则投资者可以加大该投资比例或加仓，当正式信息公布之后，投资者一定可以从直线上升的股票价格中获取理想的收益。

（2）注意观察日常生活的小细节，从中发现投资良机。例如喜欢购物的投资者可以考察哪个超市或卖场的服务质量较好，哪个企业的产品更受一般公众的喜好，则很容易从中发现具有上升潜力的股票；喜欢看电视的投资者可以考察哪个电视台的收视率较高，哪个电视台的开拓精神较好，哪个电视台推出的节目比较新颖，这样也很容易发现具有高成长前景的电视公司。

只要做个生活的有心人，相信投资者会经常发现一些投资的机会。

考虑普遍行情是正确选股的大前提

如果行情看涨，那么即使是最差的投资者也可能从中赚到一些钱；但如果行情下跌，甚至是最棒的投资者也可能不会从中获利。所以，投资者首先要考虑普遍行情，然后才是选择股票。

对此，安德烈·科斯托兰尼在《大投资家》中指出："首先要考虑普遍行情，然后才是选择股票。""股票都是被精心选出的。据我所知还没有人是那么擅长挑选股票，以至于在股市普遍低迷时仍能获利。如果普遍的趋势是下滑，那么只有特别少的股票能够逃脱这趋势。至多所谓的增长型行业能够保持原先的水平，而这一行业中最好的企业的股票或许能够上涨，但有谁又能预先知道哪些企业是最好的企业？而我们又不能期待大规模的行情看涨。如果资金短缺，那么被看好的股票也没有资金。但如果普遍的股市在某个时间好转并且资金充裕，那么这些增长股就会火箭般速度被推至一个峰值。

"普遍的上升趋势也是同样。如果有足够的资金流，那么那些已经度过黄金期的甚至处在收缩期行业的表现也会很好。但一旦行情下降，这些股票马上就下跌。"

因此，考虑普遍行情是正确选择股票的前提，投资者在投资实践中一定要注意顺势而为。

1. 把握经济大环境

把握经济大环境是我们分析股市行情要考虑的第一个因素。作为投资者，要想使自己的资本快速增长，就应当对整个国家的经济的发展规律、周期性等多方面做深入细致的研究，用宏观的眼光看待事物。所谓看大势者赚大钱就是这个道理。当然，作为股市即使在大的升势中也会有相当幅度的回调，大熊市中也会出现赢利可观的反弹机会，机械而单纯地凭经济发展大周期寻找买卖时机还远远不够。股民如果仅根据经济发展进入调整时期而一味持币不动，显然是太过呆板了，这样便丧失了很多机会。所以，把握经济大环境，能够给我们的投资者提供很好的买卖时机，但这种买卖时机是大方向的、宏观的；另一方面要在把握整体的前提下，在指导具体的操作时不断修正思路。如果股市与经济发展同步呈上升趋势，此阶段的操作应以牛市思维为主，多持股，少持币；反之，则应多持币，少持股，将每一次的上升作为反弹看待，随时准备获利了结。

分析经济形势，最主要的是看经济发展。经济发展是属于经济形势大范畴中的一个概念，它是一种具体的运行过程，由于这种相对具体的事物比较实在，对于我们把握大周期的转换阶段帮助很大。作为投资者，对于经济发展的状况以及行业的兴衰做一些研究，往往能够提前发现经济发展周期的转换苗头，对捕捉股市的买卖时机不仅重要，而且更为具体。

2. 分析行业形势

行业形势是分析股市行情的第二要素，然而要想准确地把握行业形势。投资者必须借助于行业板块，通过分析行业板块来把握整个行业的形势，下面我们可以首先看一下 2007 年中国股市的各板块的走势。

（1）金融板块：以两市金融行业的 A 股上市公司为板块成员，包括银行类、券商类和信托类三个子行业。龙头股：招商银行（600036）、民生银行（600016）、中信证券（600030）、爱建股份（600643）。

（2）房地产板块龙头股：招万金保——招商地产（000024）、万科 A（000002）、金融街（000402）、保利地产（600048）。

（3）建筑建材：两市主营从事建筑工程施工或以建材生产销售（且非水泥、玻璃的生产销售）为主营业务的 A 股上市公司为板块成员。龙头股：北京城建（600266）、中铁二局（600528）。

（4）电力板块：以两市电力生产或投资电力生产为主营业务的 A 股上市公司为

板块成员。龙头股:长江电力(600900)、国电电力(600795)、华能国际(600011)。

（5）煤炭板块龙头股:阳泉煤业(600348)、西山煤电(000983)。

（6）电力设备:以两市电力相关设备生产制造为主营业务的A股上市公司为板块成员。龙头股:天威保变(600550)、特变电工(600089)。

（7）农林牧渔:以两市主营业务为农林牧渔行业的A股公司为板块成员。龙头股:北大荒(600598)、农产品(000061)、新希望(000876)、中牧股份(600195)、莫高股份(600543)。

（8）软件板块龙头股:用友软件(600588)、中国软件(600536)、东软集团(600718)、新大陆(000997)。

（9）电子元器件龙头股:华微电子(600360)、法拉电子(600563)、士兰微(600460)、生益科技(600183)、长电科技(600584)、联创光电(600363)。

（10）数字电视:主营业务或部分业务为数字电视的产业链如标准、系统设备提供、网络传输运营、内容制作提供、接收终端生产等A股上市公司为板块成员。板块龙头股:清华同方(600100)、歌华有线(600037)、中视传媒(600088)、ST宏盛(600817)、同洲电子(002052)。

（11）通讯板块:以两市具有通信概念的A股上市公司为板块成员。龙头股:亿阳信通(600289)、大唐电信(600198)、中国联通(600050)、中兴通讯(000063)、亨通光电(600487)、华胜天成(600410)。

（12）网络传媒:以两市主营业务或部分业务为互联网、有线网、网络游戏、传媒等的A股上市公司为板块成员。龙头股:博瑞传播(600880)、东方明珠(600832)、海虹控股(000503)、综艺股份(600770)、浙大网新(600797)。

（13）计算机板块:以计算机硬件及相关设备制造为主营业务的上市公司为板块成员。龙头股:长城开发(000021)、同方股份(600100)、长城电脑(000066)。

（14）航天板块:以航天工业及其附属产业为主营业务的上市公司为板块成员。龙头股:中国卫星(600118)、航天电子(600879)、成发科技(600391)、航天科技(000901)。

（15）汽车板块:以两市主营业务为汽车、摩托车整车及配件生产和销售的A股上市公司为板块成员。该板块中的龙头股:上汽集团(600104)、江淮汽车(600418)、宇通客车(600066)。

（16）商业板块:以两市商品百货的流通零售为主营业务的A股上市公司为板块成员。该板块中的龙头股:华联综超(600361)、大商股份(600694)、中百集团(000759)。

从以上的行业走势中，我们发现，普遍的行情很积极，此时投资者挑选股票时就必须挑选有很大增长潜力的股票，首先你必须问自己哪一种行业能够从未来的发展中获利，找出这个行业以后，你就要找出这个行业中最具增长潜力的企业，然后购买该企业的股票。

买卖股票应考虑普遍行情顺势操作，在股价呈上涨趋势时做多，在股价呈下跌趋势时做空。

实践告诉投资者，没有只涨不跌的股票，也没有只跌不涨的股票。股票投资的根本是转变观念、紧跟大势，考虑普遍行情是选择股票时最重要的原则之一。对于中小投资者来说，在选择股票时千万不可盲目追涨，不应对高价位作过分乐观的心理估测。

格雷厄姆"廉价股选股法"的启示

在选择股票上，价值投资之父格雷厄姆的理论或许能给广大投资者一些有益的启示。

资本市场表现可以十分反复，而不同的投资理论更是五花八门，但经得起考验的理论并不多，其中格雷厄姆的廉价股选股法，至今仍为广大投资者津津乐道。基本上，该方法是教投资者在购买股票时，这些股票一定要便宜，更要物超所值才可以买入，如非物超所值就不值得买入。

具体来说，进行选股时，格雷厄姆唯一关心的是公司的股票价格相对于其内在价值是否非常廉价，他根本不考虑公司产业的差别。他曾说："我不考虑公司业务和管理，只关心根据财务标准其股票是否廉价。"

"我们的方法看似简单得让人不敢置信，既没有经济周期或大盘走势的预测，也没有选定特别的产业或公司，我们只是不考虑产业差别，一视同仁地单纯以股票的吸引力作为评估标准。"

格雷厄姆对管理分析毫不重视，因为他认为当前"对管理层的能力测试的方法很少，而且远不够科学"。"在华尔街，人们经常广泛讨论这个问题，但对实际几乎没有真正的帮助。考虑到客观的、定量的、合理可靠的管理能力测定方法被发明和应用，这个因素才能够透过迷雾被看到"。

根据格雷厄姆该选股票策略所被选中的股票，就是被股神巴菲特称之为有着"雪茄烟蒂"的价格，相对其内在价值非常便宜的绩差公司的股票。国内投资者在运用格雷厄姆这种选股策略进行选股时，需要注意的关键问题就是评估股票的内在价值，判断其价值相对于内在价值是否非常廉价。

1. 区分市价和实价

市价当然就是这只股票的每日作价。这个价位日日都可以不同,有时升,有时跌。股票的实值,即股票的内在价值却是一段时间之内其应有的价值。实值是以该公司拥有的物业、地皮、存货和应收款项等的资产,减去应付的款,然后除以发行股数。譬如一家公司,现有的地皮、物业、存货和应收款项,减去其负债之后值 100 亿元。而其公司总共发行了 10 亿股,那么每一股就应该值 10 元,这叫作内在价值。如果现时这只股票市价是 20 元,是物非所值。相反,如果这只股票市价 3 元,就是折让了七成。如市价是 5 元,就是折让了五成。如果市价是 9 元,就只是折让了一成。如果市价只是 1 元,就是折让了九成。折让率越高,这只股票就越值得买;折让率越低,这只股票就越不值得买。如果一只股票,其内在价值是每股 1 元,现时每股只卖 3 元。这只股票即使再跌,也会有一定的限度。难道会跌到每股只值 1 角?根本就绝无可能。股价和内在价值折让越高,下跌的风险就越低。

除市价要低之外,市盈率亦要低。市盈率越低代表股票越值得投资。譬如一只股票,市价是 1 元,而其赢利则是每股 0.5 元。这样的话,市盈率只是两倍。即是说,如果公司的赢利保持,两年间,就可以赚回这只股票的市价。又譬如市价是 1 元,每股去年亦是赚到 1 元,市盈率即是等于一倍。一年之内,这只股票就已经可以赚回股票的市价,更加是物超所值。

格雷厄姆订出了一套价值低估股票的 10 条标准,只要符合下面 10 个标准当中的 7 个,就是价值被低估且有相当安全边际的股票:

(1)该公司获利与股价之比(市盈率的倒数)是一般 AAA 公司债券收益率的 2 倍;

(2)这家公司目前的市盈率应该是过去 5 年中最高市盈率的 2/5;

(3)这家公司的股息收益率应该是 AAA 级公司债券收益率的 2/3;

(4)这家公司股价应该低于每股有形账面资产价值的 2/3;

(5)这家公司的股价应该低于净流动资产或是净速动资产清算价值的 2/3;

(6)这家公司的总负债低于有形资产价值;

(7)这家公司的流动比率应该在 2 以上;

(8)这家公司的总负债不超过净速动清算价值;

(9)这家公司的获利在过去 10 年来增加了 1 倍;

(10)这家公司的获利在过去 10 年中的 2 年减少不超过 5%。

2. 评估股票内在价值

在选用"廉价股原则"挑选股票时,内在价值是一个重要的概念。

格雷厄姆在其名著《证券分析》中指出："证券分析家似乎总是在关注证券的内在价值与市场价格之间的差距。但是，我们又必须承认，内在价值是一个非常难以把握的概念。一般来说，内在价值是指一种有事实——比如资产、收益、股息、明确的前景——作为根据的价值，它有别于受到人为操纵和心理因素干扰的市场价格。"

格雷厄姆认为，内在价值并不等于账面价值，即经过合理计算的公司净资产价值。"这种观点毫无实际意义，因为公司的平均收益、平均市场价格都是由公司内在价值，而不是由账面价值决定的。"

格雷厄姆也不认为内在价值并不完全是由公司赢利能力决定的。"然而'赢利能力'必然意味着对未来结果的预期。但根据过去的收益数字是无法估算出未来收益的，即使是预示未来收益是呈上升还是下降都不可能。必须有足够的证据表明收益平均数或上升下降趋势能够可靠地保持到未来。经验证明这种做法并无可取之处。也就是说，表示为某一明确数字的'赢利能力'这个概念，以及由此衍生出来的内在价值概念——它和前者一样是明确的和可计算的——不能作为证券的通用前提。"

格雷厄姆和多德指出，"在普通价值评估中，所考察的因素可以自然地划分以下为三大类：股息率及其记录、损益因素（赢利能力），资产负债表因素（资产价值）"。然而格雷厄姆和多德在《证券分析》中认为，由于股息分配的随意性和管理层操纵等因素，使通过股息进行股票价值分析有很大的不确定性。

那么如何评估企业的内在价值呢？

格雷厄姆的得意门生巴菲特认为，唯一正确的内在价值评估模型是1942年JohnBurr Williams提出的现金流量贴现模型："在写于50年前的《投资价值理论》中，JohnBurr Williams提出了价值计算的数学公式，这里我们将其精练为：今天任何股票、债券或公司的价值，取决于在资产的整个剩余使用寿命期间预期能够产生的、以适当的利率贴现的现金流入和流出。请注意这个公式对股票和债券来说完全相同。尽管如此，两者之间有一个非常重要的，也是很难对付的差别：债券有一个息票（coupon）和到期日，从而可以确定未来现金流。而对于股票投资，投资分析师则必须自己估计未来的'息票'。另外，管理人员的能力和水平对于债券息票的影响甚少，主要是在管理人员如此无能或不诚实以至于暂停支付债券利息的时候才有影响。与债券相反，股份公司管理人员的能力对股权的'息票'有巨大的影响。"

"一般的评估标准，诸如股利收益率、市盈率、或市价净值比、甚至是成长率，与价值评估毫不相关，除非它们能够在一定程度上提供一家企业未来现金流入流出的一些线索。事实上，如果一个项目前期的现金投入超过了未来该项目建成后其资产产生的现金流贴现值，成长反而会摧毁企业的价值。有些市场分析师与基金经理人口口声声将'成长型'与'价值型'列为两种截然相反的投资风格，只能表明他们的无知，绝不是什么真知。成长只是价值评估公式中的因素之一，经常是正面因素，但是有时是负面因素。"

运用这种现金流量模型可以比较准确地评估股票的内在价值。

选何种类型的股要据投资者的需要而定

投资实践中，每个投资者的情况各异，在选择股票时自然会有不同的选择。所以，投资者需要根据自己的风格和个性去选股，千万不要企图抓住所有赚钱的机会。在股市里，有所不为才能有所为。根据自己的经济状况和风险承受能力选择适合自己类型的股票，有助于提高成功选股的可能性，减少投资决策上的失误。

通常情况下，根据股票的风险和回报特点，股票被划分为不同的类型，各种股票又有各自的特点和对策。常见的股票有以下几种。

（1）优良型股票。这类股票收益成长率往往已达到极点，公司经营完善、资金雄厚，过去几年公司的业绩和赢利状态都表现得很好，预期未来几年内仍然可以维持现有的增长率，在社会上有良好的信用，可称得上是同业股票中第一流的股票。这类股票一般比较适合中庸型的投资人。

（2）成长型股票。这类股票通常是得到了时代的恩惠，可以预见未来能获得很高的利润。这类股票一般属于具有发展潜力的公司。选择这类股票的关键在于对公司的独到判断，较适合积极的投资者。

（3）投机型股票。这类股票可能有好股，也可能有问题股。由于其中有内行的投资家进行干预，所以短期内股价会有很大的变动。这类股票有两种表现形式，一种是指经营状况不佳的公司的股票，根本不能依据本益比来测定它的合理价值，因为这类公司的经营业绩不佳，甚至没有股息可派，其价格变动完全取决于供求，波动大，具有很高的投机性。另外一种是平时很少有人买卖的股票，由于股权过于集中在董事手中，或者公司经营业绩差等原因，这种冷门股可能会由于预料之外的原因而导致冷门变热、股价大涨，因而具有很强的投机性。这类股票较适合内行人来投资。

（4）无红利分配的股票。这类股票通常其发行公司的营运业绩并不好，甚至有导致亏损而无法发放股利的情况发生。这类股票的价格很低，可以先买下，而期待他日公司东山再起，即可获得相当的报酬。这类股票通常适合有耐心且积极的投资者。

（5）稳定的股票。这类股票是指经营状况相对稳定的公司的股票。企业经历了成长期，利润率逐步降低，只能利用现有能力和管理水平来维持股息水平。这类股票风险较小，相对安全，因为公司股票受经济波动冲击较小，管理完善，股价波动不致太大。这类型股票的投资人通常是属于保守型的。

总之，选股无须太多，也不要单恋一枝花。另外，公司的经营状况和未来发展的潜力会比价格的高低来得更为重要。所以一只股票100元不一定算贵，15元也不能算便宜，诉诸基本面的良莠、获利好坏和未来前景，才是研判个别股价孰高孰低的最佳利器。

选择具有竞争优势的公司的股票

现代的社会是一个竞争的社会，在市场经济中，上市公司同样也要在市场竞争中求生存，谋发展。其中有一些公司，凭着自身规模大、实力强、竞争能力优异，利用收买兼并及其他手段，形成在市场上的优越地位。

上市公司竞争能力的强弱，与其业务经营情况具有密切的关系。上市公司的竞争能力，往往表现为具有规模优势、产品质量好、经营效率高、技术有创新、熟悉市场情况、注意产品需求动态、营销技巧高明等。投资者投资具有竞争优势的公司自然有很好的回报。巴菲特曾说过："对于投资者来说，关键不是确定某个产业对社会的影响力有多大，或者这个产业将会增长多少，而是要确定任何所选择的企业的竞争优势，而且更重要的是确定这种优势的持续性。"因为只有长期持续的竞争优势才能为公司创造良好的长期发展前景，也才能成就基业长青的优秀公司。

上市公司在同业中的竞争地位强弱，评定的标准有以下几个方面。

1. 考察年销售额或年收入额

上市公司年销售额的大小，是衡量一个公司在同行业中相对竞争地位高低的一个重要标准，用公司销售额在全行业销售额中的比重来表示，更能反映这种情况。在同行业的激烈竞争中，占总销售额比重较大的公司，一定是竞争能力强大的公司，公司的赢利主要来自销售收入，收入越大，利润越多。所以投资者首先应该选择的是行业中领先的上市公司。

2. 考察销售额或收入额的增长

投资者理想的投资对象，不限于著名的上市公司，还有那些既有相当规模，其销售额又能迅速增长的上市公司，因为能迅速扩张比规模宏大更为重要。高增长的销售额往往带来高增长利润额，由此使公司的股价不断提高，股息不断增加，达到投资者进行股票投资的预期利益。

3. 考察销售额的稳定性

在正常情况下，稳定的销售收入伴之而来的是比较稳定的赢利，如果销售收入时多时少，变动太大，既给上市公司的经营管理带来很大的不利，也使付给股东的股息和红利有无、高低不确定性增加，因此投资者在选择中应充分注意公司的增长稳定性。

蓝筹股的捕捉方法

蓝筹是指赌场上资金实力雄厚者所持有的一种赌博筹码。蓝筹股主要是指实力强、营运稳定、业绩优良且规模庞大的公司所发行的股票。其上市股份公司具有稳定的业绩和优厚的分红，行业前景佳，在所属的行业中处于领导地位，具有较大的市场占有率和市场影响力。

一般说来，该上市公司资金雄厚、技术力量强大、经营管理有效、盈余记录稳定、能按期分配股利的公司所发行的，被公认为具有很高投资价值的普通股票。它一般需满足以下的条件：盘子较大；具有较强的分红能力，注重对股东的回报；公司在该行业中占据领导地位；公司所处的行业正处于成长期，行业景气度高。

因为投资回报率相当优厚稳定，股价波幅变动不大，当多头市场来临时，它不会首当其冲而上涨。经常的情况是其他股票第一轮行情过后，蓝筹股才会缓慢攀升，而当空头市场到来，投机股率先崩溃，其他股票大幅滑落时，蓝筹股往往仍能坚守阵地，不会出现过分滑落的现象。

正因为具备如此多的优势，很多投资者认为，选择蓝筹股可以长期持有，并且高枕无忧，买入后可以置之不理，不用每天看盘，不担心有什么风吹草动，只是坐等按时的分红和收益就行。然而，股票投资本身就带有风险性，并且好与坏都是相对的，不能盲从地去追捧，应该区别对待，谨慎选择。

不过，一旦在较合适的价位购进了该种股票，就不要轻易频繁地换手而应将其作为中长期投资的较好对象。以这类股票作为投资目标，不论市况如何，都无需为股市涨落提心吊胆。而且一旦机遇来临，却也能收益甚丰。长期投资这类股票，即使不考虑股价变化，单就分红配股，往往也能有所收益。但是有些蓝筹股变化多端，有时会一改往日形象，启动大盘走势，成为领头雁，这也说此类股票也具有相当的活性。那么，投资者具体应该如何选择蓝筹股呢？

1. 防御性不强的蓝筹股不应该介入

因为随着大部分公司逐步完成股改，再融资和新老划断的压力开始凸现，因此市场在上行的过程中可能会出现较大的波动。有关人士甚至表示，不能忽视长时间启动再融资的可能性，只要一传出再融资消息，市场有可能出现快速下跌。在这种情况下，防御性不强的蓝筹股估计也将难逃厄运，所以要坚持谨守防御原则。

2. 股价高高在上的股票不介入

在前期基金强调防御时，普遍的思路是转向医药、高速公路、新能源等非周期性行业，很多投资者已意识到，因为价格已高，很多经典的防御性个股已经丧失估值的优势，充其量只能说估值合理，防御性已经弱化。并且这些个股除了业绩较好之外，走势已跟以前的传统庄股一样。虽然股价走势较为稳健，受大盘的影响不大，但往往连续数分钟没有成交，流动性开始让人担忧，假如后市有几家庄股以多杀多的行为出货，就有可能引发这类个股的跳水。所以这一类的大盘蓝筹股也不能介入。

3. 股改对价方案不尽如人意而被市场低估的优质蓝筹股可以择机介入

因为前期市场热点一直在股改对价方面，所以股改对价方案预期不高的蓝筹股受到了市场的冷落。而股票的价值将取决于企业内在的发展能力，如果企业质地不行，即使给出了高对价，也难以补偿未来的下跌空间。机构投资者也开始警惕质地不好的企业给出高对价的动机。在这一趋势下，投资者的选股目光自然就会转向优质蓝筹股，特别是那些质地优良却被市场低估的蓝筹股。

今天的蓝筹股未必是明天的蓝筹股，但明天的蓝筹股一定能在今天的股市中被发现。寻找蓝筹股的过程中，要注意蓝筹股总是伴随着产业的兴衰而兴衰，所以选择蓝筹股长期投资也不是金身不坏的。

龙头股的捕捉方法

在炒股界，存在一种"擒贼擒王"的说话，意思就是选股要最好选择那些龙头股。

所谓龙头股，即在某一热点板块走强的过程中，上涨时冲锋在先，回调时又能抗跌，能够起到稳定军心作用的"旗舰"。龙头股通常有大资金介入背景，有实质性题材或业绩提升为依托。龙头股一旦启动，往往有至少 0.5 倍或数倍的涨幅。

说到龙头股，很多投资者会问，我们如何才能照顾龙头股，龙头股都有哪些特征呢？从以往的行情发展分析，凡是能够发动一轮富有力度上攻行情的龙头板块，往往具有以下特征：

（1）龙头股具有一定市场号召力和资金凝聚力，并且能有效激发和带动市场人气。

（2）龙头股行情具有向纵深发展的动能和可持续上涨的潜力。

（3）龙头股是一波上升行情里最先启动的股票。

（4）龙头股是一波上升行情里涨幅最大的股票。

（5）运作龙头股的主力资金实力非常雄厚，并且对政策面、消息面保持高度的敏感。

（6）龙头板块具有便于大规模主流资金进出的流通容量。

（7）龙头板块的持续时间长，不会过早地分化和频繁地切换。

了解了龙头股之后，投资者需要做的就是捕捉龙头股了。龙头股的特征虽然非常明显，但是捕捉起来还需要掌握一定的方法和技巧。

首先是寻找热点。每一轮行情中都有热点产生，龙头股与热点是息息相关的，市场热点是龙头股的诞生地，而热点又可以分为很多种，不同的热点能产生不同级别的龙头股，选股就要选主流热点的龙头。其次是做好准备，包括选股、分析、整理上市公司资料、设置自选股板块、开启预警功能等。具体来说，捕捉龙头股的准备工作包括以下几个方面。

（1）首先要选择在未来行情中可能形成热点的板块。需要注意的是：板块热点的持续性不能太短，板块所拥有的题材要具备想象空间，板块的领头羊个股要具备能够激发市场人气、带动大盘的能力。

（2）所选的板块容量不能过大。如果出现板块过大的现象，就必须将其细分。例如，深圳本地股的板块容量过大，在一轮中级行情中是不可能全盘上涨的，因此可以根据行业特点将其细分为几个板块，这样才可以有的放矢地选择介入。

（3）精选个股。选股时要注意：宜精不宜多，一般每个板块只能选3—6只，多了不利于分析、关注以及快速出击。

（4）板块设置。将选出的板块和股票设置到分析软件的自定义板块中，便于今后的跟踪分析。自定义板块名称越简单越好，如A、B、C……看盘时一旦发现领头羊启动，可以用键盘精灵一键敲定，节约操盘时间，有条件的投资者可以开启预警功能。

（5）跟踪观察。投资者选择的板块和个股未必全部能成为热点，也未必能立刻展开逼空行情，投资者需要长期跟踪观察，把握最佳的介入时机。

龙头股启动时期，在移动成本分布上会有一种明显的特征：获利盘大幅增加。虽然很多上涨的股票都能达到提升获利盘的效果，但在提升速度之快、幅度之大方面却难以和龙头股启动时的市场表现相比。另外，买进龙头股最佳时机就是行情的启动阶段。如果从盘面分析，龙头股通常在上升行情开始时就会有极鲜明的特征。这种龙头股最鲜明的特征就是：涨得最早、涨得最快、涨幅最大。

至于捕捉龙头股的具体操作，要密切关注热点板块中的大部分个股的资金动向，当某一板块中的大部分个股有资金增仓现象时，要根据个股的品质特别留意有可能成为龙头股的品种，一旦某只个股率先放量启动时，确认向上有效突破后，不要去买其他跟风股，而是追涨这只涨得最好的龙头股。投资龙头股在操作中强调快速跟进，如果错过了龙头股启动时的买入机会，或者没能及时识别龙头股，则可以在其拉升阶段的第一个涨停板附近追涨，通常龙头股的第一个涨停板比较安全，后市最起码有一个上冲过程，可以使投资者从容地全身而退。

潜力股的捕捉方法

所谓潜力股，是指一些股票由于具有某种将来的、隐蔽的或为大众所忽视的利多因素而存在着推动股价上升的潜在力量。那么，潜力股都有那些表现呢？

（1）大部分的潜力股都是主力重仓的股票。那么，你要怎样才能知道这只股票有没有主力重仓呢？这就要看它是不是通过基金重仓持股中的新增品种与增持品种，它的十大股东近期有没有变化。

（2）具有热点题材的股票也是具有很大潜力的股票。像那些具有重大社会事件方面的题材的股票，如西部开发之类的题材，都是很好的具有热点题材的潜力股。

（3）入选上市公司成长潜力50强，本行业的龙头企业等的股票，也是很有发展的潜力股。

以上所举的都是潜力股最经常表现出来的特性，只要抓住其中的一点，你就可以抓住潜力股了。当然，那些平均增长率都保持在一定的水平，预期收益比较好，而现在又没有被高估的股票就更值得做中线投资了。

那么，该如何选择有潜力的股票呢？

（1）看流通盘。流通盘千万别太大，一般在5000万股左右比较好，如果是在2000万股左右那就更好了。

（2）看业绩。业绩不要太好，只要过得去就可以，略微出现亏损将更易被人看中。业绩太好已无想象空间，且多有中线资金长期驻守，筹码大部分被长线买家拿走，主力想在二级市场中进行收集相当困难；而业绩平平或略有亏损就注定了是重组的命，不重组就没有出路，反而给市场以巨大的想象空间。因此也就出现了中国股市特有的现象——不亏不涨，小亏小涨，大亏大涨。

（3）看技术面。看股价是在高位还是在低位，炒高了最好别碰，倘若是从山顶上直线下坠，在低位长期横盘后不再创新低，而成交量却一直非常小，则要注意该股有可能成为未来的大牛股。再看成交量，价量配合方面应该是涨时有量、跌时无量，刚从底部启动时成交量特大，在中位调整一段时间后再次启动时成交量应只是略有放大，不能太大，太大了就有出货嫌疑。

庄家低位吸足了筹码之后，在大幅拉升之前，不会轻举妄动，庄家一般先要派出小股侦察部队试盘一番，将股价小幅拉升数日，看看市场跟风盘多不多、持股者心态如何。随后，便是持续数日的打压，震出意志不坚定的浮筹，为即将开始的大幅拉升扫清障碍。否则，一旦这些浮筹在庄家大幅拉升时中途抛货砸盘，庄家就要付出更多的拉升成本，这是庄家绝对不能容忍的，因此打压震仓不可避免。在庄家打压震仓末期，投资者的黄金建仓机会到来了，此时成交量呈递减状态，且比前几日急剧萎缩，表明持股者心态稳定，看好后市，普遍有惜售心理。因此，在打压震仓末期，趁 K 线为阴线，在跌势最凶猛时进货，通常可买在下影线部分，从而抄得牛股大底。发现这些利多因素并耐心等待，是投资潜力股的重要方法。以下是投资潜力股的重要的方法：

（1）逆势而行。在低迷市场中，个股的重大利多消息常常与一些次要的利多消息不加区别地被市场忽视，要反其道而行之。

（2）跟着周期走。许多股票的业绩表现常常要受行业周期及公司个股周期的影响，在一些年份偏高，在另一些年份就会进入低潮。深市中的地产股已显现强烈的行业周期性质；而公司的增资配股则可能使个股周期表现明显，通常配股当年无法取得投资收益，而配股本身互倒摊低了每股收益，但在随后的年份则可能会有优良业绩出现。

（3）有预见未来的眼。一些个股可能有潜在题材，但要到未来的某一不确定时刻才表现出来：这种超前认识常常需要有缜密分析的支持。超前的关键就是善于从真实信息中挖掘出其内在的价值。

从资产重组中寻找个股机会

资产重组是现代企业发展的必然要求，也是世界股市的潮流之一。通过资产的重组，可以实现优势互补、强强联合的局面，从而壮大企业的规模，扩大市场的份额，提高企业的整体竞争力。其实，资产重组的意义远不止这些，还深深地影响着整个股市的发展流向。

资产重组在证券市场几乎是一个永恒的题材，在目前市场持续火爆的行情下，资产重组的价值更被展现得淋漓尽致。

2011年，国资委主任官方发言人强调，"十二五"时期，国有经济布局和结构调整的步伐将进一步加快，国有企业深化改革、改制重组的力度将进一步加大，产权结构更加复杂，产权分布更加广泛，产权流转更加频繁，对企业国有产权管理提出了新的更高要求。四项重大制度或对央企重组股产生利好的影响。

由此可知，资产的重组将可能会向股市吹来一股和煦的"春风"。

重组股为什么能够引起市场的关注和高度认同呢？重组股的优势在于通过整合重组后，往往会被赋予新的估值标准，从而突破原有的估值束缚，进而连续飙升向新的估值水平靠拢。重组股一方面在较短时间内迅速提升了上市公司的成长性以及经营的持续性，引发上市公司资产质量的大幅提升；另一方面，在全流通形势下投资重组股成为遵循价值投资理念的重要趋势之一，重组题材也有望再度成为市场上的主流投资热点。重组股不仅仅包括重组预期相对明朗的个股，而且还包括重组预期处于朦胧阶段的个股。

要想成功地在重组股中淘金，投资者应注意以下准则：

1. 要精选可能被重组的个股

目前重组股在公布其重组内容之时，其股价已上升到一定的高位。介入担心已经到顶，自己被套，不介入则只能眼看着股价一天一个高位，"到嘴的鸭子"又飞了。因此如能成功预测或发现哪只个股将会被重组，提前介入，就可尽享股价上升带来的收益，这也是投资者梦寐以求的事情。从目前公布的情况看，一般重组的个股均具有一些共同的特征：①股本较小。②行业前景不明朗。③主业不突出。④股东结构分散，最大股东也仅拥有10%左右股份。⑤股本结构集中，大股东占35%以上。⑥业绩连续两年亏损较多。⑦有两年配股资格，业绩又下滑的个股。⑧"三无板块"。⑨保配或保上市资格个股。

另外还可以通过技术上的表现来判断某只个股是否会重组，特别是一些个股莫名其妙地走强，往往预示机会。还可结合一些地方政府的政策。目前各个地方政府均相当重视本地的上市公司，为此会出台一些措施支持本地的上市公司重组，以改善业绩，从而达到融资发展的目的。

2. 要遵循"利好出台是利空"的策略

一般来说，一家上市公司在公司公布重组消息时，其股价已离开低位上升了很多，甚至有1—2倍的上升幅度。尽管禁止内幕交易，但是总有一些先知先觉者提前买入。当重组消息公布，其他投资者跟风买入时，先期买入者就会趁机出货或打压，因此在消息一旦公布之时，应出局或观望，等股价回稳之时再行介入往往效果较好。而当消息明朗时才介入，往往就会被套。因此炒作重组股时，应见利好就采取相反策略。

3. 应结合公布消息时的相对价位

一般来说一只个股有重组题材，则其股价相对于其最低价至少有 3 — 9 倍的升幅。因此如果公布消息时，其股价在 9 —15 元时，后市应还有机会，介入相对安全。再高一些，介入相对风险较大。比如"科利华"公布重组消息时价位在 8 元左右，后来上升到 28 元左右。在操作重组股时，一定要注意公布消息时的价值与其最低价之比，若低于 20% 均可介入，且收益也较可观。

4. 要注意新介入企业的实力或影响力，最好是知名的民营企业或有实力的高科技企业

这些企业的介入一般均会把股价推到极高价位。由于大部分被组的个股亏损居多，按照中国证监会配股资格要求，要连续三年净资产收益年平均在 10% 以上才有配股权。因而这些亏损上市公司进行重组就是为了配股融资（部分是为了知名度）。而三年后才能配股，这对介入企业来说时间太久。因此介入企业收购亏损公司投入的资金成本的收益就会通过二级市场股价差额的收益来体现。所以推升股价是其进行重组后的最直接的利益所在，因此股价大幅上扬就不足为怪。目前上市公司重组股股价升幅最大的均是民营或高科技企业介入的个股，如 ST 宏利来（000008）等。一旦发现重组介入方是民营或高科技企业，投资者对股价升幅的期望可适当提高，甚至可长期持有。

5. 要注意那些可以不受大盘影响的个股

重组股由于事先已制订好重组计划和二级市场炒作计划，因此市场主力就必须按预先计划进行，即使大盘表现欠佳，它也会尽力进行推高，以便充分利用题材，这与炒作一般主流热点有极大区别。主流热点炒作时受龙头股影响较大，而重组股重点是体现个股特色，可免受大盘影响。

6. 应适时了结

因为重组股炒作重点是"重组题材"，因此一旦没有连续重组动作之后，就应准备退出，这与炒作长线绩优股很不一样。因为炒作绩优股是因为有重要业绩支撑，可做长线投资，而重组题材，也有失败可能。如"ST 粤海发""凌光实业"等，因此适时可退出。

7. 对发生两次以上更换大股东的重组股，可以少碰

因为被重组个股可能由于内在原因，较难有效地进行资产整合，因此第一次重

组就已失败，则第二次失败机会也较大。此时这家重组股公司仅有投机价值，不要抱长期打算，除非后来介入的新大股东确实特别突出。

发现冷门股：成为眼光独到的投资者

"别人不要的，你捡起来"，是投资者买入长期无人理睬的冷门股长期持有，等待股价大幅上涨后再卖出的投资方法。实际上，冷门股中蕴藏着巨大的投资机会。因为这个世界没有永远的热门股，也没有永远的冷门股，任何一只股票都可能经历着冷门→预热→热门→没落等这样的发展周期。"别人不要时，你把它捡起来。"很可能你就能享受到一轮上涨的行情。

冷门股一般长时间沉默，而一旦启动，上涨空间往往是相当大的。

冷门股大都因为公司业绩差，或者多种问题无法解决导致无人炒作，价位低迷。这种股票如果见到解决问题的希望，或公司业绩改善，股价也就会随之大幅上扬，这时有货抛出则获利可观。当然炒作这类股票要特别小心，首先不要倾其全部资金买冷门股，只能把它作为投资组合的一部分；然后要经常关注这家公司的业绩债务情况，如果资不抵债，这类股票就难以翻身，不应持有；最后还要耐心等待。股市上那些高明的炒手一般会操作此法，小股民在有把握的前提下也同样可以试一试。

冷门股可以分为几类：一类是我行我素的庄股，无量空涨；另一类经过快速拉升以后，在高位无量长时间调整，投资者跟进的热情不高；再一类冷门股在大盘调整时按兵不动，一旦大盘启动，它们就快速拉高。

一般说来，冷门股呈现以下几方面的特征。

1. 控盘庄股，想拉就拉

冷门股一般庄家持筹比例较大，投资者参与热情不高，很多成了庄家自拉自唱的股票，投资者当作风景来观赏。也有一些冷门股有很好的市场机会，像前些年在市场上走强的新疆屯河、岁宝热电就属于庄家控盘的股票。我们不但可以在十大股东中发现庄家的身影，而且在股东结构里面也可以发现其奥秘，大股东中有实力机构，社会公众股东人数极少。这些股票往往是持续上涨，并不需要量的配合，基本上是庄家决定价格。这类股票并不因为大盘走强而上涨，也不因大盘的下跌而出现调整，它往往走独立行情。这些股票投资者跟进去表面看风险很大，但实际上更安全些，大盘暴跌时，有庄家护盘；大盘上涨时，庄家绝对不会放弃这种机会。像深市的河南思达，从低位起来以后长时间的阳线，其实它的风险释放是在后期的放量过程之中，只要没有放量，这些冷门股有很多跟进的机会。

2. 等待机会，见风扬帆

有些冷门股虽然成交很清淡，其实庄家是在等待重组或者业绩提高，甚至高比例送股后除权，经过长时间的沉寂，一旦行情发动，力度是相当大的。

3. 趁火打铁，水涨船高

在大盘全面反转时，冷门股会充分利用这种机会，快速拔高股价。反弹行情中，也往往是一些冷门股成为反弹的急先锋。在行情调整的时候，冷门股保持长时间的平台整理，行情一来，就快速拉升。中科创业是最典型的，几年来，它充分利用了每次行情；泰山旅游也是如此，今年这一波行情到来时候，在短时间内就实现价格翻番。

我们经常看到很多冷门股成为热门股，热门股再成为黑马股。怎样从冷门股中发现黑马呢？

从目前来看，有三类冷门股有可能演变成热门股。

（1）低价重组预期板块，因为随着行情的火爆，越来越多的资金进入 A 股市场，利益的驱动会促使他们游说上市公司推出重组题材。而且，由于目前 A 股市场已进入全流通时代，控股股东也有动力做高二级市场股价，所以往往一拍即合，利用股改的契机，展开以注入资产等为主要形式的资产重组，从而推动股价暴涨。

（2）公司赢利能力开始改善，且未来业绩有望继续好转的个股。在 2006 年年底，动力源（600405）、中创信测（600485）、桑德环境（000826）等个股就是因为赢利能力的改善并遇上产业发展的黄金周期，从而成为机构投资者竞相加仓的品种，最终成为市场的热门股。

（3）优质股板块，该板块在前期由于一直不对市场主流热点的胃口，从而股价走势持续低迷，属于典型的冷门股。但毕竟此类个股的基本面素质极高，因此随着越来越多的资金涌入 A 股市场，这些优质股的筹码资源就变得稀缺起来，从而有望引发股价的活跃，像 G 天津港等港口股以及现代投资等高速公路股就是一个典型。

整体来看，冷门股中蕴藏着极大的市场机会，只是需要投资者认真去发现，特别是介入时间的选择上至关重要。当大盘全面走好的时候，一些长时间清淡的冷门股往往会跑赢大盘。

运用走势图找出对选股有价值的信息

身处一天一个变化的股市中，各种信息扑面而来，令投资者眼花缭乱。然而，面对这变化多端、各种各样的信息，投资者并非无计可施。因为这些变化最终都会在 K 线图上毫无保留地展现出来。虽然股价的高低受各种繁杂的因素影响，甚至操盘手法也花样繁多，可是它们最终却会将自己真实的面目通过盘面展现出来。因此，投资者可以借助观察 K 线图找出对选股有用的信息。

1. 借助大盘选股

投资者在选股的过程中，可将大盘上显示的股票成交量、股价的波动走势、形态等，作为了解股市行情或是主力意图的主要依据。毫无疑问，只要进行股票投资，投资者就必须得与主力面对面。而盘面则是投资者了解主力和主力博弈的重要砝码。也就是说，投资者若想从股票投资中获益，不懂看盘是一个大损失。

一般情况下，通过看盘，投资者可以了解主力控盘的意图，了解到主力控盘的力度、股票涨跌的幅度、盘面将来的走势以及主力坐庄的成本或者手法。然后，投资者便可根据一些宏观方面的信息制定出正确的投资策略，进而取得投资的成功。可以说，投资者在选择股票时只要掌握了主力的活动意图，其投资的成功系数就会大大提高。

2. 借助 K 线图选股

作为一种选股的重要参考依据，投资者对 K 线图的关注程度越来越高。因为投资者可以从 K 线图中发现股票市场中股指或股价的即时走势、历史交易情况、股票内在实质以及涨跌数据等多方面的信息。

具体来说，借助 K 线图投资者可以得到这些信息：

如果阳线出现在盘整或股价下跌趋势末期，表示股价可能会开始反转向上。

如果阴线出现在盘整或股价上涨趋势末期，表示股价可能会开始反转向下。

如果阴线出现在盘整或股价上涨趋势末期，表示股价可能会开始反转向下。

如果出现十字线，表示情况将要出现反转。如果此种 K 线出现在股价高档，且次日收盘价低于当日收盘价，表示卖方力道较强，股价可能回跌；如果此种 K 线出现在股价低档，且次日收盘价高于当日收盘价，表示买方力道较强，股价可能上扬。

如果出现极长上影线，表示卖压大。如果此种 K 线出现在股价上涨趋势末期，再配合大成交量，表示股价可能一时难以突破，将陷入盘整，甚至回跌。如果出现极长下影线，表示买方支撑力道强。如果此种 K 线出现在股价下跌趋势末期，再配合大成交量，表示股价可能反弹回升；如果此种 K 线出现在股价上涨趋势末期或高档盘整期，再配合大成交量，表示股价可能会下跌。

持续放量滞涨的股票不参与

投资实践中，有投资者做过统计，对涨幅较大的股票，如果当日换手率在 10% 以上，或连续几日换手率在 8% 以上；而此时股价涨跌有限、基本持平，极有可能是主力在对倒出逃。

放量滞涨的股票，短期都应该回避。因为放量滞涨说明多空分歧很大，当多空分歧很大时，股价涨一点就有很多抛盘，同样股价跌一点就有很多买盘。看来好像不会大跌也不会大涨，但我们买股票是为了让股票上涨，在分歧严重的时候买入是难以上涨的。

这时候也不要迷信什么底部放量，多空分歧严重时的放量更多是被套盘与抄底盘合力的结果，不要幻想是主力在低位大力吸筹。

而历史也证明了，多空分歧的时候空方取胜的概率比较大，毕竟下跌容易上涨难。

2008 年 10 月 30 日宝钢股份（600019）发布业绩低于预期，当天股价放量滞涨，并在次日起一路杀跌。如图 14-1 所示。

事实胜于雄辩，市场胜于猜想，放量滞涨的股票一定要回避，宁可错过，不可错买。

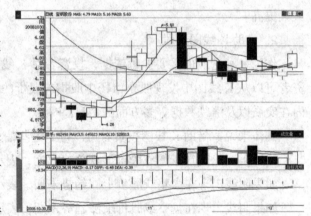

图 14-1　宝钢股份（600019）2008 年 10 月底 11 月初走势图

普涨阶段如何优中择优

从一般的行情上看，普涨阶段不管好股劣股其股价都会呈上升趋势，但随着行情向纵深发展，个股将不断出现分化，如何挑选跑得更快、蹦得更高的黑马，实现利润最大化，颇费思量。此时选股的策略是：

（1）涨停越坚决表明市场认同度越高，短期获暴利的机会较大。一些早早便封停的个股，或是以涨停或接近涨停开盘的个股，强势特征明显，在涨停位置成交量越少、积压在涨停价位未成交的买盘越大，说明累积的上行能量越大，市场基本无抛盘，这些股票是关注的重点；

（2）重点参与主流板块。大盘火暴，多数股票都有上佳表现，此时更优中选优，从市场主力的主流资金分布看，目前依然集中在科技股、网络股，这些个股后市打"持久战"的可能性较大，应成为投资者选股的重点；

（3）在把握个股股性的基础上挑选强势股。一些原先即保持良好上升通道的个股，如紫光股份（000938）、国电南自（600268）、南天信息（000948）等，利好出来犹如锦上添花进入加速上扬期，主力顺风点火；而一些长期走弱的个股，利好出来跟风而涨，行情往往来来去去像一阵风，利好可影响短期的走势，但股票的股性却是难以短期改变的，为保险起见，最好选股性长期保持良好的股票；

（4）创新高的个股，某些个股虽然已有较大涨幅，短期仍有望再接再厉，再创新的高点。投资者如能关注到这些股票也是不错的机会。

千万不要太相信所谓"专家"的推荐股

投资实践中，很多股票投资者在选股时具有以下弱点：

（1）所掌握的资讯少之又少，即使那些公开的资讯也不能清楚地了解。

（2）分析能力有限，无法对股票的将来走势进行准确地预测。

这些方面的不足使投资者没有信心对股市进行独立的判断和预测，于是开始希望外界某种神奇力量能够给自己指明方向，选到好股。最后，他们把目光集中于股评家。

毋庸置疑，股评家的专业素质和投资赚钱能力的确位列一流水平，远远高于普通投资者。问题是有些投资者对股评家产生了某种崇拜的情绪，迷信股评所荐股票和所做的后市预测。不管其观点对不对，所选股票符不符合自己，也不管当前位置是不是买入的好时机，便盲目欣然买入，到头来很多时候都是惨败而归。这类投资者错就错在太迷信所谓专家们的股评，被投资界称为"股市不倒翁"的杨百万就曾是其中的一个。

20世纪90年代，杨百万曾经因为听信了一个股评专家的建议而失去了一次非常难得的投资机会。从此以后，杨百万就再也不相信所谓的股评专家、投资专家、资深股票人士的建议了。因为按照杨百万的投资理论，尽管股票市场中的各个因素是存在着一定的关联性的，但是他根本不相信按照金融学上的投资规律或是投资大师的理念就可以推测出股票的走势和利率的变化方向。其实这也和杨百万的研究方向有关，因为在他购买某只股票以前，他要观察许多关联股票，并且走访多家同行业的上市公司，并且经过实地考察后，才最后做出自己的调研分析，以决定是否购买这只股票。

投资大师彼得·林奇曾经说过："一个人的投资才能不是源于股票投资专家本人，因为你本身就具有一定的股票投资知识。如果你能运用好这些知识，投资于你热爱和熟悉的上市公司，你就能够从股市中赚钱，甚至你的赢利要比那些股票投资专家还要多。"仔细分析杨百万和彼得·林奇的观点，我们不难看出，股评专家之所以成为专家，很多时候并不是因为他给一般投资者的建议而成为专家，更不是因为自己在股票市场中赢利而成为股评专家的，而是因为在股票下跌和上涨之后做出的专业分析和个人理解，而被人们称为股评专家的。这一点，颇有点"事后诸葛亮"的意味。

所谓专家其实也是普通人，出于主客观因素的限制，不可能向投资者提出多么精准的投资建议，这一点投资者一定要明白。具体来说，"专家们"的弱点主要在于以下方面。

（1）没有远见，急功近利，喜欢追涨。

（2）目光只集中在强势股上，对其他股票置之不理。有些股票股价早已涨上了天，庄家随时有可能出货，这类股票极不适合一般投资者，但一些股评家照推不误。

（3）推荐股票往往是一推了之，没有后续的"售后服务"，而股市时局瞬息万变，多空转势随时都可能突变。投资者根本无法获得股评家的及时通告，当初买入的时候也没搞清楚股评家选股的真实依据，更重要的股评家没有预先告诉投资者未来放弃该股票的条件，而投资者自己也没有主见。这种只知进、不知出的选股方法是很危险的。

（4）股评家的观点都是以公开的形式发表，必然会引起庄家的注意，庄家有时便有意利用股评，与股评反向操盘，或同向借势操盘。

以上种种因素给投资者以警示：万万不可迷信专家们的推荐。

当然，建议普通投资者不要相信专家的建议，并不是让投资者完全不理会专家的建议。因为作为股评专家，他们具有一定的信息优势和研究优势，投资者根本不具备这样的条件，因此投资者可以将专家们的建议和推测作一个综合分析，并且通过自己已经建立起来的理论去推断这些建议和推测是否正确，并且不断地通过股评专家提供的信息来判断自己的投资行为是否正确，并以此来规避一些投资风险。

总之，针对市场上的那些所谓专家的评论、建议、推测和研究报告，投资者应有的姿态是：冷静处理和静态分析，而非盲目相信甚至迷信。

第 15 章
如何寻找 10 倍股

深入解析 10 倍股

找到 10 倍股是每个投资者，尤其是挑选成长股人士的重要目标。10 倍股受到投资者的如此青睐，究竟什么是 10 倍股呢？

10 倍股由世界级投资大师彼得·林奇首创，主要是指股票价格可以在相对较短的时间，通常是 5 年内，上涨超过 10 倍以上的股票。投资实践中，由于很多股票在较长时间内都会有上涨 10 倍的表现，因此股票投资领域所说的 10 倍股通常是指那些可以在短时间内就能有爆发增长的股票。该类股票通常由规模尚小、属于高速增长行业、竞争力十分突出的公司发行。

具体来说，10 倍股有如下方面的特征。

（1）由于无法依靠短期的投资进行炒作，10 倍股通常需要有坚实的基本面做依托，才能不断吸引投资者推高股价。

（2）"持续、稳定、增长"是 10 倍股的基本特质。"持续、稳定、增长"既是上市公司进行市值管理的关键诉求，也是投资者寻找 10 倍股的核心评价标准。

为了获得并确保持续高速的赢利增长，一个能成为 10 倍股的公司需要具备以下几个方面的条件。

（1）完善的公司治理机构

公司治理结构是一种联系并规范股东（财产所有者）、董事会、高级管理人员权利和义务分配，以及与此有关的聘选、监督等问题的制度框架。简单地说，就是如何在公司内部划分权力。良好的公司治理结构，可解决公司各方利益分配问题，对公司能否高效运转、是否具有竞争力，起到决定性的作用。

（2）合理的战略目标和产业布局

战略目标是对企业战略经营活动预期取得的主要成果的期望值。战略目标的设定，同时也是企业宗旨的展开和具体化，是企业宗旨中确认的企业经营目的、社会使命的进一步阐明和界定，也是企业在既定的战略经营领域展开战略经营活动所要达到的水平的具体规定。

产业布局是指产业在一国或者一地区范围内的空间分布和组合的经济现象。

（3）持续领先、难以模仿的核心竞争力

核心竞争力的定义是："在一个组织内部经过整合了的知识和技能，尤其是关于怎样协调多种生产技能和整合不同技术的知识和技能"。从与产品或服务的关系角度来看，核心竞争力实际上是隐含在公司核心产品或服务里面的知识和技能，或者知识和技能的集合体。

（4）广阔的市场空间

对于一个具有出色的赢利模式的企业而言，潜在的市场空间相对于企业规模的大小将决定企业成长的速度与持续时间。公司能够持续成长的关键并不在于行业是否处于快速增长阶段，而在于能否通过持续领先的竞争优势顺利占领市场。

（5）积极进取的管理层

积极进取的管理层是公司战略意图的执行者、持续高速增长的实现者。好的管理层团队是公司最宝贵的无形资产。

在股市中，投资者要在借鉴投资大师经验的基础上，根据自己的能力条件和经验水平不断实践摸索，以期寻找到合适的 10 倍股。

哪些领域最容易出现 10 倍股

10 倍股在中国存在过或者会在中国存在吗？看看上证指数，从 2008 年的 1664 点至今，几年来只上涨了不到 50%。这或许会让一些意图在中国股市中发现 10 倍股的投资者大跌眼镜。

其实，这只是个例，在中国，依然存在着很多 10 倍股。

根据某投资机构的数据统计可知，从 2008 年 10 月 28 日上证指数创下 1664 点的低位到 2011 年 3 年期间，按照 2011 年 9 月 29 日的收盘价（后复权）计算，累计涨幅超过 10 倍以上的上市公司有 7 家，分别是中恒集团（600252.SH）15.98 倍、恒逸石化（000703.SZ）15.15 倍、深圳惠程（002168.SZ）13.16 倍、国中水务（600187.SH）12.52 倍、金叶珠宝（000587.SZ）11.53 倍、古井贡酒（000596.SZ）11.38 倍和精功科技（002006.SZ）10.36 倍。除此以外，还有 14 家公司自 1664 点以来涨幅虽然没达到 10 倍，但均超过 8 倍，包括东方锆业（002167.SZ）、包钢稀土（600111.SH）和广汇能源（600256.SH）等大牛股。

从这些公司的行业分布上看，医药生物、有色金属、食品饮料和机械设备等行业无疑是近 3 年来 10 倍牛股密集诞生的领域。

（1）资产重组中容易出现 10 倍股。如果说哪里最容易出 10 倍股，资深的投资者大多会推崇资产重组的领域。事实胜于雄辩，2011 年，在 21 只累计涨幅超过 8 倍的个股中，重组过的公司就有 4 家，与重组相关其的公司有 2 家，还有 1 家目前正由于资产重组处于停牌当中，也就是说，有将近 7 只 10 倍股与重组有关，比例达到了 33%。而在 58 只 3 年区间最高涨幅曾经超过 10 倍的个股中，就有 16 家公司与重组或者资产注入有关，占比也超过 27%。由此可见，如果投资者错过了资产重组的机会，无异于错过了市场中将近 1/3 的 10 倍股。

（2）顺势而为的公司容易出现 10 倍股。资深的投资者都懂得做股票投资要顺势而为，一旦看准了市场趋势，投资或可事半功倍。10 倍牛股的造就，除了要研究公司的基本面因素之外，国家政策、市场潮流等外在形势的研究也必不可少。中恒集团之所以在 2008 年到 2011 年的 3 年中成为大牛股，与医药生物行业成为 "十二五" 和新兴产业规划重点 "关照" 对象的背景有着很大的关系。

（3）垄断行业中容易出现 10 倍股。彼得·林奇在讲述 10 倍股逻辑的时候曾经指出："相比较而言，我更愿意拥有一家地方性石头加工场的股票，而不愿拥有 20 世纪福克斯公司的股票。因为电影公司的竞争对手非常多，而石头加工场却有一个 '领地'：在它占据的领地内没有什么竞争对手。"而这些拥有自己 "领地" 的公司，就是我们经常说的垄断企业。"没有什么可以描述排他性独家经营权的价值，一旦你获得了排他性独家经营权，你就可以提高价格。"彼得·林奇阐述道。通过观察过去几年 A 股中的 10 倍股，投资者可以发现，垄断企业和龙头企业中产生 10 倍股的情况比较多。例如包钢稀土。包钢稀土作为典型的资源垄断型企业，垄断了中国乃至世界上最大的稀土产业基地，在 2008 年 11 月 7 日股价见底之后，随着稀土价格的快速上涨，稀土行业进入黄金时代，该股也首先成为稀土行情中的第一大牛股，几年来其最大涨幅一度超过 20 倍。

（4）小盘股中容易出现 10 倍股。2008 年到 2011 年的 3 年中，最大涨幅曾经超过 10 倍的 58 只股票中，总股本低于 5 亿股的中小盘股达到 47 只，占比超过 80%，成为 10 倍股的绝对主力，其中总股本小于 3 亿股的公司也有 21 家之多。最典型的例子是苏宁电器，其股本曾经从 9300 多万股增至 70 亿股，扩张了 70 多倍。

从你最熟悉的地方寻找 10 倍股

寻找 10 倍股的最佳地方是哪儿？世界级投资大师彼得·林奇说："开始寻找 10 倍股的最佳地方就是在自己住处的附近，不是在院子里就是在大型购物中心，特别是你曾工作过的每一个地方。"

在《彼得·林奇的成功投资》里，彼得·林奇再次重申了他一贯对业余投资者的投资建议：如果自己在工作、购物、参观展览、吃东西时多留意一下，或者多关注新出现的有发展前途的行业，业余投资者就可以找到能赚大钱的股票。

或许有些投资者，特别是中国的投资者看到这段话的时候，觉得很不可思议。联系中国股市的实际，无论怎样生搬硬套，理论也无法和实际联系上。

在 20 世纪 90 年代，上海和深圳市场都属于地方性的股票市场，两地上市公司数量加起来才 100 多家。一方面，由于市场规模很小，大盘的涨跌就等于个股的涨跌，几乎看不到逆市涨跌的股票；另一方面，由于上市公司属于"物以稀为贵"的资源，公司的业绩和行业前景对于股价的高低而言根本无足轻重。在那个年代，唯一能决定股价高低的，是介入该股炒作的主力的资金实力大小。相反，公司的业绩和前景总会成为庄家出货时炮制出来吸引大众接盘的诱饵。每当股评们齐唱赞歌吹捧某只股票的业绩出众、价值超群的时候，往往就是庄家账面利润丰厚准备出逃的时候，以此相对应的，就是那只股票的价格处于历史高位。所以，每当后知后觉的投资者看着短期股价走势漂亮的图表，盲目迷信着专家们展示的公司光明前景买进股票，都正好被套个正着。

当年股民屡屡被套还有另外一个重要原因，就是当时的资讯条件极不平等。一般大众投资者连最简单的一张完整的股价走势图都无缘看到。证券报纸杂志上刊登出来的股价走势图，常常只有一两周的走势，最多就是最近一两个月的图表，而且也不会持续跟踪提供某只股票的走势图。因此，正在操作的这只股票，它目前的价位究竟是处于它整个"生命历程"的高位、中位还是低位？大众投资者根本无法了解一只股票完整的运行趋势，并且也不明白这些资讯的重要性。

因此，庄家们总是可以利用投资者对"投资"的一知半解和无限向往，专门在出货的阶段，在股价走势图上画出漂亮的向上突破图形，然后把这一阶段的走势图印刷在证券报纸杂志上，配合股票分析师们万分激动地分析该公司的前景多么美妙，和美妙的前景相比，该股的股价是多么便宜，再加上一句："炒股票就是炒未来。"受骗上当的投资者简直多如牛毛。

遗憾的是，10年之后，当我们这个市场的生态环境正在发生转变的今天，还可以看到一些思维僵化的主力在继续沿用10年前的老套路骗人。无论是2003年德隆倒下前夕拼命吹捧自己价格高高在上的股票是如何拥有价值，还是目前股价直入云霄的中集集团在万般风情地显示自己的骄人业绩，都在充分说明主力的无能与无奈。同时，市场在用它自身的语言暗示，中国股市靠资金推动型上涨的模式在残缺的股市制度下已经慢慢走到了尽头。

悲哀的是，现在还有很多股民在继续被这样的骗术迷惑，不是后知后觉在股价高位的时候才去相信股票的价值，就是心怀恐惧在股价低位的时候盲目割肉止损，然后安慰自己："我是在截断亏损。"

这也是造成中国股市上一般投资者喜欢短线炒作的原因。一方面是因为受到短线暴富神话故事的诱惑，想不劳而获；另一方面因为资讯的匮乏或者泛滥，投资现金和思维混乱，在不了解上市公司真实情况的基础上受骗太多，因此，只好幻想可以通过短线买卖来抗拒风险，却从此一脚踏进恶性循环的圈子里翻不了身。

相对于中国股民的盲目，彼得·林奇采用了一种清醒的选股方式，即从生活中和身边的事情开始，其主要思路就是产品——上市公司——股票这个顺序。从生活中发现的畅销产品挖掘出能够上涨几倍的潜力股票正是彼得·林奇的强项，也是其草根企业调查文化的典型模式。当然，这和美国的上市公司达到上万家，几乎每一种产品后面都有上市公司的背景有关。虽然国内还没有达到我们生活中使用的每一种产品都有上市公司背景这种程度，但是类似的线索还是不少的。

这里说一个真实的案例：

2005年，随着近几年汽车产量的不断提高和汽车价格的下降，整个汽车行业从前几年的高峰期进入了赢利大幅削减的衰退期。不过投资者发现，并不是所有的汽车公司都是这样的，江淮汽车主要生产轻卡和瑞风MPV商务车，这些产品主要供应给中小企业的商务用户，对于商务用户来说，只要有需求就会购买汽车，不会因为汽车价格下降而推迟购车计划，这一点从江淮汽车2004—2005年的汽车销量就可以看出。更为重要的是甲某周围的经营中小型企业的朋友中，已经有两个购买瑞风MPV商务车的。因此，甲某判断江淮汽车受汽车行业萧条的影响很小，还有很大的发展潜力，在5.5元附近大量买入江淮汽车，之后江淮汽车果然在大盘向下的情况下逆势上涨，经过一年多一点儿的时间已经实现翻番（复权后）。

还有另外一个案例：

2006年年底，乙某的一位从事电梯电缆生意的朋友出差到北京，在聊天过程中向乙某诉苦，因为铜价大幅上涨，导致公司的成本大幅提高，利润下降，生意越来越难做了。说者无心，听者有意，之后乙某查看了伦敦铜期货走势，发现已经连续上涨很长时间了，于是买入了国内生产铜的云南铜业和江西铜业，之后国内有色金属股票大幅上涨。

这些都只是比较典型的案例，相信只要我们用心去寻找，还可以发现很多这样的线索。

彼得·林奇曾告诫道："人们似乎更喜欢购买一些他们不了解情况的股票，这种愚蠢的做法的代价是很高的。"

在日常生活中，我们都应该尽可能地使用国内的产品，这样才能近距离地熟悉上市公司的产品。如果一个人连牙膏、马桶都要使用进口的（目前我国股市上还没有外国企业），那么他至少在态度上是不适合做股票投资的。如果不热爱国内产品，如何会去关注上市公司呢？如果不了解上市公司所处行业的状况，不清楚上市公司的质量，不喜欢上市公司的产品，又如何能放心投资呢？

正确的投资理念和好习惯的培养对自己的投资能否成功帮助很大。如果想在投资这一行获得成功，的确应该注意培养自己善于在日常生活中发现投资机会的习惯，学会以投资者的眼光看世界。

从消费行业中寻找 10 倍股

在所有的行业中，消费行业是比较容易出现 10 倍股的行业之一，国内外都有不少消费股涨幅达到 10 倍乃至 100 倍。截至 2009 年年底，美国历史上累计涨幅前 15 名的股票均是大消费类上市公司，如思科 –T 涨了 954 倍，沃尔玛涨了 552 倍，微软涨了 486 倍等。

为什么在消费行业中容易出现 10 倍股呢？具体来说，有三个方面支持消费行业的发展。

（1）虽然在过去 10 年中，消费行业对 GDP 的贡献率是下降的，但国家的政策导向都是鼓励内需、鼓励消费的。

（2）中国人均 GDP 发展到目前的阶段，已经到了消费升级的阶段。

（3）从人口结构的角度来讲，未来消费人口占总人口的比例上升，整个环境有利于消费。

除了这三个方面外，还有另外一个方面的原因，即消费行业可预期增长前景比较好。对此，在大消费行业辛勤耕耘 4 年多的鹏华消费优选拟任基金经理王宗合，有着自己的一套分析逻辑和成功经验。他说："我们不能通过历史静态看待问题，而要理解历史是怎么成长起来的，要用变化的眼光来看，否则永远发现不了价值。"在王宗合看来，消费行业长期的可预期增长前景和完全竞争的属性，决定了其将成为 10 倍股的摇篮。

从新经济高成长企业中寻找 10 倍股

所谓新经济，是建立在信息技术革命和制度创新基础上的经济持续增长与低通货膨胀率、低失业率并存，经济周期的阶段性特征明显淡化的一种新的经济现象。得益于新经济的高成长企业，会形成新的经济增长点，给投资者带来 10 倍乃至 100 倍以上的回报，微软、谷歌、苹果等就是最典型的成功案例。

现在，大力发展节能环保、新兴信息、生物产业、新能源、新能源汽车、高端装备制造业和新材料七大战略性新兴产业，已确定为国家发展战略。投资者不妨考虑从中寻找好的发展机会。

1. 新能源

新能源又称非常规能源，是指传统能源之外的各种能源形式。指刚开始开发利用或正在积极研究、有待推广的能源，如太阳能、地热能、风能、海洋能、生物质能和核聚变能等。

2. 新能源汽车

新能源汽车是指除汽油、柴油发动机之外所有其他能源汽车，包括燃料电池汽车、混合动力汽车、氢能源动力汽车和太阳能汽车等。

3. 高端装备制造产业

高端装备制造产业是指制造业的高端领域。高端制造产业既包括传统制造业的高端部分，也包括新兴产业的高端部分。

4. 新兴信息产业

信息产业特指将信息转变为商品的行业。在国家重点扶持的七大新兴产业之中，信息产业是被业内最为看好、未来发展空间最大的一个。

5. 生物产业

生物产业包括生物医药（服务产业）、生物农业（资源产业）、生物能源、生物环保，以及生物工业（生物制造产业）等。

6. 新材料

新材料是指新近发展的或正在研发的、性能超群的一些材料，具有比传统材料更为优异的性能。新材料作为高新技术的基础和先导，应用范围极其广泛，它同信息技术、生物技术一起成为 21 世纪最重要和最具发展潜力的领域。

7. 节能环保产业

节能环保产业是指在国民经济结构中，以防治环境污染、改善生态环境、保护自然资源为目的而进行的技术产品开发、商业流通、资源利用、信息服务、工程承包等活动的总称。它在美国称为"环境产业"，在日本称为"生态产业"或"生态商务"。

从新能源题材中寻找 10 倍股

开发使用清洁高效的新能源一直是人类的梦想，也代表着未来的投资方向。新能源板块已受到投资者的追捧。

投资实践中，投资者需要从哪些领域寻找 10 倍股呢？

（1）当前正是低碳经济发展的良机，环保设备、煤化工、洁煤燃烧技术、风能、太阳能、核能、生物质能、智能电网、新能源、建筑节能、节能电器等行业有望获得发展契机。

（2）磷酸铁锂以其多方面的技术优势，将成为未来电动汽车电池的发展方向，也是比亚迪、华芳纺织等相关上市公司投入巨资发展的领域，但即使是行业代表的比亚迪也没有攻克大功率磷酸亚铁锂电池的大批量生产难题，该行业仍处于群雄逐鹿阶段，其他后进入的投资者只要有自己的特点和相关优势，仍有机会从中获得盈利。

（3）太阳能领域一直以来存在多种技术路径并存的格局，各技术路径都在迅速提升水平、降低成本。目前总的行业形势是，晶体硅电池已较为成熟，在未来 3 年仍是市场的主流品种，以非晶硅为代表的薄膜电池市场份额也在持续提升，对此投资者可以予以特别关注。

发现高成长股，并抓住它

所谓高成长股，是指迅速发展的公司所发行的具有高回报、高成长性的股票，股票的高成长性主要表现为：公司业绩呈高速增长趋势；公司具备较强的股本扩张能力。上市公司的成长性越好，其股价上涨的可能性也就越大。那么如何准确地找出适合投资的高成长股呢？投资者可以本着以下思路进行。

（1）选择成长型的企业。也就是说要选择朝阳行业，避免夕阳行业。目前，生物工程、电子仪器、网络信息、电脑软硬件以及与提高生活水准相关的工业均属于朝阳行业。

（2）选择总股本较小的公司。公司的股本越小，其成长的期望也就越大。因为股本达到一定规模的公司，要维持一个迅速扩张的速度是很困难的。对于那些总股本只有几千万的公司而言，股本扩张相对容易得多。

（3）选择过去一两年成长性好的股票。高成长的公司，其赢利的增长速度会大大高于其他公司，一般是其他公司的 1.5 倍以上。

投资高成长股赚取大钱，除了选好股外，还要注意时机的把握，成长股的价格与公司的经营状况存在着密切的联系，所以当经济形势发生变化时，其波动幅度往往会更大。在熊市阶段，成长股的跌幅会更大；而在牛市阶段，其涨幅会大于其他股票甚至成为股市的领头羊。投资者在操作中应注意在牛市的初级阶段买进高成长股，而当股市狂热蔓延时，应卖出持有的股票。由于高成长股的波动幅度大，所以对高成长股的投资比较适合激进型的投资者。

除了绩优股和高成长股外，一些三线股经过市场主力的恶意炒作后，也可能成为高价股。这时，投资者应对这些公司的财务状况及市场情况进行认真的分析，切忌盲目追高，成为无谓的牺牲者。

从创历史新高的品种中找到黑马

笔者通过对中国股市近 5 年来的个股走势进行统计，得出如下结论：如果某只股票在某天创了新高或近期新高，那么在未来 60 天的时间里再创新高的可能性达 70% 以上；与之相反，如果某只股票在某天里创了新低或近期新低，那么它在未来 60 天的时间里再创新低的可能性也高达 60% 以上。

总结以往一大批个股可以发现，有相当数量的个股在创出历史新高后还有相当惊人的涨幅。如 2007 年上半年的有色金属个股行情中，中金黄金在年初创出历史最高价位之后，经过一段时间的调整，后市又有相当大的涨幅。

由此可以看出，那些刚刚创出历史新高的个股存在着巨大的投资参与机会，相当部分个股从中长期的角度来看，具有极大的赢利机会。再如新安股份在创出历史新高之后，就呈现出震荡上扬的走势，最后拉升走高，从历史最高位置计算，其最大的涨幅又超过了 400%。此外，驰宏锌锗、锡业股份、中信证券、泛海建设等均如此。特别是大牛市当中，几乎所有个股题材和内在因素都会被市场充分挖掘，因此，在一轮持续的牛市当中，这种选择个股的方法具有较高的成功概率。

当然，必须注意的是，进行此类操作的前提是要求整个市场处于一个不断向上震荡的格局当中，同时那些创出新高的个股必须有基本面的支撑，在参与的时间上也应持有相当长的一个时期。此外，对于不同运行类型的个股要采取不同的操作，如果是那种从底部急速拉升的个股，它们在创出新高或者在历史最高附近会进行调整，这时应是短线出局的时候；但如果是稳步推高的走势，这些个股将会急速拉升，其后市回调的最低价格也将高于历史最高价，并且从创出新高之后会有一个进入调整的时期，这个时期一般都有半年的时间，期间会形成一个箱体横盘震荡的形态，此时可以逢低参与。

投资小盘股更容易大赚

在中国股市，小盘股具有独特的优势，每年都有好几次波段行情；几乎所有创下高价的股票，都是中小盘股，尤以小盘股居多。因此，无论是中长线投资还是短线投资，小盘股始终是首选目标。

小盘股能够在市场上有出众的表现并非偶然。在国外股市，这种小盘股市场价差收益高于大盘股的现象被称为"小公司效应"，这已成为股市的一种普遍现象。那么，小盘股具有哪些优势呢？

（1）股本扩张弹性好，获利能力强小盘股公司一般都有股本扩张的内在要求，有的公司即使业绩不佳，但获得优质资产注入的可能性极大，变数也较大，一旦资产重组成功，能在短期内迅速提升公司业绩。如果公司原来就是行业的佼佼者，进行资本扩张后，便可迅速扩大生产规模，取得规模效益，增强获利能力，从而给投资者以更高回报。

（2）小盘股适合庄家控盘。小盘股历来是庄家炒作的首选目标，根本的一点，就是流通股本小，易于达到控盘的目的。而控盘是庄家进行股价拉升的必要条件，不能实现控盘，就无法拉升股价。我们只要稍加留意就可以发现，凡是庄家暴炒，创下高价的股票无一不是 5000 万以下的小盘股，比如亿安科技、华工科技、中科创业等。这类股票由于盘子小，庄家进行炒作时，已达到完全控盘，所以可以随心所欲地拉高股价。

怎样在众多的小盘股中，选出未来市场看好的股票呢？具体来说，选股时应考虑以下几点。

（1）选择价位低的股票。一般而言，价位在 10 元以下的股票，大多投资者都有"价格低廉"的心理感受，但同时又担心基本面情况不佳或股性不活，感到难以选择；其实小盘低价正是庄家所考虑的首要条件，只要大势走牛，板块轮涨，这类股票最易急剧攀升。因此，投资者在选股时可以予以重点考虑。如果基本面情况较好的个股，价位可提高到 15 元左右。

（2）选择具有潜在题材概念的股票。题材与概念历来是股票炒作的导火索，也是形成市场热点的一个重要因素，善于发现和捕捉潜在的题材，是选股成功的一大要素，投资者应根据宏观经济背景结合个股的基本面进行综合研判，找寻和挖掘紧随市场热点的题材个股，以提高选股成功的概率。

（3）选择小盘股时不仅要注意个股的股本数量，还要注意该板块整体股本数量的大小。相对而言，板块股本数量小的小盘股，更容易受到投机资金的青睐。

（4）参与小盘股行情时，不要关注指数，重点是关注个股。因为小盘股行情与蓝筹大盘股行情不同。小盘股的涨跌对股指影响不大，在小盘股盛行的市场行情中，指数升幅不大，似乎表现得波澜不兴，可投资者不能忽视其中蕴含的丰富的短线机会。

（5）参与小盘股行情时，应快进快出。小盘股相对容易被控盘，主力资金介入小盘股比较容易，但退出时则较困难，所以，大多数情况下主力资金不愿介入过深，炒作时间也不长，投资者在参与小盘股时应快进快出。

（6）关注小盘股的业绩和送配情况。随着行情的进一步发展，小盘股行情将会出现分化，依赖概念及想象空间炒作的小盘股将会很快沉寂下去，而业绩优良并且有良好配送方案的小盘股，将具有更好的涨升潜力。

抢先买进下一段时间要流行的"概念股"

中国股市自诞生以来，个股的强势行情都需要题材和概念的催化，认识概念对把握牛股投资机会非常重要。

中国股市，题材与概念可谓五花八门，异彩纷呈，花样翻新。什么"配送题材""并购题材""重组题材""资产置换题材""民族概念""高科技概念""西部概念""新经济概念""名校概念""网络概念""纳米概念""奥运概念"，等等，不一而足。

对于概念的认识要从概念的来源来把握，不同来源形成的概念，市场作用是不同的。

股市中的概念大致可以分为四种。

1. 问题引发概念

有的概念产生来源于市场中存在的问题，这些问题也许人人都知道，但关键在于市场想出新的办法去解决问题，由此而产生新的概念。例如以前的"认股权证""增发新股"等概念。

以资产重组概念为例，中国的证券市场发展很快，短短 15 年的时间，上市 A 股已有 1400 余家，但部分上市公司业绩不断滑坡却也是不争的事实，资产经营、资本运作急需迅速展开。于是，亏损股、微利股纷纷通过资本运营寻求出路，从而形成各种概念。

2. 重大事件引发概念

有的概念往往与重大经济政治事件有关，对于这种概念的投资要紧紧把握住事件的发展进程，注意操作上的进出时机。例如：航天电器（002025）公司主营产品为电子继电器，广泛用于导弹、航空航天和舰船等武器系统的速度、温度和时间控制，公司具有完全自主知识产权，并且在盘面上实力资金运作迹象明显，股价也从 13 元多上涨到 34 元以上，如果按复权价计算，股价涨到 41.98 元。

该股具有航天和军工概念。公司产品目前大多达到美国军用标准要求，产品定位一直专注于高中端市场，其中 80% 以上销往航天、航空、电子、舰船等领域的高端客户，高端产品的行业排名一直稳居国内榜首，市场占有率达 20%，并一直保持较好的赢利水平，近三年高端产品销售毛利率保持在 65% 以上。

2005 年中国"神六"飞天，该股的航天概念促使其股价与"神六"一起腾飞。

3. 政策引发概念

政策与制度的动向对概念的形成具有重要影响作用，对于这类概念的投资要注意紧跟政策的方向，调整自己的投资结构。

例如：2004 年消费升级类股票开始吸引基金为主的机构投资者们的视线，贵州茅台作为消费升级概念的典型代表，自然得到万般宠爱。

2004 年的上半年股市整体行情走势较强，而下半年大盘走势较弱，而贵州茅台则能够保持震荡盘升的逆市涨升行情，2004 年初向上突破了中期压力线，在 90 周均线上方整固一个月后再次持续上行，4 月初创新高后步入中期整理，7 月除权后则再现强势上攻态势。

随着中国加入 WTO 以及进一步的对外开放，外资并购板块成为 2002 年贯穿市场的主线之一，也成为年内主要的赢利机会所在。在这种背景下，长安汽车（000625）年度涨幅 59.8%，换手率 420.3%，振幅 100.08%，12 月 31 日收盘价 8.10 元。

4. 突发消息引发的概念

突发消息有多种情况，有上市公司的个股利好，也有类似禽流感疫情等消息的刺激。对于这类概念一般只能中短线操作，因为相关股票的涨势在很大程度上取决于消息的变化。有时因为消息的作用会使得股价虽然能瞬间冲高，但往往是昙花一现。

例如：上海医药在 2005 年年末因为禽流感疫情而出现一波强势行情，但持续时间并不长，随即出现回落走势。

各种各样的概念虽然离不开想象和渲染、夸张，但真正有生命力的概念，经得起市场考验的概念题材是国家政策、市场观念的反映。概念要有号召力，概念本身的想象力和一定的时间跨度是必不可少的，只有这样的概念才具有举足轻重的号召力。

对于概念的投资可分为两个阶段：

第一阶段是预热阶段。

在行情引发的初期，市场中所有与概念相联系的股票都可能出现联动。由于概念的朦胧性，市场投机气氛浓厚，当随着时间的推延，没有实质性内涵的概念会导致个股股价回落，散户投资者往往在短促的行情中被套。

第二阶段为投资阶段。

市场在淘汰了一批跟风的概念股之后，那些经过精心策划的概念股则会脱颖而出。在价值回归的驱动下，人们更加关注引发质变的概念。投资者应根据概念产生的时间和内容判断概念的真实性和行情大小。

新颖的概念是催化剂，能改变某些股票甚至大盘的运行轨迹。挖掘新概念、把握出击时机已经成为市场主力资金介入个股之前的重要准备工作。投资者也应该学会辨明概念的实质效应进行选股操作。

跟着热点走，抓住个股轮涨的机会

市场中获利机会最多的地方是哪里？是热点。热点地区、热点板块、热点股票……追逐利润的资本永远都在寻找市场中的热点。热点，是刺激股市的兴奋剂，在一段时间里，股市上总会出现不同的市场热点。有了热点，市场才会长盛不衰。然而，大多数股民通常看到的"热点"只是现象，透过现象，究其本质，"热点"就是近期资金大量涌入的那部分股票。

投资股市不需要每时每刻地操作买卖，关键是要冷静观察，力争及早发现热点所在，特别是发现主流热点和热点中的龙头，因为只有抓住主流热点中的强势股，才能达到获利稳健、迅速和最大化的效果。在发掘市场主流热点的时候，可以根据以下一些因素进行研判：

一是价格。主要观察 K 线形态、走势、涨幅、涨速等因素。一般来说，走势稳健、涨幅领先于大盘的个股，最容易成为主流热点；还可以通过公布的统计数字分析，如在涨幅排名、量比排名中连续出现，也可能成为热点。

二是成交量。注意观察个股是否出现放量现象，如果热点股的成交量在日K线图中显示比低点成倍放大，并保持相对均衡状态，则成为市场热点的可能性将明显增大。

三是市场影响力。影响力越大的热点，资金凝聚力也往往越大，行情的爆发力也越强。

四是板块效应。所谓"孤掌难鸣"，同一板块的个股表现会产生相互影响，板块间的呼应作用不可轻视。

五是资金流向与资金性质。不同资金性质制造的热点会形成不同市场效果，如跟游资运作的热点时要短线操作，而跟基金运作的热点时则应以中线操作为主。

六是关注媒体相关报道。如突出报道某行业或领域新发生的变化。对于新政策的指导意义也需要重点研究。要注意的是，这些信息必须是最新的。

热点按其持续时间的长短及对行情发展的影响程度，可以分为主流热点、阶段热点、短线热点和盘中热点。每种热点由于具有各自不同的特征，因而需要采用不同的投资技巧。

1. 主流热点

主流热点是指贯穿整轮行情始终的市场热点，如近来的券商概念、股价值重估股等。主流热点行情是牛市中绝对不容许错失的机会。对主流热点的投资技巧是：逢回调坚决介入，逢突破坚决追涨，在热点转弱前坚决持股，股价没有大幅拉高前坚决捂股，誓与市场整体强势行情共进退。

2. 阶段热点

阶段热点是指伴随着一轮波段行情的兴起而兴起，伴随着波段行情衰落而消失，具有很强的阶段性特征的热点，是非常适合于绝大多数投资者中线参与的品种。参与阶段性热点的最佳时机是在个股行情启动初期时介入，由于阶段性热点持续时间不长，当热点涨高后不宜盲目追高。

3. 短线热点

短线热点是指持续时间仅有几天，庄家的建仓、拉高、派发等出货手法交织在一起的快速短线炒作所产生的热点行情。这类快速热点适合短线高手参与。短线热点的投资技巧最重要的是突出"快"字，以快进快出的操作手法，加快资金运转，提高资金利用效率，实现短线迅速套利。

4. 盘中热点

盘中热点是指个股由于受意外消息影响，或持股庄家的短线出击，使股价在盘中一度能迅速拔高上涨，但持续时间极短，往往在盘中即开始回落。盘中热点大多密集出现在一轮涨升行情的末期，此时，主流热点已经开始沉寂，一些非主流热点个股不断地在盘中快速进行热点转化，有时在一天时间内能转换 2—3 个热点板块。这类昙花一现的盘中热点在"T+1"的交易制度下，不适合任何形式的投资买入，但是，却非常适合已经持有该股的投资者做空。投资者可以充分利用股价在盘中的瞬间冲高机会，及时卖出，待股价回落以后再重新买回，实施超短线"T+0"操作。

很多投资者不敢积极买进热点股票，原因在于他们不知道这种热点能持续多长时间，担心自己刚刚买进，就被热点"冷落"了。其实，热点的性质、种类、市场影响力和技术走势，都和热点的持续性有密切关系。

对于非热点的股票，如果出现了一定的涨幅之后确实不宜追涨，但对于属于市场热点的强势股来说，即使出现 20%—30% 的涨幅也可以买进，因为这种涨幅相对于主流而言，只能说明行情尚处于刚刚启动阶段。

投资者即使抓住了市场主流热点，也要注意获利了结。热点股涨幅较大，其走势一旦转弱，下跌风险也不小。因此，发现热点股失去其上涨的"势"时，就必须果断止损和止盈。投资者不用担心卖出热点股后就失去赢利机会，市场每时每分都在制造热点、都在制造机会，这就是市场特性。也就是说，热点和机会是永远存在的。

寻找进入主升浪的大牛股

一般而言，一只股票的运作大体可以分为建仓、洗盘、拉升、出货四个阶段。对于散户投资者来说，如果想既赚快钱又赚大钱，发现 10 倍股，那么只有去寻找那些进入或即将进入主升浪阶段的牛股才能实现自己的目标。

近几年来，市场上走出一轮大的主升浪的牛股大多具有如下特征。

1. 周 MACD 在零轴上方刚刚发生"黄金交叉"或即将发生"黄金交叉"

根据 MACD 的运用原理我们可以得知，MACD 在零轴上方的"黄金交叉"意味着该股前面曾出现过一轮上涨，且后来出现过调整。当 MACD 再次出现"黄金交叉"时，则表明前面的调整已经结束，而且这个调整只是回档而已，后面股价将进入新一轮涨升阶段。

如图 17-1 所示，马钢股份（600808）出现了两次上涨的走势，在股价形成了底部以后，MACD 指标便形成了金叉买点，不断地提示投资者应当入场进行做多的操作。图中可以看到，每一次指标的金叉出现以后，股价都展开了一轮持续的上涨行情。

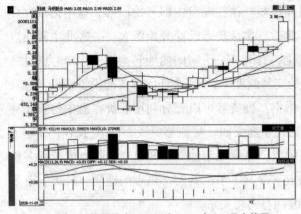

图 17-1 马钢股份（600808）2006 年 11 月走势图

在投资者顺应指标提示做多的时候，还需要对股价上涨时的强弱力度进行分析，同样出现买点，但个股上涨时的力度却会有极大的差别，买点出现并且上涨力度越来越大的个股才会给投资者带来最好的赢利机会。那么，如何利用 MACD 指标判断股价上涨的力度呢？

想要判断股价上涨的力度必须要参考 MACD 指标柱体的长短变化，在马钢股份上涨的时候，指标柱体不断地放长，这说明股价的上涨力度一次比一次大，只要指标柱体没有减短的迹象，投资者就需要在盘中积极地进行建仓。上涨时 MACD 指标柱体不断延长，对应的将会是股价大力度上涨的走势。

2. 总体涨幅不大，股价已基本摆脱下降通道的压制，步入上升通道

股价涨幅不大可能确保后市仍有上升空间，投资者不会在头部区域介入；要求股价摆脱下降趋势，进入上升通道，主要是因为近几年市场处于熊市之中，大多数股票价格处于持续下滑状态，如果一只股票能够摆脱下滑趋势并步入上升通道，则往往意味着这家公司的基本面可能已出现好转，并有资金量较大的投资者已先行一步介入，此时散户投资者择机跟风买入，风险并不大。

3. 业绩良好或发展前景较好

目前的市场机构博弈日趋激烈，有时单纯的技术分析并不足以成为投资者入市的依据，因此选择一家基本面良好的公司是很重要的。

4. 公司前十大流通股东中有一定数量的基金或其他机构投资者存在

流通股东中有一定数量的基金或机构投资者可以再度表明该公司基本面相对较好（在目前的市场状况下，机构投资者是不会轻易涉足那些基本面不佳的公司的），且以基金为代表的机构投资者在购买股票时，其投资行为往往会表现出长时间的一贯性（即看好一家公司的股票会持续购买并持有），不会像以往市场上那些所谓的"敢死队"一样快进快出，这一点可以确保散户投资者有足够的时间进行跟风投机。

5. 在市场总体表现平稳或市场总体呈上升趋势时介入

即使符合上述条件的股票，也难以摆脱整体市场对其的制约。因此，一旦你发现符合前面四个条件的好股票时，千万不要忙于介入，因为此时你还需要对市场进行判断，否则往往会陷入"教条主义"。

如何从高送转股中寻找投资良机

高送转，在中国股市中是长盛不衰的炒作题材，曾经造就了许多股价翻番的大黑马。每年的年报和中报披露期间，都会有一些上市公司推出高比例送转股方案。所以，这些推出高送转的公司也往往会受到市场资金的追捧，并出现飙升走势，这说明高送转股中蕴藏着巨大的机遇。

在股市中，很多投资者比较偏好有高比例送转的股票，期待这类股票除权后，能走出良好的填权行情。但实际情况却是这类股票中的绝大多数个股，并未在短期内出现较好的填权走势。

从沪深股市中高送转股的走势看，几乎所有高比例送转公司的股票在除权时，股价均已处在高位，一般这时股价相对于其近期低点都有 100% 左右的涨幅。所以此时除权，正好给了庄家阶段性减仓的机会。经过比较发现，送转股比例越少，其填权时间越短。而在 10 送转 5 以上的个股中，至少有 80% 以上的个股，在除权后相当长的一段时间内，难有好的表现。

如何鉴别高送转除权股票，从中选择出填权可能性较大的个股呢？

依据股市高手多年的实践总结，高送转股在走填权浪时，一般要具备以下几个条件。

（1）选择送转除权股时，最好的选择是 10 送转 3—6 之间的股票，并且是第一次送转股的股票。因为小比例送转股填权相对容易，而股价涨幅同样十分惊人。

（2）流通股本不宜过大。因为具备良好的股本扩张性，是这只股票能顺利填权的重要条件。

（3）有良好的大盘走势相配合。顺势而为可减轻拉升时的压力，而逆势拉升不但难度大，并且还十分扎眼。

（4）选择除权前涨幅不大的个股。显然在市场庄家获利不大的情况下，继续推高股价是其必然的选择。

（5）在除权半年后再关注。因为在大多数情况下，送转股除权多数在阶段性高点除权。所以对庄家而言，除权后正好给了一个休整期，所以能走出填权行情的个股，其启动时间往往是在除权后半年左右。

（6）良好的成长性是除权的必要条件。

在选择高送转股时，如何判断高送转股的最佳买卖时机呢？

（1）买入技巧。在买入技巧方面要注意：对真正有参与价值的高送转股，应待其回调后逢低介入，要注意观察短线指标是否调整到位。

有些老股票经过多次送转以后，不仅复权价往往高得惊人，而且今后缺乏继续大比例送转的能力，这样的高送转题材往往成了主力出货的良机。

而流通盘较小且首次分配的次新股有再次继续送转的潜力，容易被主力长期运作，是适宜投资的品种。所以，在高送转股中尽量选择上市之后第一次高送转的股票。

如2002年中期，沪深两市上15家推出高送转方案（10送转5以上）的上市公司中，第一次高送转增加的次新股天利高新的填权欲望大大高于经多次送的老股票海螺型题材等。

有的投资者认为股东人数的急剧减少，意味着个股中暗流已经涌动，表示大牛股即将脱颖而出，但实际结果并非如此，越是股东人数急剧减少的股票，越是暗藏风险，往往表明主力资金已经进入个股中。如果这时一旦推出高送转题材，主力资金会乘机出逃。相反，有些主力资金介入不深的股票，在公布高送转题材后，股价常常会出现急速拉升。因此，后一种股票更加适合投资买进。

为了回避风险，投资者应尽量提前挖掘有高送转潜力的个股。高送转个股的行情往往表现为送配方案公布之前就提前启动，因此，提前挖掘有高送转潜力的个股，先期埋伏在其中，有望获得更高收益。而且这时股价往往不高，投资风险很小。

（2）卖出技巧。在卖出技巧方面要注意：上市公司未公布高送转方案，股价就已经大幅飙升的，一旦公布具体的高送转股方案时，投资者要谨防"利好出尽是利空"，要坚决地逢高卖出。当上市公司公布高送转股方案时，如果个股涨幅不大、股价不高、未来还有扬升潜力，投资者可以等到除权前后时，再择机卖出。

在目前股市中，很多股票在实行高送转后，相当一般时间内都处于盘整状态。投资者在选择高送转股时，最好选择在上市公司公布年报前，及早介入这类个股，往往可以获得丰厚的利润。

如何从扭亏为赢的个股中寻找投资良机

由于扭亏为盈的公司业绩发生了根本性的变化，特别是其中一些股价极为低廉的ST股，因为扭亏为盈，其业绩直接刺激了股价的上涨，值得投资者关注。

在股市中，有不少个股因为扭亏为赢而使得股价走出了一轮上涨的大行情。

新华锦（600735），2007年8月公布了2007年中报，公司净利润为11 178万元，同比增长865.64%，每股收益达到0.7220元。去年同期公司的净利润为－1460万，

每股收益为 –0.0943 元。公司走出了扭亏为盈的局面，此后公司股价走出了一轮上涨的行情。

可以肯定的是，扭亏为盈的股票，特别是 ST 股票后市还将面临更多的表现机会。不过，投资者在选择 ST 股的时候，需要注意以下几点。

1. 不可忽视风险防范

前期有很多 ST 个股被炒作过，股价已经超出了它的合理估值范围，投资者要规避风险。回避价格偏高的 ST 股，关注低价位的个股。部分前期下跌幅度大，在底部盘整时间长，换手充分的 ST 股值得重视。一旦采取重组措施，股价将快速上涨，从而为投资者带来巨大的获利机会。

2. 结合股改选择 ST 股

我们在选择 ST 股时，一定注意选择那些实现股改相对较容易，有望以直接支付对价的形式完成股改的公司。对于以重组方式来设法改善目前存在缺陷，最终完成对价支付的公司，要了解其是否置入了优质资产，是否真正提升了 ST 公司的资产质量。对于一些股改难度颇大的公司，投资时要谨慎，例如大股东占用资金严重的企业等，要小心介入。

3. 关注 ST 股是否具有实质性重组题材

在目前重组股炒作氛围正浓的情况下，只有具备实质性重组题材，才能吸引机构资金的大举介入，并推动股价的持续性上涨。如果没有实质性的重组题材，股价的上涨将缺乏持续性，行情也将会昙花一现。

4. 关注公司的业绩

投资 ST 股时，业绩也是不可忽视的重要因素，半年板和三季板中已经实现扭动的 ST 股相对更为安全。另外，在面临清欠压力的背景下，投资者还要关注有具体还款计划的 ST 股。

扭亏为盈的股票走势常常强于那些原本业绩优良的股票。因为相对于业绩一直优良的股票而言，原本业绩较差，在经过重组或开发新品种、转换经营方向等过程后，使得上市公司的业绩有翻天覆地的变化，从而为市场提供了丰富的炒作题材和获利机会。

第 16 章
买入和卖出的最佳时机选择

震荡格局时，抛开大盘炒个股

在震荡格局中，多空双方争持不下，双方势均力敌，短期内谁也无法取得绝对优势，速决战变成持久战，不免令人焦躁不安。指望短期将空头一举全歼显然不现实，消极地等待"大牛"的到来亦会贻误战机。此时，稳中求进的策略应是暂时停止看多看空的争论，埋头挖掘丰富的个股机会，按俗话说即是"抛开大盘炒个股"。

在调整市或平衡市中，股指始终未能有效突破，保持震荡整理格局，但市场热点却此起彼伏，此时，投资者应运用"抛开大盘炒个股"的招数，把握个股的短线买点。

通常情况下，出现下列的技术形态为较好的介入机会：

1. 在突破时介入

在 K 线组合上，三角形、箱形、平台形、橛形都为整理形态，若放量突破这些整理形态的顶部时即为介入的时机，"抓突破"成为最有效、最简便的操作策略。实战中橛形形态不太容易区分，常见的、亦是最容易掌握的是平台突破、箱形突破、三角形突破。把握"突破"，基本就把握住了短线机会。有效突破的关键是必须有量的配合，突破后的第二天能够企稳则应大胆介入。

2. 在形成"均线金三角"时介入

所有的个股启动初期，5 日、10 日、20 日都会形成一个三角形，先是 5 日均线上穿 10 日均线形成金叉，接着 5 日均线再上穿 20 日均线，最后是 10 日均线长穿 20 日均线，形成一个封闭的三角形，可称之为"均线金三角"。几乎所有的个股启动初期都会有此形态，因此可称为"财富的发源地"，若走势图上出现此金三角时即可大胆介入中线守候。在日线图上寻觅"金三角"，再结合公司基本面，常能让你在沙土里觅到金砖。

3. 在强势整理时介入

大量的个股突破后出现携量调整的态势，通常为一根长阳线突破盘整区后，第二天再出现一根带上下影的小阴线，此形态为强庄洗盘或是市场充分换手的一种强势整理形态，后市继续攀升的可能性很大，此时往往是介入良机。

4. 在创新高时介入

寻找短线买点，创新高的个股宜重点关注，若某股创出历史新高（或是上次行情的高点），主力肯解放所有的套牢盘，说明其志向高远，"会当凌绝顶，一览众山小"，后市股价将一马平川。

当市场处于调整状态，指数处于震荡格局时，投资者应先把大盘的涨跌放到一边，着重把握不断涌现的个股机会。投资者可逢低介入它调整充分的个股。

恐慌性抛售下跌结束后介入，做足反弹

大盘经过跌势，以及反复震荡下挫后，很容易遇到某一天突然深度低开，顷刻深幅下沉，瞬间即有大手笔或大买单进场扫货，又伴随着成交量放大。出现如此情景，预示着恐慌性抛售下跌宣告结束，抢反弹宣战开始，是抢反弹果断买入良机。

在股市出现的强劲反弹行情中，眼明手快的投资者往往能从这种大幅反弹行情中获取快速的短线收益，但也有投资者由于没有正确把握抢反弹的要领，结果反而导致了亏损。当股市处在强劲反弹走势中，投资者如何抓住转势点，做足反弹呢？

1. 抢反弹的买入技巧

对于这类反弹行情，投资者不宜采用追涨，而要结合技术分析方法，运用BIAS 和布林线指标的组合分析，把握个股进出时机。具体方法是：当 BIAS 的三条均线全部小于 0 时，股价也已经触及 BOLL 的下轨线 LB，而且，布林线正处于不断的收敛状态中，这时如果出现 BIAS 的短期均线上穿长期均线，并且成交量逐渐放大的，投资者可以积极择机买入。

2. 抢反弹的卖出技巧

参与这类反弹行情是通过一种薄利多销的形式，来不断累积利润的操作方式。因此，不能要求一次性地追求过多的利润，而是要求在不计赢利多少的情况下，加快操作节奏，做到快进快出，适时地获利了结。

掌握了买卖技巧后，投资者也要考虑选股方向。投资者必须明确参与超跌反弹行情是一种短线炒作行为，而不是一种长线行为。选股时要重点关注个股的短线投机价值，而非投资价值。因此，尽量不要选择具有投资价值但股性迟钝的蓝筹类个股或低价的大盘指标股，要注意选择流通盘较小、股性活跃的投机类个股。同时，要注意不能选择成交量过于稀少的冷门股，以免因为买卖不方便，导致操作

失误。

具体说来，可把以下几类股票作为投资者抢反弹的主要对象。

1. 跌市前的明星股

一波多头行情通常是由数只强势股领涨的。但在跌市中，有些该类个股的操盘主力或是由于严重被套，出不了货，或是手中的筹码尚未派发干净，因此，反弹行情一经形成，该类个股即开始作秀。

2. 指标股

股市下跌时，指标股往往成为空头主力率先打压股指的工具。随着大盘指数不断下挫，空方势力渐成强弩之末。此时多头开始准备反击，拉抬指标股遂成为主力烘托人气带动大盘反弹的有效手段。故适时选择指标股建仓，可使投资者迅速取得立竿见影的效果。当然，各个指标股的反弹表现也不尽相同，那些绝对价位低、流通盘适中、业绩稳定的个股效果可能更好。

3. 严重超跌的绩优股与新股

某些绩优股虽然股性不甚活跃，然而本身却质地优良。一旦反弹局面出现，这类因股价下跌投资价值凸现的个股很快又会反弹回其合理的价值中枢区域。而一些跌市中上市的新股，由于上市时恰逢股市下跌开盘价定得不高，上方更无套牢盘，则很容易成为机构的选择对象。

4. 流通盘偏小，股性活跃的个股

流通盘偏小使主力控盘相对容易，反弹时向上拉升自然比较省力。而股性活跃的个股，盘中的庄家更不会放弃反弹良机，借势震荡，以博取差价。

5. 新强势股

有时，一轮跌市看似接近尾声之时，却突然加速下滑，这往往有主力人为打压的因素在内。某些具有潜在题材的个股往往成为其觊觎的首选目标。随着股市下跌，机构采取暗度陈仓的手法，悄悄收集筹码。大盘反转后，此类个股通常能走出极具爆发力的行情。

同时，投资者在抢反弹时要牢记下面的这些原则，它对抢反弹也大有裨益。

1. 估算风险收益比率

参与反弹之前，要估算风险收益比率，当个股反弹的风险远远大于收益时，不能轻易抢反弹，只有在预期收益远大于风险的前提下，才适合于抢反弹。

2. 趋势不明时不参与反弹

当股市下跌趋势已经形成或运行于标准的下跌趋势通道中时，投资者不宜抢反弹，此时抢反弹，无异于火中取栗、得不偿失。

3. 要设置具体的止损价位，做好止损的心理准备

反弹并非市场已经完全转强，在参与反弹时应该坚持安全第一、赢利第二的原则，一定要设置止损位，当股价到达预定价位时应立即果断卖出。

4. 不宜满仓操作

在弱市中抢反弹，要根据市场环境因素，选择适当的资金投入比例，贸然重仓或满仓参与反弹，是不合时宜的，一旦研判失误，将损失巨大。

5. 不设赢利预期

抢反弹应根据市场情况随机应变，当趋势向好时，即使获利丰厚也可以继续等待；而反弹的上升趋势受阻时，即使获利微薄或浅套也要坚决清仓出货，不能让赢利预期束缚自己。

股市中，反弹无处不在，抢对了反弹能快速获得较大的投资收益。但并非反弹都要抢，因为每次反弹的力度不同，空间不同。暴跌后的报复性反弹和阴跌后期的背离期可参与，因为跌得猛，反弹的力度才大；跌得越深，反弹得越高。阴跌的反弹空间和时间的不确定性很大，较难判断，缺乏可操作的空间。

如何从上下影线中寻找介入良机

影线分上影线、下影线两种，上影线长的个股，并不一定有多大抛压，而下影线长的个股，并不一定有多大支撑，投资者不应死搬教条，见到个股拉出长上影线，就抛股并不一定正确。遇上影线，投资者不要惊慌，怕"见顶"。

一般讲上影线长，表示阻力大，下影线长表示支撑强烈，但是由于市场内大的资金可以调控个股价位，影线经常被庄家用来进行骗线。

1. 试盘型的上影线

有些主力拉升股票时，操作谨慎，在欲创新高，或股价行进前一高点时，均要试盘，用上影线试探上方抛压，称"探路"也可。

如果认为上影线长有大的抛压而卖出，事后被证明是个错误的决策。上影线长，但成交量未放大，股价始终在一个区域内收带上影线的 K 线，是主力试盘。如果在试盘后该股放量上扬，则可安心持股，如果转入下跌，则证明庄家试出上方确有抛压，此时可跟庄抛股，一般在更低位可以接回。注意，当一只股票大涨之后拉出长上影线，最好马上退出。

2. 震仓型上影线

这种上影线经常发生在一些刚刚启动不久的个股身上，有些主力为了洗盘、震

仓，往往用上影线吓出不坚定持仓者，吓退欲跟庄者。

投资者操作要看 K 线组合，而不要太关注单日的 K 线。需要指出的是，大资金机构可以调控个股的涨跌，但在市值不断增大的市场内，没有什么可以调控大盘的机构，所以讲大盘在阶段性高位或低位出现了长上影线或下影线指导意义较强。此外，在强势市场中，有些机构资金实力不是很强，它们往往在其炒作的股票中制造一个或几个单日的长下影线，方法为某只股票在盘中突然出现一笔莫名其妙的、价位极低、手数较大的成交，而后恢复平静，长下影线由此产生，这是其中主力在向广大投资者发出"支撑力强"的信号。一般这种股票由于庄家实力不是很强，表现不会太突出，注意真正有大主力的个股不会在底部显山露水，让人察觉出"支撑力强"。

在运用上影线寻找股票时，只要仔细从中寻找规律，就可以从长长的上下影线中捕捉战机。

1. 遇高位下影线宜快进快出

一些庄股在经过一段时间的持续拉升后，使市场失去了追涨的激情，庄家靠拉高出货行不通了，只好打低出货。由于庄家持有的筹码比例相当大，几个交易日也难出完货，因此会出现反复拉高打低。这种股票只能短线参与。

参与高位下影线个股炒作，必须选择主力控盘比例相当大的庄股，对于大盘股、绩优股、科技股等，如果出现下跌往往是持续下跌的信号，没有人护盘，就不可能收出长长的下影线，只有控盘的庄股才会在低位出货后再次拉高出货，这个反复的过程就是中小投资者短线的机会。

2. 遇低位下影线宜果断跟进

股价长时间在低位运行，突然出现巨量打低，特别是瞬间下跌，一般很快会收复失地，投资者可快速吃进盘面的卖单，甚至还可以追高。这种低位出现的长长下影线是庄家人为的，一是为了吸引市场关注；二是为了让一些"关系户"在低位吃货，相当于送礼；三是操盘人员把公家的筹码压低给自己。

如果总升幅在几倍以后回调，虽然从日 K 线图上看是低位，但周 K 线、月 K 线却在半空中，这种急跌的股票谨防庄家出货。

需要注意的是较长的上影线，尤其是伴随着大成交量的上影线，往往表明上档压力沉重，短线需要回调。因此一般投资者遇上影线选择回避。

但有一种上影线，K 线表现与普通上影线无异，股价冲高后快速回落，量增价滞，甚至表现为高开低走的巨量阴线，给人的感觉是股价马上就要大幅回调，但次日股价反而高开高走，从此开展一段凌厉的升势。原来上影线只是主力用来拉高回落、强势震仓的工具。

股价越过前一头部后，一般需要回调，以震出一部分套牢筹码，利于进一步上扬。少数凶悍的主力不屑于通过下跌的方式洗盘，而是拉高回落震仓。由于即时图形表现为抛压沉重，反弹无力，下档承接力不强，因此多数人会望风而逃。

当然，在上影线中，属于强势震仓的毕竟是少数。有的意在减仓，有的 K 线形态尚未走好，需要蓄势修复。根据经验，股价冲高回落的次日走势大致有：

（1）低开低走，随后大幅下跌，此时持股者应当在破止损位时卖出。

（2）高开或者平开后强势整理，走势需要进一步观察。

（3）高开高走，强势上扬。这一种形态，正是短线高手孜孜以求的经典攻击图形，前日的大幅震仓，为今日的大幅上涨提供了安全保障。当然在选择时，必须是即时图形标准突破，否则再次冲高回落的可能性也大。

对影线的判断，投资者一定要谨慎、辩证地看，庄家用影线做文章的个股不是个别的。投资者如果仔细从长长的上下影线中找到规律，就可以从中捕捉战机，获取投资回报。

淡季不淡：淡季也是入市的好时机

成交量的增减与股市行情的枯荣有着相当密切的关系。大凡交易热闹的时期，多属于股市行情的高峰阶段；而交易清淡的时期，则多为股价走势的低潮阶段——当然，这是一种大趋势，也会在例外。

在股票投资领域，有一句话非常流行，即淡季时期不宜动。意思是说，在股市的淡季，投资者不适宜轻举妄动。其实，万事万物都没有绝对，有时候，在淡季介入，也会有收获，关键是掌握好淡季入市的时机和技巧。

资深投资者老王最喜欢追求投资上的与众不同，他有一个喜好，就是喜欢在淡季入市。2010 年 4 月，当股市处于淡季时，老王看准了时机，购买了一批水泥股，从中大赚一笔。

2010 年第一季度为甘肃等地的水泥需求淡季，但重点工程对水泥的需求仍然比较旺盛，表现出"淡季不淡"的态势。前 3 个月兰州地区 PO42.5 水泥均价为 430 元 / 吨，较 2009 年同期 410 元 / 吨上升约 5%，仅较 2009 年需求旺季回落约 30 元，价格依旧维持高位，随着 6—10 月需求旺季的来临，甘肃省水泥价格有所回升。

对于短期投资者来讲，只有在交易热络时介入，才有希望获得短期的差价收益。如果着眼于长期投资，则不宜在交易热闹时期介入。因为在交易热闹的时期，多为股价火爆的高峰阶段，这时介入购股，成本可能偏高，即使所购的股票为业绩优良的绩优股，能够获得不错的股利收益，但由于购股的成本较高，相对的投资报酬率也就下降了。

如果长期投资者在交易清淡寥落时介入购股，也许在短期内不能获得差价收益，但从长期来看，由于投资的成本较低，与将来得到的股票收益相比，相对的投资报酬率也就高得多。因此，交易清淡时期，对于短线投资者来说应该静观其变，不能轻举妄动，而对于长线投资者来说，则是入市的大好时机。

主张长线投资者在交易清淡时进场购股，并不是说在交易开始清淡的时候，就可以立即买进。一般来讲，淡季的末期才是最佳的买进时机。问题的难度在于没有人能够确切地知道到底什么时候是淡季的末期。也许投资者认为已经到了淡季末期而入市，行情却继续疲软了相当一段时期；也许认为应该再等一两个月再进场，行情却突然上升而错过好的时机。

所以建议投资者，尤其是中大户投资者，在淡季入市时，应采取逐次向下买进的做法，即先买进一半或1/3，之后不管行情是上升还是下跌，都予以加码买进，这样，既能使投资者在淡季进场，不错失入市良机，又可收到摊平成本的效果。

好公司出问题时也是购买的好时机

购买股票的好时机往往出现在具有持续竞争优势的企业出现暂时性的重大问题时，这时购买具有足够的安全边际。因为尽管这些问题非常严重，但属于暂时性质，对公司长期的竞争优势和赢利能力没有根本性的影响。如果市场在企业出现问题后，发生恐慌，大量抛售股票导致股价大幅下跌，使公司股票被严重低估，这时将为价值投资者带来足够的安全边际和巨大的赢利机会。随着企业解决问题后恢复正常经营，市场重新认识到其长期赢利能力丝毫无损，股价将大幅回升。企业稳定的持续竞争优势和长期赢利能力是保障投资本金的安全性和赢利性的根本原因所在。

虽然一个人不能预测股市波动，但所有对股票市场历史略有所知的人都知道，一般而言，在某些特殊的时候，却能够很明显地看出股票价格是过高还是过低了。其诀窍在于，在股市过度狂热时，只有极少的股票价格低于其内在价值的股票可以购买。在股市过度低迷时，可以购买的股票价格低于其内在价值的股票如此之多，以至于投资者因为财力有限而不能充分利用这一良机。市场狂跌是以较大安全边际低价买入股票的最好时机。

作为长线投资者，如果已经证实某家公司具有营运良好或者消费独占的特性，甚或两者兼具，就可以预期该公司一定可以在经济不景气的状况下生存下去，一旦度过这个时期，将来的营运表现一定比过去更好。经济不景气对那些经营体质脆弱的公司是最大的考验，但经营良好的公司，在这场淘汰赛中，一旦情势有所改观，将会展现强者恒强的态势，并扩大原有的市场占有率。

对我们来说，最好的投资机会来自一家优秀的公司遇到暂时的困难时，当他们需要进行手术治疗时，我们就买入，这是投资者进行长期投资的大好时机。

如何把握住股市暴跌中的买入机会

其实，股市偶尔出现的暴跌对投资者来说也并非全是坏事，可能为投资者提供一次大浪淘沙的机会：对于股价虚高的股票，可将其光环洗掉，使其原形重现；而对于真正有价值、有题材、有潜力的股票反而是一次"淘尽浮沙始见金"的重大且重要的洗礼。

投资实践中，很多投资者会对利空反应过度，在利空因素出现时，加入抛售的行列，使得大市或个股下跌过度。因此，在市场出现较大幅度的下跌时，不管是个股还是大盘，都被一些投资大师视为入市良机。

可能发现特别便宜的股票的特殊时期，是在股市崩盘、大跌、激烈振荡、像自由落体一样直线下跌的时候……此时如果你能鼓足勇气保持理智，你将会抓住你做梦都想不到竟然会出现的投资良机。在大盘暴跌的行情中，绝大多数人未能逃过被套的厄运，但也有人恰在此时"靠暴跌"险中取胜，发了一笔"灾难财"。巴菲特说："对伯克希尔公司来说，市场下跌反而是重大利好消息。""市场贪婪的时候应当恐惧，市场恐惧的时候应当贪婪。""当一些大企业暂时出现危机或股市下跌，出现有利可图的交易价格时，应毫不犹豫买进它们的股票。"所以，在股价暴跌的时候，不要只顾着抛光，也要适当地买进一些暴跌的股票。

从某种角度看，股价短期行情是取决于市场上投资者的信心的，长期行情则取决于企业的业绩。所以，在股市大跌时，投资者应避免市场恐慌情绪的干扰，认真分析公司基本面，只要公司基本面仍看好，就可以趁机低价买进，获取超额收益是可以预期的。

大盘暴跌后，选在大盘恶劣时期才出利空的股票。也就是说，在底部因有利空而再度出现恐慌盘，致使股价硬行破位，若有一跳空二跳空后三跳空低开的缺口出现更佳。这样的股票往往可能是上市公司与主力操盘手勾结向市场放烟幕弹，这种时候的利空，多半是掩护庄家在低位骗取中小散户手中的筹码。出现这种现象，说明有大资金想在低位建仓，换手率越大庄家吸筹越充分。这样的个股票不妨适当买一点。

当大盘恶劣、个股低位利空充分换手这两个条件形成后，此时就可考虑选择 1.5 亿以下的流通盘的股票，但价格不能超过 6.5 元；如果选择 2 亿以上的盘子，那么价格就不能超过 4.5 元钱。

另外，投资者同样也可以借大盘杀跌时的混乱局面逢低分批买进部分高成长小盘股，作为中长线持有的组合。那么，适合在暴跌后买进的小盘股应该符合以下的条件。

（1）上市后股本未扩张或未大幅度扩张。

（2）每股收益（年）在 0.5 元以上，再加上每股公积金、每股未分利润、每股净资产，这四项越高越好。

（3）每股现金流量为正。

（4）具有发展前景或产品具有行业龙头的地位。

（5）总股本即流通盘越小越好。

（6）走势越独立越有魅力。

年底也可能是投资者进场的好时机

除了股市中的暴跌给投资者提供良好的入场机会外，在年底也是投资者进场的最佳时机。在年底时会有这样好的时机是因为年底是过节时期，因此各家各户都不会将大量资金储入银行或购买股票。

另外，每个人都担心年终市场会出现意想不到的事情，所以对公司未来往往信心不足，这都会使股票下跌，而此时买股票是最划算的。

具体来说，在年底这段时间里，投资者应该怎样把握市场机会，选择恰当的投资选股策略呢？

从个股机会分析，每年的岁末年初时期都会诞生一批跨年度黑马，这种情况即使在前几年的弱市行情中也相当普遍。因此，在操作中，投资者重要的不是鉴别大盘的强弱，而是要选择能够走强的个股。根据往年的市场规律分析，岁末年初这段时间中，极有可能出现跨年度黑马的股票，大致有三类，其中值得重点关注的是重组类的 ST 股和年报业绩预增股。

每逢年底，股市中最为热闹的当属围绕减亏、扭亏、摘帽、保牌而展开的重组概念股的炒作，因为一些 ST 上市公司连续出现亏损，面临退市。各方因为这一紧迫因素而降低了要价，从而使得年底之前上市公司重组速度明显加快，并因此给投资者带来一定的短线投资机会。与此同时，一些业绩预增股也会因为良好的基本面而受到欢迎，股价也出现强势上涨，年报预增行情也将由此展开。这两类个股在岁末年初阶段适宜重点关注。

除此之外，还要从盘面走势特征分析，关注异动股。

研判市场尤其是分析个股的机会，从技术到基本面乃至软件、模型等工具，时下有多种方式，但投资者在实际操作过程中往往有"只缘身在此山中"的感觉。其实，就实战而言，我们可以把握住一些重点个股波动中的异常轨迹，去伪存真，持续跟踪，选择好操作点，往往会有不错的收获。

在2007年年末和2008年的行情发展中，把握个股的中线趋势很重要，但要找到真正的操作点去发挥自身的优势进行适度超前的参与，更是投资者所需要的。其要点在于：成交量在阶段均量附近；个股必须基本面不错且有投资基金、创新券商理财账户介入；股价处于相对适中位置；市场整体处于强势上涨阶段中。

由于处于岁末年初，恰恰是市场相对有活力的阶段，在价值的引导下，"对号入座"的个股会逐渐多起来。分析这类个股异动的原因，将有助于投资者更好地把握住投资机会。

中线投资者不妨考虑在循环低点买入

每只股票都有不同的循环涨跌，涨久了都会跌，跌深了就会涨。某只股票跌至一定价位就有一股力量促使其止跌回升，这个价位，就称之为循环低点。在循环低点买入股票一般来说风险很低，是中线投资者可用的一个绝招。

在循环低点买入股票，中线持股获利的机会很大。那么，我们如何找到循环低点呢？一般说来，循环低点可分为以下几种情况。

1. 波段性行情的低点

不少个股呈现波段性行情，每次的高低点都比较接近，投资者在个股的上次低点附近可果断介入。

2. 上次行情启动附近的位置

若某个庄股在本轮调整浪中直线下挫至启动前的位置，回调幅度为100%，此时逢低买入，庄家自救行动汇集成一股强大的多头力量，股价止跌回升的概率极大。

3. 历史低点附近

若某只个股创下历史新低，此时有增量资金介入，股价明显受到支撑，说明风险已充分释放，投资者可趁机捡便宜货。

用循环低点来炒股，只要跌至低价区便大胆介入，但亦有一定的适用范围：

一是该股基本面没有出现恶化。若业绩大幅下滑、官司缠身、被特别处理，等等，股价有可能一再创出新低，亦即意外的因素打破了该股的运行轨迹，此时不能套用"老"的低点作出买卖决定。

二是循环低点不是一个绝对的"点"，而是一个区域。只要股价跌至该区域内即可放心购买，投资者不要企求买到极限价，只要在低价区域内买到，即可持股待涨。

三是有时出现跌穿低点、股价创出新低的现象。此种情况出现通常是由于受大盘影响，股价短线出现超跌，价格严重偏离其价值。此种情况通常不会持续很久，被套是暂时的，此时要沉得住气，甚至可不断低吸补仓。

用循环低点来进行股票投资，是上班一族炒股的重要绝招，因为他们往往没有时间天天盯着大盘。只要选准在低点介入，从长期来看，还是可以获得相当大的投资收益的。

把握 15 个最佳买入点

由于在股市中，投资者相互冲突的理论、风险的恐吓性应用、投资收益的机会、认识多头市场和空头市场、识别行情中的技术骗线、识别市场中言论的真伪、识别主导市场走向的主力机构的"诡计"、投资者自身的投资理念及与投资行为相匹配的知识与技巧，加上人心中存有的自身很难控制的贪欲……凡此种种融合在一起，便构成决定买入的困难。

那么，什么时候才是买进的最佳时机呢？我们可从以下方面进行分析判断。

（1）股价已连续下跌 3 日以上，跌幅已逐渐缩小，且成交也缩到底，若成交量突然变大且价涨时，表示有大户进场吃货，宜速买进。

（2）股价由跌势转为涨势初期，成交量逐渐放大，形成价涨量增，表明后市看好，宜速买进。

（3）市盈率降至 20 以下时（以年利率 5% 为准）表示股票的投资报酬率与存入银行的报酬率相同，可买进。

（4）个股以跌停开盘、涨停收盘时，表示主力拉抬力度极强，行情将大反转，应速买进。

（5）6 日 RSI 在 20 以下，且 6 日 RSI 大于 12 日 RSI，K 线图出现十字星，表示反转行情已确定，可速买进。

（6）6日乖离率已降至 –3—–5，且 30 日乖离率已降至 –10—–15 时，代表短线可买进。

（7）移动平均线下降之后，先呈走平势后开始上升，此时股价向上攀升，突破移动平均线便是买进时机。

（8）短期移动平均线（3日）向上移动，长期移动平均线（6日）向下转动，二者形成黄金交叉时为买进时机。

（9）股价在底部盘整一段时间，连续两天出现大长红或 3 天小红或十字线或下影线时代表止跌回升，可买进。

（10）股价在低档 K 图出现向上 N 字形的股价走势及 W 字形的股价走势便是买进时机。

（11）股价由高档大幅下跌一般分三波段下跌，止跌回升时便是买进时机。

（12）股价在箱形盘整一段时日，有突发利多向上涨，突破盘局时便是买点。

（13）收盘价比 5 日均价低 4%，确保信号发生在跌势。

（14）开盘价低于昨日最低价 1%。

（15）收盘价反弹至昨日最低价以上。

买价也是考虑的重要因素

买价决定投资风险性的大小，决定投资报酬率的高低。投资者应该时时把这个关键牢记于心。

在投资实践中，如果投资者想购买一家公司，投资者可能需要知道该公司一年可赚多少钱、买价是多少，有这两个数据，投资者就可算出投资报酬率，即用该公司每年所赚的钱除以买价。因此不管是百分之百买下一个公司，或只投资一只股票，投资者都应该用所赚的钱除以买价，因为买价决定报酬率的高低。

由于投资者付出的买价决定投资报酬率的高低，为了决定投资者的投资报酬率，投资者必须先能够合理地推算公司的未来盈余。所以，不管投资者打算持有所投资的股票多长期间，有一点非常明确：扎实而且可预测的盈余是重要的考虑要素。如果投资者购买一只股价 25 元的股票，它最近一年的每股盈余是每股 5 元（等于20%的投资报酬率），而如果下一年度公司不配发任何盈余，那么投资者的年报酬率为零。

之所以强调买价要低于价值，其根本原因是影响股票市场价格和公司经营的因素非常复杂，相对来说人的预测能力是非常有限的，很容易出现预测失误。

（1）股价波动是难以准确预测的，尽管股价长期来说具有向价值回归的趋势，但如何回归、何时回归是不确定的。

（2）公司价值是难以准确预测的，同时受到公司内部因素、行业因素、宏观因素的影响，而且这些因素本身是变化和不确定的，对公司价值的影响更是不确定的。

买价越低于价值对投资者自身能力的有限性、股票市场波动巨大的不确定性、公司发展的不确定性，越是一种预防和保险。

即使我们对公司价值的评估有一定的误差、市场价格在较长的时期内仍低于价值、公司发展受到暂时的挫折，也不会妨碍我们投资资本的安全性以及保证我们取得最低程度的满意报酬率。

作为一般投资者，在股市上要寻找到以显著折扣交易的股票并不是一件很容易的事。大多数质地优良的公司股票股价高飞，让人很难找到以折扣价买入的机会，但机会总是有的。产业萧条、短期的突发事件、企业结构改变与战争等常常导致某些股票产生恐慌情绪，股价大幅下挫，出现优质公司股票以折扣交易，这在一般人看来，是应该割肉出局的时候，对明智的投资者而言则恰恰相反，他总是在这种时候入市抢购那些低价的优秀公司的股票。

在产业萧条时买进绩优的公司股票，是较好的选择，因为每当这种时候，产业的经营全面遭受重挫，收益也大幅下降，其影响程度则依各个公司情况而异。不景气可能导致严重亏损，也可能只微幅降低每股盈余，复原期一般需要1—4年不等，虽然时间很长，却是理想的进场时机。产业萧条则可能使公司破产，股票市场上股票价格严重偏离其内在价值。这时候，理智而聪明的投资者就会抓住机会，乘机挑选那些股价低廉而质地优良的公司股票，大量买进，较长时间地持有，以等待产业萧条期过去，公司恢复生气和活力，股票价格上扬，大获其利。

波段性低点建仓、高点卖出

在目前牛市的震荡上扬过程中，在波段性低点建仓，在波段性高点卖出的波段式操作已成为近期流行的卖出法则。

波段性操作有别于以前的坐庄控盘操作。首先，在选择投资品种上，波段操作主要挑选流动性好的大盘股参与，机构选择这类品种，并不谋求控盘，这明显有别于坐庄模式下普遍以小盘股为主的选股思路。其次，波段操作中，同一个股参与的机构往往不止一个，每一机构更像一个大散户。最后，在上升空间上，波段操作主要参与个股的上升波段，回避个股的下跌波段，一般不像以往动辄将股价拉高四五倍的坐庄手法，毕竟，参与的机构不止一家，一旦股价严重偏离其内在价值，你不出货别人出，跑得慢的只能是给别人"埋单"。

在波段性操作中，最重要的是正确判断个股的波段性低点。把握波段性低点有以下几种方法。

（1）在把握公平价值的基础上把握波段低点。公平价值是指一个股票在市场交易中能被买卖双方普遍接受并认可的价格，这一价格对所有人都是公平的。它既不由单一时间上的价格组成，也不由某一时点上某一特定的买卖群决定，而是在长时间的交易中，由市场自发形成的一个相对合理价格，这一价格对任何人都合理。以强生控股为例，这一股票在历史上既有很高价的时候，也有很低价的时候，但所有这些极限的高价和低价都是在某一特定时点，由某一特定的买卖群决定的。至于其公平价值，根据价值中枢理论，就是28倍的市盈率。我们可以28倍市盈率作为它的公平价值，再计算其相对合理的高点和相对合理的低点，进行波段性操作。在低于28倍的区域倾向于买入，这种操作无法把握每次的最低点，但能把握1996年、1999年的低位区域，介入之后都有可观回报。

（2）根据个股波动的正常空间来确定波段低点。不少个股波段区间大体可以确定。

（3）根据个股的市盈率来判断。排除一些业绩骤升骤降的个股外，业绩相对稳定的个股其市盈率的大小往往能反映出股价是处在波峰还是波谷。例如，大盘常在市盈率处在30倍左右时形成波段低点，在60倍左右时形成波峰。因此我们可以在个股市盈率在30倍时倾向于卖出。

在波段性低点买入，高点卖出，需要投资者具有很高的投资水平。这需要投资者对一只股票进行长期的观察，根据大盘形势，确认阶段性的低点，这样才能在波段操作中取胜。

抓住分红派息前后的买卖时机

一般说来，在分红派息前后，个股会出现一些独特的变化，聪明的投资者一般能抓住分红派息前后的买卖时机，来获取最大的投资利润。

股份公司经营一段时间后（一般为1年），如果营运正常，产生了利润，就要向股东分配股息和红利。

在分红派息前夕，持有股票的股东一定要密切关注与分红派息有关的四个日期。

（1）股息宣布日，即公司董事会将分红派息的消息公布于众的时间。

（2）派息日，即股息正式发放给股东的日期。

（3）股权登记日，即统计和确认参加本期股息红利分配的股东的日期。

（4）除息日，即不再享有本期股息的日期。

在这四个日期中，最重要的是股权登记日和除息日。由于每日有无数的投资者在股票市场上买进或卖出，公司的股票不断易手，这就意味着公司的股东也在不断变化之中。因此，公司董事会在决定分红派息时，必须明确公布股权登记日，派发股息就以登记日这一天的公司名册为准。凡在这一天的股东名册上记录在案的投资者，公司承认其为股东，有权享受本期派发的股息与红利。如果股票持有者在股权登记日之前没有登记过户，那么其股票出售者的姓名仍保留在股东名册上，这样公司仍承认其为股东，本期股息仍会按照规定分派给股票的出售者而不是现在的持有者。由此可见，购买了股票并不一定就能得到股息红利，只有在股权登记日以前到登记公司办理了登记过户手续，才能获取正常的股息红利收入。

至于除息日的把握，对于投资者也至关重要。由于投资在除息日当天或以后购买的股票，已无权参加本期的股息红利分配，因此，除息日当天的价格会与除息日前的股价有所变化。一般来讲，除息日当天的股市报价就是除息参考价，也即是除息日前一天的收盘价减去每股股息后的价格。例如：某种股票计划每股派发2元的股息，如除息日前的价格为每股11元，则除息日这天的参考报价应是9元（11元－2元）。掌握除日息前后股价的这种变化规律，有利于投资者在购股时填报适合的委托价，以有效降低购股成本，减少不必要的损失。

对于有中、长线投资打算的投资者来说，还可趁除息前夕的股价偏低时，买入股票过户，以享受股息收入。有时出现在除息前夕股价偏弱的原因，主要是这时的短线投资者较多。因为短线投资者一般倾向于不过户、不收息，故在除息前夕多半设法将股票脱手，甚至价位低一些也在所不惜。因此，有中、长线投资计划的人，如果趁短线投资者回吐的时候入市，既可买到一些相对廉价的股票，又可获取股息收入。至于在除息前夕的哪一具体时间点买入，则是一个十分复杂的技巧问题。一般来讲，在截止过户前，当大市尚未明朗时，短线投资者较多，因而在行将截止过户时，那些不想过户的短线客，就得将所有的股票沽出。越接近过户期，沽出的短线客就越多，故原则上在截止过户的1—2天，可买到相对适宜价位的股票。但切不可将这种情形绝对化。因为如果大家都看好某种股票，或者是某种股票的派息十分诱人，也可能会出现"抢息"现象，即越接近过户期，购买该种股票的投资者越多，因而，股价的涨升幅度也就越大。投资者必须根据具体情况进行具体分析，以恰当地在分红派息期掌握好买卖火候。

你所持有的股票将要出现分红派息的情况，如果你已经获利丰厚，在除权前可以变现。若长期看好此股，一般除权后有获利回吐现象，你再低价买回，继续持有。

支撑位和阻力位中也隐含着买卖好时机

支撑位也叫作抵抗位。当股指、股价跌到某一点位附近时，股指、股价停止下跌，甚至还可能回升，这是多方在此价位买入造成的。支撑位起阻止股指、股价继续下跌的作用。

阻力位也叫压力。当股价上涨到某一价位附近时，股指、股价会停止上涨甚至回落，这是空方在此价位抛售造成的。压力位起阻止股指、股价继续上升的作用。

在下跌行情中压力线对股价的反弹起反压作用，在上升行情中支撑线对股价的回档起依托作用。由于在下跌行情中人们关注的是会跌到什么价位，所以关注支撑线多一些；在上升行情中人们更关注能涨到什么价位，所以关注压力线就多一些。

股指、股价的运动有其自身趋势，要维持这种趋势，保持原来的运动方向，就必须不断冲破阻力线或抵抗线。如维持下跌，必须突破支撑线的阻力，创出新低；要维持上升，必须突破上升压力线的阻力，创出新高。由此可见，支撑线和压力线都有被突破的可能，它们不可能长久地阻止股指、股价保持在一定的水平之上或之下，只不过是使它暂时保持稳定而已。

支撑位和压力位之所以能起支撑和压力作用，很大程度是由于市场心理因素所致，两者的相互易位转换也是如此，这就是支撑线和压力线发挥作用的原因。

股市里不外乎两种人，即多头和空头。如果股指、股价在一个区间停留一段时间后开始向上运动，那么在此点位买入股票的多头肯定认为自己的判断和操作是对的，并因自己没有多买入而感到后悔。在该点位卖出股票的空头也认为自己错了，他们希望能在股指、股价再跌回原先卖出的价位时，将原先卖出的股票再买回来。总之不论是多头或空头，此时都有买入股票成为多头的愿望。支撑位的支持表明大盘或个股的走势将会向上运行。

正是由于多头和空头都决定要在这个买入时机和价位买入，所以股指、股价稍一回落就受到关注，多空双方或早或迟会进入股市介入该股，使价格还未下降到原来的位置，上述多空双方自然又介入把价格推上去，使该价位成为支撑区。众多股票的实际走势表明，除非庄家恶意操纵，一般情况下在支撑位成交越多，表明很多的股票投资者在这个支撑位有切身利益，这个支撑区就越重要。

回档期的股票买卖实战技巧

股票在经过一段时间的连续攀升后，投资者最关心的就是回档问题。股票持有者希望能在回档之前卖掉股票，未买上者，则希望在股价回档后买回。因此，把握股票的回档期进行买卖，成为投资者赢利的一大绝招。

在上升的股市中，投资者如何才能更好地预计股市的发展趋势，把握回档期的买入时机，从而达到回档前出货和回档后及时进场的目的呢？首先要了解回档出现的原因，从原因中剖析机会。

总的说来，股价在涨势过程中，之所以会出现回档，主要有以下原因。

（1）股价上涨一段时间后，成交量逐步放大，因此须稍做停顿以便股票换手整理。就像人跑步一样，跑了一段之后，必须调整一下。

（2）股价连续上涨数日之后，低价买进者已获利可观，由于"先得为快"和"落袋为安"的心理原因，不少投资者会获利了结，以致形成上档卖压，造成行情上涨的阻力。

（3）某些在上档套牢的投资者，在股价连续上涨数日之后，可能已经回本，或者亏损已大大减轻，于是趁时机卖出解套，从而又加重了卖盘压力。

（4）股票的投资价值随着股价的上升而递减，投资者的买进兴趣也随着股价的上升而趋降，因而追涨的力量也大为减弱，使行情上升乏力。

证券市场所谈的"空中加油"，是指股价从底部腾空而起，在经过飙升之后，在一定高位受到空头的抛压出现短暂蓄势休整，主力在空中加油补充能量后，获得向更高目标发起攻击的动力，从而继续向上飙升。由于在第一波上涨过程中，主力很难达到出货的目的，甚至拉抬本身就是快速建仓的过程，因此空中加油之后的第二波拉升主力才能实现出货，短暂蓄势期就是难得的介入时机。

（1）第一波上涨幅度越大越好。股价脱离底部区域后要出现大幅飙升，因为上涨的动力越强，空中加油后的惯性上冲力度也越强。上证指数股价从 2+3 的跑道上起飞后，上升到一定高度，预示着向上动力极强。

（2）第一波上涨时要求价量配合。上涨途中的持续放量虽显示出多空双方的分歧在加大，但更表明有快速建仓抢货的可能。如果突破后持续封涨停时出现缩量则效果更佳，因为无量封涨停说明主力无出货的机会。

上证指数在上升到一定高度后，前期巨大的套牢盘和本次底部的获利盘蜂拥而出，对股价继续上升产生压力。此时股价只能横向运行。

（3）回调时短期均线支撑有力。第一波上涨后空中加油时股价往往依托5、10日均线强势震荡，5日均线为主力控盘最强生命线，10日均线为主力控盘强生命线，在空中加油时股价不能有效击破5、10日均线，否则第二波上攻力度会大打折扣。

（4）第二波上涨往往会在时间之窗开启时发力，因此最佳买点是在空中加油的末期，即股价在5、10日均线之上，时间之窗有望开启的前后。空中加油后的再度发力往往受到神奇数字与江恩数字时间之窗的作用，在第一波高点之后的5、8、13、21、34日神奇数字与7、14日江恩数字时间之窗股价往往会梅开二度。空中盘整带离"跑道"的高度不能太高，太高了，股价就一步到头部，也就不必"加油"了。一般来说，空中盘整带与底部盘整带之间的高度，约为一至两个空中盘整带的厚度，也就是说，即便发生回档，其空间也有限。

只有在回档空间不大的情况下，当要卖的人充分卖出之后，买盘并逢低而入，股价才能再次获得上升的动力，类似于飞机油料耗尽，实施"空中加油"输入新的飞行动力。"空中加油"形态的特征是：遇到阻力回档空间小，该卖的充分卖，该买的充分买，一旦"空中加油"完毕，指数就会继续上涨。

跟庄时如何选择最佳买卖点

散户投资者跟庄有三部曲：在主力拉升时买进，在主力洗盘时守仓，在主力出货前卖出。在这三部曲中，最基本的是第一部，介入时机的选择；最关键的是第三部，卖出时机的选择。散户投资者跟庄买入需要把握以下几点。

（1）不要指望买在最低点，也不要在行情发动前买入。不要指望能买在最低点，主要原因是投资者没法判断这个底部是不是真的底部，很多主力在吸筹阶段盘出一个底来，还可以再盘下去，再探一个底。很多机构就是通过这样的盘底方式来完成建仓，然后拉高，最后再突破。所以，跟庄的原则是能够确认主力开始上拉之后再介入。而此时股价一般都有10%~20%左右的涨幅。为了这10%~20%的涨幅而冒跟庄被套的风险实在是不值当。当然，如果是长期做一只股票，波段性操作的时候，能够判断出股票的底部，那就可以选择合适的时机在底部买进。

（2）不要一次性重仓买进。任何时候、任何股票都不要一次性地重仓介入。如果资金量较大，比如在20万以上，应该先少量试探一下，先买2万元试一试，待证明判断正确之后再逐渐增加。少量试探是做股票的一个原则，它可以防止投资者由于思路跟不上，盲目地陷进去。另外，分批介入还因为大部分的短线操作都不可能一下子买到最低价，许多股票在大幅度上涨前会有"二次下探"过程。如果投资者是从少量试探到重仓介入，就可以避免"二次下探"造成的被动局面。

（3）不要害怕股票的价高。投资者在买股时常常认为涨幅大的庄股风险也大，不适宜参与；而涨幅小涨得慢的个股后劲足，完全性高。这实际上是一种误区。股票涨幅大并不意味着风险就一定大，有的股能一涨再涨，原先自己不敢买的"顶部"最后被证明是"腰部"，而自认为是安全的股价却始终原地踏步甚至下跌。判断某只股票值不值得参与，关键是看在目前价位主力有无出局的迹象，看在目前价位股票还有无上涨可能，而不是看它涨了多少。如果一只股票出现缩量涨升，很难说它已经没有上涨空间了。

而散户投资者在跟庄卖出时，需要把握以下几点。

（1）持股要短中结合。所谓的短中结合是指有些品种具备中线潜力的时候就要大胆做中线，同时应该有一小部分仓位不断地做短线，以试探这只股票的活性如何，也验证自己对这只股票的市场感觉。

（2）不要按照猜测的主力拉升目标进行操作。投资者可以猜测主力拉升的目标价位，但没有必要严格按照这个目标位操作。主力的拉升目标是坐庄的最高机密，外人不得而知。虽然我们可以从许多方面推测主力的最低拉升目标，但这仅仅是猜测而已。且不说主力会不会完全按照我们推测的标准来制定目标，即使制定了也有可能根据具体情况而修改，因为主力也要见风使舵。因此，跟庄卖出的关键是自己要有一个赢利标准，如果到了这个标准，投资者必须卖出，而不管这只股还能不能够继续上涨。因为坐庄的是别人，投资者不可能知道主力到底要把股价拉到什么点位。

投资实践中，很多投资者总是幻想着如何在最低价买进，如何在最高价卖出，如果做不到，即使赚了钱也高兴不起来，好像吃了多大的亏。这表面上看是在追求完美，实际上是人的贪婪本性在干扰自己。最高点和最低点都是可遇不可求的事，事后才知道。而且试图在最高点卖出也是十分危险的，因为在拉高到目标位后，主力随时可能出货。而且，主力一般都选在散户投资者最麻痹的时候出货。

成功的主力都是在散户投资者认为他们最不可能出货的时候出货。如果散户投资者过分相信了主力的拉升目标，选择的抛售点位过高，就会错过抛售良机。因此，跟庄的一大忌讳就是"一跟到底"。

把握 5 个最有利的抛出时机

股票市场中有一句名言："股票投资成功，关键并不在于你什么时候买，买什么股票，而是在于你什么时候抛出。"确实，任何一种成功的投资策略中，都要有一个明确的对"抛出时机"的把握，尤其对于散户投资者来说，一个合适的抛出时机往往会给整个投资过程的收益造成很大的影响。

无法把握卖股票的时机，主要是人性的弱点在作怪。要么就是过分贪婪，涨了还想涨，一直不肯抛，结果常常是偷鸡不成蚀把米，眼看着到手的利润又变成了亏损；要么就是过度恐惧，不敢继续持有，结果是错过了赚取巨大利润的时机。

可要知道什么时候应该贪婪，什么时候应该恐惧，确实不是一件容易的事。尽管我们无法给出一套适合每一个人、每一种情况的卖出策略，但有一些基本的原则，却是投资者可以掌握的，从而形成自己有效的卖出策略。

根据研究显示，大多数投资者在作投资决策时，往往是受情绪的影响，而不是理智地分析判断，在卖出股票时更是如此。大多数情况下，人们在准备买入股票时，还能够比较谨慎小心，希望做好充分的功课，以决定最后是否买入。但是，一旦持有了股票之后，情绪就紧张起来，无法把握好良好的卖出时机，这主要就是人性中的贪婪与恐惧在作怪。根据"行为金融学"的理论，这两种特性可以归纳为恐惧自己不及时卖出会亏钱，或是害怕卖得太早随后会后悔。因此，对大多数投资者来说，与其希望寻找一套能逃顶的策略，不如给自己确定一些基本的卖出原则，以使自己摆脱情绪对投资决策的干扰。

具体来说，可以总结出以下五条原则，作为投资者理性地作出卖出决策时的考虑因素。

1. 在公司宣布重大的重组或新投资项目时抛出

从股市的角度讲，这些消息往往会被当作出货的借口。公司重组、新的投资项目，往往意味着公司将要产生新的效益、创造新的局面，似乎是一个很好的买入时机。但实际上，一个需要进行重大重组或上马新的投资项目的公司，往往就表示该公司当前的经营状况不佳。企业重组后也许能够重新获得高速成长的机会，但根据经验显示，多数公司重组后的效果并不是很理想，有的公司甚至是年年重组、年年亏损，简直就成了为配合股价炒作而无中生有的"题材"！

2. 在发现更好的投资机会时抛出

对于每一名投资者来说，能够准确地判断价格走势的底部和顶部，可以说是梦寐以求的理想，但现实的情况是：没有一个人能够做到这一点，甚至人们的判断往往是与实际情况正好相反。因此，对于大多数散户投资者来说，相对较好的策略不是去判断哪里是顶部，哪里是底部，而是一直持有股票。只有发现了更好的投资机会的时候，才把原来的股票抛出，买入新的股票。

3. 在需要重新分配投资组合比例时抛出

成熟的、成功的股票投资最主要不在于投资者购买了哪只股票，而是取决于如何分配自己的资金比例进行投资组合。也就是说，采用组合投资的方法是一种比较好的方法。投资者可能决定把 1/3 的资金投入金融地产股中，1/3 资金投入低市盈率股中，还有 1/3 投入小盘股中。当投资者需要对组合进行调整时，比如几个月后，由于金融地产股市值上升，已占到总比例的 1/2，这时，投资者就可能要减持高科技股，把资金补充到其他的板块中去。

4. 在股价超过预定目标价位时抛出

如果投资者一开始就没有定目标价位，那就不需要参考这一原则。但如果定下了目标价位后，一旦真的达到这一价位时，就应该果断抛出。因为当初在确定目标价位时，投资者总有一定的理由，一般是能比较理智的，但当股价继续上涨的时候，多数人会开始头脑发热，忘乎所以。所以，为了避免犯错，最好还是及时抛掉。即使之后股价继续上升，也不必为此烦恼，因为这一部分利润已经超出了你的判断，也就是说它原本就不属于你。

事实上，长期投资中所指的长期是一个"相对性"的概念，是基于"内在价值"与"股价"之间的关系的相对"长期"的投资。我们自然不会沉迷于"时间上的长期"，而是会追求"空间上的长期"。尤其在投机性市场，给长期投资者带来更加广阔的舞台。随着市场的成熟，如果股价波动变得相对平缓，那么这个"长期"的时间可能会相对被拉长。另外，千万不要认为长期投资是"永久持有"某只股票。当然，如果我们能够确定这些持有的股票是可以保持长期高速增长的，并且股价是合理的，那么永久持有并没有太大的问题。但事实上，大多数公司有其生命周期，并且在某些阶段其股价可能远远高出应有的内在价值，那么自然也无须继续持有。

遵守上述 4 条卖出原则并不能保证散户投资者能够在最高价上把股票抛掉，事实上没有任何一种策略能做到这一点。但是，这 4 条原则能帮助投资者减少非理智因素的影响，使自己的投资行为更成熟。

审视大盘走势，掌握卖出时机

世界上优秀的投资家都有跟踪大盘走势的习惯，他们在审视大盘的走向后决定手持股票的卖出时间。不管你是新手还是老手，在股市中一定要养成跟踪大盘的习惯，这样才可以为你的投资增加一些获利的可能。

股市重要指数，例如标准普尔 500 指数、道·琼斯工业平均指数，所代表的就是股市大盘。必须详细研究这些指数，因为当这些指数见顶、反转并大幅下跌时，3/4 的个股（不管你认为它们是龙头股还是垃圾股）都会跟随股市大盘的走势而下跌。

许多成长型个股、次要的低质量公司的股票，甚至一些高科技公司的股票，其下降幅度可能达到大盘的下降幅度的两到三倍。更糟糕的是，其中有些个股可能从此雄风不再，或者需要几年才能恢复到原来的股价水平。如果熊市大盘下降了20%—25%（这是一般熊市从绝对高点下调的幅度），你的某些个股可能从其股价峰值下调了40%—75%。

如果在一次熊市中输掉了前几年在牛市中获得的赢利，这样的投资是毫无意义的。与其跟着大盘一直下跌到底，不如在下调过程的几个台阶处跳下滑梯。一般的投资者通常需要至少三四年才能记住这些痛苦的教训。所以你既需学会在正确的时机买入，也要学会在正确的时机卖出。而要想在正确的时机卖出，最关键的就是要牢牢把握大盘的走势，判断股市何时是顶，因为大盘见顶是最佳的卖出时机。

股市中风险与收益是并存的，在你没有掌握市场的运动规律之前，最好别轻易重仓位炒股（有名师指点者除外），但当你掌握了市场的运动规律学会了顶部投资策略之后，炒股赢钱将成为必然。

把握应卖出股票的几个技术性迹象

这里我们介绍几种应卖出股票的技术性迹象，以辅助投资者作出正确的卖出决策。

1. 股价走势在高位时出现的头肩顶形态

股价走势在高位时出现的头肩顶形态，是可靠性很高的转向形态，为卖出时机。

头肩顶的转向形态反向地与头肩底形态相等，唯有不同的是头肩顶形成的时间比头肩底短，同时波动幅度较后者大。

头肩顶是可靠性很高的转向形态，这里先介绍它的特点。

（1）首先有一个已经存在的上升趋势。

（2）A点成交量较多，回吐至B点时成交量有所减少，形成左肩。

（3）价位行至C点时没有足够的成交量配合而出现背驰警讯。

（4）随后的回落之势将价位带动至A点之下，如果回落至B点附近则更标准。

（5）第三次上升形成右肩，成交量进一步减少，E点明显低于C点。

（6）价位须跌破B点与D点连接成的颈线。伴随成交量大时会加速后市跌势；成交量小时随后通常有反抽，弹至G点，再告下跌。

2. 随机指标KDJ与K线出现"死亡交叉"

随机指标KDJ主要是通过K、D和J这三条曲线所构成的图形关系来分析股市上的超买超卖，走势背离及K线、D线和J线相互交叉突破等现象，从而预测股价中、短期及长期趋势。我们可以利用随机指标 KDJ 判断卖出时机。

（1）股价经过前期一段很长时间的上升行情后，在涨幅已经很大的情况下，一旦 J 线和 K 线在高位（80 附近）几乎同时向下突破 D 线，同时股价也向下跌破中短期均线时，则表明股市即将由强势转为弱势，股价将大跌，这就是 KDJ 指标的一种"死亡交叉"，即 80 附近的高位死叉。此时，投资者应及时卖出大部分股票。

（2）当股价经过一段较长时间的下跌后，而股价向上反弹的动力缺乏，长期均线对股价形成较强的压力时，KDJ 曲线在经过短暂的反弹，但未能重返 80 线以上，而当 J 线和 K 线在 50 附近再次向下突破 D 线，同时股价被中短期均线压制下行时，表明股市进入极度弱市中，股价还将下跌，这是 KDJ 指标"死亡交叉"的另一种形式，即 50 附近的中位死叉。此时，投资者可以卖出余下股票或观望。

3. 成交量下降以及其他表明虚弱的迹象

（1）低成交量情况下股价达到新高。有的股票在较低或较差的成交量基础上还能创下新高。随着股价涨升，成交量则越来越低，这表明大户已经失去了对该股票的兴趣。

（2）3 级或 4 级价格底架。当某只股票从 3 级或 4 级底架突破，创下新高时，卖掉它。第 3 次涨升对于股市来说已很少再具吸引力。这非常明显，几乎任何人都能看得见。这些已经是到了最后的价格，底架常常很虚弱，其区域表现得更宽，也更松散。

（3）接近或到达该年度股价最低点。从每日股价图上，我们根据向下"箭头"的指示看出最高点所在。也就是说，股票会连续好几天地接近或到达当日的最低点，将当日上涨的幅度完全消化掉。

（4）从顶点处跌落。当某只股票从顶点处跌落 8% 或更多的话，有时可以检查其之前的涨升、顶点处及该次下跌，这有助于判定该股票的涨升是否已经结束，或只是一个正常 8%—12% 的修正。如果由高点下挫超过 12%—15%，你就可以考虑卖出了。

（5）股价弱势反弹的表现。当你在最高点附近看到第一次大量股票出售时，下一次的成交量即使回升，其回升量也萎缩，表现在价格上也是如此，或者使回升态势所能维持的时间变短。在股价弱势反弹的第二天或第三天，就需卖出股票，这也可能是在股价一落千丈和跌破价格支撑区之前最后一次卖出股票的大好机会。

（6）相对涨升力量较弱。相对涨升力量变弱也可成为卖出股票的原因之一。当某只股票的 IBD 相对价格力量比率下降至 70 点以下时，考虑卖出该股票。

把握了以上三种迹象，我们就能通过技术分析准确抓住卖出的最佳时机，从而卖股获利。

第 17 章
每个投资者应掌握的买入原则

买股之前要做好计划

我们在做任何事情之前，通常都需要一个目标和与目标相对应的计划，进行股票投资也是如此，也需要事先做好计划。

计划对于一个人来讲有很重要的作用，计划可以让你明确目的，计划可以让你时刻检查自己的行为并纠正自己的错误，计划可以让你心中有底。股市赚钱高手，都是按照"调查研究——形成想法、观点——拟定计划书——按照计划执行——总结经验"这样的程序一步步走向成功的。

"开车要靠方向盘，投资要有计划书。"买卖股票之前制定投资计划是十分必要的。计划针对各种可能出现的情况作出充分和全面的评论。分析利多因素时不能忽略利空因素，分析利空因素时也不能忽略利多因素。

投资行为，其实就是在一定的区间里进行买入、持有、卖出的行为，也许你会说计划赶不上变化，但是如果你仔细地观察并且记录下你在进行投资的过程中思路的变化，你会发现，其实很多的东西都是不变的。事实证明，很多的百万富翁，都是通过周密的计划，和持之以恒的执行来致富的。计划其实就是把你的一种思路量化并且不断修正的过程，很多的事情我们做过之后，用不了多久便会忘记，你可以把这些写在你的计划中，通过以前的经验来启发你以后的思路，这是一种很有效的方法。计划还有一种很重要的作用，就是可以让你直观地看到你曾经做过什么，这些工作中哪些是有效的，哪些是无效的，一方面可以节省你的时间，另一方面可以起到激励的作用。

一般说来，投资者都将注意力集中在市场价格的涨跌之上，愿意花很多时间去打探各种利多利空消息，研究基本因素对价格的影响，研究技术指标并作技术分析，希望能做出最标准的价格预测，但却常常忽略本身资金的调度和计划。

事实上，资金的调度和计划、运用策略等都基于一项最基本的观念——分散风险。资金运用计划正确与否、使用得当与否都可以用是否确实将风险分散为标准来进行衡量。只要能达到分散风险，使投资人进退自如，那便是好的做法。至于计划的具体做法那便是仁者见仁，智者见智了。因为世界上1000个人就会有1000种性情、观念、做法、环境的组合，任何再高超、再有效的计划也得经过个人的融会贯通才会立竿见影，不能生搬硬套，这点请投资人千万要记住！

这里还要注意的是，制订计划不是口头讲讲而已，也不是草草拟几条提纲，而是要像办一个公司，做一个项目那样，写成一份详细完备的可行性操作报告。这样当事人才会重视，否则，人的懒惰天性会使当事人忘记正规的计划。

决定买一只股票之前需考虑的指标

买股票和做任何投资一样，做什么东西，什么时间做最好，具体每一步该怎么做，这都是事先要想好的。尤其是做长线股票投资，事先考虑好更重要，在你买入股票进行长线投资前，你需要考虑以下几方面的指标。

1. 选股，建一个适合你的股票池

你不可能跟踪所有的股票，所以，你要仔细地阅读每家公司的年报、中报、季报和其他公开信息，从中选出有良好预期的个股，坚持对它们进行跟踪，在适当的时机采取行动。如果你每天只关注30—40只股票，你的工作量就会相对较小，精力更加集中，操作成功的机会就会大大增加。

选股可从以下几个方面入手。

（1）季度每股收益是否有大幅的增长。成长性是股市恒久的主题，是股价上涨最主要的推动力。注意考察以下几方面的要素：要剔除非经营所得；考察增长是否具备可持续性；收益增长有无销售增长作为支撑；增长率是否有明显放缓，如果是这样，其股价可能会发生下挫。

（2）年度每股收益的增长，连续多年业绩稳定增长30%—50%以上的公司是最有可能成为牛股的。当然其收益必须是基本面能支撑而不是非经常收益所得。误区：市盈率低并不一定有投资价值，当前钢铁股市盈率很低，但股价并没有大幅上行的动力。业绩大幅增长的预期才是股价上涨的动力。

（3）新产品的上市、增加新的生产能力、新的变革、新的管理层，都可能带来好的投资机会，关注行业变化和个股公开消息，机会往往就在其中。

（4）选有基本面支撑的强势股。

（5）基金的研究能力较强，捕捉市场机会的能力也很强，他们是否愿意买进一只股票，也可以作为你选股的参考。机构认同度高，机会可能会高一些。

2. 选时，选择一个适合的时机介入

（1）市场是有周期性的，涨多了就会跌，跌多了就会涨，所有的股票市场都是这样。当大盘下挫时，95%的股票都会下跌，这时最好不要建仓。大盘企稳并重新上行时建仓最好。例如，大盘攻击30日均线，可尝试建小的仓位，如果能站稳并持续上攻则可加仓。

（2）赢利报告，包括年报、中报和季报。在大盘走稳的前提下，业绩有良好预期的个股，在报告发布前的2—4周或之前就开始上涨。

（3）股本分割，包括送红股和转增。在大盘走稳的前提下，大比例的股本分割可能会带来10%以上的涨幅。送得越多越好，最好是10送8或10送10。在方案公布后会有一波上涨，方案执行前也有一波上涨。可以根据这种特点进行建仓或平仓。需要注意的是，当大盘处于弱势时，股本分割有可能被理解成负面预期，从而令股价加速下挫。

（4）热点板块，大盘每一轮上涨都有一定的热点板块。大盘强势时，跟热点机会多一些。大盘弱势时，大多数热点不具有持续性，这时就需要谨慎。

（5）你还可以根据自己的观察总结出一些赢的机会比较高的入市时机。

3. 做一个详细的操作计划

一个良好的操作计划，能记录你在买进股票时的想法，可以帮助你控制情绪，让你有一个思考的过程，便于你总结经验教训。

一个完整的操作计划应该包括以下内容。

（1)良好预期和介入时机。你所依据的是何种预期，是否是一个可行的入市时机。

（2）技术趋势。这是建仓最直接的参考依据。不管个股基本面有多好，或者有多么好的预期，如果技术面处于空头状态，是一定要斩仓的，不宜持有。

（3）主要风险，股票市场是一个高收益、高风险的市场，建仓前要将如何控制可能出现的风险放在首位。这直接决定你在进行多次的交易后是否能获利。

（4）预期收益，你建仓一只股票是因为你认为它会涨，而且还会有可观的涨幅。估计一下可能的收益，这需要经验，时间越长，你的估计可能会越准确。如果股价如你所预期的一样出现大幅上涨，你需要在某个地方平仓以实现你的获利，比如赢利报告前的1—2天，或者股价下调到赢利15%或20%处都可以，这些最好在建仓时就在计划中明确出来。

（5）根据你的预期收益和你可能的最大损失，你可以得到一个收益风险比，如果这个风险收益比小于3：1，你可能需要寻找更好的投资目标，如果你的风险收益比大于 3 : 1, 按这个计划做下去, 这次成功的可能性可能会高一些。

（6）总结：如实记录你所要建仓的时间、价位、数量，是否需要加仓，以及止损的价位、止盈的价位、跟踪计划，这样你就可以大胆做交易了。

如果可以的话，从现在开始，抛掉你手中的垃圾股，改掉随意买卖股票和听小道消息买卖股票的习惯，只买基本面有良好预期的股票，并且坚持长期持有，做一个详细的计划，总结经验和教训。这样，你一定能在股市中实现稳定的赢利。

不可忽视的一些买入信号（一）

投资实践中，投资者在进行买入决策时，可以通过观察 K 线图形来选择合适的股票。具体来说，需要关注以下买入信号。

1. 早晨之星

在股市中，人们常常发挥自己的想象力，根据它们的寓意，给不同 K 线组合取了不同的名字。"早晨之星"，意思就是在太阳尚未升起的时候，黎明前最黑暗的时刻，一颗明亮的启明星在天边指引着那些走向光明的夜行人。早晨之星，又叫希望之星，在股市中，即预示着跌势将尽，大盘处于拉升的前夜，行情摆脱下跌的阴影，正逐步走向光明。

具体来说，投资者在运用早晨之星时，需要注意几点。

（1）于大幅下跌后出现的早晨之星，其信号可靠性较强；下跌幅度不大，可靠性则稍差一些。

（2）如果是在见底后上行过程中出现早晨之星 K 线组合，那么就意味着股价将继续上涨。

（3）中间的 K 线　如果不是小阳或小阴，而是螺旋桨、锤头线、倒锤头线等带着很长影线的 K 线，那么见底信号更强。

（4）当 K 线收出早晨之星后，并不就是意味着股价马上要出现上涨行情，而是意味着股价见底或阶段性见底。此后可能上涨，也可能经过盘整后再上涨。这是需要耐心持股的，特别是套牢者。

2. 底部三颗星

"底部三颗星"，也称"多头三星"，是"早晨之星"的"变种"，是指在低位连续出现的三颗星形图线的走势，"底部三星"背后蕴含的多空力量较量更加激烈。该形态出现后，价格多会止跌企稳，继而出现一段上涨行情，是空头平仓、多头建立头寸的可信依据。

"底部三颗星"，从名字就可以看出，它同样是由 3 个交易日的 3 条 K 线组成。该 K 线组合一段出现在深跌后的低位，第一个十字星出现，表示空头抛压减轻，多头在试探性入场；第二个十字星表示多头继续入场，空头仍顽强抵抗；第三个十字星则意味着空头转入防守阶段，多头已开始发起进攻。

一般情况下，三颗星呈横向排列或逐渐上涨的姿态排列，且第一颗星的前面是一条较大的阴线，三颗星不分阴阳，但最好全是阳线。多于三颗星的走势也按三颗星底部形态操作，如果十字星逐级升高，则后市反转的可能性逐渐增大。

3. 上涨二颗星

"上涨两颗星"是一种比较经典的 K 线组合，一般情况下，上涨两颗星在上涨初期或中期出现，虽然名称叫作"上涨两颗星"，但实际上这个 K 线组合是由一大二小三根 K 线组成的。先出现一根大阳线或中阳线，随后就在这根阳线的上方出现 2 根小 K 线（既可以是小十字线，也可以是实体很小的阳线、阴线）。这种短线 K 线组合是一种攻击形态，它预示着股价短线继续上涨。

对于这三根 K 线，从它的具体形态来看，投资者应该关注以下三点。

（1）第一根 K 线通常是一根具有突破性质的放量中阳线，说明多方发起反攻，正处于强势途中或强势刚刚开始，而且，常常伴随着明显的放量。

（2）第二颗星的开盘与收盘价位都要比第一颗星的要高一点，同时第一颗星的收盘价收于前一日中阳线的上方。

（3）两颗星是空中加油的战法，不应该有过多的追涨盘出现，所以应保持缩量为佳。一旦出现这样的量价配合，则后市上涨的概率很高。相反，如果成交量配合得不好，上涨就可能受阻。由此可见，根据上涨两颗星买入，成交量非常关键。

4. 底部十字星

十字星是一种只有上下影线，却没有实体的 K 线图形，即开盘价和收盘价处于同一价位。十字星形态一般都表示盘中多空双方的力量势均力敌，最终以开盘价格收盘。通常情况下，上影线越长，表示卖压越重；下影线越长，表示买盘旺盛。在股价高位或低位出现十字线，一般称为转机线，意味着情形将会出现反转。

当股价连续下跌了一段时间，或经过了数浪下跌时，已产生了较大的跌幅，此时卖方做空的力量已经不足，下跌也没什么动力，而买方因连续下跌的阴影影响，采取谨慎买入的态度，但因超跌又有少量的买盘现象。此时，多、空力量在一个极小的范围内达到了某种平衡，这便会出现开盘价和收盘价相同，并带有一定上下影线的十字星。这就是底部十字星。

（1）底部十字星都是在一定幅度下跌后出现的，一般情况下，股价在短期内不会跌破该十字星的最低价位。

（2）一旦确认了底部十字星后，便可大胆进场。股价只要不迅速飙涨，还可以低吸或分批建仓。

（3）底部十字星出现之时，量能也会缩小至阶段性的低水平。

（4）底部买入后，买家要有相当的耐心握紧筹码，如果股价一直站稳5日线以上，那么后市还有上涨的空间。

（5）在收出底部十字星后，如果股价连续拔高，且放量上攻重要均线，则说明个股正处于强势状态中。

5. 上升三部曲

上升三部曲，又叫上升三法。它指的是股价经过一段时期的上涨后，在一根大阳线或中阳线之后，接连出现三根小阴线，但三根小阴线都没有跌破前面这个阳线的开盘价，并且成交量也开始减少，随后就出现一根大阳线。

标准的上升三部曲是：一是由大小不等的5根K线组成；二是先拉出一根大阳线或中阳线，接着连续出现了3根小阴线，但都没有跌破前面的开盘价，随后出现了一根大阳线或中阳线，其中走势有点类似英文字母的"N"字。

一般情况下，在上升三部曲出现之后，股价都会形成一轮较大的升势。而且在具体操作中，中间小阴线不一定是3根，也可能是4根、5根或多根。小阴线是主力清洗浮筹的手段，当一些人看淡时主力会突然发力，再拉出一根大阳线。宣告一轮震仓洗盘暂告一个段落，接着又要发动向上的攻势了。

上升三部曲说明了此时多方正在积蓄力量，伺机上攻。预示后市将继续上行。因此投资者在操作过程中，应该抓住机会。在这里需要提醒投资者注意的是：在应用上升三部曲时，投资者应该主要关注这个K线组合形态中是否有两根大阳线，并且在两根大阳线中都出现了放量的现象。如果是两根连续放量上涨的大阳线之间夹杂着众多缩量小幅下跌的小阴线，那么上升三部曲形态就基本上确立了。

6. 向下跳空十字星

所谓"向下空跳星形线"是由两根K线组成的，是股指（价）连续下跌后出现一条中阴线或者长阴线，随后出现一条向下跳空的小阳线或小阴线，称为"向下空跳星形线"，俗称"雨滴"，预示下跌接近尾声。

"向下跳空十字星"如果出现在低价区，则意味着买入信号；如果出现在高价区，则预示着卖出信号。在单日K线形态中，十字星通常意味着多空双方势均力敌，买卖变盘，有转势可能。当股价经过长期大幅下挫之后，跳空出现一颗十字星，最好伴随有放大的成交量。预示着下跌接近尾声，多空双方势力从空方占优势演变为双方形成均势，筑底有望完成。如果隔日再放量出现一根大阳线，则多方优势确立，股价将急转直上。在低价位出现的这种 K 线组合是较可信的底部信号。

具体来说，投资者在操作过程中需要注意以下几点。

（1）"向下跳空十字星"一定要位于股价长期下跌之后的低价区，可信度才较高。

（2）"向下跳空十字星"的出现常伴随着成交量的放大。

（3）隔日若出现放量阳线，则信号更可信，可大胆跟进，中线持有。

不可忽视的一些买入信号（二）

除了通过观察 K 线图形来确定是否买入之外，投资者还可以根据观察形态来进行买入决策。

具体来说，投资者应着重观察以下买入信号。

1. 二次探底不破底价

当股价再一次由高位下跌至以前的低点附近获得支撑，然后直接转为上升趋势，且这一低点至少是数星期之前的低点，一般是数月之前甚至是一年之前的低点。这时股价往往经过了较长时间的下跌，股价跌幅已深，市场交易冷淡，风险已经很小，一旦有利好刺激或庄家入场，股价就会大幅上涨，而且大多会重新涨回起跌点甚至更高位置。我们把这种形态就称为二次探底不破底价。

二次探底不破底价是难得的中长线买入时机。空仓或轻仓的投资者如果在第一波反弹行情中踏空，则可以趁这个机会积极介入；重仓套牢的投资者可以利用这段有利时机，对手中部分涨升潜力不大的个股进行换股操作，换入具有投资价值、价格低廉、涨升潜力大、在未来行情中有可能演变为主流热点的个股。

2. 底部岛形反转形态

股价在持续下跌的行情中，某日突然跳空低开留下一个下调缺口，随后几天股价继续下沉，但股价下跌到某低点又突然峰回路转，股价向上跳空开始急速回升。这个向上跳空缺口与前期下跌跳空缺口，基本处在同一价格区域的水平位置附近，使低位争持的区域在 K 线图表上看来就像是一个远离海岸的孤岛形状，这就是底部的岛形反转形态。

底部岛形反转是个转势形态，表明股价已见底回升。底部岛形反转形态经常出现在长期或中期性趋势的顶部或底部，岛型反转形态其最佳的买卖点为跌破上升下降趋势线和第一个缺口发生的时候。当出现底部岛形反转后，股价免不了出现激烈的上下震荡，但多数情况股价在下探上升缺口后会止跌，然后再次发力上攻。投资者一旦确认岛形反转，应及时介入做多。激进的投资者可在岛形反转后向上跳空缺口的上方处买进，稳健的投资者可在股价急速上冲回探向上跳空缺口获得支撑后再买进。

这里需要提醒投资者注意的是，对填补向上跳空缺口后股价还继续下沉的个股，就不可再看多了，此时投资者应及时止损离场观望。

3. 底部缺口向上突破

缺口是指股价在快速大幅变动中有一段价格没有任何交易，显示在股价趋势图上是一个真空区域，这个区域称之"缺口"，通常又称为跳空。缺口往往是受到利多或利空消息及庄家介入或出货的影响，造成投资者情绪的波动和多空双方力量的失衡而形成的。缺口分普通缺口、突破缺口、持续性缺口与消耗性缺口等四种。从缺口发生的部位大小，可以预测走势的强弱，确定是突破，还是已到趋势之尽头。它是研判各种形态时最有力的辅助材料。

突破缺口是当一个密集的反转或整理形态完成后突破盘局时产生的缺口。当股价以一个很大的缺口跳空远离形态时，这表示真正的突破已经形成了。缺口还显示了突破的强劲性，突破缺口愈大表示未来的变动强烈。这通常是该股开始进入拉升阶段的标志，显示短期内应有一定的升幅，是最佳的买入时机。

4. 上升台阶突破

上升台阶是指呈台阶式发展的 K 线组合形态。上升台阶的形成原理表现为：有一只超级主力进场，主力拉升股票价格，但是这样的主力一般非常有耐心，每次拉抬都是迅速的几天就结束，然后就出现长期的平台整理，不涨也不跌，折磨掉所有跟风买入的人，然后他们再次选择突破，拉高的时间还是很短，又进入下轮平台整理，整理的时间仍然很长。因此使得该股以台阶方式出现。

因此，操作这样的股一定要选对时候，如果进得早了，浪费时间，而且被长时间的平台洗盘折磨得难受。

5. 上升通道买入法

上升通道是股市中股票上升趋势的形象化描述，由两条平行线组成。股价沿着一定的斜率上升，常见的有 30 度、45 度，也有些短线强势股出现 60 度陡峭斜率的上升通道。基本上每一个高点的连线和每一个低点的连线成平行线，股价大部分时间在平行线内运行，每次跌到平行线下方就会反弹，每次涨到平行线上方就会回落。对于短线投资者来说，可以利用好上升通道的下轨位置作为短线买点。

股价向上突破上升通道时往往意味着行情将告一段落，投资者需要把握行情加速上冲的机会获利了结；如果是向下跌破通道，投资者需要保持谨慎。上升通道形成后行情具有一定的持续性，但通道一旦破坏就需要时间重新组合，此时投资者可以选择暂时退出，直到形成新的趋势通道再进入。有的时候上升通道的向下破位，并不一定就是行情的结束，有时也意味着新的市场机遇将出现。

因此，投资者在运用上升通道买入法时需要注意以下几点。

（1）在基本面不变和大盘趋势走好的情况下，在上升通道中，股价每一次跌到下轨附近都是短线或中线的买点。

（2）在冲击上轨平行线时放量，在跌到下轨平行线时缩量。因此，股价在跌到下轨附近的时候，要保证下跌的量能必须是萎缩的，这样才有参与价值；如果不萎缩，则需要警惕。

（3）与 BOLL 指标相结合，进行综合分析。通常当股价跌到上升通道的下轨，BOLL 指标也会跌到下轨，这个时候买股票相对安全；相反，如果 BOLL 指标跌到下轨，不一定就是股价跌到上升通道下轨。

（4）买入这样的股，投资者需要有一定的胆量。庄家在拉抬股票价格的过程中，沿着标准的上升通道进行，到了通道的上轨就开始下跌，跌到通道的下轨就止跌，并且开始上涨，但是到了上轨以后，还是要跌回来，不过，每次高点都比前一次的高，每次的低点也比前一次的高，属于持续震荡地沿着上升通道拉高股价。投资者要抓住时机，获得利润最大化。

买低价股好还是高价股好

投资实践中，很多投资者会遭遇这样的困惑：买低价股好还是买高价股好呢？

大部分投资者都倾向于买进低价格的股票。他们认为，用同样的钱与其买 50 股较昂贵的股票，不如买 100 股或 1000 股较便宜的股票。事实上，投资者应该购买价格较高、公司营运状况较佳的股票。

投资者所应该注意的，不在于可以买多少股票，而在于能投资多少钱，以及这笔钱所能买到的最好商品。

股票的质地是非常重要的，如果不对个股的基本面作出充分的分析研究，不管个股是否具有上升潜力，不分青红皂白地随便抓只股票就长线投资，极有可能没有收获，甚至是负收益。

"低价的就是好的""谁家便宜就买谁的"是正常的心理行为，但买股票并是买白菜，越便宜越好，股票投资是买公司的未来，良好的赢利能力和成长性是支撑股价上涨的内在动力，所以说，并不是低价股就是好股。每股 2 元、5 元或 10 元的股票看起来好像便宜，然而大部分股价低于 10 元的公司，要不是营运状况不好，就是经营体质不健全，股票也没有物美价廉这种事。另外，大量买进低价股所负担的佣金也比较多，风险也比较高，因为低价股下跌 15%—20% 的速度远高于高价股。

投资者购买股票时除了考虑价格外，更应该考虑以下两方面的要素：

（1）这些公司必须是优秀的公司。全世界各地的基金经理随时都持有近百种甚至是上千种股票。试问：股市里，难道真的有那么多家优秀公司吗？这种广撒网式的投资法，绝对不是成功投资家的投资概念。

（2）只有在这些优秀公司继续保持优秀状况时，投资者才可以继续持有它们。这说明了投资不应是永久的，投资者要一直不停地观察市场。其实，就算是一家公司的基本优势还存在，但如果投资者发现还有一家竞争者也同样拥有这个优势，但股价只是它的一半时，则可以卖掉前者而买入后者。

低价股不一定是好股，判断是否是好股主要应看它的成长性。在选择值得长期投资的品种时，一定是优先买入那些成长性的，而不是那些股价很便宜但赢利能力低下的公司。关于公司的成长性，投资者可以借助以下几方面来判断：

（1）公司规模不是很大。如果公司规模小的话，公司业务和规模扩张的空间就较大，也容易在扩张过程中不影响公司的整体发展。同时，如果公司的项目产生收益，规模不大的公司与规模大的公司相比，前者业绩增长更为明显。

（2）公司的发展速度高于平均水平。这主要是指与行业内平均水平相比，发展快速的公司速度会显得更快，这一方面说明了公司的成长性，另一方面也说明了公司在市场、管理、成本或人才等方面具有一定的优势，从而才会有更快的增长速度。

（3）公司有成功的商业模式。这一点非常重要，一个公司有成功的商业模式才能生存，而发展迅速的公司往往可以复制这种商业模式，在不同的地域以最低的成本复制这种模式，获得市场和规模扩张的优势，从而加快发展的速度。这一点在连锁业体现得最为明显。

（4）公司存在一定的垄断性。有垄断性的公司会比没有垄断性的公司更加具有优势，一旦获得了某种垄断性，比如原料、产品生产、市场渠道以及地域等相对的垄断性，那么公司的业绩发展就会获得一定的保证，从而提高公司的议价能力。

切忌用买彩票的方式买股票

投资实践中，有些投资者总喜欢做一夜暴富的美梦，希望片刻就能改变自己贫困的命运："有一天我购买了 1 元的股票，不久就涨到 100 元。我一下子买了 1 万股，这样就可以由 3 万变 300 万了！"这样的美梦在股票投资界，根本就不现实。因为，进行股票投资，不是买彩票，买 2 元突然之间中了 500 万。因为，股票投资更讲究技巧和方法。所以，投资者在购买股票时，切忌用买彩票的方式买股票，而要有更强的风险规避意识。

2007 年，看着股市行情一路上涨，下岗职工老孙也按捺不住了。他四处筹到 2 万元，也加入炒股大军的行列。老孙说，春节过后，上证指数从 3000 点一路涨到 4000 点，而他的月收益也达到了 11% 左右，基本可以维持生活。他认为，如果以这样的速度发展下去，突破 5000 点是迟早的事。"我还准备再借 2 万元投到股市，到那时就不用到处找工作，炒股票就可以养活自己了。"老孙说。

股票投资界，像老孙这样盲目乐观的投资者不在少数，他们似乎无所畏惧，几乎不考虑风险。

据了解，很多投资者将手里的钱往股市里砸，全然不顾手中的钱是用来买车买房的，还是留给孩子的教育资金。很多投资者买股票全靠听"消息"，别人说什么好，就买什么股票，根本不考虑上市公司的背景。与此同时，也有很多新鲜事见诸报端，比如有人初进证券交易大厅就问"基金的利息是多少"，更有人拿自家的房子作抵押，从银行、典当行贷款入市……

股市犹如绽放的玫瑰，很多人看着它诱人，买来满足一下自己虚荣的心灵，但玫瑰是有刺的。很多人看着自己身边亲朋好友在股海中翱翔而又大获全胜，不免心也痒痒。因此，在自己还没有完全准备好的时候，便急切登上股市这条大船。这时的他们满怀向往，壮志凌云，一副势必在股海中扬帆起航，到达胜利彼岸的决心。他们把自己当成了股神巴菲特，他们想当然地以为进入股海，就如进入宝藏库，大把的金钱等着拿，耀眼的珍珠等着戴，迷失心智、忘乎所以、疯癫不堪，都不足以形容这时的他们。

其实，财富是一分一厘积累起来的，不是凭空吹出来的，在股市里获利也是一样，总是有一个过程。对此投资大师一再告诫："通过炒股赚钱不是一挥而就的事，要耐得住，顶得住，撑得住，熬得住，耗得住，挺得住……"

所以，投资者不要去空想，更不要去做白日梦，进行股票投资还是需要踏踏实实去努力。

建仓的时候要记得分批买入

所谓建仓，是指投资者在看好某个股票的前提下，买入一定数量的股票的行为。分批建仓就是不一次性买入而是分成数次，对该股票不断地买入、增加仓位的行为。

这是股市中投资者为规避风险而普遍应用的一种手段策略。

实际生活中，很多投资者都有这样的经历：亏小钱时割点肉容易，亏大钱时割肉就十分困难。这是人性的自然反应。在一项投资上亏太多的话，你的自信心会受到极大的打击。这就要求投资者在股票交易中，如果没有确切的把握，不要一次买进，也不要满仓操作，最好是分批买入。

如果形容说股市行情瞬息万变，真的不怎么过分。所以无论是个人还是机构，券商还是私募，都无法准确预料股市在中短期的变化，尤其在短期内在某天的某一个时段内的变化，因为变化的因素实在太多。如果你看中某个股票，无论你什么时段买都可能会后悔，但如果不买也可能更后悔。如何才能减少风险，让投资者可进可退还能有见风使舵的余地呢？因而人们总结出了分批建仓的投资策略。

作为投资者，当你看中的股票在某一个价位时，除非你有绝对可靠的消息或底气，你才敢于一次性满仓买入，因为股票价格随时可能还会下跌，刚买就要后悔。所以稳妥的办法就是把自己的资金分成几份，一次买入一份。

如果股价继续下跌，你可以分析一下继续下跌的大略原因，如果属于大势行情不好，那你还有观望的机会，如果是缩量下探，只是少数人恐慌的表现，你可以再买一份，这样既可以分散风险也可以因势利导。

如果你买了以后股价上去了，而且再也不下来，没有机会再低位接盘了，你仍然可以分析看是行情反转了还是暂时反弹，消息面上该股有什么状况等等，再决定是买还是卖，就是不买也不用后悔，因为你已经有了一定的仓位，而且股价上去了赚了钱更没必要后悔。

总的来说，分批建仓实际上是一种试探性的买入活动。针对其好处，国外有一位著名的股票投资专家，有着深刻的总结：

如果买入的股票大幅上涨，对投资者来说肯定会增加一笔收入；如果买入的股票下跌得很厉害，由于买进的股票数量有限，不会蒙受巨大的损失；必要的时候，还可以用其他的资金在更低的价位上进行数额比较大的补偿性买入，摊低购入股票的实际成本。交易时多进行几次试探性的买卖，虽然麻烦一点，但能有效地化解风险。

也就是说，在股市实战操作中，分批建仓的好处主要体现在下面几点。

1. 投资者可以集中有限的资金和精力，打好有准备之战，提高操作的针对性和有效性

分批建仓并不是绝对地走上形而上学的教条主义的歧路。相对于机会大与机会小的比对与选择而言，"分次买入，第一次只买一点"的操作策略只是针对那些机会少、利润小的短线操作而言的，如在熊市中抢反弹，或者是在牛市末期去赶顶，都只是快进快出的小打小闹，而决不能当真将其视作大机会来处置。这也就是"要把有限的精力与资金放在最能够使自己创造更多收益的主升浪中"的真谛所在。

2. 操作中投资者能灵活机动，随机组合，以趋利避害

在上升趋势和主升通道不是很清晰、很明朗的背景下，满仓操作、轻举妄动，实属操作中的大忌。在无趋势的整理过程中，随意进行满仓操作，一旦发现情况有变，就会像背负着全部辎重的队伍那样，是很难急速掉头回撤的。因为操作心态同仓位的轻重也有着十分密切的关系，仓位轻，发现情况有变，就能立马理智地进行止损纠错；而如果仓位重，则止损就非常困难。

3. 可防止轻易满仓致损之后，产生强烈的失望情绪

满仓的理由，无非是投资者看好股票的走势形态，或者是冲着某种美好的展望和预期，但归根到底，还是因为其期望很大，决心孤注一掷。人说"希望越大，失望越大"，不会是没有道理的。为防止失落情绪的滋生，即使是相当看好大盘或个股的后市，也应当记住分次买入的警讯，少买一点，留有余地，以防不测。就算是在确认自己的良性预期和估算的有效性之后，再加码买进也为时未晚；虽然成本可能相应地有所加大，但操作的有效性和胜算概率及保险系数却得到了有效的提升。

在特定的"购买地带"等候

有许多投资者抱着高价股更容易赚钱的想法，漫不经心地购买 40—60 元的高价位股票。在行情上涨时，的确必须追踪高价，但是不能因为涨势迅速，不自觉地紧追着著名的品牌，而招致失败。为了避免这种情形，应坚持唯有股价进入自己的"一定地带"时，才决定买进。

例如，一股 20 元以上的股票，坚持其下跌至 15 元时才买进，这样，有了自己的特定地带，赚钱概率才会提高。购买跌价中的股票，而非上涨中的股票。

在任何情况下，股票投资都不可忽视品牌的业绩。尽管如此，仍有许多人未调查业绩即买进股票。这种做法非常危险，亏本是理所当然的。尤其是投资经验丰富的人，有的会得意扬扬地说："过分重视业绩是外行的表现。"这种人大概是不懂股市的本质，不然就是油头滑脑的人。

不过，尽管公司业绩好，但是随股市行情波动而上涨的股票，买进之后不可能轻易再上涨。因此，即使品牌属于优良业绩者，也应当在廉价时购买。至于上涨中的品牌，即使受别人煽动的说法引诱，也不可购买。

一天比一天上涨的品牌，的确是活力旺盛的样子。但是，涨情能够持续，唯有在成交额增加的情况下，当成交额减少，股价会立即下跌至某种程度，而后停止波动，购买的时机就在股价跌停时。

要了解此种品牌的股价是否已下跌到底，只要调查成交额的变动情形。若与过去下跌时的情形相仿时，即可确定跌价停止。当然，股市无确定性，有时还会再下跌。以上就是购买跌价中的股票的方法。

有些人积极而勇敢地追踪正在上涨的股票，设法买进，但是购买上涨中的股票却有购得高价的危险，买进之后，想卖出时，遭受损失的概率非常高。

事实上，成功的股票投资家一贯主张在股价下跌时买进，因而获得良好的成果。趁股票下跌时购买的品牌，必须是业绩优良，或业绩已由赤字向黑字转换的品牌。大致说来，这些品牌虽然下跌，但是正处于"休养时期"，不久后一定会东山再起。

"成本摊平"的股票买入方法

近来，国内外的投资者都热衷于成本摊平的投资方法。迈克尔·沙伊莫同样推崇该方法，因为它不仅提供了小额投资人参与金融市场的机会，同时也因为采取分批进场策略，降低了平均成本，不但可长期积累财富，也适合在套牢之后用作反败为胜的利基。

1. 什么是成本摊平法

所谓成本摊平法，是指购买每股平均成本低于平均股价的股票的方法。当股价较低时，买进大量的股票；在股价较高时，少买股票。

例如，一个投资者要累积一些思科系统公司股票仓位。在适当的研究后，该投资者计划按季度购买，每次投资 2000 美元。

第一次购买 2000 美元，将买到 13.71 美元（145 股），第二次购买 17.5 美元（114 股），第三次买到 20.42 美元（97 股），第四次买到 24 美元（83 股）。总共 439 股，花了 8000 美元。每股平均成本为 18.22 美元，第三次和第四次购买的当时就获利了。

成本拉平法是个不错的买股办法。就一个投资者可以支付的美元数额而言，为一个投资组合设立一个有规律的、长期投资计划的原则（例如，每月或每季度投资 100 美元或 1000 美元）。定期的投资替代了试图预测股价何时走低、何时走高。

有规律地进行相同数额的投资，比如每月 1000 美元，该投资者在股价走低时，买更多股票；在股价走高时，少买股票。该策略就形成了一个具有平均成本的投资组合。显然，低价位购买的股票将比高价位购买的股票表现更好，由于采用摊平成本法，你就在低价时买入了更多的"绩优股"。

成本摊平法使投资者有效和自动地在高价时少买，在低价时多买。但这是长期投资者使用的一种方法，对于短期投资者没有用。

该策略也是多变的，尽管它可能在共同基金中更有效，但实际上可用于任何投资组合。由于基金的单位可以被拆细，从而允许一位投资者购买特定数量的美元的股份，而非一定数量的股份。

拉低成本价的办法还使人们遵循一条主要的投资原则——给你自己付钱。别觉得自己没有足够的钱投资，就不投资。再说一次，共同基金具备有利条件，投资者可以每月投入 50 美元！

2. 成本摊平法实战策略

摊平的基本方法是把自己的资金分成数笔逐次投入。按具体情况可分为以下几种策略：

第一，逐次等额摊平。

即 "平均成本" 策略。采用这种策略购买股票，基本思想是，使购买股票所花费的平均成本低于股票的平均市场价格。当股票价格较高时，能买进的股票数就少；反之，能买进的股票数就多。只要每月的投资额一定，全年内每股的平均成本就会低于股票市场价格。

第二，下档倍数摊平。

前种方式相同之处也是逢股价下跌时分次购进，不同之处在于采用加倍投资购进，即后一次购进的股票数量是前一次购进数量的加倍。仍用前例，第一次购买 20 元一股 20 股后，第二次以 16 元一股购进 50 股，投资金额 800 元为第一次投资额 400 元的 2 倍，平均成本 17 元，这就是两次加倍购进摊平。此时，如股价回升超过 17 元，便可获利。

第三，下档等额摊平。

即 "买平均低" 策略。投资者手中的股票在高价区买进后被下跌盘 "套牢"，使得手中持股蚀本，这时持股者可在股价再跌落一段时间后，再买进。一般情况下，可以实行 "三分法"，即把投资平均分成三等份，分三次购买一再下跌的股票，使购股平均成本降低。如手中有 1200 元资金，分成三等份，第一次以 20 元一股购进 20 股，平均成本 20 元；此后股价下跌到 16 元，再用 400 元购进 25 股，平均成本为 17.7 元；第三次当股价跌至 10 元一股时，再按同量资金购进 40 股。此时，手中 85 股股票的平均成本为 14 元左右。整个购买过程有三个价位，即 20 元、16 元和 10 元，而平均成本已逐次由 20 元降至 17 元、14 元。因此，只要该股票价格回升到 14 元，便可保本，回升到 14 元以上就可获利。

第四，上档等额摊平。

买"平均高"策略。这是股票长期投资者分阶段购入股票，而不是一次性将全部资本投入股票市场的一种股票购买方法。这种方法的基本原理是，股票投资者在股票某一价格状况下购买一部分股票，然后等待股票价格上升一个段次后，买进第二部分。以此类推，再购买第三、第四部分。

例如，假设某股民估计某种股票的价格有可能上升到45元，该股民首先在40元的价格下用1/4的资本买进第一部分，在40.6—41元也用1/4的资本买进第二部分，在41.5—42.5元时，再用1/4的资本买进第三部分，在42.7—43元时买进第四部分。当股票价格上升到44元时，便可分批抛售手中股票，而获取利润。

善于发现一些被低估的股票

一般说来，长线投资者购买被市场忽视的股票往往会获利。我们虽然不能预测股市波动，但几乎所有对股票市场历史略有所知的人都知道，一般而言，在某些特殊的时候，能够很明显地看出股票价格是过高还是过低了。

投资者可以从一堆低价股当中挖掘，或从大盘在高点时所忽略的股票中找出价值被低估的股票。许多时候，投资者往往会对利空消息反应过度，但撇开这些歇斯底里的反应，一些基本面尚佳的个股就在此时出现极好的价位。

除此之外，市场行情正好的时候，投资者更应该以精挑细选的眼光选择产业，必要时逆操作亦未尝不可。有时，金融业、医药业以及公用事业类股等都在投资者的黑名单上，但常识告诉我们，银行、制药厂、医院、电力公司总是会继续经营下去，当覆盖这些产业的乌云散去，也正是这些公司股票翻身的时候。

价值被低估的企业成为"特别情况"类股的时候，也是股价低到深具吸引力，并且风险十足的时候，企业的股价下挫至极低的价位，通常和该公司营运已经深陷泥淖不无关系。但此时，股价往往远低于该公司的资产价值。因此，虽然经营状况不甚理想，仍不失为极佳的投资目标。

我们也可以通过一些技巧发现价值被低估的股票。下面是格兰汉姆订出一套检视被低估股票的标准，只要符合下面10个标准中的7个，就是价值被低估且有相当安全边际的股票。事实上，能够同时符合下列10个标准的可以说是少之又少。

（1）该公司获利/股价比（也就是本益比的倒数）是一般 AAA 级公司债值利率的两倍。如果目前 AAA 级公司债值利率是6%，那么这家公司的获利/股价比就应该是12%。

（2）这家公司目前的本益比应该是过去 5 年最高本益比的 2/5。

（3）未发放股息或是没有收益的公司则自动排除在这个标准之外。

（4）这家公司的股价应该等于每股有形账面资产价值的 2/3。

（5）这家公司的股价应该等于净流动资产或是净速动清算价值的 2/3。

（6）这家公司的总负债低于有形资产价值。

（7）这家公司的流动比率应该在 2%以上，这是衡量企业流动性或企业收入中清偿负债的能力。

（8）这家公司的总负债不超过净速动清算价值。

（9）这家公司的获利在过去 10 年来增加了一倍。

（10）这家公司的获利在过去 10 年当中的两年减少不超过 5%。

这些标准只是个原则，固然值得投资者用心思考，却不能当成食谱一样照单全收。投资者可以选择最佳帮助个人达到投资目标的准则，其他仅供参考即可。

从趋势中把握买入机会

成语"顺势而为"说明了在股市中把握趋势的重要性。在长线投资中，如果我们能够把握趋势，以较低的价格购买到满意的个股，就会有更大的赢利空间。那么，我们如何正确地认识趋势，并根据趋势确定正确的投资策略呢？

（1）坚持辩证的观点，无论是开盘价、最高价、最低价，甚至是收盘价格，都仅仅是漫长的价格运动中的一个环节，而不是一个终点，某个价格可能是一个趋势的终点，但是不会是所有趋势的终点，只要市场存在，价格就永远掺杂在趋势中，不断变化。当一个趋势在向上发展时，其标志是最高价格在不断上升，并引导同时间结构的最低价和收盘价不断上升。最高价的不断上升，表示大部分交易者（或者是持有大成交量的少数交易者）认同价格的运动方向，愿意以比目前更高的价格买入股票，这种倾向性被不断延续，直到交易者认为价格过高，不愿意继续追捧为止。

（2）我们可对趋势进行适当地划分。把趋势人为地分为简单趋势和复杂趋势，这种区分并不影响市场变化，只是更加方便我们对整体趋势的判断。简单趋势包括简单上升趋势和简单下跌趋势。简单上升趋势：由一系列相邻的或邻近的 K 线组成，这些 K 线具有不断递增的最高价。"邻近的"表示不超过两只。简单下跌趋势：由一系列相邻的或邻近的 K 线组成，这些 K 线具有不断下降的最低价，"邻近的"表示不超过两只。

复杂趋势同样包括复杂上升趋势和复杂下跌趋势。复杂上升趋势：由两个以上的逆向简单趋势组成，其中简单上升趋势的长度必须大于与它相邻的后面的简单下跌趋势；如果是由许多逆向简单趋势构成的复杂趋势，那么每一个简单上升趋势的长度都必须大于它后面的简单下跌趋势。复杂下跌趋势：由两个以上的逆向简单趋势组成，其中简单下跌趋势的长度必须大于它后面的简单上升趋势；如果是许多逆向简单趋势构成的复杂趋势，那么每一个简单下跌趋势的长度都必须大于它后面的简单上升趋势。

趋势停顿：简单趋势停顿表示价格既不处于简单上升趋势，也不处于简单下跌趋势；复杂趋势停顿表示一个简单趋势既不处于复杂上升趋势，也不处于复杂下跌趋势。

如果是买入交易的话，应该在以下的市场状况下予以考虑。

（1）市场处于复杂的上升趋势中（长线交易）。

（2）市场处于简单的上升趋势中（短线交易）。

（3）趋势停顿区间较大，价格处于区域下限（横盘的波段交易）。

（4）价格突破趋势停顿的上限（追涨）。

这些都是买入交易的限制性条件，是原则性的。仅仅是这一点，就可以使你总是处于有利的市场位置。

如果你能够遵守这些原则，找出市场可能的反转点，并按照另外一些交易原则进行交易，那么就可以轻松地达到长期稳定的获利目的。

及时追击涨停板，捕捉主升浪

涨停板可以启动行情，可以拉升一波行情，推动行情飙升；可以使几元钱的股票变为几十元甚至上百元；可以给捕捉到的投资者带来巨大的收益。追击涨停板是短线操作的重要绝招之一。"追板"操作所蕴含的市场风险是尽人皆知的，而追击涨停板如果操作运用得当，其机会收益也是极其可观的。

股票涨停的运行轨迹为我们留住了股票价格过去的脚步，临盘股价的分时走势又为我们展示着波澜壮阔的现在。那么了解、认识这些轨迹和走势，就为我们有准备、有意识、有成效地捕捉涨停提供了可能。这就是在股价运行出现涨停走势的特征时，特别是在临盘分时走势图中出现涨停走势的特征时，及时介入，享受欣喜，获取利益。

1. 研究集合竞价情况

对于自己重点关注的股票，投资者在分析研究集合竞价情况的时候，一定要结合该股票在前一交易日收盘的时候所滞留的买单量，特别是第一买单所聚集的量的分析。这种分析对于当天的操作及其捕捉涨停的效果有着十分重要的意义。一般来讲，如果一只股票在前一交易日是上涨走势，收盘时未成交的买单量很大，当天集合竞价时又跳空高走并且买单量也很大，那么这只股票承接昨日上升走势并发展为涨停的可能性极大。通过结合诸如 K 线组合、均线系统状况等情况的综合分析，确认具备涨停的一系列特征之后，要果断地以略高的价格挂单参与竞价买入。当然也可以依据当天竞价时的即时排行榜进行新的选择，以期捕捉到最具潜力的股票，获得比较满意的投资效果。

2. 分析 K 线组合

研究 K 线组合的深刻含义，感知其内在动态，把握股票价格上涨征兆，可以大大提高捕捉涨停板的概率。其实对许多诸如"强势整理""突破复合箱体""两阳夹一阴""东方红大阳升""三线开花"等 K 线组合及均线系统的认真分析研究，对捕捉涨停有很实用的价值。

3. 关注二次上攻时的动能

动能是股票价格波动的能量，它的大小常常从其运动的角度上反映出来。上攻动能大多从股价走势的攻击角度上进行体现。上攻角度越大，动能越大，当上攻角度大于 60 度时，它集中反映做多动能的不可抑制。但股价上冲一般难以一蹴而就，总要在上攻后有一回落，然后二次上攻，动能大小在此时反映的往往会比较清晰。动能较大介入时要以高于成交的价格挂单买入，否则容易踏空。

4. 关注上攻时的成交量

成交量是多空战斗力的对比。看盘先看成交量，临盘要关注大单成交情况，它反映主力资金的价格意志。当大单低挂时，它往往会打压股价使其节节走低；当大单高挂时，它往往会提升股票价格，使其节节走高，随波上攻。上攻时大单的成交量为主力资金的价格意向，一定程度上决定着股票价格的升幅。关注上攻时的成交量变化，顺其动意及时操作，可提高捕捉涨停的概率。

5. 关注回落的幅度

股价冲高要回落，这是一种自然现象，也是股票价格变化的必然，它不以投资者的意志为转移，而是遵循自己固有的规律起伏运作。但是这并不意味着股价冲高回落没有什么操作价值，相反其冲高回落的幅度和角度，对股价当日的走势却有着至关重要的意义。在一般情况下，早盘特别是开盘后半小时（包括午市开盘后的半小时）的走势必须十分关注，因为这个时候股票价格的变化，对股票价格全天的走势有着一定的指导价值。这个时候股票价格回落的幅度不破黄金分割线，特别是不破 0.382 的黄金分割线，在其调头向上冲破前期高点时买入，捕捉到涨停板的可能性较大。当然如果涨停板打开，在回落过程中受到了 0.382 的黄金分割线的强有力的支撑也可果断下单，这常常是天赐良机。

6. 关注均线的支撑情况

股票价格的即时走势大多无序，把握起来比较困难；而反映平均交易价格的均线则较多地体现出一些规律，把握起来就相对比较容易。均价线作为平均的交易价格水平，对即时股价有着一定的影响。它或牵引、或拉动、或支撑、或压制着股票即时交易的价格。股价回落获得支撑，上涨成为必然，支撑的力度越大，上涨的幅度也就越大。关注均线支撑对捕捉涨停很重要。

7. 关注箱体底部的支撑力度

股价在一个箱体中运动，其箱体底部的支撑力度的大小，对临盘捕捉涨停板有着十分重要的意义。如果箱体底部支撑力度小，股价就可能跌穿箱底，走向调整或漫漫熊途；相反，如果箱体底部支撑力度强大，往往可能使股价有效地突破箱体顶部，从而走出一轮上升行情。

8. 关注开盘价的支撑力量

开盘价对于主力资金特别关照的个股来讲是有特殊意义的，它是主力精心策划的盘面信息之一。所以在上升期，股价在盘中一般是不会跌穿开盘价的，即便有时偶尔跌穿，也会被迅速拉起，或者会被有力地拉起。如果临盘时股价轻易跌破开盘价，并在较长的时间里不再被拉起，在这种情况下它对捕捉涨停板的意义是不太大的。如果盘中股价在开盘价处获得强有力的支撑，或被巨大的买单拉起，这表明主力在此还有"戏"，应在其向上突破、超越前期高点时果断介入。

9. 关注公开披露的信息

就一般情况而言，散户的信息来源渠道狭窄，获取速度慢，得到的信息往往滞后。但有时候一些重要信息，还是能捕捉到的，如一些上午停牌刊登公告，下午复牌的股票就行。

事实上，进行具体的目标股分析时，应当在关注目标股即时走势所反映出的信息的同时，综合参考上述特征，结合大盘及板块走势情况进行具体的决策，对捕捉涨停板才更有意义。

投资者在参与涨停股前，需要明白这是一项高收益和高风险并存的操作。涨停显示股价走势较强，特别是连续涨停的个股，短期可获取丰厚收益，但大涨之后往往也会大跌。从介入的时机看，个股涨停时间离开盘越早则次日走势越佳，如果某只股票在收盘前涨停，其次日走势均不理想。

把握住"拐点"处的买入机会

历年来，每当投资者处于普遍迷茫、大盘消息面接近真空状态时，传闻总会源源不断地被"制造"出来。回顾中国股市 10 多年的发展历史，我们就可以发现，无论大盘或个股，在利好传言朦朦胧胧时，大多呈现一种向上的态势，而一旦利好传言由媒体加以证实，行情往往就会戛然而止，用股市中的行话来说，这叫作"利好出尽成利空"或"见光死"。反之，在利空传言隐隐约约时，大多呈现一种向下的态势，而一旦利空传言在媒体上公布得到证实，"利空出尽成利多"，行情就常常会出现见底回升的戏剧性变化。所以，我们面对传闻的时候一定要懂得抓住拐点。

俗话说："遇利好传闻时买入，遇利好传闻证实时卖出；遇利空传闻时卖出，遇利空传闻证实时买进。"按理来说，听到未见证实的传言，我们应该等一等，看看它会怎么发展，一直等到传言得到证实的时候，再采取行动。这是一种理智的表现，是为人处世的一个准则，它是人们取得成功的一个重要因素。但这种思考方式用来炒股就不行了，它常常会使投资者输得找不到方向，而且要么不输，一输就输得很惨。这也就要求投资者在面对传闻的时候不要那么"谨慎"，应该迅速判断行情，抓住市场的拐点，这样才能够获取更多的利润。

为什么这样说呢？因为炒股票就是炒朦胧，炒朦胧所描述的是一种典型的市场预期行为。实际上，市场中所谓的传闻就是尚未得到证实的消息，或尚未成为事实的变化因素，是市场的预期。所谓"遇利好传闻时买入，遇利好传闻证实时卖出；遇利空传闻时卖出，遇利空传闻证实时买进"，就是指市场参与者根据预期所采取的相应行动。

开始，人们以为这是因为中国股市投机性太强才产生的一种特有现象，但是人们通过对国外股市，以及期市、汇市的了解，才发现这几乎成了虚拟资本市场的一种普遍现象。

比如之前市场上就有消息灵通人士向某报透露，当前管理层可用于"护盘"的资金数量非常充沛，大概在 1500 亿元左右，另外，为了保证股改的全面胜利，这笔资金的数目有可能还会继续增加，甚至达到接近 3000 亿元的水平，大部分投资者纷纷跟进。但是，之后的盘面反应：数只权重指标股挺身而出，力保大盘指数不继续暴跌。

总之，炒朦胧说到底是市场大众对日后预期的一种盼望。虽然这种预期是否合理，是否理性，这一点并不重要，但预期因素对市场影响之大，冲击力之强，是资本市场（包括股市、期市、汇市等一切虚拟经济市场）实战中不可忽略的因素。

根据股市炒朦胧这一现象，投资者在股市操作中也应该顺势而为，这就是：

（1）不要那么理智，要放弃常理的思考方式，一定要确定消息的来源，确定消息是否真实，以确切的消息、传闻来指导自己的行动，开辟新的思路，不要总是循老路走。

（2）不管市场上流传的是利好传闻还是利空传闻，如盘面没有跟着发生变化，就不要急于行动。一定要记得将传闻与盘面观察结合起来，因为不是任何传闻都会对股市发生作用的，只有当传闻被主力利用，开始被越来越多的人接受，形成一种惯性力量时才会对股市走势产生影响，因而投资者只有在这个时候，才能以传闻的预期顺势而为，或是买进，或是卖出。这里要注意的是，传闻是否形成惯性力量，唯一鉴别的方法，就是看盘面的走势是否按传闻的内容在发生着相应的变化。如利空传闻形成惯性力量后，大盘或个股走势就会朝下突破；利多传闻形成惯性力量后，大盘或个股走势就会朝上突破。

（3）利好传闻一旦得到证实，就不宜再买进（除非股价极端超跌），相反，应该抛售出局。如想再等一等，看一看，也应该减轻仓位，先出掉一半筹码，余下的待机而沽，一旦发觉行情掉头向下，应及时退出；利空传闻一旦得到证实，就不宜再卖出，相反，应该逢低吸纳，如此时觉得心中还没有底，不妨先试着买进一些筹码，看准后再大力出击。在利空面前，投资者一定要多动动脑筋，防止踏入"利空陷阱"，让别人牵着鼻子走。

有道是，利好兑现多成空，利空兑现空成多，先知先觉获利丰，后知后觉吃亏重。这是炒股的真理，所有的投资者都应该铭记于心，以此来指导自己闯过传闻的迷阵，避免在以后的炒股中再犯相同的错误。

第 18 章
每个投资者应掌握的卖出原则

掌握股票卖出的四个法则

买股票是为了赚钱，但也会让投资者发生亏损。为了避免资金发生大的损失，投资者需要学习如何卖股票。学习和使用卖股票的方法，第一是要学习一些有用的卖出规则；第二是在你所有的市场活动中遵循这些规则；第三是永远不要违反这些规则。如果买了好的股票，未能选择好的卖出时机，将会给股票投资带来诸多遗憾。以下就是卖出股票的法则：

1. 低于买入价 7%—8% 坚决止损

投资最重要的就在于当你犯错误时迅速认识到错误并将损失控制在最小，这是7% 止损规则产生的原因。通过研究发现 40% 的大牛股在爆发之后最终往往回到最初的爆发点。同样的研究也发现，在关键点位下跌 7%—8% 的股票未来有较好表现的机会较小。投资者应注意不要只看见少数的大跌后股票大涨的例子。长期来看，持续地将损失控制在最小范围内投资将会获得较好收益。

因此，底线就是股价下跌至买入价的 7%—8% 以下时，卖掉股票！不要担心在犯错误时承担小的损失，当你没犯错误的时候，你将获得更多的补偿。当然，使用止损规则时有一点要注意：买入点应该是关键点位，投资者买入该股时判断买入点为爆发点，虽然事后来看买入点并不一定是爆发点。

2. 高潮之后卖出股票

有许多方法判断一只牛股将见顶而回落到合理价位，一个最常用的判断方法就是当市场上所有投资者都试图拥有该股票的时候。一只股票在逐渐攀升 100% 甚至更多以后，突然加速上涨，股价在 1—2 周内上涨 25%—50%，从图形上看几乎是垂直上升。这种情况是不是很令人振奋？不过持股者在高兴之余应该意识到：该抛出股票了。这只股票已经进入了所谓的高潮区。一般股价很难继续上升了，因为没有人愿意以更高价买入了。突然，对该股的巨大需求变成了巨大的卖压。根据研究，股价在高潮后很难再回到原高点，如果能回来也需要 3—5 年的时间。

3. 获利 20% 后抛出股票

不是所有的股票都会不断上涨的，许多成长型投资者往往选择在股价上涨 20% 以后卖出股票。如果你能够在获利 20% 后抛出股票，那么你投资 4 次对 1 次就不会遭受亏损。对于这一规则，华尔街最顶尖的资深投资者威廉·欧奈尔给出了一个例外，他指出，如果股价在爆发点之后的 1—3 周内就上涨了 20%，不要卖出，至少持有 8 周。他认为，这么快速上升的股票有股价上升 100%—200% 的动能，因此需要持有更长的时间以获得更多的收益。

4. 当一只股票突破最新的平台失败时卖出股票

大家都知道春夏秋冬四季变化，大牛股的走势也有相似的循环。这些股票经历着快速上涨和构筑平台的交替变化。一般来讲，构筑平台的时间越长则股价上升的幅度越大。但这也存在着股价见顶的可能，股价有可能大幅下挫。通常，股价见顶时，赢利和销售增长情况非常好，因为股价是反映未来的。无疑，股价将在公司增长迅速放缓之前见顶。当有较大的不利消息时，如果预计该消息将导致最新平台构建失败，投资者应迅速卖出股票。

股票和股票市场都是遵循一定规律的，成功地卖出股票的要诀在于毫无例外地简单执行我们以上总结的规律。买入股票后就应该时刻保持警惕，在符合卖出规则的情况发生时坚决卖出股票。严格执行卖出规则，不仅可以帮助你避免大的损失，而且将帮助你增长财富。

卖出股票前需考虑的五个问题

作为一个投资者，不管什么时候，当你考虑要卖出一只股票时，你首先需要仔细考虑下面五个问题。

（1）你是否犯了某个错误？你在第一次评估这家公司时遗漏了某些事情吗？也许你认为，公司的经营管理经过努力会有一个好转，但是取得好转比你（或者他们）预想的难度大很多。或许你低估了公司竞争的激烈程度，或高估了公司发现新增长点的能力。无论是什么把事情搞糟了，你买入这只股票的理由已经不存在了，股票就不值得再持有了。如果你最初的分析是错的，卖掉损失的股票，支付一点税之后继续前进。

（2）基本面已经恶化了吗？经历几年的成功后，你投资的疯狂成长的公司的发展速度已经开始慢下来。公司需要积累现金，发掘有利可图的、新的投资机会还要经历一段艰苦的时光，竞争正蚕食着利润。各种迹象表明，到了重新评价公司未来前景的时候了。如果公司相对过去的一贯表现已实质性地变坏，就到了该卖出股票的时候了。

（3）股价是否已高出它的内在价值太多？当市场在一种十分乐观的情绪下振作起来，投资人在这个时期没有理由不投入进来，但这时我们通常要支付远远超过股票真实价值的价格。问问你自己：股票的市价比你对这只股票的估值多多少？你对股票的估值经过一段时间后是否增加了？你不应该仅仅因为股票价格有点高了，就卖出优秀的公司——你要支付资本利得税，而且还不能得到复合增长的利益。但如果是在异乎寻常的高价，那么即使最好的公司也应当卖出。

（4）你这些钱有更好的投向吗？作为一个投资者，你应该不断地寻找相对于风险有更高回报的机会，来分配你的资金。为了购买前景更好的股票，卖出一个稍微有点低估的股票，即使你亏了钱，也没有什么可惜的。

（5）你在一只股票上有太多的投资吗？这是最好的卖出理由，因为它意味着你做对了，并选择了赚钱的股票。关键是不要让贪婪影响了投资组合的管理。一项投资在你的投资组合中超过10%—15%，也许该公司未来的前景是可靠的，但不管怎样还是应该把它所占的投资比例调下来。

甩掉损失，保住利润

资深的投资者都明白这样一个道理，即只有明确自己的投资标准，及时甩掉损失，才能从股票投资中获得更多的利益。

一种成功的卖出股票的策略不可能独立于其他因素，它是一个投资者投资标准和投资系统的直接产物。这就是典型的盲目的投资者兑现利润和接受损失如此困难的原因。实际上，投资成功的关键依赖于"甩掉损失，保住利润"。

通常，利润和损失都会让盲目的投资者紧张。当一笔投资小有赢利时，就开始担心这些利润会化为泡影。为了消除压力，投资者经常忍痛抛售股票。毕竟，专家们不是说"保住利润你就永远不会破产"吗？

在面对损失的时候，投资者可能会告诉自己那只是纸面损失——只要他不割肉。他一直希望这只是"暂时"的调整，价格将很快反弹。如果损失越来越大，他可能对自己说只要价格反弹到他的买价他就抛出。当价格继续下跌，对持续下跌的恐惧最终取代了对价格反弹的期望，他终于全部抛出——往往是在最低价附近抛出的。

大多数投资者都将投资错误等同于投资损失。但股神巴菲特对错误的定义更严格：不符合自己的投资标准。即使一笔不符合他的标准的投资最终赢利，他也将它视为一个错误。

如果巴菲特坚定地遵守着他的投资标准，他怎么会犯这样的错误呢？这些错误大都是无意中犯下的。比如，他1961年用100万美元（也就是他的合伙公司1/5的资产）控制了登普斯特·米尔制造公司。这家公司位于一个离奥玛哈144公里远的小镇，生产风车和农用设备。那时候，他使用的是格雷厄姆式的购买"烟屁股"企业的策略，而登普斯特就属于这种企业。作为控股股东，他成了董事长。他每个月都得恳求管理者们削减日常开支并减少存货，他们嘴上答应得好好的，心里却盼着他赶快回奥玛哈。当他意识到他收购这家公司是个错误后，他立即决定将它卖掉。

巴菲特发现，扭转企业的状况不是他的"特长"。为了纠正错误，他找到了他的朋友查理·芒格，而芒格认识一个叫哈里·伯特的人，他可能是登普斯特的救世主。哈里·伯特入主公司后，开始削减成本，大幅减少存货，挤出了不少现金。巴菲特把这些钱再投资到债券中。

1963年，巴菲特将已经扭亏为盈而且有200万美元债券资产的登普斯特以230万美元的价格卖掉。巴菲特后来承认，如果他只是一个少数股东而不是企业的拥有者，他"纠正这类错误的速度会快得多"。

巴菲特最早投资的伯克希尔棉花制造公司成立于1889年，至1929年时，伯克希尔与其他纺织工厂合并，成为英国最大的工业公司之一。其生产的棉花占英国所需的25%，并消耗掉新英格兰发电量的1%。至1955年，伯克希尔棉花制造公司和哈萨威制造公司合并后，改名为伯克希尔公司。但由于当时持续低迷，使合并后的伯克希尔公司的日子并不好过，至1965年时，该公司股东权益已经滑落了一半，营运损失已超过了1000万美元。

70年代后期，伯克希尔公司的股东们开始怀疑继续在纺织行业投资的明智性。巴菲特并未隐瞒困境，但多次表达了自己的考虑：伯克希尔公司下属的纺织厂是所在地区最大的雇主；员工队伍相对来说只需较为固定的技能；企业管理班子显示出了高度的热情；工会也一直比较配合公司管理层的工作。总之，巴菲特相信经营纺织品仍有利可图。不过，他也声明，他希望纺织集团能以少量的资本支出取得正的收益。

伯克希尔公司进入80年代后，巴菲特逐渐从事实中悟出了一些道理。首先，纺织生意的特定本质决定了它不可能实现高回报。纺织品是一种与竞争对手的产品很难区分的商品，国外的竞争者依靠雇佣廉价劳动力的低成本竞争优势挤压经营利润。其次，为了保持竞争力，纺织厂需要补充相当大的资本投入，这在通货膨胀的环境中是很可怕的，一旦经营回报匮乏就会陷入灾难之中。

巴菲特当时面临艰难的抉择。如果为了保持竞争力而对纺织分部投入大量资本，伯克希尔公司可能会陷入资本支出扩张但收入可怜的境地；如果不追加投资，伯克希尔公司的纺织厂就会在与国内外其他纺织厂的较量中失去竞争力。而不论伯克希尔公司在纺织分部是否追加投资，国外厂家仍然具有雇佣廉价劳动力的低成本竞争优势。

1980年，伯克希尔公司年度报表显露出了纺织分部的凶兆。那一年，纺织分部失去了它在董事长报告中的显著位置，紧接着第二年，报告根本未提到纺织业务。最终，1985年7月，巴菲特终于删除了有关纺织部门的一页，从而结束了这项大约有100年历史的业务。

这是一项失败的投资，也是巴菲特投资经验的宝贵积累。尽管纺织部门遭遇不幸，但这一经历并不完全意味着失败。首先，巴菲特悟出了一个宝贵的教训：很少有人能成功地挽救一个病入膏肓的亏损企业。其次，巴菲特用纺织业务早期阶段创造的资本购买了一家后来成为伯克希尔公司摇钱树的保险公司——政府雇员保险公司，可谓失之桑榆，得之东隅。

实际上，对投资大师来说，退出都是不带情绪色彩的。投资大师关心的不是他会在一笔投资中赚多少或赔多少。他只是遵循他的系统，而他的退出策略只不过是这个系统的一部分罢了。

有时候，一般投资者在面对损失时，他也许会认为只是暂时的调整，价格很快会反弹，直到最后亏本卖出。

一个投资者只有明确了自己的投资标准，随时树立"甩掉损失，保住利润"的思想，他的股票投资之路才会更加顺畅。

当投资目标达到时，应果断脱手

作为投资者，若想提高股票投资的成功系数，不管你在一笔投资中投入了多少时间、心血、精力和金钱，你事先都应确定退出策略。

在投资实践中，很多位投资大师都不断用一套标准来衡量自己已经入股的企业的质量。如果他们的一只股票不再符合他们的某个投资标准，他们会把它卖掉。正因如此，投资大师从不会在不知道何时退出的情况下就盲目投资。

退出策略因人而异，与一个投资者的方法和系统有关。但每一个成功投资者都有一种与他的系统相吻合的退出策略。

　　有些投资系统会得出某项投资的目标价格，也就是退出价格。这是格雷厄姆法的特征。格雷厄姆的方法是购买价格远低于内在价值的股票，然后在它们的价格回归价值的时候（或两三年后依然没有回归价值的时候）卖掉它们。

　　股神巴菲特也有自己的一套退出策略。巴菲特这辈子经过手的股票至少有数百种，然而他的大笔获利，却总是来自那些具备持久竞争优势的公司。他的长期投资理念让他总是长时间的持股，不轻易出脱手中的任何股票。当然他也并非死守长线而不知变通，一旦股价够高，投资目标得以实现时，他也会出脱持股。作为备受敬仰的股坛神话，巴菲特的进退之道显得相当灵活机动。

　　历史上巴菲特曾两次出脱手上的股票，即使是他所谓的长期核心持股，也全部出清。一次是在 1969 年，巴菲特认为在当时股市他已经找不到可投资的股票，所以出清持股，当时股市的本益比在 50 以上。第二次是在 1998 年，由于这次巴菲特持有的公司股票已经十分庞大，如果出清持股换成现金，必然因为流动性不足而造成股价下跌，所以这次他采用以伯克希尔股票并购股价净值比很低且净值中持有大量债券的再保险公司，也就是以高于伯克希尔公司真实价值的股票来换取持有大量债券的再保险公司股票，这时市场的本益比在 40 以上。所以如果你遇到所持有公司股票的本益比超过 40，甚至 50，这样应该就是卖出股票的时候，即便这是你的长期核心持股，因为我们深知即使是我们自己所开的好公司，也不能长期维持 50 倍的本益比。

　　人们常说，要战胜市场首先要战胜自己。股市上的投资者，无论是基金经理人还是一般的散户最难战胜的就是自己的贪婪。他们在股市调整下跌的时候恐慌不已，常常不知所措，跟着消息和所谓的"庄家"涌进涌出，对自己的行为不做理性分析，结果损失惨重；在股市上扬的时候，则希望自己买的股票涨了再涨，希望市场一往无前地上扬，没有顶点，希望自己的股票达到自己为它设定的短期内甚至永远无法达到的价位，结果当他们还沉浸在憧憬和梦幻中的时候，股市突然风云突变，开始下跌，将已经到手的收获瞬间化为灰烬，为自己留下永久的遗憾。

　　格雷厄姆、巴菲特之所以成功，最重要的就是坚持理性，坚守自己的投资理念，在市场低迷时乘机挑选投资对象，静待机会买进。在市场疯狂上涨时，冷静而不贪婪，股价一旦达到自己的获利预期，就果断获利了结。

　　作为一般投资者也一样，当股价已经足够高，投资目标得以实现时，应果断脱手。

卖掉赔钱股，留下绩优股

股神巴菲特曾经说："不要轻易卖掉绩优股，不能因为股价上涨就卖掉，好股票涨了还会再涨，同时当公司的业绩表现不佳时，最好出脱全数持股，转到新的投资机会，即任何时候都牢记，卖掉赔钱股，留下绩优股。"在19世纪，美国著名经济学家丹纪尔·德鲁有一个相似的版本："减少你的损失，让你的赢利留下。"

事实上，这是一个投资者需掌握的最主要的卖出法则之一，一个投资者卖掉正在赔钱的、可能继续下跌的赔钱股而留下收益显著的绩优股，不仅可以最大化自己的收益，同时可以最小化自己的风险。

任何股价下跌都是亏损状态。股价下跌让投资者赔钱，损失利润。但是，什么是赔钱股票呢？从高价位下跌就是吗？仅仅是该投资者处于亏损状态，就能说明那只股票是赔钱的吗？在某些情形下，投资者应当卖出股票，但在另外一些情况下，投资者在做出卖出股票的决定前，应再仔细考察一番。

确定一只股票是否仍然是绩优股，要看价格调整的原因。如果总体市场走弱或"正常的"的日常波动导致的股价下跌，该股票可能仍然是只绩优股。

然而，如果跌价的原因是长期性的，那就到了您止损和换股的时候了。具体来说，长期的原因可能包括以下几种。

（1）销售额下降。

（2）税务问题。

（3）诉讼。

（4）熊市正在出现。

（5）更高的利率。

（6）对于未来利润的不利影响。

任何对长期收入前景造成不利影响的事件都可能会迅速把一只股票变为一个赔钱股。许多长短期投资者将会卖出手中仓位，换成潜在的优胜股。

具体说来，如果出现以下这几种情况，则说明绩优股已经变成了赔钱股，应及时脱手了。

第一，成长率中等的绩优股股价已经上升30%，又没有什么特别的喜讯，投资者就应该及时脱手。

第二，周期股企业如需求下降，存货过多，产品价格下跌，产品成本提高，或开工率接近饱和，新建厂房扩大产能，或国外竞争者进入市场时，投资者就要警惕。

第三，成长股不可能永远成长下去。企业大到一定的规模，其业绩有回归到行业平均数的倾向，此时也需及时卖出。

第四，成长股公司如果过分依赖少数客户，或产品易受经济周期的影响，或高级经理人员加入竞争者公司，投资者也需提高警惕，将股票脱手，另寻更有活力、前景更好的公司。

第五，再生股再生之后就转化为别的股了。例如克莱斯勒汽车公司股票原来2美元一股，后来长到5美元、10美元、48美元一股。这时股价也许还会上涨，但已到应该卖掉的时候了。因为股价的P/E值已高于利润增长率。假日旅馆股价的P/E值涨到40时就应该卖掉，因为美国不可能每20英里就有一家假日旅馆。雅芳化妆品公司股价的P/E值涨到50时也应脱手，因为不能指望每两个美国家庭主妇就有一个人使用它的香水。

但是这里有一些例外情况，出现这些情况时并不表明该只股票已经变成赔钱股了，投资者不要轻易脱手。

1. 日常波动

股价在每日交易中上下波动。看看任何一天的价位表，便可以知道每只个股的日常波动。股价也会从一个交易范围转变到另一个范围。例如，一只股票的价格可能会在30~35美元间波动，但有时也会上升到40美元，然后再跌回30~35美元。该交易范围可看成是30~40美元。当该股票价格上升并开始在40~55美元的区间波动时，它又在新的、更高的价位上交易。

在价格走势图上可以更方便地观察交易范围和日常波动。投资者应当花时间熟悉前几个月的交易范围和波动。熟悉价格波动将有助于投资者区分正常的波动与新交易范围的突破。如果一个较低的股价位于正常范畴，它可能仍是一只优胜股，因为最初的分析显示该股票在收入和成长性方面是一只优胜股。因此，这种正常波动中的走弱并非卖出股票的时机。

2. 股价上升，随后又走跌

股价上升到一个新的高度，然后又走低，这是一个相当常见的现象。因为一只股票若有一个较大的涨升，则许多投资者要平仓获利。尽管获利无可厚非，但股价可能刚开始上涨。即便如此，获利行为不可避免，该股股价刚开始升到新高就将显示出向下的调整。

如果一只股票的价格低于其日常交易的范围，而股市未发生变动，这就是一个信号。如果一只股票日常在45~50美元交易，跌至43美元，又跌至40美元，这就该开始关注了。如果该股市中类似公司尚未显示出走弱的迹象，则该信号就更强烈了。这是一个卖出股票或者寻找股价下跌原因的信号。

3. 市场下跌

整个股市的显著下跌可能会迫使一只优胜股的股价降低。所有的股票可能看起来都是赔钱股，其中一些将真的变成赔钱股。大多数此类严峻市场的调整只需一时的关注，并不值得恐慌。正如我们这几年所看见的，股市可以下跌100点、200点甚至500点，然后迅速恢复。调整前是优胜股的股票，在股市恢复后很可能再次成为优胜股。

根据公司基本面的变化决定是否卖出

投资者在决定是否投资一只股票时，要看这家公司是否具有一定的投资价值。同理，在卖出股票时，也要根据公司的基本面变化来把握最佳的卖出时机。

上市公司的经营状况是决定股票素质和股票价值的重要因素。上市公司的经营状况好，股票的价格就看涨，投资者可以考虑买进。反之，投资者应该考虑卖出。具体来说，在决定是否卖出股票时，投资者需考虑以下几方面的内容。

1. 看公司的发展前景

买入一家上市公司的股票后，投资者要定期观察其发展前景，其发展前景对股票价格有重要的影响。一般说来，如果发现该上市公司的经营状况不善，未来发展前景难以乐观时，投资者就不要留恋该股票，以及时脱手为宜。

2. 从公司的赢利水平判断

上市公司的赢利水平是上市公司经营状况最重要的评价标准，也是投资者最看重的地方，与投资者的利益成正比例关系。上市公司的赢利水平高，投资者的获利水平就高；上市公司的赢利水平低，投资者的获利水平就低。因此，投资者必须十分注意上市公司的赢利水平，并根据上市公司的赢利状况，特别是上市公司的利润变化情况来作出是否卖出股票的判断。如果通过观察发现，该上市公司的利润水平已有所降低，而且还有进一步下降的可能时，投资者不宜盲目持股。在这里也要有一定的前提，如果该公司的赢利水平下降是因一些正常的因素造成的，如公司计划进行扩张性建设，或者赢利水平的下降是因为宏观大环境的影响，那么，这种赢利水平的下降就是一种暂时的现象，此时投资者仍可谨慎持股。如果不是正常情况造成的，投资者一般应考虑卖出该股票。如果一家上市公司出现连续亏损的情况，则投资者最好"敬而远之"，因为根据《公司法》，连续三年亏损就要被摘牌，这时投资者的利益就无法得到保证。

3. 看公司的财务报告

上市公司作为公众投资的公司，每年都要公布一次公司的年度报告、中期报告和其他定期提供的有关公司经营情况的资料。在研究分析时可以运用比较的方法，即将该年度的财务报告和以往年度的财务报告进行比较，也可以将该公司的年度报告与其他公司的年度报告进行比较。如果在查看公司的财务报告时发现我们买入的公司的财务状况不良，甚至一年不如一年时，为了避免不必要的风险，投资者应及早卖出该上市公司的股票。

4. 判断公司的负债率

上市公司的资产负债状况，也是分析公司经营状况的一个重要因素，特别是公司的流动资产和流动负债。公司的流动资产和流动负债应保持一个适当的比例关系，这种比例关系会因公司的性质和经营商品不同而有所差别。如果该上市公司的比例关系失调，即净流动资产逐年下降，且幅度较大而又没有正当的理由时，一般应该卖出股票。

5. 以股息水平求判断

股息是投资者获得投资收益的重要方面，因此，股息水平的高低直接关系到投资者实际利益的多少，而且股息水平的高低还会影响股票二级市场的价格。如果一家上市公司的股息水平较低，甚至连续几年不支付股息时，一般应该卖出该家公司的股票。假设该家上市公司现在的股息水平不够理想，但这家公司确实具有发展潜力，投资者具有充分信心时，也可以继续持有，以获得公司长远发展给自己带来的长远利益。

总的说来，公司的基本面状况对投资者来说很重要，投资者只有根据所投资的公司的变化作出相应的投资决策，才能把握住最佳的卖出时机，获得理想的投资回报。

是否应该卖空

所谓卖空，就是当投资者预测股票价格会下跌时，向经纪人交付抵押金，从经纪人手中借入股票抢先抛售，等到股票价格下跌到某一价位时再买进股票，将其归还给经纪人，在这个过程中获取差额收益。

根据卖空者目的的不同，卖空行为又分为三类：一是投机性卖空。在这种情况下，卖空者出售股票的目的，就是预计该类股票的价格会下跌，为了以较低的价格补进同样的股票，从中获得差额利润。这种卖空风险大，利润也大，而且对股票市场有较大的影响。股票的价格会随着卖空者的抛售和补进而涨跌不停。二是用于套期保值的卖空。这种卖空的根本目的是避免股票由于市场价格的下跌而造成损失。三是技术性卖空。

关于是否卖空，股神巴菲特有自己独特的见解。他认为，是否卖空股票，要看投资标的是否具备持久竞争优势、业务是否发生根本变化，以及股价是否足够高。

在1987年10月股灾之前，巴菲特几乎把手头上的股票都卖掉了，只剩下列入永久持股之列的股票，所以遭受的损失较少。巴菲特认为，当有人肯出远高过股票内在价值的价格，他就会卖出股票。当时，整个股票市场已经到达疯狂的地步，人人争着去买股票，因此，他觉得已经有了卖股票的必要。

在适当的情况下，卖空可以是有用的和有利可图的策略，但投资者必须谨慎使用。卖空者必须明了规则和风险。显然，主要的风险是不参与任何未来的获利。在合适的情形下，完美避险的卖空，可以是一个有效的方法。

总的说来，对于是否卖空，投资者应遵循以下三条原则。

1. 不要在牛市卖空

为什么要与大势违抗？不过，你早晚会不相信这条建议，亲身去尝试，最后发现这样做行不通——就像看到路旁贴着"油漆未干"的标志，通常也真的是黏糊糊的。把卖空权留起来，等到熊市时再用。你的机会将更多。

2. 不要小规模地卖空

那些做市商和专业投资者们很容易就能操纵你所少量投资的股票。这称为"被逼卖空"（意即你将发现亏损，被迫轧空），滋味可不好受。以每天500万到1000万股的规模做卖空会安全很多。

3. 不要在平淡市卖空

"永远不要在平淡市上卖空"指在股市变得迟滞不前、无明确趋势时，请小心对待支撑股价的基本力量。如在过去的几年里，即使只有最微小的利好新闻，支撑力量也可能转成买股行为。紧接着，回升和升势就使空头投资者处于高风险状态。

一个平淡的市场，有时指一种平衡市。市场运动迟缓，有时上升，紧接着一个小调整。在平淡市或平衡市期间，机构投资者正在等待（如果他们能这样做的话）一个好的理由回到市场。最微小的好消息（或者有时是坏消息，但不如想象的坏）也可能引起强烈反弹的发生。反弹可能引起卖空股票价格上升，导致保证金增加命令，最后亏损。造成平淡市的稳定性是市场力量的证明。如果没有这种基础性的力量，该股市显然会下跌。

股市走平，波澜不惊，投资者有卖空冲动。在此之前，最好仔细看清股市以及卖空选股。平淡市间经常有基本的势力在维护着稳定。买方进入，替代卖方，股市成为平衡市。平淡市上的卖空在月线图上可能会结束得十分痛苦。

但是，在平时的股票投资中，我们也可发现有两种最适于卖空的股价形态。

（1）头肩顶形态。右肩应较左肩略低。最佳时机应当是在右肩第 2 次或第 3 次拉升失败结束之后。其中的一次拉升失败点将稍高于前几个星期反弹时的高点。此时做卖空有些早。对于先前的股票来说，在下挫很厉害之后，还有可能从右肩的低点处出现几次 20%—40% 幅度的反弹回挫。最后一次上涨应该经其平均移动线。有时，不是所有时候，如果每季盈余增长率和收入减缓的话，股价会下跌。股票的相对强度线在经过至少 20—34 个星期的上扬后会出现明显下降。实际上，通过研究我们发现，几乎所有合理的卖空形态都发生在一只很强的前市场领导股明显到达最高点的 5—7 个星期之后。很少人知道这一点，大部分卖空者由于过早操作、做得不好或错过明显的好时机而遭受损失。

（2）试图突破，却明显遭到失败的三阶、四阶柄式杯状形态及其他形态。该股票应该刚扩大成长量，而且开始向下跌破杯柄区域。典型地，卖空价格应该从过去的交易中"报升"。因此，一般可以在大盘走势发展之中或者是高点处下单放空，限度是低于原有价格 0.25 美元或更多。对于走势虚弱的股票，可以不需要报升，价格低 1 个或更高的百分点即可。

卖空是通过保证金账户来做的，所以要和经纪人确认看看能否借入你所想要卖空的股票。另外，如果股票在放空期间股票需要支付股息，那么你还必须要向买入该股票的人支付股息。所以，不要卖空股息量很大的股票。

即使对股市专家来说，卖空也极具风险；只有能力极高、胆量极大的人才敢尝试。所以，投资者不要仅仅因为股价看上去太高了就去卖空一只正在涨升的股票，这样你有可能会变得"一贫如洗"。

制定一个合理的"目标卖价"

目标价位法是指投资者在买入股票时，已经给这一只股票定好了一个赢利目标价位。一旦这个股票的价格达到这一目标价位，投资者便抛出股票。一般来说，运用这一投资策略的投资者大多数都是运用基本分析的方法，通过对股票基本面的分析，包括对公司财务状况、业绩增长前景等因素的考虑，确定出一个他们认为合理的目标价位，然后就是希望该股票能够达到这一目标价位。当然，目标价位法也可能采用的是技术分析方法，比如黄金分割线等。

事先并不给自己的股票确定一个目标价位，直到其股价显示出有见顶迹象时才抛出股票的方法称为顺势探顶法。一般而言，采用这一卖出策略的投资者通常采用的是技术分析法，他们判断见顶迹象主要是从股价走势的角度。具体来说，他们所关注的见顶迹象主要包括"最后的疯狂"与"后劲不足"。很多投资者相信，当股票价格持续稳步上升了一段时间后，如果某一天忽然放量大涨的话，往往显示有最后一批投资者冲了进去，或者是主力准备拉高出货，后续空间已经不大，所以称之为"最后的疯狂"。而"后劲不足"则反映在股票价格的走势逐渐趋缓，后续买盘不足，也是将要见顶的迹象。尤其是当股价在上升过程中小幅回调后，第二次上涨又无法突破前期高点时，很多投资者相信这是到了必然要卖出的时候。当然，运用顺势探顶法的投资者也有可能运用基本面的分析方法，不过这时候他关心的不是股价的走势，而是公司利润的增长是否会有见顶的迹象，以决定是否要卖出。

"目标价位法"是世界上许多成功的投资者与基金经理运用的方法。投资者可以选择其中某一种也可以把这两种策略结合起来运用。但是，这两种方法，都各自有其不足之处。

运用"目标价位法"，通常首先必须掌握一套对公司基本面进行分析的方法，对公司的经营情况、市场环境都相当了解，否则，又凭什么说投资者所判断出来的目标价位是合理的？可能它是定得太高，实际的股价永远也达不到这一高度，投资者只能一直持股。反过来，投资者也可能定得太低，结果仍然有大量的利润投资者却无法赚到。当投资者决定买入某一股票时，投资者所设定的"目标价位"肯定要高于其当前的市场价，否则投资者不会买。但凭什么投资者就比其他投资者聪明，人家认为只值目前这个价格，而投资者却知道其目标价位更高呢？很显然，投资者必须有超过其他大多数人的消息或分析判断能力。所以，除非投资者在股票投资上有自己的独到之处，否则投资者可能会因设定了错误的目标价位而陷入困境。

减少交易频率，降低交易成本

美国股市有这样一个故事，讲的是一位投资者交易标准普尔100指数期权（通常称为OEX指数）上瘾。3年期间，该投资者平均每日交易2—5次。他每年平均损失10000美元。当监管部门停止其行为时，该客户最大的失望不是因为赔了钱，而是因为不能维持最低2000美元股票的保证金账户，被迫关闭账户。

从上面这个故事我们可以看出，对于某些人来说，交易股票、期权或其他证券，可能会成为类似于赌博的嗜好。它可能像一台老虎机——赢一点儿钱，又搁进去继续玩，直到玩完。

因此，为了杜绝交易风险，投资者应牢记一个重要的卖出法则：尽量减少交易频率。

频繁交易最大的弊端就在于它会带来巨额的交易成本和利润损失，买股票是一个重大的购买行为，应当把它当作重要的投资行为来对待。你应该不会一年买卖你的汽车、冰箱或者你的 DVD 机 50 次。投资应该是一项长期的承诺，因为短期的交易意味着你正在玩一种失败者的游戏。短期交易的这些费用如果合计起来，包括税收和佣金，会给你的投资业绩造成几乎不可逾越的障碍。

如果你频繁交易，随着时间的推移，你不断支付的佣金和其他费用是复合增长的。你今天花费的每 1 元，如果你用来投资 20 年期 9% 年息的话，将变成 5.6 元。也就是说，今天花费 500 元，意味着你放弃了 20 年后的 2800 元。

对于长期持有来说，很少的交易使交易佣金等交易成本在投资总额中所占的比重很少。而短期持有频繁买进卖出，交易佣金等交易成本累积起来将在投资总额中占较大的比重，相应会减少投资收益。投资者交易次数越多，他所需要支付的佣金也就越多。这样如果投资者想获得超过市场平均水平的超额收益，他每笔投资的收益都应当比市场平均水平还要高出几个百分点，以弥补交易成本。比如，如果你想超过市场平均收益率 8%，而预期市场平均收益率为 10%，同时，由于每笔投资的佣金和交易费用平均占交易金额的 2% 以上，那么，你每笔投资收益率要达到 20% 以上。

美国的研究专家查尔斯·埃里斯通过研究证明了股市中的一个规律——交易次数越频繁，投资收益越少。他的研究表明，资金周转率超过 200% 的投资者，除非其每笔交易都高出市场平均收益率几个百分点以上，否则他不可能达到股市平均收益水平。

股神巴菲特在伯克希尔公司 1983 年的年报中详细讨论了股票频繁交易带来的巨额交易成本以及股东财富的惊人损失。

"股票市场的讽刺之一是强调交易的活跃性。使用'交易性'和'流动性'这种名词的经纪商对那些成交量很大的公司赞不绝口。但是，投资者必须明白，对在赌桌旁负责兑付筹码的人来说是好事，对客户来说未必是好事。一个过度活跃的股票市场其实是企业的窃贼。'"

对此，我们可以举一个例子，一家净资产收益率是 10% 的公司，假定，其股票换手率每年高达 100%，每次买入和卖出的手续费为 1%（对于低价位公司来说手续费要高得多），以账面价值买卖一次股票，那么，我们所假设的这家公司股东们总体上要支付公司当年资产净值的 2% 作为股票交易的成本。这种股票交易活动对企业的赢利毫无意义，而且对股东来说意味着公司赢利的 1/6 通过交易的"摩擦"成本消耗掉了。

所有这些交易形成了一场代价相当昂贵的游戏。如果一家政府机构要对公司或者投资者的赢利征收 16.66% 的新增税收，你能想象这会导致公司和投资者多么疯狂般地痛苦反应吗？通过市场过度活跃的交易行为，投资者付出的交易成本相当于他们自己对自己征收了这种重税。

那么，在实际操作中，投资者该采取何种措施来减少交易频率呢？

频繁交易可能很难控制，尤其是在互联网增加了市场入口之后。信息的灵活性、便利性和可用性可能鼓励投资者更加频繁地交易。一般来说，当与经纪公司合作时，仔细检查交易记录可以帮助该投资者避免过度交易。花点儿时间分析月度报表上的交易记录，可以帮助投资者控制其交易数量。其他一些措施陈述如下。

（1）集中投资。集中投资与分散投资、频繁转手这种方法正相反。尽管集中投资在所有积极战略中，最有机会让长期表现超出指数收益，但是它要求投资者耐心地持有自己的投资组合。而同时，其他的投资战略可能会走到前头。我们已经认识到，短期内利率的变化、通货膨胀或对公司收入的短期预期会影响股价。但是，如果我们把时间横线拉长，反映公司基础商业经济状况的趋势线会逐渐主导股价的起伏。

理想的时间期限应当是多长呢？对于这点，并没有一个硬性的和快速的规则。它的目的并不是让你不要转手。要知道，非东即西的想法是错误的，因为那样当机会来的时候，你就会错过它。作为一个一般的规则，我们可以考虑把转手率界定在 10%—20% 之间。10% 的转手率表明投资者持有股票 10 年；20% 则表明持有 5 年。

（2）寻找交易利润。尽管在过度交易的情况下也有可能赢利，但在更多的情况下是带来了亏损，如果你已有几个亏损的交易，那么就应该重新评估或定义一下你的目标或策略，看你是不是存在交易过度的情况。

（3）寻找交易格局。审视一下自己的交易格局，是每天或每隔一天进行的，还是持续地每 5 天交易一次进行的？找出自己的交易格局，然后看它是否正在变成或已经变成一种赌瘾。

（4）评估你与经纪人的接触。我们还可以通过评估自己与经纪人的接触来减少我们的交易频率，看这种接触是每日发生，或者是一天几次，还是每小时都发生？如果与市场接触太密切则可能导致一位投资者在一个账户上过度交易。该个人投资者可能会染上交易行为的赌瘾。此外信息成瘾也很容易导致投资者对于股市上的微小变动而反应过度。最初的过度反应会引发连锁反应，很快该账户就处于过度交易方面的失控状态。

频繁交易与交易成瘾对于任何投资策略可能都是有害的。当短期市场波动给太频繁的交易带来双重损害时，赚钱就很困难了。灵活的策略、好的记录、坚定的投资目标以及摆脱不赢利的交易行为都可以帮助一位投资者避免许多风险与损失。

第 19 章
揭开庄家的底牌

跟庄要懂得"坐庄原理"

在股票投资市场中拼杀，投资者若想赢利，必须认识一个名词，即"庄家"。跟庄是投资者资金快速增值的一种有效方法，而跟庄必须了解庄家坐庄的流程和庄家操盘的运作手法，如果不清楚庄家的底细便盲目地入场操作，则可能不赚反亏。

寻找庄家，识别庄家，掌握其特征和手法，识破其圈套和陷阱，采取相应的对策和技巧，是投资者制胜股市的关键。由此，研究庄家及其行为已经成为投资者决战股市的一项重要内容。

投资者要想深刻地了解庄家及其行为，首先应该了解的是"坐庄思路"。

中长线庄和短庄作为庄家的不同类型，在坐庄思路上，也有本质的区别，下面一一进行阐述。

1. 中长线庄家坐庄思路：把握市场上做多和做空潜力

总的来说，中长线庄坐庄思路是既做多又做空，这种思路非常老道。中长线庄既不怕涨也不怕跌，就怕错误判断市场的发展趋势。对于中长线庄来说，股价上涨时，庄家可以做多赚钱；股价下跌时，庄家可以借机打压吸筹，为以后做多创造条件。成功坐庄的关键就是看准市场发展的方向。然而，庄家看准市场方向并不等于散户预测行情走势。庄家可以主动地推动股价，他要考虑股价向哪个方向推动，才会符合市场的发展趋势。庄家只要推对了方向，就可以引起市场散户的追捧，而作为股价推动者的庄家就可以获利。因此，中长线庄家的基本思路，是把握市场上的做多和做空潜力，成为市场发展的主导，从而推动股价运行，释放市场积蓄的能量。

一般来说，中长线庄的操作思路适合于股价在合理价值区域内波动的股票，这种股票既可以上涨，也可以下跌。对于这类股票，庄家持仓不会太重，锁定的筹码数量也较少，所以股价受大盘的影响比较大，庄家必须顺势而为，利用人气震荡股价，才能赢利。所以，中长线庄主要是利用市场上的人气，也就是市场大众情绪的起伏波动来获利，同时，要注意市场情绪的起伏是有一定节奏的。行情的一般规律是人气旺、市场情绪高涨时，买盘强，股价上涨动力大，市场承接力也大；人气弱、市场情绪低落时，买盘弱，股价下跌的动能强，市场承接力小。庄家利用市场中的这种规律，反复地调动和打击市场情绪，在市场情绪的起伏波动中实现高抛低吸，这是中长线坐庄的最基本手法。中长线庄家通过摸顶和探底，探索股价的合理价值区间，是一个价值发现的过程。

2. 短线庄家坐庄思路：高抛低吸

了解了中长线庄的坐庄思路，再回头来看短线庄高抛低吸的坐庄思路，其实这种思路也是顺应市场，为市场释放能量提供了突破口。庄家寻找坐庄股票的过程，就是在寻找哪只股票有上涨潜力，拉抬和成功出货则是释放这一市场能量的过程。短线庄的坐庄思路，只想着怎样释放市场的多头能量，而不考虑怎样释放空头能量以及怎样蓄积新的多头能量，所以其坐庄路线不够完整。

具体来说，高抛低吸的坐庄思路，适用于价格超跌的绩优股，庄家则是股票的价值发现者。价格超跌的绩优股有长期的利好作为背景，市场情绪波动和其他各种小的利空因素可以基本忽略，所以庄家可以大量收集和锁定筹码，使股价不太受市场因素的干扰，庄家可以按照自己的主观意图拉抬股价和出货。

由此看来，不管是中长线庄还是短线庄，成功坐庄的关键都是正确释放市场能量。前面介绍的中长线庄和短线庄这两种不同的操作路线，可以看成是庄家利用不同类型的市场能量的方法。

以上介绍的是庄家坐庄的一般思路和原则，具体到每一只个股上，由于其业绩和市场人气特点不一样也有所不同。比如，同样的业绩，但由于上市公司所处的行业不同、经营者的经营风格不同、与庄家配合的密切程度不同、都会使庄家炒作的思路和方法上各具特点。在跟庄的过程中，散户一定要擦亮自己的眼睛，准确识别庄家的坐庄思路。

庄家都有哪些优、劣势

只要存在资金市场，就避免不了资金间的博弈，这是一种必然，由庄家和散户所构成的股市也不例外。庄家与散户之间的博弈，很惊险，也不乏智慧的较量。通常是，散户以战胜庄家为骄傲，而庄家则把骗散户当成自己的最终目标。正是他们之间日日精彩的"博弈"，才构成了股市上永不停息的话题。

不可否认，在股市博弈中，最终的胜利者往往是庄家，很多情况下，他们会赚得盆满钵满。这主要是因为与散户相比，庄家在很多方面都有着散户无法比拟的优势。具体来说，其最大的优势在于以下几个方面。

（1）操作经验丰富，手法老道。为庄家操盘的多数都是经验丰富的操盘手，对市场以及投资者的熟悉程度是无人能与之相比的，在操作技法上合心理承受力上都是高人一等的。有这样的操盘人员为庄家保驾护航，即便是糟糕的市场环境也很难影响他们，赢利对他们而言简直易如反掌。

（2）交易比较便捷。庄家一般有独立的跑道和专门的报单人员，有的甚至有多条跑道，交易相当便捷，尤其是在做对倒放量的过程中，交易系统的优势尽显无疑。但是交易系统只是为买卖提供了方便，坐庄能否成功，关键还是看庄家本身的实力和经验。

（3）持仓的成本相对较低。庄家融资后，表面上庄家在更高的位置加仓或拉升提高了持仓成本，但实际上筹集的资金多，则坐庄成功的概率高，拉升空间大。相对于其初始自有资金而言，获利的可能性增大，获利空间增加，无形之中降低了成本。另外，庄家可以反复进行做波段降低成本，不断高抛低吸，在不丢失筹码的情况下得到差价，从而进一步降低成本。对散户而言，波段操作难度极大，要么做波段被套牢，要么做波段把筹码做没了，很少有成功的。

（4）拥有庞大的资金量。一般来说，庄家都拥有巨额资金，数亿元至几十亿元或者更多，巨额资金是庄家独有的主要优势。由于他们持有相当大的资金，可以尽可能地持有大部分流通筹码，进而可以随心所欲地对股票的趋势和价格进行控制。首先，庄家可以凭借自身的巨资，清清楚楚地计算出散户的持仓量。庄家的另一个资金优势是，庄家可以凭借其资金实力呼风唤雨，视股价、K线如作品，随意发挥。由于庄家的资金量一般比较大，通常能够持有股市中的大部分筹码，这样可以让他们更容易操纵股价。当然，资金可以是自有资金，也可以是通过拆借而来的资金，资金来源对庄家坐庄的期限长短有一定影响。

（5）信息来源多、渠道广。除了资金优势外，庄家所拥有的另一个优势是，信息上的优势，该优势是庄家与散户的博弈战中比较重要的一个优势。庄家通常拥有多方面的信息渠道，包括获取信息的渠道和传播信息的渠道。对自身有利用价值的信息，也即能够影响股价的信息，如国家经济、政治、社会的重大事件，法律法规的出台，重大的政策调整，尤其是国家金融政策的重要事项，上市公司的业绩信息等，庄家往往能够在第一时间得到。这主要得益于其在信息挖掘上的大投入。

（6）拥有丰富的人力资源。庄家一般都有高素质的操盘手级别的团队通力协作，有专家或专业技术人员为其服务，人力资源优势比较突出，使其具有研发力量雄厚的巨大优势。庄家的人力资源优势是庄家博弈战中的重要资本之一。

（7）盘面信息易获取。由于庄家拥有大量的筹码，盘中的举动非常清楚。如买一买二买三中的托单和卖一卖二卖三中的抛单，多少是庄家自己的，多少是散户的，庄家一目了然。股价上升到了什么价位会遇到强大的抛压，下跌到什么价位会出现强大的反弹，只有庄家清楚。散户仅凭公开的技术分析去研判（不少属于想当然），往往落入庄家设下的陷阱，庄家在操盘中股价未到高点，而庄家已开始撤退，未到低点偏偏转身而上，常常打擦边球，使散户追撤不及。

（8）其他。另外，庄家还可以通过一些变通的手法钻法律法规和政策的漏洞，比如多开户头，以逃避持股达一定比例必须向社会公告的规定。在交易中仍存在着许多不规范行为，庄家还可以有条件地进行内幕交易等等。

庄家虽然占有多方面优势，可以先知先觉，可以随意操纵股票的趋势和价格。但任何事情都有相反的面，庄家有其优势也必然有其弱点，而这些弱点足以致命。尽管庄家在坐庄过程中尽可能地利用自身优势来弥补弱点，但仍然有兼顾不到或力所不及的地方，这恰恰为散户提供了可以利用的方面。

俗话说："大有大的难处。"有时候，庄家的某些优势又有可能成为其致命的软肋。具体来说，庄家也有无法避免的劣势，主要体现在以下方面。

（1）对手众多难应付。在股市中，庄家可以称得上"万人敌"，既要面对最广大的散户投资者，还要面对拥有可观资金的大户，甚至还有其他可相匹敌的大户投资者，尤其是一些身经百战、经验老到的大户高手，往往先于庄家建仓，早已抄到大盘或个股的底部，只待庄家来入庄。由于在底部买入的筹码成本低廉，无论庄家如何洗盘、震仓，即使设置空头陷阱、市场上出现恐慌性抛盘，这些股市高手也绝不松手，甚至还一路往下拣筹码，与庄家比耐心，使得庄家没了脾气。这路高手成为庄家的大克星。

（2）进出不灵活。胸有雄厚的资金、持仓量大是庄家的优势，然而，凡事都有两面性，该优势在某些时候，又会成为庄家的劣势。因为持仓量太大，要想成功兑现出局却并非简单之事。在股价不断变动的过程中，庄家为了蒙蔽散户的眼睛，会要出很多花样，使用多种指标。庄家的这些花样不被散户识破还好，一旦被散户识破，散户便不会再被庄家吹嘘的美好前景而诱惑，不肯在远离股票价值的高位接过这最后一棒，这个时候惨的就是庄家了。庄家就会被关在自己亲手制作的套子里，靠对倒维持股价，而聪明的散户早已将这个烫手的山芋甩给庄家，去享受丰厚的利润去了。

最严重的情况是，遭遇了突发事件，这时候庄家无法及时有效地避免损失，容易引起其他庄家的参与分享成果。在每波行情见顶之后，总会有一些庄家因操作失误而重仓被套。如果大盘处于极度弱势，则庄家的处境就更艰难。因为这时若一味将股价维持在高位，则控盘成本太高；若顺势将股价打至低位，又可能遭到其他庄家伏击从而丢掉部分低价筹码。

由此可见，庄家若想在股市中游刃有余地搏杀散户，也并非一件很容易的事情，其间要遭遇很多困难，承受很多风险。

（3）操作过程易暴露。庄家在坐庄的整个过程中，操盘行为在股票走势图上都必然留下痕迹，一旦被市场投资者识破，就给市场投资者提供了赚钱的机会。坐庄一定要拉抬股价，如果庄家不造势，就很难有高位派发的机会。但是，几次拉抬之后，聪明的股民就能从技术指标中观察到不寻常之处，即技术指标会显示出超买迹象。这会让散户们望而却步，庄家的最后一棒难以脱手，中小股民则因数量较小，可把包袱扔给庄家轻易脱身，而庄家对此毫无办法。

（4）需要拉升的幅度高。庄家资金量大的其他弊端是操纵股价的成本较高。如果股价没有相当大的涨幅，庄家是不可能获得良好的收益的。高涨幅对庄家操盘也提出了相应的要求。不管怎样，庄家只有不遗余力地拉升股价才会获得良好的投资收益。

（5）操作手法要求高。得当的操作手法可以获取事半功倍的控盘效果，如果不是技术娴熟的操盘手，是不可能做到这点的。如果操盘不得当，多数散户就会察觉到庄家的动作，最后庄家很可能难以保本。

实践中最典型的例子是：有的庄家因缺乏过细的调查研究，计划部署欠周全，入庄以后反将自己套牢。一是选错个股，炒作的由头、概念不为市场认可，导致无人跟风；二是有的庄家在介入个股后，不研究大势和波段，迷恋手中股票，夸大个股利好，以致逆势狂拉，导致股价高企而无人问津，时间越长，成本越高，账面盈利逐渐消失，终被套牢。如果资金为短期拆借而来，只能是亏损斩仓出局。

（6）资金成本压力大。庄家的资金虽然强大，但都是有时间成本的，而且绝大部分资金的利息是高于同期存款利息的。这些资金在短时间内确实能发挥强大的威力。但是，天长日久，庄家就不堪重负了。市场中常会出现这样的现象，长假来临前，都会有部分流动性强的主力资金撤出股市，这就是时间成本造成的结果。庄家的资金大多背负着沉重的利息负担，如果无法及时兑现出局，其压力之大可以想象。另外，庄家大多设置了庞大的咨询机构等组织，聘请了若干投资顾问和操盘手，并且要花相当大的代价去和各方搞好关系，并且每一次控盘动作都需要成本消耗。所有这些，都使庄家最终的利润要降低很多。

（7）成功出货困难多。庄家入庄后，必须持有30%—50%的筹码，甚至是将筹码"统吃"以后，才能控制股价的走势。当庄家把股价拉抬到目标价位后，面临的难题就是派发出货，将账面利润变为实在的盈利。然而，出货谈何容易？如果此时大势向上、利多，则可能出货会比较顺利。而一旦大盘居高位，成交量萎缩，则出货十分困难，如果大盘调整时出货，那庄家只得跳水了。

此外，随着散户股市操作经验的日渐丰富和看盘、析盘水平的不断提高，跟庄高手日益增多，这些情况都将成为庄家获取成功的重要障碍。

准确判断庄家所处的阶段

散户投资者若想成功跟庄，除了了解庄家的坐庄思路外，还必须判断出庄家所处的阶段，而后再根据其阶段采取相应的跟庄策略。

下面笔者列出庄家的几个阶段，投资者可以根据相关内容判断自己的庄家处于哪一阶段：

通常情况下，庄家标准的运作过程分为七个阶段：准备阶段、建仓阶段、洗盘阶段、拉升阶段、整理阶段、拔高阶段、出货阶段。

1. 准备阶段

庄家坐庄的准备阶段对庄家尤其是中长线庄家来说，是一个非常重要的工作阶段。俗话说：良好的开始是成功的一半。开一个好头，对庄家来说尤为重要，它关系到整个坐庄的成功与失败。庄家在进行任何一次炒作之前，都必须经过事先认真研究，精心策划，打有备之仗。这样做，才能在整个坐庄过程中运筹帷幄，成竹在胸。

庄家之所以要做好准备阶段的工作，无非有两个目的，其一是有助于庄家对形势的准确分析，减少失误；其二是对于可能发生的不测，有利于庄家事先做好应对之策，这样就可以避免临事之时造成手足无措而延误战机，或仓促决断而酿成大错。

具体来说，庄家在准备阶段要做好两项工作。

（1）制定良好的坐庄计划。这个坐庄计划必须涵盖这些方面：选定股票、确定控股程度、定好操作时间、资金预算、操作手法、目标价位、赢利估计、应急措施等。

（2）进行完备的市场调研。仔细研究股市的总体状况、目标股的相关信息、最近的经济政策等。

2. 建仓阶段

建仓阶段对整个庄家坐庄流程来说，意义重大。具体来说，庄家的建仓主要内涵是：以买入的方式将自己的资金转换成股票筹码，囤积起来等到股价升上去的时候转手卖出去，从中赚取利润。具体如何建仓，即在什么样的行情下，在哪只股票上选取什么价位吸筹，主要由庄家准备实施哪一种操作策略决定。比如，低位温和吸筹、次低位横盘吸筹、拉高吸筹、通吃套牢盘吸筹、双峰填谷吸筹和逆市吸筹等。

　　散户投资者研究庄家吸筹规律和技术形态的根本目的就是为了准确无误地发现庄家意图。其实，庄家吸筹投资行为不论多么诡秘，或者制造一些技术形态（骗线）来隐蔽自己，通过综合技术分析，散户投资者总能从中发现一些蛛丝马迹。

3. 洗盘阶段

　　什么是庄家的洗盘呢？其具体内涵是：庄家入场吸筹的时候一部分短线投资者跟进买入，庄家为了把这些跟随者赶出去，在吸筹价位的上方进行横盘振荡，迫使这些跟随者离场，这就叫洗盘。

　　那么，研究庄家洗盘有什么意义呢？首先，如果你是中线或长线投资者，庄家的洗盘告诉你跟的是庄家，这是黎明前的黑暗，光明就在不远处。其次，庄家横盘振荡又跌不下去，可以判断庄家仓位。市场满盘获利而不跌，是庄家大量持仓的标志。这一重要的技术形态既帮助我们辨识了庄家，又帮助我们研判了庄家的持仓位。另外，庄家的洗盘行为可以为普通投资者再次提供跟庄的机会。

4. 拉升阶段

　　什么是庄家的拉升？具体内涵是：庄家洗盘之后轻装上阵开始拉升，把股价一步一步做上去，达到自己阶段性赢利的目的。

　　庄家拉抬过程有急剧的，也有缓慢的，这主要决定于大盘行情走势的急与缓以及庄家风格和操作意图，庄家拉抬过程中会露出庐山真面目。这时要研究的问题不是有没有庄家的问题，而是普通投资者要不要跟随的问题。这一问题应该进行具体的分析，庄家吸筹的价位、吸筹持仓量和持仓成本有关。

　　具体来说，拉升阶段初期的典型特征是成交量稳步放大，股价稳步攀升，K线平均线系统处于完全多头排列状态，或即将处于完全多头排列状态，阳线出现次数多于阴线出现次数。如果是大牛股则股价的收盘价一般在 5 日 K 线平均线之上，K线的平均线托着股价以流 线型向上延伸。

　　这一阶段中后期的典型特征是伴随着一系列的洗盘之后，股价上涨幅度越来越大 ，上升角度越来越陡，成交量越放越大。若有量呈递减状态，那么，这类股票要么在 高位横盘一个月左右慢慢出货，要么利用除权使股价绝对值下降，再拉高或横盘出货。当个股的交易温度炽热，成交量大得惊人之时，大幅拉升阶段也就快结束了，因为买盘的后续资金一旦用完，卖压就会倾泻而下。因此，此阶段后期的交易策略是坚决不进货，如果持筹在手，则应时刻伺机出货。

5. 整理阶段

庄家拉抬过程中一部分短线操作者又跟了进来，庄家想把吸筹阶段、洗盘阶段以及拉升阶段跟进的普通投资者清理出去，再次采取横盘振荡的操作策略。一些不贪心的投资者就会获利出局，庄家则完成了整理的目的。

庄家整理一般都在振幅不大的区间内进行，明显的技术形态是 CYQ 筹码没有向上转移和高位密集。一般来说，庄家整理之后还有上涨行情。

6. 拔高阶段

什么是庄家的拔高行为？拔高实际上也就是庄家的二次拉升，之所以称为拔高，主要是为了区别于庄家的拉升行为。

具体来说，庄家拔高的急与缓，时间的长与短，涨幅的大与小等，主要取决于跟随者的人气。跟随者人气旺盛，上涨就急，涨幅也大，因此也就容易出现超涨回落现象。反之，跟随者人气平缓，通常呈现慢牛走势，最后涨幅也不小。

然而，庄家在拔高阶段是最不容易跟随的，作为跟随者这时应该主要研究庄家有没有出货迹象，保护自己的胜利果实，否则可能因为自己的一点小失误而弄得"满盘皆输"。

7. 出货阶段

庄家坐庄达到一定的目标位后，就应当在在适合的时机果断地出货。这就是庄家的出货阶段。此处所说的适合时机是跟随者人气旺盛、被赢钱冲昏头脑之时，或者公众散户贪得无厌之时，普通投资者你要抢着买，庄家则顺势而为统统抛给你，当你发觉股票不涨反跌的时候，庄家已经出局了，而普通投资者已经被套住了。

我们平常讲的规避风险的理念其实质就是研究庄家出货迹象、出货形态、出货手段等。

以上讲的是庄家的标准运作过程。实际上庄家运作股票的过程是多变的，有时是简化的，比如建仓、拉抬和出货三部曲。普通投资者还是应该全面熟练地掌握庄家运作的全部流程，在实盘操作上则应该灵活机敏，看上步想下步，并且尽量多地去解决自己心中的疑虑。

从分时走势图、成交量和形态上识别庄家

在整个投资实践中，一个很关键的步骤就是要能看出哪些个股是有庄家在其中，若散户投资者无法识破个股是否有庄家入驻，那么就谈不上什么跟庄了。因此，跟庄的关键是要确定哪些个股是庄股，从而再进一步跟踪庄家的一举一动，寻找入场

机会。接下来，笔者将介绍一些识破庄股、洞察庄家迹象的好方法，希望能给散户投资者的跟庄行动带来帮助。

从分时走势图上，散户投资者能够将个股的实时走势信息一一解读，而通过解读成交量，散户投资者可以从中看出个股的活动状况。因此，散户投资者在跟庄的过程中，可以通过分时走势和成交量来识别庄家的踪迹。

1. 分时走势之尾市异动

在投资实践中，如果散户投资者发现目标股在上午的运行中，表现得势头很弱，有时甚至很低迷，分时走势图上呈现小幅震荡的迹象，成交量也不大；而当运行到下午时尤其是即将收盘时，盘中突然出现一股做多的能量将股价迅速拉起，在分时走势图上呈现直线式上冲的迹象——这种股价在极短时间大幅升水或贴水的剧烈波动，让许多散户投资者丈二和尚摸不着头脑，感到无所适从，其实这些迹象就是笔者这里所提及的尾市异动。

当分时走势图上出现尾市异动的迹象时，就说明很可能有庄家在其中。特别是当时该目标股并非受到突发利好消息的刺激而出现这种尾市拉升的迹象时，我们可以确定有庄家在其中。

2. 分时走势之早盘封涨停

在投资实践中，如果散户投资者发现目标股在开盘时直接被封住涨停板上，而且在被封住涨停之后，庄家在买一处会用几千手甚至上万手的买单将股份牢牢地封住在涨停板上。在股价随后的运行过程中，盘中很少有主动性的卖单出现，截至当天收盘时，涨停板始终未被打开，整个过程中的成交量呈现出极度萎缩的状态。

仔细分析，盘中之所以出现以上走势迹象，无外乎处于两个方面的原因。

（1）该目标股突然受到了重大的利好消息的刺激，从而促使股价在一开盘就被封住在涨停板上。

（2）有庄家在里面活动，而且此时庄家已经对该股达到了高度控盘的程度。其中的原理很简单，即股价在被封住涨停之后，成交量一直能维持极度萎缩的情况下，涨停板始终未被打开，这就意味着盘中几乎没有外逃的筹码，假如庄家没有高度控盘的话，那么在这个过程中，盘中将会涌现大量的获利回吐盘。这样一来，即便涨停板没有被打开，成交量也会呈现出放大的现象。

3. 成交量之缩量封涨停

所谓缩量封涨停，就是指股价在经过长期下跌之后，突然在底部出现反转向上，而且呈以连续封涨停的形式来反转。股价在每次被封住涨停的时候，都是一开盘就被牢牢地封住在涨停板上，直至当天收盘时涨停板始终未被打开过，而且在涨停的过程中，盘中很少有主动性的卖盘出现，在整个过程中，成交量极度萎缩。盘中所出现的这种迹象，被称之为缩量封涨停。一旦某股的盘中出现这种迹象，就说明有庄家在其中活动。

在投资实践中，如果散户投资者发现某些目标股处于上升通道时，突然在某天出现缩量封涨停的现象，而且是一开盘就涨停，并且在此之后的几天里，该股也出现了缩量涨停的走势，那么就可以断定此股为庄股。

另外，如果发现有的个股是在上涨中途经历过了一段时间的横盘整理之后，突然出现这种连续并且是缩量涨停的现象，也说明有庄家在其中活动。

4. 成交量之突放巨量

在猎庄实践中，如果散户投资者发现这样一种迹象，即若股价在经过一轮下跌行情后，进入明显的上升通道时，在某天的运行过程中，盘中突然出现巨大的成交量，而导致股价呈现出大幅度的波动——就可以判定其中有庄家在活动。另外，如果散户投资者发现当股价经过长期的下跌之后，进入底部区域时，特别是在底部区域进行横盘的过程中，突然在某一天里盘中放出巨大的成交量，股价也出现了大幅度的波动。盘中出现这种走势现象时，也可以确定其中有庄家在活动。

5. 成交量之不规则性放量

所谓的不规则放量，是这样一种迹象，即当股价处于底部区域时，或者是处于明显的上升初期时，成交量经常出现放大，在整个过程中，成交量的萎缩和放大都是无规则可寻的。

若股价在以上所说的两个阶段时，成交量不断呈现出无规则性的放大，那么散户投资者基本上就可以确定其中有庄家在活动。

另外，在坐庄的过程中，庄家为了隐藏自己的身份，会不断地使用各种伎俩来制造圈套，故意让散户投资者找不到自己。然而，无论庄家如何小心，总会留下一些蛛丝马迹，例如在盘面上留下一些特殊的迹象，聪明的散户投资者就可以根据这些留下来的盘面迹象寻找庄家的痕迹。

具体来说，庄股在走势过程中，一般会出现以下一些形态。

1. V 型形态

如果散户投资者发现这样的迹象，即当股价经过长期下跌之后，突然在某天的盘中出现了一股强劲的做多能量，将股价迅速拉起并使其出现持续的上涨，有的甚至会出现连续的涨停，从而在 K 线走势图上形成 V 型形态，就可以确定其中有庄家在活动。

2. 阶梯式拉升

所谓阶梯式拉升，主要是指这样一种迹象，即股价在经过一波长期的下跌走势之后，逐步开始筑底，当股价筑底后便呈现出稳健向上攀升的走势。并且在攀升的过程，股价在每向上运行一段行情之后就会出现回落整理，而且在整理的过程中成交量迅速萎缩，每次回落的幅度也不会很大。盘中出现这种迹象时，被称为阶梯式拉升。

盘中一旦出现阶梯式拉升迹象，散户投资者就可以基本断定其中有庄家在活动。

3. 平底形态

所谓平底形态，主要是指股价在经过长期并且大幅度下跌后，下跌的速度逐步地放缓，而且下跌的幅度也在逐步缩小。随后股价便进入筑底的过程中运行，在筑底的过程中，股价波动的幅度非常小，而且盘中的成交也相当清淡。又或者是在股价进入底部区域之后，开始逐步地回升，但是当股价回升到半年线附近的时候出现了横盘的走势，股价的波动幅度非常小。而且在经过一段时间的横盘之后，股价在某一天里突然向上发力，一举突破了半年线上的阻力并继续向上运行——盘中所出现的这种迹象，被称为平底形态。

盘中一旦出现这种平底形态时，散户投资者就可以基本断定其中有庄家在活动。

4. 整理之后连续涨停

在投资实践中，如果散户投资者发现这样一种迹象，即股价在经过一波上涨行情之后，便进入了回落整理的阶段中，并呈现出小幅度震荡的走势，而且此时的成交量迅速萎缩。在经过一段时间的震荡之后，股价在某一天里突然向上发力，并直接被拉至涨停，而且在接下来的几天里，股价连续出现涨停的现象，就基本上可以断定盘中有庄家在活动了。

5. 震荡之后向上加速拉升

在投资实践中，如果散户投资者发现这样的迹象，即股价在经过一波上涨之后，出现了一段时间震荡整理的走势，而且在整理的过程中，成交量迅速萎缩。但是在经过震荡整理之后，股价突然在某一天里被快速拉升，将股价迅速拉离原本整理的区域，也基本上可以断定其中有庄家在活动了。

从细节中寻找庄家踪迹

兵法云：知己知彼，方能百战百胜。散户投资者要想在股市中生存和发展，就必须跟庄，而要跟庄，就必须摸清庄家的底细，最重要的当然是准确识别庄股。所谓庄股主要是筹码被严重锁定的股票，流通在市场的盘口不大，易被控制。

一般来说，识别庄股的最简单方法就是根据人均持股数来判断，数量越大说明筹码锁定越集中。除此之外，用于判断庄股的方法有很多种，比如观察其走势是否独立于大盘，观察盘中是否有大手笔的接抛盘等等。这些观察当然很重要，但如果盘中的主力爬下了，那么这些方法就无法用上。其实有很多不太引人注意的小细节也应该引起投资者的关注，比如下文所提及的几个寻庄线索。

1. 上市公司经营业绩起伏不定

如果看一个股票不是庄股，其中一个方法就是看上市公司的经营业绩是否大起大落。炒股实践中，与上市公司关系比较好的通常是中长线庄股的庄家。

在股价快速上涨的过程中，上市公司的业绩有时会出现明显的提高，对此，很多散户投资者以为股价的上涨是上市公司经营业绩增长的一种反映，其实，它具有很大的迷惑性，很可能是庄股在其中"做鬼"。

2. 成交量的走势多变

一般情况下，无庄股的成交量走势会呈现比较温和的状态，而庄股的成交量走势则很多变，通常拥有异常的表现。其中的原因在于以下三点：

（1）由于庄股的筹码主要集中在少数人手中，其日常成交量会呈现极度萎缩的状况，从而在很大程度上降低了股票的流动性。

（2）庄家无论是建仓还是出货，都需要有成交量配合，有的庄家会采取底部放量拉高建仓的方式，而庄股派发时则会造成放量突破的假象，借以吸引跟风盘介入，从而达到出货目的。

（3）庄家也经常采用对敲、对倒的方式转移筹码或吸引散户投资者注意。无论哪一种情况，都会导致成交量的急剧放大。

3. 走势不随大盘波动

通常，庄股都有这样一个特点，即由于有庄家的资金在其中，其走势一般不跟随大盘波动，甚至往往逆势而动，大盘跌势中个股的抗跌性明显好于大盘。

原因在于以下几点。

（1）建仓阶段，逆市拉抬便于快速拿到筹码。

（2）震盘阶段，利用先期搜集到的筹码，不理会大盘走势，对倒打压股价，造成技术上破位，引起市场恐慌，进一步增加持筹集中度。

（3）拉升阶段，由于在外浮筹稀少，逆市上涨不费吹灰之力，其间利用对敲等违规虚抬股价手法，股价操纵易如反掌，而且逆市异军突起，反而容易引起市场关注，培植跟风操作群体，为将来顺利出货打下伏笔。

（4）出货阶段，趁大势企稳回暖之机，抓住大众不再谨慎的心理，借势大幅震荡出货，待到货出到一定程度，就上演高台跳水反复打压清仓的伎俩，最终股价回到原位。

4. 股东人数变化大

根据上市公司的年报或中报中披露的股东数量可以看出庄股的股价完成一个从低到高，再从高到低的过程，实际也是股东人数从多到少，再从少到多的过程。庄股在股东名单上通常表现为有多个机构或个人股东持有数量相近的社会公众股。因为庄家要想达到控盘目的的同时又避免出现一个机构或个人持有的流通股超过总股本 5% 的情况就必须利用多个非关联账户同时买进。

5. 有明显的做盘迹象

庄股常常会出现大阴线、大阳线、上下长影线，但绝对股价波动不大。从盘面看，交易行为表现异常，股价莫名其妙地低开或高开，尾盘拉高收盘价或偶尔出现较大的买单或抛单，人为做盘迹象非常明显。还有盘中走势时而出现强劲的单边上扬，突然又大幅下跌，起伏剧烈，这种现象在行情末期尤其明显，说明庄家控盘程度已经非常高。庄股在尾市经常发生砸盘方式的异动。

6. 股价对消息面的反应异乎寻常

一般来说，市场好追风，市场股价会有效反映消息面的情况，利好消息有利于股价上涨，利空则股价下滑的居多。然而，庄股则不然，庄家往往与上市公司联手，上市公司事前有什么样的消息，庄家都了然于胸，甚至私下蓄意制造所谓的利空、利好消息，借此达到庄家不可告人的目的。例如，庄家为了能够尽快完成建仓，人为散布不利消息，进而运用含糊其词的公告，最终动摇投资者的持股信心。又如，待到股价涨幅惊人后，以前一直不予承认的利好传闻却最终兑现，但股价却是见利好出现滞涨，最终落得个暴跌。

7. 股价波动大

在价格上，庄股的一个特点就是起伏不定、忽上忽下。这与庄家的坐庄流程有关。在市场环境较为宽松的条件下，庄家坐庄的基本过程就是先拼命将股价推高，或者同上市公司联系，通过送股等手段造成股价偏低的假象，在获得足够的空间后开始出货，并且利用散户投资者抢反弹或者除权的机会连续不断地抛出以达到其牟取暴利的目的，其结果就是股价长期下跌不可避免。

8. 追逐流行概念

庄家尤其是中小盘庄家，在坐庄的过程中，一般离不开对概念的炒作，由此，散户投资者也可以据此判断该股是不是庄股。

但散户投资者需要注意的是，2008 年，许多庄家利用当时比较流行的农业概念、奥运概念、灾后重建概念等来炒作，从中获益很多。

摸清庄家惯用的做盘手法

许多投资者经常对个股盘口的一些特殊现象感到迷惑不解，经常被庄家的做盘手法所蒙蔽。实际上，只要识破庄家惯用的做盘手法，就可以防止被庄家蒙蔽。

在这里，我们挑选几种庄家惯用的做盘手法给大家解析一下。

1. 瞬间大幅高开

开盘时涨停或以很大涨幅高开，瞬间又回落。

庄家此举目的：一是突破关键价位，庄家不想由于红盘而引起他人跟风，所以做成阴线，达到震仓的目的。二是吸筹的一种方式。三是试盘动作，看看上方抛盘是否沉重。

2. 瞬间大幅低开

开盘时跌停或以很大跌幅低开。

庄家此举目的：一是出货。二是为了收出大阳线，使图形好看。三是操盘手把筹码低价卖给自己或关联人。

3. 收盘前瞬间拉高

在收盘前一两分钟，某只股票盘口显示突然出现一笔大买单，把股价拉至高位。

这是因为庄家资金实力有限，为节约资金而使股价收于较高位；或者通过尾市"突破袭击"瞬间拉高，来突破强阻力的关键价位。假设某只股票股价为 10 元，庄家想要使其收在 10.8 元，如果上午就拉升至 10.8 元，为把价位维持在 10.8 元至收盘，就要在 10.8 元处接下大量的卖盘，需要的资金量就会很大。采取尾市偷袭的手段，由于大多数投资者尚未反应过来，反应过来也无法卖出，庄家因此能达到自己的目的。

4. 收盘前瞬间打压

在收盘前一两分钟突然出现一笔大卖单，把股价砸至很低位。

庄家此举目的：一是使日 K 线形成光脚大阴线或十字星等较难看的图形，使持股者恐惧而达到震仓的目的。二是为第二天高开并大涨而跻身升幅榜，吸引投资者的注意做准备。三是操盘手把股票低价卖给自己或关联人。

5. 盘中瞬间大幅打压

盘中跌停或以很大跌幅一笔打低，瞬间又回升。

庄家此举目的：一是试盘，看看下方接盘的支撑力及市场关注度。二是操盘手把筹码低价卖给自己或关联人。三是做出长下影线，使图形好看，吸引投资者。四是庄家资金不足，抛出部分筹码后用所得资金拉升。

6. 庄家盘中瞬间大幅拉高

盘中涨停或以很大涨幅一笔拉高，瞬间又回落。

庄家此举目的是试盘，看看上方抛盘是否沉重。

7. 盘中长时间无交易

庄家全线控盘或大多数筹码套牢在上方；在买盘处压上大买单。这常常是庄家资金不足的表现，企图借此吸引散户买入，把价位拉高。

8. 盘中现"钓鱼"线

个股当日即时走势中，开始基本上保持某一斜率上行，之后突然直线大幅跳水，形成一根"鱼竿"及垂钓的"鱼线"图形。这主要是庄家拉至高位并吸引跟风盘后突然降低价位抛出巨大卖单所致。这时如果接盘不多，庄家出不了多少货，庄家可能仍会拉升回去，相反股价则会一路下跌。

庄家做盘的手法虽然看起来多种多样，但总结起来无非是那几种。识破了庄家以上常用的做盘手法，在操作中理性看待庄家的手法，就不会被庄家的蒙蔽。

认识庄家建仓的基本手法

某只个股之所以形成了上涨的行情，就是因为有庄家的主流性资金对其进行了建仓的操作，只有资金的介入才会导致买盘的增多，买盘数量增加才可以使股价有上涨的动力。所以，庄家的建仓与否将会决定股价后期是否会展开上涨。

投资者想要找到能够上涨的股票，就必须要明白庄家是如何进行建仓的，因为庄家的建仓手法不同，后期上涨的性质也将会有极大的区别，因此，学习与熟练掌握庄家的各种建仓方法，将会直接影响后期投资者所能实现的赢利幅度。

1. 温和上涨式

所谓温和上涨建仓是庄家建仓的一种方式，彼时股价已经见底企稳，庄家无法采用杀跌的方式进行建仓，为了收集筹码只能推高股票的价格。不过这个时候庄家并不着急，因此涨势相对来说比较缓和。

具体来说，温和上涨建仓主要是拿散户投资者的熊市思维来说事。由于经历了长时间的熊市，不论短线散户投资者还是长线散户投资者，都如同惊弓之鸟一般，很难经得起大涨大跌的打击。这个时候，庄家通过缓涨急跌，可以有效地逼迫散户投资者交出自己手中的筹码，以让庄家顺利建仓。

从庄家的角度出发，温和上涨建仓有一个很大的好处，即它使庄家的建仓更加容易，有助于庄家获得充足的筹码。而对散户投资者来说，温和上涨建仓也有一个好处，即它的趋势明确，风险小。

2. 高位平台式

所谓的高位平台式建仓，通常由完全控盘的强庄所为，一般出现在历史高位密集区附近。采用这种手法建仓，所需的时间一般都比较长，大多在两个月以上，否则无法达到让股价形成横盘走势的目的。在采用高位平台方式建仓时，不同的庄家有不同的习惯和做法，有的庄家可能稍微高于历史高位构筑平台建仓，有些庄家则可能稍微低于历史高位构筑平台建仓。

遇到高位平台整理的个股时，散户投资者一定要注意，不要看见股份处于这种走势形态，就不假思索地认为是庄家在建仓，有的庄家也会在高位构筑一个平台，然后在这个平台上慢慢地出货。

3. 中继平台式

所谓中继平台式建仓，又称为中位横盘建仓，是指通过中继平台建仓的庄家，在前期已经收集到了一定的筹码，但由于仓位还不够，于是利用手中的筹码在中部位置构建一个滞涨式的中继整理平台，在平台整理的过程中完成建仓的目标。

采用中继平台方式建仓的个股，通常是股价经历了一波拉高后进入整理平台的，因此，盘面上会呈现出停止向上拓展空间，但同时又封住了下跌空间的现象。此时，股价会在一个幅度比较小的范围内缓慢波动。

4. 潜伏底式

潜伏底式建仓是最近几年来庄家建仓时比较常用的一种建仓手法，该方法的主要特点就是：庄家战略性建合后，先打压股价，之后基本不主动操作，使个股仿佛处于"无庄"的状态。股价在底部区域经过长时间的低迷盘整，大部分散户投资者早已确认该股没有庄家操控，于是纷纷抛出手中的筹码。待时机成熟后，庄家只需再最后收集一部分筹码，便能轻松控盘。

具体来说，采用潜伏底式建仓的庄家，在建仓的过程中大多只管吃货，并不主动抬拉股价，所以在庄家建仓阶段，个股走势给人的印象非常低迷，等到拉高的时机到了，庄家才会突然行动，以迅雷不及掩耳之势，短短几个交易日就将股价大幅拉高。

5. 急速拉高式

急速拉高建仓方式在牛市行情中经常见到，采用这种拉高建仓方式的庄家往往资金实力非常雄厚，有足够多的资金承接下所有的抛盘。由于庄家不计成本地推高股价进行建仓，所以，形成这种建仓方式的个股往往会在短线上出现迅猛的上涨走势，投资者操作这些个股，资金的利用效率是非常高的，短短几天的时间便可以获得巨大的收益。

6. 打压式

通常情况下，一只股票在庄家出货后都会有几波大的下跌，而这时就具备了庄家再次建仓的条件。庄家在选择建仓手法时通常会选择打压建仓的方法，因为这样可以降低自己的成本。

庄家在进行打压建仓时，通常在见大底以前开始收集，然后用手中的筹码打低股价，造成大幅度的下跌走势，给投资者造成一种巨大的精神压力，从而让他们因恐慌而卖出手中的股票，这样一来庄家不仅可以买到较多的筹码，同时还可以用最低的价格来顺利地完成建仓操作。

但是，打压建仓并不能随意使用，如果指数形成了牛市格局，并且保持着强势上涨走势，庄家采用打压的方式进行建仓，只会给投资者以逢低买入的机会。所以庄家逢低建仓只能在指数下跌或是牛市形成过程中的调整区间内进行。如果指数不配合下跌，就不能够给投资者造成恐慌的感觉。

7. 反弹式

股价下跌到一个市场低点后，投资者见股价已低，惜筹现象严重，庄家无法再次打压股价吸筹。为了节省吸筹的时间，庄家采用股价反弹的方式建仓，即庄家拉高股价，为了节省吸筹的时间，利用市场投资者的"反弹出货"或"高抛低吸"的弱点，借此大力吸纳市场外抛出的筹码，以便完成自己的建仓工作。

具体来说，反弹式建仓的一般原理是：庄家在采用反弹式建仓的过程中，会利用散户投资者趁反弹出货和高抛低吸的心理特征，不断地引诱他们出货，以便在较短的时间内收集到大量的筹码。而当股价跌到一定低位后，庄家已经吃进了一定数量的筹码，但离自己的建仓目标还远远不够。为了引发更多的抛盘，每过一段时间，庄家就会制造一波反弹，然后又将股价打回原地，经过几次反复以后，散户们慢慢就形成了股价到了某一价位就可以抛掉，然后在底部又拣回的心理定式，待最后一次反弹时，大家纷纷抛售手中的筹码，但股价却再也不回落了，而是直线拉升，已经抛掉筹码的人只有后悔不已，或者在更高的价位追进来。

8. 分时式

在分析庄家是否在建仓的时候，投资者除了要对 K 线图进行仔细分析以外，对盘中的分时走势也必须要进行仔细地研究。因为分时走势是 K 线图的基本单位，庄家在操盘上所做的手脚在分时图中体现得更加明确，所以，想要知道庄家到底是如何建仓的，以及盘中建仓时的持仓成本是什么位置，通过对分时图的走势进行分析便可以全知道结果了。

在分时图中分析庄家是否在进行建仓操作，主要是从量价的配合入手进行，一般来讲，普通投资者无论如何积极地操作，都不可能在同一时间内大量地介入，并且无论普通投资者如何操作，都很难将股价打下去或是抬高上去。因此，一旦投资者发现盘中出现了连续放量的迹象时，便可以认定这是庄家的建仓行为了。

9. 低位式

低位式建仓是很多庄家比较青睐的一种建仓手法，其最大的特点是简单实用，在操作技巧上没有特别高的技术要求。

其具体的操作模式是：当某只股票下跌一定的幅度之后，庄家便开始买入。但是此时买入量并不大，因为该位置还可能会是相对高位。若股价再次出现下跌，庄家会将先前买入的股票卖出，而且是通过杀跌方式卖出。

低位式建仓的特点是：虽然其操作方式会导致一些亏损，但是可以将股价压制到更低的低点。随后再次开始买入，此时买入数量就比较大，而且持续时间也比较长。当庄家开始低位建仓时，可以发现成交量会放大。

10. 拉高式

拉高式建仓就是在股价上涨过程中进行建仓，在盘面上可以看到股价走出一波上涨行情。大多数冷门股或长期下跌的股票可能会出现拉高建仓的方式。因为庄家建仓时，股价呈现出略微上升的态势，整个股价上升的过程就是庄家建仓的过程。庄家迅速从股价低位推高股价，有时以涨停板的逼空式建仓方法，成交量急剧放大，股价向上冲破上档所有阻力位，成交量这时放出天量，完成建仓。这种建仓方式往往暗示着该只股票蕴藏着重大的利好题材，并且该股后势还将有巨大的升幅。

11. 横盘震荡式

横盘震荡式建仓，是庄家抓住散户投资者持股耐心不足进行操作的。对大多数股民来说，谁也不愿意看到买进一只股票之后，在半年甚至更长时间内一只不涨。通过漫长的下跌或横盘整理，庄家以始终不提供获利机会的沉闷股价波动方式，从精神上、心理上消磨持股者的意志和信心，让跟风盘从灵魂深处产生绝望的感觉，从而抛出筹码，以完成自己的建仓目标。

12. 单边下跌式

单边下跌式建仓的过程主要有这样的特点，即庄家基本上是在目标股不断下跌的过程中完成建仓的，建仓过程中，股价几乎没有像样的反弹出现，甚至也没有平台震荡整理的走势。庄家建仓时股价呈下跌态势，而整个下跌过程就是其建仓过程，股价止跌时表明庄家建仓工作完成。

对于一般的投资者来说，采用单边下跌方式建仓的个股，是比较难以参与操作的，因为庄家建仓是在整个下跌的过程中进行的，并且整个建仓过程中，股价都不会有像样的反弹，这样，对那些短线投机者来说，根本不可能在这个过程中做差价。对于中线投资者来说，如果过早地参与操作的话，就必须准确地判断出庄家建仓的情况，最好庄家接近尾声时入场参与操作。

13. 单边上涨式

单边上涨式建仓是与单边下跌式建仓相对应的一种建仓手法，二者的模式刚好相反。

在使用单边上涨式建仓的时候，其建仓过程也是一个股价不断上涨的过程，也就是说，庄家是在一种上升过程中完成建仓工作的。

在采用单边上涨式建仓的过程中，庄家在刚开始时因为股价相对较低，便及时吸收大量的筹码。随着股价不断上涨，庄家的吸货速度放慢。有时如果遇到目标股很好、个股隐藏着重大利好消息，或者大盘突然由下跌反转上升等这三种情况，庄家将会采用逼空式单边上涨的建仓方式。在这种情况下，股价往往表现出涨停板放大量的特征。

14. 先上后下式

先上后下式建仓，也称为倒"V"形式建仓，是指庄家在股价运行到底部收集一部分筹码，随后股份会小幅上升，由于庄家这时收集来的筹码并不多，还达不到坐庄的程度，这时庄家为了能够收集到坐庄的目标筹码，会把股价打压下去，再次收集筹码。庄家通常会在股价经过一波下跌行情后，才会采取这种先上后下的建仓手法。

15. 先下后上式

先下后上式建仓是指庄家在股价下跌时收集一部分筹码，然后在股价见底回升时，再收集一部分筹码，直至达到目标仓位。

关于先下后上式建仓，需要散户投资者注意的是，股价在下跌过程中，成交量是比较低迷的，呈现出缩量下跌的形态。随股价逐步见底，成交量才会慢慢放大。在拉升的过程中，庄家拉升速度一般会比较快，拉升幅度也会比较大。技术水平比较高的投资者，可以在庄家拉升过程中做短线投资，利用较大的差价短期获利。

了解庄股洗盘的经典技术定式

这里所探讨的是庄家在洗盘时使用最为广泛、实战中出镜率最高的经典技术定式，具有很强的实战操作意义，在投资者应对庄股的洗盘过程中更具有普遍的指导意义。但在实战应用中，切不可生搬硬套，首先应对股价当前所处的状况进行研究，如果某只股票已经被庄家充分炒作且处在长期派发期，则无论何种形态都不可介入。相反，如果庄股处在底部或者上升途中且利好还未兑现，还有较大的炒作余地，则可积极套用。

1. 跳空缺口洗盘定式

通常情况下，在多方或者空方力量比较强盛的情况下会出现跳空缺口。跳空缺口的形式有很多，在这里介绍其中最典型的两种：跳空两阴线洗盘定式和板上缺口洗盘定式。

跳空两阴线洗盘定式的基本原理是：庄股在底部区域向上拉出数根阳线后，一般以 2~5 根阳线居多，走出一段上升行情。随后在顶部收一根阴线，若在前期高点附近为佳。次日跳空低开再收阴线，此阴线即为洗盘。若第三天再收阳线，且收盘价站在 5 日线之上，又把缺口补回，则证明前面的两根阴线是庄家洗盘，此股是大牛股的可能性大增，马上要进行快速拉升，应该立刻跟进。此根跳空阴线不是庄家出货，因为是庄家故意制造低开的开盘价，目的很明显，就是形成恐慌气氛，如果庄家想出货，他会把盘面营造得漂漂亮亮，是不会以跳空低开且收阴来吓跑散户的。

所谓的板上缺口洗盘定式主要是指庄家经过一段时间的拉升，已经有一定的涨幅。某一日拉出一个涨停板，第二日高位震荡放量突破前期密集区，收出阴十字并留下跳空缺口。板上缺口洗盘定式还需满足两个条件方可成立，其一是在随后的 2—3 日内不补跳空缺口。其二是随后的几日收盘价站稳 5 日均线之上，证明前面阴十字为震荡洗盘，预示着后市还将拉升。

2. 阴雨连绵洗盘定式

阴雨连绵洗盘定式也是庄家比较青睐的一种洗盘定式。其原理是：K 线图上收出一连串阴线，但股价并未大幅下调，每天收盘价都较接近，在构筑一个小整理平台，这通常是牛股在中场休息，庄家在卖力洗盘。具体来说是指：炒股实践中，庄股经过了一段时间的上涨，已经到达了一个较高的平台，股价的节奏会开始放缓，K 线图上连续拉出阴线，但股价并未跌或只是微跌，形成一个小的整理平台。此时日 K 线图上收出一连串的阴线，很能动摇散户投资者的持股信心。

投资实践中，散户投资者如何应对庄家的阴雨连绵洗盘定式呢？具体来说需要注意以下几个方面。

（1）阳线包吃连阴时，为最佳进货点。

（2）阴雨连绵洗盘的应用是指股价在上升途中和底部横盘时，经过充分炒作过的股票在大跌途中是严禁使用的。

（3）某些上升途中的股票，股价在相对高位缩量横盘连阴洗盘后，某日大单上压横盘震荡，成交量放大，尾市收出阳线。此情况往往是快速拉升的前兆，应及时介入。

（4）连阴线处的成交量越小越好。连阴洗盘后的上涨空间一般不低于15%—20%。

3. 高开假阴洗盘定式

高开假阴洗盘定式也是庄家比较常用的一种洗盘定式，用来吓唬散户投资者。其具体原理是：庄家为了达到洗盘的目的，某一日大幅高开，收盘低走，形成一根难看的放量大阴线，且阴线的实体较长，一般在50%以上。该阴线对散户投资者形成极大的震慑力，能达到洗盘的目的。

投资实践中，散户投资者如何应对庄家的高开假阴洗盘定式呢？具体来说需要注意以下几个方面。

（1）上涨途中的洗盘。庄股在上升途中，为了清洗浮筹，也常采用高开假阴洗盘模式。此时的洗盘速度较快，经过几日的缩量调整之后，将重拾升势，且成为大牛股的可能性极大。投资者在遇到该形态时，可选择在股价包吃假阴线或极度缩量之后介入。

（2）横盘途中的洗盘。庄股有一定的升幅后，在途中缩量横盘整理，某一日收出长假阴线。之后连续收出小阴线，股价做横走或者微跌。此为庄家洗盘拉升前的征兆。一旦后市放量将该假阴线吞吃，便可积极介入，上涨空间将不低于20%。

（3）下跌途中的末端。庄家在下跌途中的末端使用高开假阴洗盘定式，往往能将散户的最后心理防线击垮，使散户抛出恐慌盘。该形态一般出现在一段大盘连续下跌的后期，由于庄股已连续下跌，散户套牢较深不肯再卖，因此成交量极度萎缩，股价再难下跌。此时股票中长线庄家或刚介入的短线庄家为了再收集一部分更廉价的筹码而作出高开假阴线。该形态出现之后，股价还将下跌10%左右（时间为1—2周）见底。此时应果断杀入，此后该股票大涨的可能性极大。

4. 跌停式

由于跌停式洗盘手法往往太极端，导致现在庄家已经很少用。所谓跌停式洗盘法，是指先用手中原有的股票大幅杀跌，让人感到像是庄家在出货，从而引起散户投资者的恐慌，急忙抛出手中的股票，而庄家一边杀跌一边吸货，从散户投资者手中抢得较低价位的股票。投资实践中，庄家很少用这种手法，往往要有很大的决心和实力才会采用该手法。通常来说，在如下几个情况下，庄家才会考虑采用该手法。

（1）庄家进驻不明显时，若明显了，用这种方法无疑送钱给别人。

（2）庄家在情况比较危急的时刻才会采用。例如，庄家认为可能很快市场会有一波行情，但一部分上次套牢的并没有割肉，庄家认为这对他来说是要命的，但是又没有时间去慢慢等，没办法只能出这样的绝招，一步到位，直接跌停破位，起到让散户投资者下定交出手中股票的决心。

（3）庄家的决心和实力相当强大时，一个股票在没原因的情况下跌停，这对人气来说是要命的，庄家必须有实力完全控盘才敢这么不要命去跌停。

5. 巨阴洗盘定式

巨阴洗盘定式是庄家比较常用的一种定式，极具实效性。庄家洗盘时常常大张旗鼓，唯恐别人不知。庄家在出货时，则恰恰相反。散户投资者中的绝大多数都是"机会主义者"，见到股价上升就会如飞蛾扑火一般密密麻麻地从四面八方蜂拥而来，一旦见了股价下跌，特别是大幅度的下跌时，就会跑得了无踪迹。

投资实践中，散户投资者如何应对庄家的巨阴洗盘定式呢？具体来说需要注意以下几个方面。

（1）一只股票如果上涨前的准备工作做得较充分，那么行情发动是不可避免的，我们不必担心庄家放弃炒作，除非大势极差。因此对于盘中出现的种种古怪现象，要以平常心待之，对好股票要有中线持仓的心理准备。

（2）一般情况下，长阴线可分为底部区域长阴线、上升中继长阴线及创新高后长阴线三种形式，准确判断这三种情况下的庄家意图，就可以借助庄家的"长阴骗线"获利。长阴线形态的股价处于低位，多为庄家吸筹，洗盘的概率极高。

（3）在大趋势向好的情况下，某一两个交易日中若出现大的卖单压制股价而实际上并不成交的情况时要予以重视，这往往是洗盘，所以有时间看盘是好事。但更要看日线的大趋势，不要被盘中的小动作所迷惑。

（4）即使被洗出局，虽然次日或许没机会跟进，但再后面一个交易日仍可积极跟进。对于短线炒手而言，发现这种异动恰好是一个好的进场提示。